高等职业教育路桥工程类专业系列教材

公路绿化养护技术

GONGLU LÜHUA YANGHU JISHU

主编 杜兴臣 / 副主编 闫晓煜 代明慧 曹梦梅

参编 潘 伟 王海丽 韩超慧 杨明凯

主审 王会杰

重庆大学出版社

内容提要

本书分为7个项目,共30个任务,即公路绿化植物资源调查与选配、绿化植物生长发育规律、绿化植物生态习性、绿化植物栽培技术、绿化植物的整形修剪、绿化植物的养护管理及各类绿化植物的养护管理。为了加强对绿化植物养护技术与基本理论的理解与掌握,每个任务都设置了相应的学习目标和复习思考题,使学习更有目的性、技能训练更有针对性。

本书可作为高等职业院校道路桥梁工程技术、道路养护与管理、园林工程技术等专业教材使用,也可作为相关专业教师、学生及广大花卉生产与爱好者的参考用书。

图书在版编目(CIP)数据

公路绿化养护技术/杜兴臣主编. -- 重庆:重庆
大学出版社,2022.8
高等职业教育路桥工程类专业系列教材
ISBN 978-7-5689-3456-5

Ⅰ.①公…　Ⅱ.①杜…　Ⅲ.①道路绿化—公路养护—
高等职业教育—教材　Ⅳ.①U418.9

中国版本图书馆 CIP 数据核字(2022)第 119506 号

公路绿化养护技术

主　编　杜兴臣
副主编　闫晓煜　代明慧　曹梦梅
主　审　王会杰
特约编辑:涂　昀
策划编辑:肖乾泉

责任编辑:陈　力　版式设计:肖乾泉
责任校对:谢　芳　责任印制:赵　晟

*

重庆大学出版社出版发行
出版人:饶帮华
社址:重庆市沙坪坝区大学城西路 21 号
邮编:401331
电话:(023)88617190　88617185(中小学)
传真:(023)88617186　88617166
网址:http://www.cqup.com.cn
邮箱:fxk@ cqup.com.cn(营销中心)
全国新华书店经销
重庆市正前方彩色印刷有限公司印刷

*

开本:787mm×1092mm　1/16　印张:14.75　字数:380 千
2022 年 8 月第 1 版　2022 年 8 月第 1 次印刷
印数:1—2 000
ISBN 978-7-5689-3456-5　定价:42.00 元

前　言

随着我国经济持续快速发展,园林绿化建设得到了长足发展,园林建设队伍随之迅速壮大,社会对园林人才的需求也越来越大,但公路绿化养护工作在低碳社会、改善气候等方面还不尽如~~人意~~。公路绿化建设中"重建轻管、只建不管"的现象比较普遍,导致大量绿化植物病虫害滋~~生,达~~不到应有的绿化效果,所以公路绿化养护就尤其重要。

~~为了培养更~~多的公路管理与养护人才,服务地方经济,满足高等职业院校路桥工程类专业~~的需要~~,我们编写了本书。公路绿化养护技术是一门实践性较强的专业课,主要目标是~~通过工作~~过程的顶岗式实习养护训练,培养学生种植、整形修剪、病虫害防治、土肥水管理、~~病虫害防~~治等绿化养护方面的职业能力,培养学生诚实守信、吃苦耐劳、爱岗敬业的职业素养。

本书在编写体例上体现了"教、学、做"一体,采取项目导向,任务为驱动的模式。全书分为7个项目,共30个任务,即公路绿化植物资源调查与选配、绿化植物生长发育规律、绿化植物生态习性、绿化植物栽培技术、绿化植物的整形修剪、绿化植物的养护管理及各类绿化植物的养护管理。为了加强对绿化植物养护技术与基本理论的理解与掌握,每个任务都设置了相应的学习目标和复习思考题,使学习更有目的性、技能训练更有针对性。

本书可作为高等职业院校道路桥梁工程技术、道路养护与管理、园林工程技术等专业教材使用,也可作为相关专业教师、学生及广大花卉生产与爱好者的参考用书。相关专业和不同层次、不同地域的教学,可酌情选择内容。

本书由黑龙江农业经济职业学院杜兴臣担任主编,黑龙江农业经济职业学院闫晓煜、黑龙江职业学院代明慧和牡丹江市爱民绿化养护管理所曹梦梅担任副主编,黑龙江农业职业技术学院潘伟、大庆职业学院王海丽、黑龙江农业经济职业学院韩超慧、黑龙江交投高速公路运营管理有限公司杨明凯担任参编,由牡丹江市园林绿化管理处王会杰担任主审。其中,项目1由杜兴臣编写,项目2、项目3由王海丽编写,项目4由闫晓煜编写,项目5由韩超慧编写,项目6由代明慧编写,项目7由潘伟编写,附录1由曹梦梅编写,附录2由杨明凯编写。全书的统稿、修改与审核工作由杜兴臣、闫晓煜完成,韩超慧协助审核、修改与整理,闫晓煜负责全书插图的编辑与处理。

由于时间仓促和编者水平有限,疏漏与不当之处在所难免,敬请读者批评指正。

编　者

2022 年 3 月

目　录

项目1 公路绿化植物资源调查与选配

【学习目标】
了解公路绿化植物的概念、范畴、作用及选配,掌握绿化植物资源调查的方法和程序。
【学习要点】
重点掌握公路绿化植物资源调查的方法、程序及对调查结果的整理。

任务1.1 公路绿化植物的概念和作用

1.1.1 公路绿化植物的概念及范畴

公路绿化植物是指能绿化、美化、净化环境,具有一定观赏价值、生态价值和经济价值,适用于布置城市道路、丰富街景和维护生态平衡的植物。时至今日,人们对公路绿化植物的功能赋予了新的要求,不仅要求具有观赏的功能,还要求具有改造环境、保护道路,以及恢复、维护生态平衡的功能。因此,公路绿化植物不仅包括木本和草本的观花、观果、观叶和观树姿的植物,也包括用于建立生态绿地的所有植物。

1.1.2 绿化植物在公路绿化中的作用

绿化植物是公路绿化的重要组成部分,是构成道路绿地的主体,是适合中央分车带、两侧分车带、行道树绿带、路侧绿带等各种公路绿地栽植应用的木本、草本、藤本、地被植物。公路绿化养护是指根据道路设计所选定的植物,自苗木出圃(或起苗)开始,通过运输定植到栽植地,经过以后的生长发育到树木衰老、更新死亡,在这一过程中人们所进行的实践活动。其中包括绿化植物的栽植,土、肥、水管理,整形修剪,各种灾害的防治,植物保护及植物调查等。

工业生产的快速发展造成了环境污染,给人类带来很大灾害,生态环境越来越受到人们的关注。随着生产的发展、生活水平的提高,人们对工作和生活环境条件的改善有了更高的要求。尤其是大城市,人们面对钢筋水泥,过于集中的人口,更使人们乐于回归大自然。因此,目前在城市建设中,公路绿地质量已经成为城市发展的一项重要指标。

绿化植物具有改善和保护道路环境的功能。它能提高空气中的湿度、调节气候、净化空气、滞尘减噪、涵养水源、保持水土。

绿化植物具有美化环境的功能。绿化植物种类繁多,各具不同的形态、色彩、风韵和芳香。绿化植物本身的枝、皮、叶、花、果和根都具有无穷的魅力,随季节而五彩纷呈,香韵异呈。

绿化植物具有生产功能。有些绿化植物的枝、皮、叶、花、果及根等可以做药材、食物及工业原料。在公路绿化中对绿化植物的生产功能只要运用、经营得当,对公路绿化建设可起到促进作用。

绿化植物要发挥上述功能,必须建立在生长良好、健壮的基础上。要确保绿化植物能够生长良好和健壮,需要做到以下几点:

第一,种植设计要合理,要因地制宜,适地适树。

第二,苗圃要提供优质的苗木。

第三,根据植物地上与地下部分的相关性,保证根、冠水分代谢的相对平衡,提高栽植成活率。

第四,在符合各种绿化植物生态习性和生物学特性的基础上进行科学的养护管理。

如果设计不合理,栽植不活或成活得不好,加之养护管理不到位,植物枝叶枯黄,病虫滋生,或放任荒芜,未老先衰,则植物的各种功能就无从谈起。园林设计师应用植物进行设计时,实际上是预见了十几年或几十年以后各种绿化植物将表现的效果,而且这十几年或几十年之中还需经园林师按照一定的设计意图进行精心的栽培和养护管理,才能实现理想的公路绿化效果。总之,在公路绿化中,设计、栽植和养护之间的关系是"设计是前提,栽植是基础,养护是保证"。只有正确处理三者之间的关系,才能最大限度地发挥绿化植物的功能作用,更好地绿化、美化公路环境。

任务 1.2　绿化植物的分类

绿化植物的种类繁多,范围甚广,来源于世界各地,习性也各不相同。绿化植物的分类依据不同的标准,存在多种分类方法。

1.2.1　按生物学特性分类

1)草本绿化植物

草本绿化植物植株的茎为草质,木质化程度很低,柔软多汁。草本绿化植物根据其生活周期可分为 3 类。

(1)一年生绿化植物

在一年内完成其生活周期,即从播种、开花、结实到枯死均在一年内完成,称一年生绿化植物。一年生绿化植物多数原产于热带或亚热带,故不耐 0 ℃以下的低温。通常在春天播种,夏、秋开花、结实,在冬季到来之前即枯死。因此,一年生绿化植物也称春播绿化植物,如凤仙花、万寿菊、鸡冠花、百日草、波斯菊等。

(2)二年生绿化植物

在两年内完成其生活周期,称二年生绿化植物。多数当年只长营养器官,翌年开花、结实、死亡。二年生绿化植物多数种类原产于温带或寒冷地区,耐寒性较强,通常在秋季播种,翌年春、夏开花,故也称秋播绿化植物,如紫罗兰、飞燕草、金鱼草、虞美人等。

(3)多年生绿化植物

多年生绿化植物寿命超过两年,能多次开花结实。根据地下部分的形态变化不同可分为两类:

①宿根绿化植物:地下部分形态正常,不发生变态,宿根存于土壤中,冬季可在露地越冬。地上部分冬季枯萎,第二年春天萌发新芽,也有植株整株安全越冬,如菊花、萱草、福禄考等。

②球根绿化植物:地下根或地下部分变态肥大,膨大为块状、球状等,能以其贮藏的大量水分和营养安全度过休眠期的花卉种类。

a.球根绿化植物根据栽植时间不同,分为两种类型,即春植球根类和秋植球根类。

●春植球根类:春季栽植,夏、秋开花,地下根或茎越冬贮藏的球根花卉,如唐菖蒲、美人蕉、大丽花等。

●秋植球根类:秋季栽植,春、夏开花,地下根或茎越夏贮藏的球根花卉,如郁金香、百合、马蹄莲等。

b.球根绿化植物根据地下茎或根的形态及结构不同,分为5种类型。

●鳞茎类:地下茎极度短缩,呈扁平的鳞茎盘,其上有许多肉质鳞茎叶相互聚合或抱合成球的一类花卉,如水仙、风信子、郁金香、百合等。

●球茎类:地下茎短缩膨大呈球形或扁球形,实心,外包数层膜质外皮,表面有环状节部痕迹,茎顶生芽和侧生芽的花卉,如唐菖蒲、香雪兰等。

●块茎类:地下茎膨大呈块状,它的外形不规则,表面无环状节痕,块茎顶部有几个发芽点的花卉,如大岩桐、马蹄莲、彩叶芋等。

●根茎类:地下茎肥大粗壮成根状,内部为肉质,外形具有分枝,上有明显的节和节间,在节上可发生侧芽的花卉,如美人蕉、鸢尾等。

●块根类:地下根膨大呈纺锤体形,芽着生在根颈处,由此处萌芽而长成植株的花卉,如大丽花、花毛莨等。

2)木本绿化植物

(1)乔木类

乔木类具有高大的树体和木质化的茎干,植株地上部分有明显的主干、中干、主枝、侧枝、辅养枝,能开花结果,有强大的根系,能穿透较深层的土壤。根据其高度可分为伟乔(31 m以上)、大乔(21~30 m)、中乔(11~20 m)、小乔(6~10 m)4级。

根据落叶与否和树冠大小不同,乔木类又可以进一步分类。

①落叶乔木类:可分为落叶大乔木和落叶小乔木。前者冬季落叶,多原产于温带、亚寒带地区,树冠高大,一般树冠高度在4 m以上,高者可达十几米。后者冬季也落叶,多原产于暖温带、温带地区,树冠较矮小,一般树冠高度在4 m以下,如山桃、蜡梅等。

②常绿乔木类:可分为阔叶常绿乔木和针叶常绿乔木。前者冬季不落叶,多为暖温带、亚热带树种,如山茶、广玉兰等。后者冬季也不落叶,多为温带、寒温带树种,如雪松、铅笔柏、柳杉等。

(2)灌木类

灌木类在自然生长时多数从近地面处发生分枝,树冠较矮,成丛生长,无明显主干、主侧枝。主枝从近地面发生的枝条培养。其中原产南方的常绿灌木对土壤还有一定要求,如土壤酸度、空气湿度等。不同的地区常绿灌木生长要求也不相同。

根据冬季落叶与否、原产地区不同,可以把灌木分为以下3类。

①落叶灌木类:冬季落叶,原产地多属温带地区,如牡丹(图1.1)、月季、紫荆、紫玉兰、紫丁香(图1.2)等。

图 1.1　牡丹

图 1.2　紫丁香

②常绿灌木类:冬季不落叶,多原产于暖温带地区和温带地区,不少种类只有在酸性土壤中才能正常生长,如杜鹃、山茶、栀子、茉莉、含笑等。

③常绿亚灌木类:多原产于暖温带或温带,如八仙花、天竺葵等。

(3)藤木类

藤木类的茎蔓不能直立生长,依靠茎蔓在其他物体和植物上攀缘生长,或在地面匍匐生长,也可以从高处向低处垂挂生长。

根据冬季落叶与否分为落叶藤本和常绿藤本。

①落叶藤本:冬季落叶,如紫藤、葡萄(图 1.3)、山葡萄(图 1.4)、木香等。

②常绿藤本:冬季不落叶,如常春藤、龙吐珠、络石等。

藤木类也可以根据攀缘、匍匐方式分类。

图 1.3　葡萄

图 1.4　山葡萄

(4)匍匐类

匍匐类的性状似藤本,但不能攀缘,干、枝等均匍地生长,与地面接触部分可生出不定根而扩大占地范围,或者先卧地后斜升,如铺地柏、鹿角桧、迎春等。

(5)竹类

竹类的性状和生长习性均与树木不同,种类极多,作用特殊,如凤尾竹、孝顺竹、紫竹、箬竹、佛肚竹、毛竹、刚竹等。

1.2.2　按观赏特性分类

1)林木类

以观赏枝叶为主,适于片植、群植形成风景林的树林称为林木。这类树木树干直立、高大挺拔,树冠圆满,体态端庄雄伟,如南洋杉、雪松、龙柏、金钱松等。

2)花木类

凡以观花为主的植物划归花木类。其花色各具特点,花色鲜艳,花期较长,有些种类茎叶也有观赏价值,如杜鹃、山茶、月季、牡丹、迎春等。

3)果木类

果木类是以观果为主的植物,具备良好的结果能力,果实累累,色泽艳丽,挂果时间长,有些种类不仅果实具有观赏价值,其花托、萼片等也同样具有观赏价值。有些种类能一年多次开花,多次结果,形成在同一树上有大小不一、数量不等的果实,如石榴、柠檬、无花果、代代酸橙等。

4)叶木类

叶木类是以观叶为主的绿化植物,叶片各具特色,或形状特殊,或色泽艳丽,叶片保存期较长,但多数花形不美,花期短或不能开花,如红背桂、枫香、红枫、红叶李、苏铁等。

5)荫木类

荫木类包括绿荫树、行道树,有繁茂的枝叶,一般树体偏大,有良好的遮阳作用,有着良好的绿化、美化和改善环境条件的作用,如悬铃木、喜树、榉树、榕树等。

6)蔓木类(藤本)

蔓木类是攀缘型的绿化植物,常用于花架墙垣、建筑物周围,有些具有观花、观果价值,如凌霄、紫藤等。

7)芳香类

芳香类的植物器官具有特殊的香味,主要是花香、叶香、茎干香等,花色一般单调,花期长,香味浓郁,可以提取芳香物质,如栀子花、白兰花、茉莉花、桂花、米兰、九里香、含笑等。

此外,有些绿化植物的茎有特殊变异,这样也具有观赏价值,如皂角树上的刺、蜡梅树上的针枝、樱花上的银白色环斑等。

1.2.3　按栽培用途分类

1)行道树

行道树种植在道路两边,既起着绿化作用,又是遮阴用树种,一般采用成行种植。常用树种一般高大挺拔,枝叶量大,有些树花、叶兼用,近年来也采用一些成果树种来作为行道树。

2)庭荫树

庭荫树主要起遮阴和调节环境中小气候的作用,要求植株的枝叶量大,有遮阴和观赏价值,可以孤植,也可以群植,如白玉兰、银杏等。

3)园景树

园景树以观赏为主,适合布置在街头小游园、交通岛等,有观叶、观花、观果等单一或综合的观赏价值,如紫薇、合欢、青桐、七叶树。

4)花灌木

花灌木是以观花为主的观花型树种,如丁香、紫玉兰、绣线菊等。有些观花观果兼用,如枸杞、火棘等。

5)绿篱

绿篱是以生长枝叶为主,耐修剪,种植密度较大,多为灌木型的树种,可以剪成各种形状,形成绿色隔离带,如大叶黄杨、小叶女贞、九里香、米兰等。

6)攀缘植物

攀缘植物是依附其他树木或墙垣棚架、篱架攀缘生长,常形成垂直绿化的效果,有观叶型,如地锦;也有观花、叶型,如凌霄、黄馨、紫藤等;还有观花、观果、观叶型,如猕猴桃、葡萄等。

7)地被植物

地被植物是指覆盖在裸露地面上的低矮植物,如低矮的匍匐灌木和蔓性藤本类植物。一般枝叶繁茂,丛生性强,多数常绿树种观赏效果好,如铺地柏、鹿角柏、凤尾柏、凌霄、扶芳等。矮生竹类,较耐阴,如倭竹、菲白竹、矮生佛肚竹、矮生紫竹。

1.2.4 按生态特性分类

1)气候生态型

根据树种对大气候或小气候敏感程度而划分的气候生态型,主要影响因子是温度,其次是湿度。

(1)干旱生态型

干旱生态型适宜在干旱荒漠地区生长,要求湿度低,耐旱,较耐低温和高温。我国吐鲁番沙漠植物园已引种栽培463种,72科247个属的沙漠植物,如观花、观叶、绿化的沙冬青,泡果沙拐枣、苞叶木蓼、裸果木、胡杨(图1.5)、红柳等。

(2)水湿生态型

水湿生态型适宜沼泽地区、地势低洼地区生长的树种,如垂柳、水杉等。此类树种即使根系短期浸泡于水中也不会造成死亡。

图1.5　胡杨

图1.6　白桦

（3）耐寒生态型

在北方选择树种时,耐寒能力是重要的选择指标。凡枝条和根系中能贮藏大量淀粉和糖的树种,叶片外被蜡质厚,叶片针状的树种一般都比较耐寒,如雪松、红松、白桦(图1.6)、毛白杨、山楂等。

（4）耐高温生态型

南方选择树种时,耐夏季高温是一个重要指标。叶片蒸发散失水分能力强的树种、阔叶树种、叶肉厚有蜡质的树种、有气生根能从空气中吸水的树种等,一般抗高温能力强,如榕树、杧果等。

2)环境生态型

（1）吸尘生态型

吸尘生态型树种能利用宽大叶片、浓密树冠,粗大枝条,将飘浮在空气中的烟尘和灰尘阻滞和吸附在植株枝叶上,待下雨后,随水流失到地面。一般这一类型的树枝叶浓密,叶片大而粗糙,叶表面有黏液,如杨树、桑树、国槐、白榆等。

（2）杀菌类生态型

杀菌类生态型树种能分泌一些杀菌物质,可杀死细菌、真菌和一些小的害虫,如紫薇、松柏类、柑橘、无花果等。

（3）减弱噪声生态型

噪声超过70 dB对人体会产生不良影响。枝叶繁茂,树冠高大且分枝低的乔灌木树种和声散能力强的树种,减弱噪声效果好,如雪松、松柏类、海桐、珊瑚树、桂花、女贞等。

（4）吸收有毒气体生态型

吸收有毒气体生态型树种能将有毒、有害气体吸收到树体上或树体内,但不会造成树受伤死亡。例如,女贞、梧桐、大叶黄杨可使大气中二氧化硫浓度降低20%,高者可降低70%。

3)土壤生态型

土壤是树木赖以生存的主要基础条件,土壤理化性质对树种的生存、生长、发育具有特殊影响。土壤酸碱度即pH值,是园林生态分布的又一主导因子,在树种的土壤生态型中,分为酸性土壤树种和碱性土壤树种,以及介于二者之间的中性树种。

（1）盐碱地类型

①西北及内蒙古盐碱土:由于降水量少,地面蒸发强烈,气候干旱,冬季高寒,土壤的自然积盐现象长期不断地进行着。成土类型为荒漠草原、草甸土、荒漠土、结皮盐土。主要有硫酸盐和氯化物,也有部分碳酸盐,pH值为8~9。这类地区适宜种植沙枣、沙冬青、红柳、枸杞、胡民、刺槐、桑树、白榆等。

②滨海盐碱土区:从辽宁向南经河北、山东、江苏、浙江、福建、广东到广西及海南岛周边。该地区也是我国沿海城市盐碱土的主要分布区,盐以氯化钠为主,南方有些地区以重碳酸盐为主。该地区以柽柳、紫穗槐、石榴、臭椿、无花果、青桐等树种较适宜。

③东北苏打盐碱区:分布在松嫩平原、呼伦贝尔、三江平原地区,以重碳酸盐、碳酸盐为主,还有少量硫酸盐,pH值在9以上,土壤含盐量高,盐分以苏打为主。种植树木比较困难,不适宜种植旱作物,而耐湿树种多数不耐寒,故目前还缺少比较适宜的乔木树种,秋子梨、柽柳、胡枝子、枸杞、蒙古栎、樟子松、白榆、丁香等可以适应。

④黄淮海斑状盐渍区：分布在黄河下游，海河、淮河流域中、下游的沿河低洼和低平原地区，是土壤次生盐渍化区。该地区的盐渍成分主要为氯化物和硫酸盐。盐碱情况比较严重，土壤盐分积累于表层。深根性的树种比较适宜，如柽柳、枸杞、沙枣、皂角、臭椿、桑树、合欢、杞柳、枣、侧柏、白榆、白蜡、槐树等。

⑤宁夏、内蒙古片状盐渍区：分布在内蒙古、宁夏、山西、河北北部山间河谷盆地、黄土高原地区。盐分多聚集在表层而形成盐皮，但底土盐含量也高，盐的种类也较复杂，有硫酸盐、氯化物、苏打盐。适宜的树种有柽柳、枸杞、胡杨、沙枣、刺槐、白榆、臭椿、皂角、小叶白蜡、杜梨、银白杨。

（2）酸性土壤类型

酸性土壤地区包括红壤土地区和黄壤土地区，红壤土酸性强，pH 值一般在 6 以下，黄壤土酸度低一些，但土壤结构差。可供选择的适宜酸性土壤的树种很多，这些树种多数原产于酸性土壤分布区。

4）按气候类型分类

（1）中国气候型

中国气候型也称大陆东岸气候型，包括中国的华北及华东地区，以及日本、北美洲东部、巴西南部、大洋洲东南部等地区。原产于这些地区的花卉，属于中国气候型花卉。该气候型的气候特点是冬寒夏热，年温差较大。其中，中国与日本因受季风气候的影响，夏季雨量较多。该气候型又因冬季的气温高低不同，分为温暖型与冷凉型。

①温暖型（低纬度地区）：包括中国长江以南（华东、华中及华南）、日本西南部、北美洲东南部、巴西南部、大洋洲东部、非洲东南角附近等地区。在这些同一气候型内不同地区间，气候也有一些差异。

②冷凉型（高纬度地区）：中国华北及东北南部、日本东北部、北美洲东北部等地区。

（2）欧洲气候型

欧洲气候型也称大陆西岸气候型，包括欧洲大部分、北美洲西海岸中部、南美洲西南角及新西兰南部。原产于这些地区的植物属于欧洲气候型。该气候型的特点是冬季温暖，夏季温度不高，一般不超过 17 ℃。雨水四季均有，但北美洲西海岸地区雨量较少。

（3）地中海气候型

地中海气候型以地中海沿岸气候为代表，与其相似的地区还有南非好望角附近、大洋洲东南和西南部、南美洲智利中部、北美洲加利福尼亚等地。气候特点是自秋季至次年春末为降雨期，夏季为干燥期，极少降雨。冬季最低温度为 6～7 ℃，夏季温度为 20～25 ℃。

（4）墨西哥气候型

墨西哥气候型也称热带高原气候型，见于热带及亚热带高山地区，包括墨西哥高原、南美洲的安第斯山脉、非洲中部高山地区及中国云南省等地。周年温度近于 4～17 ℃，温差小，降雨量因地区而异，有雨量充沛均匀的，也有集中在夏季的。该气候型花卉耐寒性较弱，喜夏季冷凉。

（5）热带气候型

热带气候型周年高温，温差小，有的地方年温差不到 1 ℃。雨量大，分为雨季和旱季。该地区原产花卉，在温带需要温室内栽培，一年生草花可以在露地无霜期时栽培。

（6）沙漠气候型

沙漠气候型地区包括非洲、阿拉伯、黑海东北部、大洋洲中部、墨西哥西北部、秘鲁与阿根廷部分地区及我国海南岛西南部。这些地区周年降雨量很少,气候干旱,一般只有多肉多浆类植物分布。仙人掌科及多浆植物主要产于墨西哥东部及南美洲东部。

（7）寒带气候型

寒带气候型地区包括阿拉斯加、西伯利亚、斯堪的纳维亚等寒带地区及高山地区。该气候型地区,冬季漫长而严寒,夏季短促而凉爽。植物生长期只 2~3 个月。植株低矮,生长缓慢,常成垫状。

1.2.5　综合分类法

1）按开花季节分类

（1）春季花卉

北方指 3—5 月开花的花卉为春季花卉,如碧桃、杏花、梨花、榆叶梅、牡丹、芍药等。

（2）夏季花卉

北方指 6—8 月开花的花卉为夏季花卉,如荷花、石榴、紫薇、石竹、萱草、栀子等。

（3）秋季花卉

北方指 9—10 月开花的花卉为秋季花卉,如菊花、桂花、大丽花、美人蕉等。

（4）冬季花卉

北方指 11 月至翌年 2 月开花的花卉为冬季花卉,因冬季严寒,多为温室花卉,如蜡梅、红掌、一品红、水仙、仙客来等。

2）按栽培方式分类

（1）露地花卉

露地花卉是指在栽培地的自然条件下,能够完成其全部生产栽培过程的花卉,如国槐、柳树、雪松、牡丹、芍药、菊花等。要求栽培地区立地条件能够满足花卉植物的生长发育所需。

（2）温室花卉

温室花卉是指在栽培地的自然条件下,不能够完成其全部生产栽培过程的花卉,如蝴蝶兰、大花蕙兰、红掌、八仙花等。需要设施条件下满足花卉的生长发育所需,完成生产栽培的全过程。

3）按栽培目的分类

（1）观赏花卉

观赏花卉包括花坛花卉、花境花卉、庭园花卉、盆栽花卉、切花花卉等,采用不同的生产栽培方式,用于满足不同观赏效果的花卉。例如,花坛花卉是以一、二年生草花为主,如一串红、鸡冠花、矮牵牛、万寿菊、金盏菊等;花境花卉是以宿根类花卉为主,也可适当配置一些球根花卉和一、二年生花卉等;切花花卉主要用于鲜切花生产的花卉,如唐菖蒲、香石竹、月季、菊花、非洲菊、百合等。

（2）食用花卉

食用花卉包括玫瑰、百合、菊花、景天等。多进行产业化发展,推动当地经济转型。

（3）香料花卉

香料花卉包括桂花、玫瑰、茉莉、水栀子、牡丹等。

（4）药用花卉

药用花卉包括牡丹、芍药、牵牛、麦冬、鸡冠花、凤仙花、金银花、菊花等。

（5）其他类花卉

其他可生产油料、纤维及淀粉的花卉，包括油用牡丹、马蔺、黄秋葵、鸡冠花等。

4）按观赏器官分类

按花卉可供观赏的花、叶、果、茎等器官进行分类。

（1）观花类

观花类以花为主要的观赏部位，讲究花的颜色、形状、数量、韵味等，如牡丹、菊花、荷花、月季、杜鹃花等。多数花卉属于此类，也是花卉新品种重点培育的方向。

（2）观叶类

观叶类以叶为主要的观赏部位，讲究叶的颜色、形状等，如绿萝、龟背竹、橡皮树、变叶木、彩叶草。一般叶色为绿色，或色彩富于变化，叶形具有特色。

（3）观果类

观果类以果为主要的观赏部位，讲究果的颜色、形状、数量等，如金橘、佛手、石榴、五色椒、冬珊瑚、代代酸橙等。要求挂果时间长，色泽艳丽，果形奇特。

（4）观茎类

观茎类以茎为主要的观赏部位，讲究茎形状颜色独特，观赏性强，如虎刺梅、红瑞木、佛肚竹、仙人掌类等。

（5）观姿类

观姿类以植物姿态为主要观赏部位，花芽或叶芽肥大、鲜艳，如结香、银芽柳等。

任务 1.3　公路绿化植物调查

随着城市绿化事业的发展，公路绿化水平不断提高，绿化植物的种类和品种越来越多，树种的分布情况、立地条件及生长状况也多种多样，对绿化植物的栽培和管理也提出了更高的要求。通过对公路绿化植物进行调查，及时了解和掌握绿化植物的种类、栽培类型、数量、分布、生长状况、养护管理等方面的现状，分析和了解存在的问题，并制定科学合理的栽培、管理和养护等技术措施，编制相应的规划设计文件，为绿化植物的栽培与养护管理提供合理可靠的科学依据。

1.3.1　绿化植物调查的意义

通过对现有绿化植物进行调查，了解植物应用现状及环境的状况，是学习公路绿化栽培养护的一条科学合理的途径，是理论与实践相结合的学习方法，为将来从事的公路绿化工作奠定基础。概括起来，绿化植物调查的意义有以下 6 个方面：

①了解一区域现有的绿化植物的现状，包括种类、数量、栽植方式、树木生长状况、绿化的效果及树木养护管理工作、绿化植物生长环境的特点。

②对一区域现有的绿化植物的栽培养护工作进行综合分析，为制订更为科学合理的养护工作计划提供依据。

③进一步了解树种的特性及园林用途，为进行绿化植物的规划设计打好基础，也为做好绿

化植物的栽植养护工作提供借鉴。

④进一步了解绿化植物生长发育同周围环境的紧密关系,选出适合特定环境生长的绿化树种,为绿化植物的适地适树提供帮助。

⑤为制订和调整公路绿化方针、政策、编制和修订公路绿化发展及考核公路绿化工作提供依据。

⑥检查绿化方针、政策、计划、方案和有关规定和措施的执行和落实情况。

1.3.2　绿化植物调查的内容

绿化植物调查包括绿化植物生长环境调查、绿化植物栽植方式调查和绿化植物应用现状调查。

1)绿化植物生长环境调查内容

(1)绿化植物栽植地的位置

在绿化植物调查之前,要先确认所调查绿化植物生长的地域属于哪一级地方行政机关管辖,并做好记录;在绿化植物调查时,首先要调查记载绿化植物的分布位置,包括在整个调查区域范围内的分布特点及具体位置、地块面积和形状。除文字记载外,一般还要绘制绿化植物分布图,将绿化植物的分布情况反映在图上。

(2)绿化植物生长的生态环境

①绿化植物栽植地的地形地貌、海拔高度的调查:地形地貌指绿化植物栽植地表面高低起伏的状况,在进行绿化植物生长环境调查时,要对所调查植物生长地域的地表形状进行调查并做好记录。海拔高度的变化会使绿化植物栽植地的光照、气温、降水等环境因子产生相应的变化,因此在调查时,一定要搞清楚绿化植物栽植地域的海拔高度。

②绿化植物栽植地的土壤调查:绿化植物栽植地土壤分为自然立地土壤和人工立地土壤。对于自然立地土壤,主要记载土壤类型、土层厚度、土壤质地、砾石含量、肥力特征等;对于人工立地土壤,主要记载人为改造的方式,如客土、翻动等,记载土壤厚度、土壤质地和杂质类型、砾石含量和性质、肥力特征等理化性质。

③绿化植物栽植地的气候特征调查:在绿化植物生长环境调查时,一般要调查当地的年降水情况、地下水位、水质、土壤含水量、空气湿度等。有时要向气象部门了解年降水、年日照、年均温度、自然灾害天气等内容。

④绿化植物生长环境的污染状况调查:绿化植物生长环境中空气、水体、土壤的污染都会对绿化植物的生长产生一定的影响,有时会造成绿化植物生长极度衰弱甚至死亡,因此在绿化植物生长环境调查时,绿化植物栽植环境的污染状况调查也相当重要。一般要调查污染源、污染物类型、污染程度、对绿化植物造成的危害等情况。

(3)人为活动对绿化植物影响调查

绿化植物生长环境除了上述的自然环境外,还包括人为环境对绿化植物的影响,所以对绿化植物生长发育有直接影响的人为活动,也应进行调查并做好记录。

2)不同栽植方式的绿化植物调查内容

一般把公路绿化植物的栽植方式分为6种,即孤植、丛植、聚植、群植、林植、散点植。绿化植物栽植方式的调查就是对调查绿化植物的栽植方式做出判定,并进行记录,同时对绿化植物的株距、行距或散生树木的株间距进行测量记录。

(1)绿化植物片林的调查

绿化植物中的片林是指树木树冠郁闭度或覆盖度在 0.2 以上,或者树木密度在每公顷 200 株以上,面积在 0.04 hm² 以上,林木成片分布的林地。

片林的调查内容一般包括栽培类型、分布位置、数量(面积)、立地条件、种类、年龄(或栽植年度)、密度(郁闭度或覆盖度)、平均高度、平均胸径和生长情况等。

(2)绿化植物绿化带的调查

绿化植物绿化带是指在道路绿化中,以木本植物为主体,以带状或单行状配置的绿化植物。

绿化植物绿化带的调查内容一般包括栽培类型、分布位置、数量(树木带的长度和宽度、株数、面积)、立地条件、种类、年龄(或栽植年度)、株行距、平均高度、平均胸径、平均冠幅和生长情况等。

(3)散生绿化植物的调查

散生绿化植物是指在公路绿化中没有按带状或行状配置,也没有形成片林,而是呈分散的单株分布的树木。

散生绿化植物的调查内容一般包括栽培类型、分布位置、数量、立地条件、种类、年龄(或栽植年度)、树高、胸径、冠幅和生长情况等。

3)绿化植物应用现状调查的主要内容

(1)绿化植物的种类

在绿化植物调查中,要分别按乔木、灌木、藤本、地被、落叶、常绿、针叶、阔叶等不同的分类标准对绿化植物进行分类,记录登记绿化植物的科、属、种的学名。

(2)绿化植物的数量

根据不同的绿化植物分布类型,反映绿化植物数量的指标包括占地面积(如片林的面积)、绿化植物绿化带的长度和宽度、散生绿化植物的株数、某绿化带所有绿化植物的株数等。面积用公顷(hm²)表示,长度用米(m)表示。

(3)绿化植物的年龄

一般来说,对绿化植物进行调查时,天然林木可记载其年龄或龄级,对人工栽植的树木要同时记载其栽植年度和年龄。

(4)绿化植物的密度

绿化植物的密度主要是针对片林来说的,一般用单位面积上的树木株数来定量描述,有时也可用郁闭度或覆盖度来描述。郁闭度或覆盖度都是用绿化植物树冠覆盖地面的面积占其分布面积的比率来表示,用百分制或十成制表示。带状树木的密度采用株行距来定量描述。

(5)绿化植物的高度、粗度和冠幅

绿化植物的高度、粗度和冠幅能够反映绿化植物的生长状况和所能发挥的园林绿化功能的状况。以园林树木为例,绿化植物的高度,是园林树木从地面到树梢的高度,一般以米(m)为单位,乔木树种记载到小数点后一位数字,灌木树种记载到小数点后两位数字。对于乔木树种,粗度应是树木的胸高(距地面 1.3 m 高度处)直径,用厘米(cm)表示,灌木树种不需调查粗度。园林树木的冠幅是指园林树木树冠在水平方向上的平均直径,或树冠在地面上投影的最大直径。

（6）绿化植物的生长情况

绿化植物的生长情况调查主要调查树木生长发育、生长势的情况，采用定量和定性指标（如用生长情况良好、中等、差、树势衰弱、濒临死亡等）加以描述，还可以记载树木受病虫害危害的情况、受人为损害的情况等。

1.3.3　绿化植物调查方法

根据不同的调查内容，采用不同的绿化植物调查方法，主要包括绿化植物的种类、数量、栽植方式、立地条件、分布位置、生长状况、密度（或郁闭度）、高度、粗度、绿化效果、病虫害情况等内容的调查方法。下面主要介绍绿化植物及其生长环境的调查方法和调查工具的使用。

1）绿化植物群体特征的调查方法

绿化植物群体特征调查指对某一特定区域内，如公路绿地的现有绿化植物进行调查，主要调查所使用树木的群体特征，如树木的占地面积、树木的郁闭度等。

（1）绿化植物片林的调查

①面积调查：片林面积的调查一般不直接测量林地的面积，只需把片林的边界勾绘在一定比例尺的图纸上，再在图纸上用求积仪测量其面积。如果能建立绿化植物管理地理信息系统，可以将绿化植物分布图输入到地理信息系统，从中直接读出面积。

②密度和郁闭度调查：树木密度调查科采用样地或者标准地法，在调查的绿地中选择有代表性的地段设置调查地块作为标准地，在标准地内进行调查，以标准地调查结果作为绿地调查因子的调查结果。绿化植物的郁闭度是指绿化植物树冠覆盖地面的程度，用树冠覆盖面积占林地面积的百分比或十成制表示。调查时，可以用样线法或样地法，根据具体情况而定。

对于树冠比较低矮的片林，可以采用样线法，在林地内有代表性的地段或者在样地内，用皮尺、测绳等工具拉样线，采用十字交叉样线，样线长度为30～50 m，累计样线上有树冠的长度，合计后计算有树冠的样线长度占样线总长度的比例，以百分比或换算成十成制表示郁闭度。

对于树冠较高的片林，既可以采用样线法，也可以采用样地法。在样地或标准地内，确定两条十字交叉的直线，用相同的步幅延直线每走1步或2步抬头看一次，作为一个观测样点，看观测者的正上方是否被树冠覆盖，分别记下有树冠覆盖和没有树冠覆盖的点数，计算有树冠覆盖的点数占总样点数的比例，以百分比或换算成十成制表示郁闭度。

在实际的调查中，密度的调查要与郁闭度、高度和粗度等因子的调查结合起来在样地内进行。

（2）行道树的调查

对道路树种的调查可以先对整条道路进行整体的了解，如果整体道路树种使用情况一致，可以选择道路的一段进行详细调查；如果道路树种使用状况不一致，则选择有代表性的路段进行调查。行道树比较规则，因此一般调查其总量的10%。具体方法：沿道路每隔1 000 m调查100 m范围内道路两侧的所有树木，记载株数、株距、缺株以及每株树木的个体特征。

（3）绿化植物生长状况的调查

选择树体较大、有代表性的单株树木或几株树木进行测量。树木当年的生长状况用新梢的长度、粗度及二次枝、三次枝的生长状况来反映，在调查时可每株树木选择一定数量新梢的长度，取其平均值。

调查树木的生长状况时,还需要观察树形、枝叶密度、景观效果、树体是否有病虫害等,对树木的栽植管护工作进行调查,可向相关管理部门查询树木周年的养护措施,如施肥、灌水、修剪等工作安排或工作记录,对所做的管护工作进行全面分析,以提高管护水平。

最后,对调查结果进行整理,整理出现有树种名录,登记树种名、科名、属名、拉丁名。对使用的树种按乔、灌、藤木进行分类,也可按常绿树种、落叶树种分类,或者按树种的来源分为乡土树种和外来树种,也可根据树木生长状况分为适生树种、较适生树种和不适生树种。在调查总结的基础上,也可对树种应用现状进行分析,如对树种使用量、栽植方式、树木生长状况、树木的栽植管护工作等。找出树种使用的优点和不足之处,为将来做树种的规划设计工作和树木栽植管护工作提供借鉴。

2)绿化植物个体特征的调查方法

现代园林中,同一绿地常由不同的树种组成,不同的树种树体大小和形状各不相同,在园林中其用途和功能也就各不相同。对绿化植物的个体特征进行调查,可以明确不同树种的成年树体大小、树体形状等情况,了解树种在公路绿地中所能发挥的作用,为绿化树种的规划设计、栽植管理提供依据,为将来从事公路绿化工作打好基础。

(1)树高的测定

树高指树种从地面开始到树冠最高处的垂直高度。分为乔木树高和灌木树高两种。

①乔木树高的测定:对树高的测定,一般都使用测高器测定。本书使用布鲁莱斯测高器测定树高(图1.7),使用基本步骤如下:

第一步:从测高器刻度盘上10 m、15 m、20 m和30 m的水平距离值中选定一个合适的水平距离。一般来说,水平距离的选定要根据所要测定树木的大致高度确定,以与树木的高度相近为好,树木高的水平距离可远些,低的树木可近些。

第二步:按照这一原则确定水平距离后,按距离确定一个合适的测点,测点要求到树木的通视条件良好、能方便地看到树木的顶梢和树干基部的位置。

第三步:测高时,按动仪器背面制动按钮,让指针自由摆动。用瞄准器对准树梢后,即按下制动钮,使指针处于固定状态。在读盘上读出对应于所选水平距离的指针树高值,再加上观测者眼高 AE 即为树高 H(图1.8)。

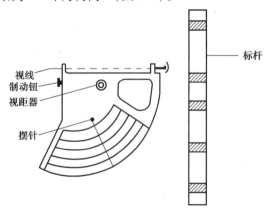

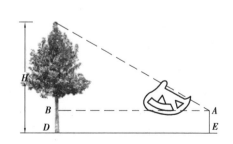

图1.7　布鲁莱斯测高器　　　　　　　图1.8　布鲁莱斯原理测高

在坡地上测定树高时,要先按照前述方法观测者眼高到树梢的高度,求得 H_1,再测观测者眼高到树干基部的高度,求得 H_2,仰视为正,俯视为负。若两次观测符号相反,则树木全高 $H =$

$H_1 + H_2$[图 1.9(a)];若两次观测值符号相同,则 $H = H_1 - H_2$[图 1.9(b)、(c)]。

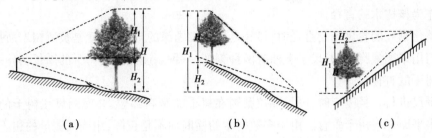

图 1.9　测高器使用方法示意图

　　如果乔木树种树体比较高大,且缺乏相应的测量工具和仪器,则用间接的方法测量。若乔木生长在高层建筑的旁边,可以用建筑的层高作为参考,估算出树木的高度;在晴天可以用测量树木投影的方法测量树体高度,也可利用三角高程测量法使用测量仪器测量,再通过计算得出树高。树体较小时,也可用人体或标杆作为参照物,估计树体高度。

　　②灌木的树高就是树冠高,灌木一般树体较小,测量时用尺子从地面垂直拉到树冠最高处,测出树高即可。

　　(2)树木胸径的调查

　　树木的粗度用直径来表示,它是指与树干中心轴垂直断面的带皮和去皮直径。为了能够直接测量和方便读取数值,采用胸高作为测径点,树木胸高部位的直径,简称胸径。胸高是指成人的胸高位置,是测量树干直径的常用位置。各国对此位置的规定略有差异,我国和欧洲大陆为1.3 m,日本为 1.2 m,英国为 1.31 m,美国和加拿大为 1.37 m 等。

　　在我国,胸高位置在平地距地面 1.3 m 处,在坡地以坡上方距地面 1.3 m(图 1.10)。如果胸高处出现节疤、凹凸或其他不正常情况时,可在胸高断面上下距离相等干形较正常处,分别测定两个直径,取平均数作为胸径值。胸高以下分叉的树,可当作分开的两株树分别测定每株树的胸径,胸高断面不圆的树干相互垂直方向的胸径取其平均数。

　　胸径调查一般用轮尺(图 1.11)和围尺进行测定。在使用轮尺测定树木胸径时,应注意以下 4 点:

　　①测径时使尺身与两脚所构成的平面与树干垂直,且尺身和两脚同时与所测树木断面接触。

　　②测径时要先读数,再从树干上取下轮尺。

　　③树干断面不规则时,应测定相互垂直的两个直径,取其平均值作为该树直径。

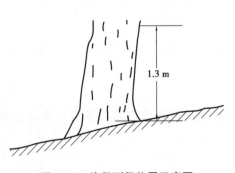

图 1.10　胸径测径位置示意图

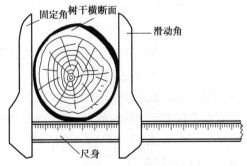

图 1.11　轮尺

④如测径部位有节疤、突起或其他畸形时,可分别在其上部和下部等距的两个部位测径,取其平均值作为该树木的直径。

采用整化刻度的轮尺测定直径时,最靠近滑动脚内缘的刻度值,就是被测树木所属的径阶。围尺是专门用来测量胸径的,尺子上面有两种刻度,一种刻度能测出树干的周长,另一种刻度则直接测出树干的直径。

使用围尺进行直径测定时,围尺要拉紧围在树干的胸高部位,并使围尺在树干的各面保持在同一个水平面上与树干垂直。由于多数树木的横断面不是正圆,用围尺测量的树干直径与轮尺相比一般略微偏大,而且对树皮粗糙的树干用围尺测径时也会产生一定的偏差,因此,在调查中不宜与轮尺混用。围尺较轮尺携带方便,也不必经常调整。

用轮尺测径时,由于树干横断面不是正圆,前后两次的测定方法不一致就会产生偏差。在测定间隔期前后的直径用以推算直径生长量时,用围尺比用轮尺测定的结果更准确。但在用围尺测径时往往容易歪斜,不易与主干保持垂直,也会造成测定误差,而且用围尺测定速度也比用轮尺慢。

如果没有测胸径的专用尺,也可用普通的钢卷尺在树干1.3 m高的地方测出树干的周长,再换算成树干的直径。

（3）冠幅的调查

冠幅是指树冠的水平大小,测量树木冠幅通常在南北和东西方向各测一次,取平均值或南北、东西方向的冠幅分别记录,一般用皮尺测量。

（4）冠形的调查

不同的乔木树种,冠形差别较大,如桧柏为圆柱形或圆锥形,国槐为近圆球形,合欢为伞形等。灌木也因树种不同,产生不同的冠形。灌木树种的冠形一般为圆球形、椭圆形,也有不规则形。调查树冠形状时,可用文字加以描述,或者可以画图,最好拍摄影像资料来准确反映树冠形状。

（5）干形的调查

干形是指主干的形状,一般可将干形分为直立、稍弯和弯曲3种类型。干形的调查主要是通过肉眼的观察做出评价并进行记录。

（6）枝形的调查

枝形是指树木枝条的形状,反映绿化植物的观赏特性。乔木树种的枝条形状多样,如雪松的尖塔形、龙爪柳的弯曲形、垂柳的下垂形、龙桑的龙游形等。灌木树种枝条的形态,一般可分为直立形、平生形、斜生形、下垂形等。调查时,用文字描述或画图、拍摄影像的方式进行记录。

（7）花果期调查

调查时如果树木正开花,可以对树木的花期及花朵的形状、大小、花色、花香等进行观察记录。果实调查其形状、颜色等。

（8）繁殖方式调查

繁殖方式有实生、扦插、嫁接、萌蘖等,调查树种在当地的繁殖方式以及可以采用的繁殖方式。

（9）园林用途调查

根据绿化植物的观赏特性,其用途可分为行道树、庭荫树、防护树、花木、观果木、色叶木、篱垣、垂直绿化、地被等。根据实际情况,调查树种在当地的园林用途。

（10）树木年龄的调查

一般树木年龄的调查方法主要有以下几种，可以根据调查对象的不同情况选择应用。

①直接查数年轮法：伐倒树木，截取根茎处树干圆盘，将圆盘工作面刨光，由髓心向外2个或2个以上方向逐年查数年轮数。如果截取的树干圆盘断面高于根茎，则树木年龄等于总年轮数加上树干长到此断面高所需年数。当圆盘年轮识别困难时，可用化学染剂着色，利用春秋材着色的浓度差异辨认年轮；当髓心有心腐现象时，应将心腐部分量其直径并剔除它的年轮，则树木年龄等于总年轮加上心腐生长所需年数。本方法要伐倒个别树木，而且费工费时，调查时要控制使用。

②生长锥木芯查数年轮法：用生长锥在树干上钻取木芯，然后查数木芯的年轮数。如果木芯是由树皮直通髓心，则树木年龄等于总年轮数加上树干长到钻取木芯高度处所需的年数。用此方法确定树木年龄一定要保证钻取木芯的质量，保证木芯通过髓心，并要防止木芯碎裂，查数年轮时要注意区别有些树木的伪年轮。

③查数轮生枝法：有些树种，如松树、云杉等，每年自梢端生长出轮生顶芽，逐渐发育成轮生侧枝，有些树种虽没有严格的轮生枝，但每年所发生的枝条中基部的较粗大，而上部的较细小或没有枝条，如杨树、银杏等。当树木年龄不太大，枝条脱落不严重时，可根据树木枝条出现的上述特性，通过查数轮生枝和轮生枝痕迹的方法确定树木年龄。

④查阅档案法：查阅绿化植物栽植技术档案或访问有关人员，根据栽植年度和所用苗木情况确定树木年龄。

⑤目测法：根据树木直径大小、树皮颜色、树皮粗糙程度和树冠形状等特征目测估计其年龄。

⑥古树名木年龄的测定方法：对古树名木年龄的调查，既要求有一定的准确性，还不能伤害树木本身，影响其生长，所以就不能采用上述5种方法进行测定，而要用特殊的方法。最常用的方法有两种。

• 如果有历史记载，可以通过历史考证来确定；如果没有历史记载，也可以通过相关历史事件或其他相关历史资料进行考证推断。

• 既没有历史记录也没有可靠的历史考证依据时，可以通过对本地区已经伐倒或死亡的同类树木的年轮进行测定，确定其一定年代期间的直径生长量，再根据树木的直径推断其年龄。

（11）其他方面的调查

在绿化植物树体调查过程中，也可针对树木其他情况进行调查。例如：树木的叶色比较特别，也可进行观察记录；树木有病虫害，也可展开对病虫害的调查；树木生长不良，也可对其原因进行分析。对其他项目的调查在树体调查的过程中可以附带进行，但不能影响树体调查工作的进行。对其他项目的调查可以促进对树木的进一步了解，为做好公路绿化工作积累相关知识。

3）绿化植物生长环境的调查方法

绿化植物一般生长于露天的自然环境当中，自然环境中的各种因素与绿化植物的生长都有直接或间接的关系，树木生长环境中的多种因素综合影响树体的生长发育、树木的休眠等一切生命活动。因此，调查了解绿化植物的生长环境，对绿化植物的规划设计、绿化植物的栽植养护管理工作有重要的意义。绿化植物生境调查的目的是了解树木生长环境的具体情况，了解适合当地生长的树木的种类、生长状况等，为绿化植物的选择提供依据，为绿化植物的栽植养护工作安排提供依据,为绿化植物的引种驯化提供依据,为当地公路绿化工作提供科学依据。

绿化植物生境调查的具体内容主要包括绿化植物栽植地的行政区划、地理位置、地形、地貌、海拔高度、土壤、空气、水、光照、温度、环境污染状况、动植物、人为活动、车辆等因素。

（1）绿化植物栽植地位置的调查方法

对绿化植物栽植地位置的调查首先要确定栽植地属于哪级政府部门管辖,以便在绿化植物的栽植养护管理工作中,相关部门能够协调解决问题。其次是确定经纬度,一般用东经×度、北纬×度表示。经纬度可以查阅地方志或相关资料获取,也可用 GPS 全球定位系统测得。如果调查区域较小,一般不用经纬度来表示地理位置,而用地名来表示,如××市××区××街道等表示所调查区域的具体位置。

（2）绿化植物生长的生态环境调查

①绿化植物栽植地的地形地貌、海拔高度调查:绿化植物栽植地的地形地貌可以查阅相关资料,结合实地调查,尽可能详细了解地形、地貌的情况。平地要了解地块的形状、大小、坡度等;丘陵、山体则了解位置、高度、坡度、坡向、坡位等情况;河流、湖泊要了解确切的地理位置、宽度、水分、季度变化等情况。海拔高度可通过查阅相关资料获得,也可利用海拔仪或 GPS 全球定位系统测得。

②绿化植物栽植地的土壤调查:土壤调查的具体内容包括土壤类型、土壤 pH 值、土壤含水量、土壤矿物质含量、土壤有机质含量、土壤地下水位、土壤通气情况、土壤覆盖物、土壤侵入体、土壤温度、土壤质地等。土壤调查的方法主要通过挖土壤剖面、取土样、土壤检测等。

③绿化植物栽植地的气候调查:气候调查的具体内容有年平均气温、极端最高气温、极端最低气温、最热月平均气温、最冷月平均气温、有效积温、年降水量、年降水分布状况、年日照时数、年太阳辐射、无霜期、典型灾害天气等。气象调查可以查阅相关资料和咨询气象部门获得。

④绿化植物栽植地的污染状况调查:污染状况调查指对植物生长环境中与绿化植物生长密切相关的污染物的调查,包括固态、液体和气态的污染物,主要调查空气中有毒气体的种类、含量,空气中悬浮颗粒物的种类和含量,土壤中有害物质的种类和含量及水体中有毒有害的化学物质的含量和种类。环境污染状况的调查主要针对一个地域长期存在的对植物生长产生较大影响的污染物或污染源进行调查,不可能全面详细地展开调查。环境污染调查技术比较复杂,可到环保部门或环境监测部门查阅相关资料。

（3）人为活动的调查

①人为活动对树木的损伤调查:人为活动会对绿化植物产生影响,对绿化植物带来一些损伤,如人对地被植物或绿篱的踩踏,人在树体上挂东西,锻炼身体时对树木的踩踏、击打,在树体上刻字、攀折树枝、采摘果实等。在调查过程中,对人为损伤树木的行为进行登记,并制订相应的保护措施。

②绿化植物栽植地城市车辆危害调查:随着人们生活水平的不断提高,城市中的汽车越来越多,对绿化植物的生长也产生越来越大的影响,甚至产生了一定的危害。主要表现在汽车尾气的排放,污染城市空气,有毒气体会使有些树木的生长极度衰弱;另外,道路两边的树木有时会受到车辆机械的损伤,如公共汽车的车顶会碰到树枝,树枝偏低对城市交通产生一定的影响,有时汽车偏离道路,会撞伤护路树木。对城市车辆同树木的相关研究会指导我们合理使用树种和确定公路树木的合理栽植方式。车辆对绿化植物危害调查可以从车流量、车型、车速、尾气排放及空气污染等方面进行调查。

（4）填写绿化植物生长环境调查表

对绿化植物的生长环境调查后,要把调查结果进行汇总,填写绿化植物生长环境调查表（表1.1）。

表1.1 绿化植物生长环境调查表

编号：		树种名：		科名：		属名：	
学名：				类别：			
栽植地行政区划：							
地理位置：							
地形：		坡度：		坡向：		海拔高度：	
土壤类型：		土层厚度：		土壤酸碱度：			
土壤含水量：		土壤有机质：		土壤覆盖物：			
气候类型：		年平均气温：		年平均降水量：			
年日照时数：		极端最低气温：		极端最高气温：			
光照强度：		无霜期：		气象灾害：			
环境污染状况：							
伴生植物：							
人为活动：							
其他：							
综合评价：							
	调查人：				调查时间：	年 月 日	

1.3.4 绿化植物调查工作程序

绿化植物调查的工作程序由3个阶段组成,即准备阶段、外业调查阶段和内业总结阶段。

1) 准备阶段

准备阶段的主要内容可以分为组织准备和技术准备两部分。

（1）组织准备

在组织准备工作中要重点完成下列任务:

①接受绿化植物调查任务,明确绿化植物调查的对象和要求。

②根据调查任务和调查道路的实际情况,制订绿化植物调查外业工作计划。要明确调查内容、技术指标、定额、进度、劳动组织和人员配备等。

③编制调查工作定额指标、物质和装备供应计划、调查经费预算。

④组织调查队伍,介绍调查任务、要求和方法,制订分区分项调查进度计划。

（2）技术准备

①收集现有资料:要尽可能地收集调查对象现有的测绘资料、图面资料以及当地自然、经济和社会等有关资料,有关道路绿化和绿化植物栽培管理的数据和文字资料,特别是现有的反映园林绿化情况的图面资料。这样可以有效地提高调查效率,提高调查质量,在实际调查前做到

心中有数。

②制订技术方案:要根据调查对象的特点制订出切实可行的调查技术方案,包括境界勾绘和测量、绿化植物调查方法、调查内容和项目、调查精度和要求等,并编制出实施细则和工作步骤。

③领取或购置航片和地形图:尽量能准备好调查对象最近时期的航片,购置相应的地形图。

④进行室内判读勾绘:利用航片、城市测绘资料和地形图,结合现有的道路绿化图面材料,进行室内判读,勾绘出各类绿化植物分布位置和境界。

⑤外业调查训练:选择有代表性的路段进行外业调查训练,统一调查方法,熟悉调查仪器和调查方法,掌握各种调查资料的使用方法,提高调查速度。

2) 外业调查阶段

(1)区划测量

在原有的城市和园林基本图的基础上,结合航片勾绘和境界测量方法,核实各类境界线,区划和测定绿化植物分布具体路段的位置和边界。

(2)细部调查

在区划出的绿化植物分布路段内,根据不同绿化植物栽培类型的要求,进行绿化植物各项内容的调查和测量,完成各项调查内容。

(3)外业调查质量检查

在调查完一定面积或路段后,要立即对调查质量进行检查,及时发现问题及时纠正,必要时要及时调整调查方法,修改有关方案。

3) 内业总结阶段

(1)编制绿化植物调查簿

调查簿是进行绿化植物统计分析和编制经营管理措施的基础,调查簿的记载内容是否完整、真实、可靠,关系到以后各项工作的质量,在内业开始时要认真检查和整理调查簿。以绿化植物片段为单位分别编号,详细转载和计算各项调查内容,如填卡片或表格,并要对发现的问题及时进行纠正和补充。如果要建立计算机档案,在检查无误后,及时录入数据库。

(2)绘制绿化植物分布图

绿化植物分布图是编制其他图面材料和求算绿化植物分布面积的基础。在整理好绿化植物调查簿后,将外业调绘和测定的境界线转绘到图上进行着墨,各种地物和绿化植物类型也要标注到图上。经清绘、整饰、加注图例、标注调查时间、调查单位、制图人等内容后制成完整的绿化植物分布图。

(3)进行绿化植物统计

以绿化植物调查簿或卡片为基础,分别按要求的类别进行统计,编制各种统计表。采用计算机档案管理的可以通过计算机数据库进行统计汇总。

(4)分析绿化植物现状

根据绿化植物调查统计结果,对调查对象的绿化植物资源现状进行分析,计算各种分析指标,提出道路绿化现状及问题,提出调整和改进的意见。

(5)撰写绿化植物调查报告

以统计分析结果为依据,撰写绿化植物调查报告。其内容要包括调查任务来源、调查时间、调查技术标准和要求、调查方法、主要调查成果、主要调查统计结果和分析结论、对今后道路绿化和绿化植物经营管理的意见，以及本次调查中存在的问题等。

1.3.5　绿化植物调查结果

绿化植物调查结束后要对调查结果进行整理、统计和总结，形成完整的调查结果。绿化植物调查的主要成果应包括 3 个方面，即绿化植物调查表或登记卡片、绿化植物统计表和绿化植物分布图。

1）调查表

（1）绿化植物调查表

绿化植物调查表是反映不同类型绿化植物各项调查因子的表格，可按城市的行政分区和小区，分不同栽培类型归类并装订成册，称为簿册式绿化植物调查表，表头样式见表 1.2。绿化植物调查表也可以是卡片的形式和计算机数据库档案的形式，目前在计算机已十分普及的情况下，应采用数据库管理的形式。

表 1.2　绿化植物调查表表头样式

城区小区	斑块编号	栽培类型	数量			立地条件（地貌、地形、土壤、水文、地质或基质）	种类（科属）、树种（拉丁名、品种、类型）	年龄（栽植年度）	平均高度/m	胸高直径/cm	生长情况	特殊意义	栽培措施意见
			面积/hm²	长度/m	株数/株								

（2）绿化植物统计表

绿化植物统计表是在绿化植物调查登记表的基础上进一步统计整理，得到的反映一定的统计单位和地区绿化植物总体状况的表格。可以根据需要分别按不同的类目进行统计汇总，填入相应的统计表中。常见的统计表有各类土地面积统计表、片林面积按树种统计表、树木带按树种统计表、散生树木统计表等。

①各类土地面积统计表：各类土地面积统计表用来反映一定道路各类土地面积组成情况，计算区域绿地覆盖率。

②树木统计表：即不同绿地类型树木的统计表（表 1.3），用来反映城市道路绿地中不同树种的面积组成情况、数量以及树木的个体特征。

表 1.3　园林绿地树木统计表

绿地类型：　　　　　　位置：　　　　　　斑块编号：

树种	学名	株数/株	平均径阶/cm	平均树高/m	平均冠幅/m	树木生长状况（株数）						胸径等级（株数）				
						Ⅰ	Ⅱ	Ⅲ	Ⅳ	Ⅴ	Ⅵ	≤10	11~20	21~30	31~40	>40

2）绿化植物分布图

绿化植物分布图是绿化植物调查结果的图面表现形式。它是将绿化植物的类型、种类、数量和其他一些属性标注在城市或园林基本图上制成的专题图件。它不同于园林规划设计图,要求反映绿化植物现状的实际情况,以切实掌握实际情况为原则。

3)调查分析报告

绿化植物调查结束后要编写调查报告,基本内容包括以下7个方面:

①调查情况的说明:包括调查时间、调查任务来源、调查单位、调查方法、调查精度要求、主要的调查成果、调查中存在的问题等。

②调查对象和地区概况:包括自然地理概括、社会经济情况、生态环境状况以及人文特点。

③绿化植物数量和生长状况:包括绿化植物的树种结构、年龄结构、生长状况分析。

④绿化植物分布:包括现有绿化植物配置情况、斑块特征、树木廊道及其连接情况、树木分布与道路系统和污染区等重点地区的关系等。

⑤绿化植物现状分析:总结绿化植物数量特征、生长状况、分布格局等方面的特点、优势和存在的问题。

⑥建议:对今后绿化植物管理和调整提出建议和意见,包括新建绿地的建议和对原有绿地系统的改造和调整等方面。

⑦附件:调查资料,如图表、标本、图片、影像等。

任务1.4　绿化植物选择

1.4.1　孤植树

孤植树也称独赏树、标本树、赏形树或独植树,主要表现树木的体形美,可以独立成为景物供观赏用。其适宜作独赏树的树种,一般需树木高大雄伟,树形优美,具有特色,且寿命较长,可以是常绿树,也可以是落叶树;通常又常选用具有美丽的花、果、树皮或叶色的种类。

一般采取单独种植的方式,但也偶有用2~3株合栽成一个整体树冠的。

定植的地点以在大草坪上最佳,或植于街旁小游园、道路交叉口或坡路转角处。在独赏树的周围应有开阔的空间,最佳的位置是以草坪为基底,以天空为背景的地段。

适于作独赏树的树冠应开阔宽大,呈圆锥形、尖塔形、垂枝形、风字形或圆柱形等。常用的种类有雪松、南洋杉、松、柏、银杏、玉兰、槐、垂柳、樟、栎类等。在管理上应注意保持自然树冠的完整,如有较大损伤应及时施行外科手术;注意树冠下的土面勿践踏过实,如属纪念树或古树名木应竖立说明牌。在人流过多处应在树干周围留出保护距离,其范围的大小视树种、根盘及树冠的直径而定。

1.4.2　庭荫树

庭荫树也称绿荫树,主要以能形成绿荫供游人纳凉避免日光暴晒和装饰用。

在道路绿化中多植于路旁、池边、廊、亭前后或与山石建筑相配,或在道路局部小景区三五成组地散植各处,形成有自然之趣的布置;也可在规整的有轴线布局的地区进行规则式配植。

庭荫树从字面上看似乎以荫为主,但在选择树种时却是以观赏效果为主结合遮阴的功能来考虑。许多具有观花、观果、观叶的乔木均可作为庭荫树,但不宜选用易于污染衣物的种类。

庭荫树在园林中占很大比重,在配植应用上应细加考究,充分发挥各种庭荫树的观赏特性;对常绿树及落叶树的比例应避免千篇一律,在树种选择上应在不同的景区侧重应用不同的种类。

养护管理上应按照不同树种的习性分别施行,不应采用某些园林"一刀切"的办法。对其中的边缘树种或有特殊要求的树种应采用特殊的养护管理办法。

常用的庭荫树有油松、白皮松、合欢、槐、槭类、白蜡、梧桐、杨类、柳类以及各种观花观果乔木等,种类极为繁多,不胜枚举。

1.4.3 行道树

行道树是为了美化、遮阴和防护等目的,在道路旁栽植的树木。城市街道上的环境条件要比园林绿地中的环境条件差得多,这主要表现在土壤条件差、烟尘和有害气体的危害、地面行人的践踏摇碰和损伤、空中电线电缆的障碍、建筑的遮阴、铺装路面的强烈辐射,以及地下管线的障碍和伤害(如煤气管的漏气、水管的漏水、热力管的长期高温等)。因此,行道树种的选择条件首先需对城市街道上的种种不良条件有较高的抗性,在此基础上要求树冠荫浓、发芽早、落叶迟而且落叶延续期短,花果不污染街道环境、干性强、耐修剪、干皮不怕强光暴晒、不易发生根、病虫害少、寿命较长、根系较深等条件。由于要求的条件多,所以完全合乎理想、十全十美的行道树种并不多。此处狭义的行道树仅对乔木而言,巴黎只有 10 余种,伦敦不足 10 种,北京不足 40 种。若按地区或国家来统计,北美约 60 种,法国约 50 种,英国约 50 种,德国约 43 种,日本约 60 种,中国百余种。当然,若包括各种灌木类则种数会增加许多。

在行道树的应用上,目前中国有"一板二带""二板三带""三板四带"和"花园林荫道"等形式,大都在道路的两侧以整齐的行列式进行种植。存在的问题是株距偏小,树种不够丰富。若说某个树种好时,全国竞相仿效。例如,悬铃木有"行道树之王"的美称,则北自华北南至华南,东自沿海西至山城,大家都种它,结果造成千篇一律、没有特色,反而显得单调贫乏;而且有的城市由于种得太多,飞毛易引发红眼病。在配植上一般均采用规则式,其中又可分为对称式和非对称式。当道路两侧条件相同时多采用对称式,否则可用非对称式。目前,在个别城市正在试行不规则式的配植方式。从配植的地点来看,世界各国多将行道树配植于道路的两侧,但也有集中于道路中央的,如德国和比利时多用后一种方式。如果路上只在一侧种植时,就北半球地区而言,如果是东西向的有建筑的道路,则树应配植于路的北侧;如果是南北向的路,则应植于东侧。

栽植和养护管理的要点是,行道树距车行道边缘的距离不应少于 0.7 m,以 1~1.5 m 为宜,树距房屋的距离不宜小于 5 m,株间距离过去常用 4~8 m,实际以 8~12 m 为宜,慢长树种可在其间加植一株,待适当大小时移走。树池通常约为 1.5 m。在有条件处可用树带方式,带宽不应小于 1 m,这种方式要比树池方式对生长更为有利。以上为行道树的一般种植方式,某些地区则采用其他方式。例如,新疆乌鲁木齐市在道路两侧设浅灌水沟,在沟的两旁以 2~3 m 株距各植一排树。新植乔木一定要立支架以保证树干垂直地面。植树坑中心与地下管道的水平距离最少应大于 1.5 m,在多地震地区,与煤气管道的距离应大于 3~5 m;树木的枝条与地上部高压电线的距离应在 3~5 m 及其以上,必要时需适当修剪和设其他防护措施。树木的枝下高中国多为 2.8~3 m,日本为 2.4~2.7 m,欧美各国为 3~3.6 m。

行道树的常年管理主要是注意树形完美,有利于发挥美化街景和遮阴功能及保持树木的正常生长发育。每年应及时修除干基萌蘖,修剪树冠中的病枯枝、杂乱枝,注意枝条与电线的安全距离,预防病虫害,台风前后的保护措施,适时的水肥管理、涂白、越冬前的管理等。在灰尘多的城市应定期喷洗树冠,在冬季多雪地区应及时对常绿树行除雪工作。

1.4.4 片林与群丛

片林是以乔木为主仅杂有少量灌木、丛木,施行成片绿化种植的方式;群丛是以灌木、丛木为主仅杂有少量乔木的绿化种植方式。由于群丛及片林的组成成分不同及在园林中所担负的作用不同,因此在具体栽培管理上有许多不同之处。例如,各种结构及组成的道路旁风景林、防护性片林及林带、水源涵养水土保持性林、结合生产性片林等都有其管理上的不同要求。以至于由于组成成分不同,如松柏林、杂木林、竹林等,均有不同的要求。现仅就一般的基本要求叙述要点如下:

①中耕除草。本项工作对新植片林极为重要,一般每年应进行2~3次,主要应将种植穴及附近的草铲除,以免杂草与苗木争夺水分养分。在秋季除草时,可结合除草在苗木根际培土,在春季则结合除草可将培土耙平并结合地形坡向做水堰。对成年林则视具体情况而定,有的可不必再行除草工作。

②抗旱保墒。在干旱季节到来前应覆土或盖草压土等工作。

③修枝去蘖。每2~3年对林中树木进行1次。

1.4.5 观花树(花木)

凡具有美丽的花朵或花序,其花形、花色或芳香有观赏价值的乔木、灌木、丛木及藤本植物均称为观花树或花木。

本类在园林中具有巨大作用,应用极广,具有多种用途。有些可作独赏树兼庭荫树,有些可作行道树,有些可作花篱或地被植物用。在配植应用的方式上也多种多样,可以独植、对植、丛植、列植或修剪整形成棚架用树种。本类在园林中不但能独立成景而且可为各种地形及设施物相配合而产生烘托、对比、陪衬等作用,如植于路旁、坡面、道路转角、座椅旁、岩石旁,或与建筑相配作基础种植用。

任务 1.5 绿化植物配植

1.5.1 配植的原则

绿化植物的配植千变万化,在不同路段,根据不同的目的、要求,可有多种多样的组合与种植方式;同时,由于植物是有生命的有机体,在不断地生长变化,所以能产生各种各样的效果。因此,植物的配植是个相当复杂的工作,也只有具有多方面广博而全面的学识,才能做好配植工作。配植工作虽然涉及面广、变化多样,但也有基本原则可循。主要原则如下:

①因为植物是具有生命的有机体,它有自己的生长发育特性,同时又与其所位于的生境间有着密切的生态关系,所以在进行配植时,应以其自身的特性及其生态关系,作为基础来考虑。

②在非常重视植物习性的基础上又不应完全绝对化地受其限制,而应有创造性地来考虑。

③植物具有美化环境、改善生态防护及经济生产等多方面的功能,在配植中应明确该树木所应发挥的主要功能。在进行绿化建设时,需有明确的目的性;园林绿地除了具有综合功能外,

在综合中总有主要目的要求,因此在进行植物配植时应首先着重考虑满足道路主要目的要求。

④在满足主要目的要求的前提下,应考虑如何配植才能取得较长期稳定的效果,应具可持续发展性。

⑤应考虑以最经济的手段获得最大的效果。

⑥应考虑到配植效果的发展性和变动性,以及在变动过程中的措施,即事物发展中的多样性问题。

⑦在有特殊要求时,应有创造性,不必拘泥于植物的自然习性,应综合地利用现代科学技术措施来保证植物配植的效果能符合主要功能的要求。在科学基础上将艺术与科技相结合,并有不断完美的创新性。

当前,在全国普遍重视道路绿化的前提下,曾发现有的地区有些单位不了解植物的习性,盲目大量地从外地购入树木,结果由于不能适应该地气候土壤条件而全军覆灭,造成很大损失。有的单位忽视树木是活的有机体,初植时尽量密植,以后的措施跟不上,结果树木生长不良,树冠不整、高低粗细杂乱无章,达不到美化要求。有的单位只知种树却不懂配植,降低了道路绿化水平。有的单位将园林绿化与植树造林完全等同起来,固然二者有非常密切的关系,但也有很多截然不同之处,因而降低了配植水平,不能符合道路绿化配植的要求。现在各个学科之间均有其共性也有其特性,这两方面均不应忽略。如果简单化地等同起来,必然导致某些学科的停滞甚至消亡,必将给国家的建设和文化的发展带来损失。

道路绿化建设中的植物配植工作,必须符合道路综合功能中主要功能的要求,要有园林建设的观点和标准,用园林科学的方法来实现其目的。

1.5.2　配植的方式

配植的方式多种多样,可以千变万化,一般分为以下几类。

1)按配植的平面关系分

(1)规则式

植株的株行距和角度按照一定的规律进行种植。可分为左右对称和辐射对称两大类。

①左右对称:左右对称的配置方式如图1.12所示。

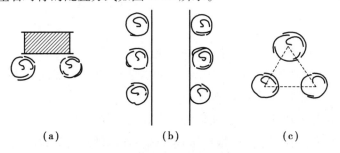

(a)　　　　　　　　(b)　　　　　　　　(c)

图1.12　规则式左右对称配植

● 对植常用两株树形整齐美观的种类,左右相对配植。

● 列植树木呈行列式种植,有单列、双列、多列等方式。其株距与行距可以相同也可以不同。多用于道路上行道树、植篱、防护林带。这种方式有利于通风透光,便于机械化管理。

● 三角形种植有等边三角形或等腰三角形等方式。实际上在大片种植后形成变体的行列式。等边三角形方式有利于树冠和根系对空间的充分利用。

②辐射对称:规则式辐射对称配植方式如图1.13所示。

- 中心式包括单株及单丛种植。
- 圆形又包括环形、半圆形、弧形以及双环、多环、多弧等富于变化的方式。
- 多角形包括单星、复星、多角星、非连续多角形等。
- 多边形包括各种连续和非连续的多边形。

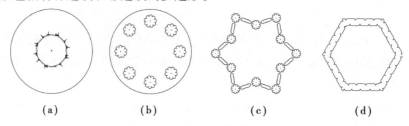

(a)　　　　(b)　　　　(c)　　　　(d)

图1.13　规则式辐射对称配植

(2)不规则式

不规则式也称自然式。其主要配植方式如图1.14所示。

①不等边三角形式。

②镶嵌式。

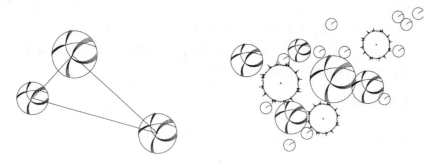

图1.14　不规则式配植

(3)混合式

在一定单元面积上采用规则式与不规则式相结合的配植方式称为混合式。

2)按配植的景观分

(1)孤植

为突出显示树木的个体美,常采用孤植法。通常均为体形高大雄伟或姿态奇异的树种,或花、果的观赏效果显著的树种。一般均为单株种植,西方庭园中称为标本树。在中国习称独赏树、孤赏树,对某些种类则呈单丛种植,如龙竹等。

孤植的目的是充分表现其个体美,所以种植的地点不能孤立地只注意到树种本身而必须考虑其与环境间的对比及烘托关系。一般应选择开阔空旷的地点,如大片草坪上、花坛中心、道路交叉点、道路转折点、缓坡、平阔的湖池岸边等处。

用作孤植的树种有雪松、白皮松、油松、圆柏、黄山松、侧柏、冷杉、云杉、银杏、南洋杉、悬铃木、七叶树、枫香、槐、金钱松、凤凰木、南洋楹、樟树、广玉兰、榕树、海棠、樱花、梅花、山楂、白兰、木棉等。

（2）丛植

由两三株至一二十株同种类的树种较紧密地种植在一起,其树冠线彼此密接而形成一个整体外轮廓线的称为丛植。丛植有较强的整体感,少量株数的丛植也有独赏树的艺术效果。丛植的目的主要在于发挥集体的作用,它对环境有较强的抗逆性,在艺术上强调了整体美。

（3）聚植

由两三株至一二十株不同种类的树种组配成一个景观单元的配植方式称聚植;也可用几个丛植组成聚植。聚植能充分发挥树木的集团美,它既能表现出不同种类的个性特征又能使这些个性特征很好地、协调地组合在一起而形成集团美,在景观上是具有丰富表现力的一种配植方式。一个好的聚植,要求道路绿化工作者从每种的观赏特性、生态习性、种间关系,与周围环境的关系以及栽培养护管理上进行多方面综合考虑。

（4）群植

由二三十株甚至数百株的乔、灌木成群配植时称为群植,这个群体称为树群。树群可由单一树种组成,也可由数个树种组成。树群由于株数较多,占地较大,在园林中可作背景、伴景用,在自然风景区中也可作主景。两组树群相邻时又可起到透景框景的作用。树群不但有形成景观的艺术效果,还有改善环境的效果。在群植时,应注意树群的林冠线轮廓以及色相、季相效果,更应注意树木间种类间的生态习性关系,保持较长时期的相对稳定性。

（5）林植

林植是指以较大面积、多株数成片林状的种植。这是将森林学、造林学的概念和技术措施按照园林的要求引入城市绿化建设中的配植方式。道路旁的防护带、城市外围的绿化带等,均常采用此种配植方式。在配植时,除防护带应以防护功能为主外,一般要特别注意群体的生态关系以及养护上的要求。通常有纯林、混交林等结构。

（6）散点植

散点植是以单株在一定面积上进行有节律、有节奏的散点种植,有时也可以双株或三株的丛植作为个点来进行疏密有致的扩展。对每个点不是如独赏树地给以强调,而是着重点与点之间有呼应的动态联系。散点植的配植方式既能表现个体的特性又处于无形的联系之中,正好似许多音色优美的音符组成一个动人的旋律一样能令人心旷神怡。

1.5.3　配植的艺术效果

道路绿化中对植物的应用,从总的要求来讲,创造一个安全防护而又美的道路环境是主要目的。有人可能说应以生态平衡为主要目的,或以环境保护为主要目的。道路绿化的植物配植均应要求有美的艺术效果。应当以创造优美环境为目标,去选择合适的树种、设计良好的方案,以及采用科学的、能维护此目标或实现此目标的整套养护管理措施。

很多地区认为"普遍绿化"就是道路绿化的工作,这种认识是不全面的,概括地说道路绿化工作应是"绿化加美化"。只讲绿化不讲美化则不能称为道路绿化建设工作的全部,也不能表示出园林专业的特点。因此,道路绿化建设工作必须既讲绿化又讲美化,缺一不可。植物的形象美、色彩美以及意境美,道路绿化工作者应该充分运用其对植物美的丰富知识,按照一定的理想,将其组合起来。这种组合必须对植物十几年或几十年后的形象具有预见性,并结合当地具体的道路环境条件和要求,巧妙地、合理地进行配植,构成一个道路景观空间。

植物配植的艺术效果是多方面的、复杂的,需要细致地观察、体会才能领会其奥妙之处,在此仅作一般概述,望读者继续深入领会。

总之,欲充分发挥公路绿化植物配植的艺术效果,除应考虑美学构图上的原则外,还必须了解植物是具有生命的有机体。它有自己的生长发育规律和各异的生态习性要求,在掌握有机体自身和其与环境因子相互影响的规律基础上还应具备较高的栽培管理技术知识,并有较深的文学、艺术修养,才能使配植艺术达到较高的水平。此外,应特别注意对不同性质的绿地应运用不同的配植方式,如道路绿化中的分车绿化带和人行道绿带的配植是有不同的要求的,而且在功能要求方面也是不同的,前者大都要求表现简洁,后者大都要求遮阴、隔离、防护,所以配植的方式也不同。

思考题

1. 根据绿化植物的生物学特性是如何将其分类的?
2. 简述绿化植物生长环境的调查内容。
3. 简述行道树的调查方法。
4. 绿化植物按配植的景观分为几种配植方式?
5. 使用轮尺测定树木胸径时应注意什么问题?
6. 古树名木如何测定年龄?

项目 2　绿化植物生长发育规律

【学习目标】

了解园林植物生命周期和年生命周期内涵、植物生命周期阶段,了解根茎枝分类、特性及生长发育规律。

【学习要点】

重点掌握植物物候期特征、观测方法及树木各器官的内在关联。

任务 2.1　绿化植物的生命周期

道路绿化中的植物具有诸多共同的特点:都生长在一定的水分、阳光、空气条件下的环境中;都具有根、茎、叶、花、果实、种子这些基本结构;都有共同的生长需要量,有生长发育、繁殖、衰老死亡等特征;都会生长发育、繁殖后代,都有从生到死的生命过程。而研究这一生命过程,对于我们的生产实践有重要的指导意义。

2.1.1　植物的生命周期

1)内涵

植物的生命周期是指从繁殖开始,经过幼年、青年、成年、老年,直至衰老死亡个体生命结束为止的全部过程。

种子植物和孢子植物的生命周期不同。种子植物的一生经历:种子萌发、生长、生殖、衰老、死亡 5 个阶段;孢子植物的一生经历:孢子萌发、配子体阶段、孢子体阶段、衰老、死亡 5 个阶段。

2)绿化植物的类型

绿化植物依据生命周期的不同,可划分为不同的类型。道路绿化中广泛运用的园林树木均属于多年生植物。依据草本植物生命周期的不同可分为一年生、二年生、多年生以及木本植物。

（1）一年生草本

一年生草本是指在一年内完成播种、开花、结实而后枯死这一生命周期的草本花卉。这种草本在 12 个月之内经历一粒种子发育成熟,产生出本身的种子,并将下一年的种子散播出去,然后枯萎。因为一年生草本花卉花色丰富,品种较多,花期较长,繁殖容易,管理相对粗放,因而在绿化中得以广泛运用。在道路绿化中常用的一年生草本有两种:一种是秋播一年生草本,另一种是春播一年生草本。

①秋播一年生草本:通常秋季播种,性喜冷凉气候,在苗期遇到低温会抽薹开花。绿化常用的秋播一年生草本有石竹、矮牵牛、金鱼草等。秋播一年生草本又称为耐寒性一年生草本。

②春播一年生草本:通常春季播种,在盛夏时即可观赏到美丽的花姿。绿化常用的春播一年生草本有百日草、鸡冠花、千日红、向日葵、凤仙花等。春播一年生草本也称非耐寒性一年生草本。

（2）二年生草本

二年生草本是指播种到开花结实的期间,需 12 个月以上,但在 2 年内会结束其生命的草本花卉。二年生草本往往花卉幼年期长,需要一年以上的栽培才能开花,这些花卉幼年期受到低温的反应即会抽薹开花。

二年生草本在第一个生长季节进行营养生长并把养料贮存在根内,在第二个生长季节中进行生殖生长开花、结果,随后枯萎。道路绿化中常用的二年生草本有毛地黄、美国石竹、风铃花、金盏菊等。二年生草花适应性很强,对土壤条件无特殊要求,微酸性土壤最适宜其生长。在充足的阳光条件下生长良好。管理方式粗放,一般靠自身播种繁殖,生长速度非常快,不需人工精细培育。绿化中二年生草本常应用于花坛、花境中,且因多为抗污草本花卉而用于街道附近绿地。

（3）多年生草本

公路绿化植物中的多年生宿根花卉、多年生球根花卉和木本植物均属于多年生植物。多年生草本是指常年不需要更新繁殖且能继续生长的草本植物。有些植物的地下部分为多年生,如为宿根、球根等器官,而地上部分每年死亡,待第二年春又从地下部分长出新枝,开花结实,如蜀葵、百合、大丽花、芒草、萱草等;另外有一些植物的地上和地下部分都为多年生的,经开花、结实后,地上部分仍不枯死,并能多次结实,如万年青、麦门冬等。我国北方道路绿化中,受气候条件限制或便于养护和管理大多选用多年生植物。

（4）木本植物

木本植物是指植物的茎内木质部发达,质地坚硬的植物,一般直立、寿命长,能多年生长,与草本植物相对,人们常将前者称为树,后者称为草。木本植物是木材的来源,均为多年生植物。

3）植物的生命周期

植物从播种开始,经幼年、性成熟、开花、结果、衰老直至死亡的全过程称生命周期。道路绿化中发挥重要作用的树木的生命周期,主要研究其从幼苗定植到衰老死亡的全部历史过程。树木在其生命周期中,要经历生长、结果、衰老、更新和死亡 5 个时期。其中生长期是从幼苗定植到开始结果,苗木的种类直接影响生长期的长度,而栽培管理水平和修剪程度也影响这一时期的长短;树木的结果期又可分为初果期、盛果前期、盛果期和盛果后期;树木的衰老期又可分为衰老更新期和衰老死亡期。树木生命周期可以根据树木生长结果的情况,划分为若干个更小的历史时期。树木生命周期阶段可划分为以下 4 个阶段。

（1）幼龄阶段

从种子萌发到首次开花前的这段时间称为幼龄阶段。幼龄阶段的树木开始时生长缓慢,以后逐步增快,此间常受到杂草、杂灌木等的竞争影响,是树木生长最不稳定的时期。排除杂草生长后树木在幼龄阶段,生长旺盛,尤其新梢生长较长,这一阶段树木的枝叶量和根系的吸收面积都在不断扩大。地上部分树冠和地下部分根系的离心生长迅速,体内营养物质逐渐增加,加之内源激素的作用,树木逐渐从单一的营养生长转向生殖生长。

为保证幼龄树的健康生长,在栽培措施上应:加强土壤管理,促进树体生长;合理修剪,保证良好的树体结构;注意病害虫害防治。

(2)壮龄阶段

幼年阶段达到一定的生理状态后,就获得了形成花芽的能力。这一动态过程称为性成熟。进入性成熟(或成年)阶段的树木就能接受成花诱导(如给予环剥、喷激素等条件)并形成花芽。树木由幼龄进入壮龄一般以外部特征进行确定,首次开花是树木进入性成熟的最明显的特征。部分树木幼年阶段的结束与首次开花时间不一致,这种情况将把那个实际已具有开花潜能而尚未真正诱导成花的一段时期,称为过渡时期。从首次开花到大量开花之前的阶段为壮龄阶段。此时树木营养生长旺盛,枝叶繁茂,且开始生殖生长,树木的开花结实量逐年增多。树木的加粗生长明显增加,树木整体增高渐缓,直径生长加快,树木的根、冠已明显出现离心稀疏现象。这一阶段是树木生长的鼎盛时期。壮龄阶段树木的养护的重点是,加强水肥,以利于树体内营养物质积累;整形修剪促进花芽分化,为大量开花打下基础。

(3)成熟龄阶段

树木进入成熟龄,也是从外部形态特征来进行判断。树木开花结实量逐年减少,林冠出现显著空隙,标志树木进入成熟阶段。成熟龄阶段,树木生长逐渐减缓,树木增高生长不显著,树木地下根系和地上树冠的纵、横向生长的幅域接近或达到最大值。成熟龄阶段后期,部分树冠内膛枝死亡,骨干枝减少,树冠逐渐减小。养护上期待延长成熟龄阶段的时间,为保持一定的生长势可采取的养护措施有:肥水的供应充足,促进树势健壮;精细修剪,维持生长结果能力。

(4)过熟龄阶段

过熟龄阶段树木的外部形态特征表现为树木的高生长及直径生长极不明显,生命活动渐弱。此阶段树木树冠更新能力很弱,更新枝条纤细而生长衰弱,树皮脱落,树体衰老,并逐渐死亡。树木对环境的适应能力也大大减弱。由于受到病虫害的侵染及自然灾害的侵袭,开始出现树干心腐、枝干枯损、树冠破裂等现象,树木的经济价值及有益效能明显降低。

树木进入衰老期以后,树冠逐渐缩小,骨干枝和骨干根开始死亡,可进行更新修剪。树木在整个生命周期中,衰老是绝对的,复壮更新是相对的,修剪是使树木在不到自然死亡时就得到更新复壮。

当树木衰退直至死亡后,需要进行更新。更新的方法有萌芽更新、砍伐更新、复壮更新。对一般树木而言,可以萌芽更新或重新栽植。对于古树名木而言,应该更新复壮以延续其寿命。过熟龄阶段管理的措施有:开沟施肥、中耕松土、及时补洞、重剪骨干枝促发侧枝。

2.1.2 植物的年生命周期

植物可感受外界环境的变化,并以"生物钟"形式适应这种周期性的变化。一年之中四季更迭,气候环境呈周期变化,绿化植物的形态和生理机能随季节变化而出现有规律的变化。年生命周期是指植物在 1 年内生长发育的全过程。

园林树木的年生命周期特征明显,且在道路绿化中,植物配置的设计尤其要考虑树木年周期的变化而进行植物的季相景观,植物的养护也因年周期变化阶段的不同采取不同的措施。年生命周期是园林植物区域规划和制定科学栽培措施的重要依据。

不同树种和品种的树木年生命周期特征不同,尤其是落叶树木和常绿树木的年生命周期有很大的差别。我国北方位于温带地区,一年中有明显的四季气候变化,此地区的落叶树木的年生长周期特征变化尤为明显。以我国北方落叶树木为例分析植物的年生命周期变化特征。

北方落叶树木一年中明显地表现为生长和休眠两个不同的阶段。生长期从春季开始树木萌芽生长,到秋季树木落叶为止。休眠期是从树木全部树叶掉落开始,到第二年萌芽之前的时期。这一阶段气温低,属于北方的冬季,植物为适应不利的低温环境进入休眠状态。在适应环境进入生长、休眠状态前,植物都有一个过渡阶段,即植物一年中要经历从休眠转入生长期、生长期、生长转入休眠期、休眠期4个阶段。两个过渡时期是植物适应环境的重要准备阶段,植物形态外部特征表现不明显,且历时短。

1)休眠转入生长期

树木需要一定的温度,水分和营养物质,才可从休眠转入生长。休眠转入生长期,从日平均气温稳定在3 ℃时起,树木将要萌芽,到芽膨大待萌时止。通常以芽的萌发作为树木休眠的解除的标志。在此之前,有一定时间的适合温度和水分积累后,树液开始流动,一些树种表现明显的“伤流”,这是早于萌芽的生理活动。休眠转入生长期树木抗寒能力降低,养护措施应预防倒春寒现象,提前对树木进行涂白处理,减少早春温度突降时枝干的冻害伤害。

树种产地不同芽膨大所需基础低温也不尽相同,原产北方的树种当日平均气温稳定在3 ℃时,达到一定的累积温度即可。原产温暖地区的树木,芽膨大所需温度较高。且叶芽膨大所需积温高于花芽膨大所需积温。贮存养分充足的树木,芽膨大整齐,时间较早,能较快进入生长期。

2)生长期

生长期指从树木萌芽生长至落叶的时期。占一年中较大比例,是通常所说的整个生长季。树木在生长阶段要经历萌芽、开花、抽枝、展叶和开花坐果等生长发育过程。树木地下部分根的生长最早,但我们通常以地上部分明显萌芽特征作为树木开始生长的标志。树木每年都按其固定的物候顺序生长发育。而不同树种物候顺序有所不同。有的先叶后花,有些先花后叶。环境条件和栽培技术差异,树种和品种不同,树木的物候期的开始、结束和持续时间的长短也不尽相同。

3)生长转入休眠期(落叶期)

落叶期从叶柄开始形成离层,至叶片落尽或完全失绿为止。秋季叶片自然脱落是生长期进入休眠的形态标志,说明树木已做好了越冬的准备。落叶前新梢为顺利越冬,需经过组织成熟过程。新梢在加粗生长时,即开始贮藏营养物质,并开始木质化。新梢停止加粗伸长生长后,一直在继续积累营养物质。树木落果后到落叶前,进行更为集中的养分积累。

秋季气温降低、日照变短,导致树木落叶并进入休眠状态,落叶前叶片光合作用和呼吸作用的减弱,营养成分转移或分解,最后叶柄基部脱落。干旱、水涝、病害等影响会造成早期落叶,有时还会再次生长,危害很大。过早落叶不利养分积累和组织成熟,树木未做好越冬准备,易发生冻害和枯梢。不同年龄的树木进入休眠早晚不同。幼龄树比成年树进入休眠迟。

4)休眠期

秋季正常落叶到次年春天树体开始萌芽为止是落叶树木的休眠期。在树体休眠前,局部枝芽更早的开始休眠。处于休眠期的树木,其生命活动虽然微弱,但并没有完全停止。树木体内仍进行着呼吸、蒸腾、芽的分化、根的吸收、养分合成和转化等生命活动,休眠期仍进行较微弱和缓慢的各生命活动,所以应称其为相对休眠期。一般树木适合在相对休眠期施基肥、移植、整形修剪。

温带地区冬季气温低,落叶休眠是树木适应环境的进化结果。进入休眠状态,是保护幼嫩的组织免受冻害,顺利地度过寒冷的冬季,待到温度适宜时再继续生长。

生命周期和年周期,是树木最基本和最重要的发育过程,所采取的一切栽培技术措施,都要适应各时期的生长发育特点。树木的养护要确保正常的生长节奏和稳定的树体平衡关系。可通过夏季修剪控制和调节树体营养物质的制造、输导和积累,借以维持生长和结果的平衡关系。夏季修剪的重点是调节生长强度,促进花芽分化和果实的生长发育。

常绿树也有年生长状态的变化阶段,但树体特征变化不明显,如树冠上常年有绿色树叶。常绿树的叶片寿命较长,多在一年以上。常见针叶树叶片寿命如下:松属针叶可存活2～5年;冷杉叶可活3～10年;紫杉叶存活高达6～10年。常绿针叶树的老叶多在冬春脱落,每年都增生新的树叶且仅脱落部分老叶,因此全树终年连续有绿叶存在。常绿阔叶树的老叶,多在萌芽展叶前后逐渐脱落。常绿树的落叶,主要是失去正常生理机能的老化叶片,所发生的新老交替现象。

2.1.3　植物物候期特征

生物长期适应环境的周期变化,进化过程中形成适应环境的习性,其生理机能和形态上呈现有规律变化。植物在一年的生长中,随着气候的季节性变化而发生萌芽、抽枝、展叶、开花、结实及落叶、休眠等规律性变化的现象,称为物候或物候现象。物候期指植物在年生长发育过程中,各个器官随季节气候变化而发生的形态变化。而器官表现出来的外部特征则为物候相。

人们可以通过观察生物的生命活动的变化,来认识气候周期性的变化。进行物候研究,对区域规划的树种选择和确定树木栽培措施具有重要意义。此外,树木所呈现的季相变化,对道路种植设计还具有艺术意义。研究人员通过观测,记录各个器官发生的形态变化,通过标志性的器官形态变化,判断植物的生长阶段。这些标志性的形体变化包括如下内容。

1)萌芽期

树木由休眠转入生长的标志。具体划分为芽膨大始期、芽开放期或显蕾期两个时期(图2.1)。

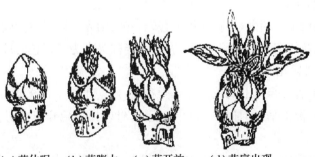

(a)芽休眠　　(b)芽膨大　　(c)芽开放　　(d)花序出现

图2.1　萌芽期

（1）芽膨大始期

植物的枝、花或花序的原始体称为芽。植物芽有裸芽、鳞芽之分，外围有芽鳞片包被的芽称为鳞芽，无芽鳞片的称为裸芽。具有鳞芽的木本植物芽膨大期，以芽的鳞片开始分离，侧面刚露出线形、角的新痕为标志。具有裸芽的木本植物（如枫杨、山核桃）不记芽膨大期。

实践中预先在芽上涂上一薄层红漆，芽膨大红漆会分开露出新芽颜色，便于观察芽膨大期。一些较小的芽或具绒毛状鳞片芽，可用放大镜观察。不同树种应分别记录其花芽、叶芽、混合芽膨大日期。

（2）芽开放期或显蕾期（花蕾或花序出现期）

绿化植物具备特殊的观赏价值，芽体的新嫩展露出春天的气息。芽开放期以鳞芽鳞片裂开，芽顶部出现新鲜颜色的幼叶或花蕾顶部为标志。当树木的芽膨大与芽开放不易分辨时，实践中只记录芽开放期。不同树木芽开放期形态特征各异：榆树形成新苞片伸长；枫杨锈色裸芽出现黄棕色线缝；具有纯花芽的早春开花树木（如山桃、杏、李、玉兰），外鳞层裂见到花蕾顶端为花芽开放期或显蕾期；具混合芽春季开花的树木（如海棠、苹果、梨），具有芽开放和花序露出期，先叶后花。

2）展叶期

（1）展叶开始期

植物的展叶首先是芽从芽苞中发出卷曲着的或按叶脉褶叠的小叶，出现第一批有一两片的叶片平展时开始。对于针叶树种来说，当幼针叶从叶鞘中开始出现时，针叶树种便迎来了展叶开始期。具复叶的树木，以其中 1~2 片小叶平展时，复叶的树木迎来了展叶开始期。

（2）展叶盛期

我们以观察植株半数以上的枝条小叶完全平展，为展叶盛期开始的标志。对于针叶树，当新针叶长出的长度达到老针叶长度一半的时候，就达到了针叶树种的展叶盛期。有些树种开始展叶后，就很快完全展开，可以不计展叶盛期。

3）开花期

（1）开花始期

如果同一种植物观测了许多株，50%以上的植株有一朵或同时有几朵花的花瓣完全开放，此时可记为开花始期；如果只观测了一株，那么在这一株植株上有一朵或同时有几朵花的花瓣完全开放即为开花始期。

对于针叶树，当树木开始散粉时，即用手轻轻一弹，阳光下可以看到圆柏花粉扑簌簌地散在空中，为针叶树的开花始期，对于葇荑花序的树种，当柱头变为黄绿色时即为开花始期。

（2）开花盛期（或盛花期）

在观测的树木上有一半以上的花蕾都展开花瓣，或一半以上的葇荑花序散出花粉，又或一半以上的葇荑花序松散下垂（如加杨），为开花盛期，针叶树不记开花盛期。

（3）开花末期

当被观测树木上残留约5%的花时，树木进入花末期，针叶树类和其他风媒树木以散粉终止时或柔荑花序脱落时为开花末期。然而有一些树种的花比较顽强，不易脱落，比如榆叶梅，那当大部分花带锈色时，就记为开花末期。以杂交育种和生产香花、果实为目的，物候观察项目可根据需要增加，如果树应增加落花期。

4) 果实生长发育

果实生长发育过程是自坐果至果实或种子成熟脱落止的过程,经历幼果出现期、果实或种子成熟期和果实脱落期。

(1)幼果出现期

幼果出现期以子房开始膨大为标志,如苹果、梨果直径达 0.8 cm 左右为准。此后物候观测人员应选定幼果,每周测量其纵、横径或体积,直到采收或成熟脱落时止。

(2)果实或种子成熟期

果实和种子成熟期以观测树上有一半的果实或种子变为成熟色为标志。其中木本植物上少量果实或种子变为成熟色时为果实或种子初熟期。木本植物上果实或种子绝大部分变为成熟时的颜色并尚未脱落时为果实或种子全熟期。有些树木的果实或种子为跨年成熟的应在表格中记明。

(3)果实或种子脱落期

木本植物果实逐渐成熟,树下出现一定数量脱落之果实。开始脱落期出现成熟种子开始散布或连同果实脱落。常见的杨柳属飞絮、榆钱飘飞、栎属种脱、豆科荚果开裂、松属种子散布、柏属果落均为种子脱落的表现形式。脱落末期成熟种子或连同果实基本脱完。部分当年木本植物的果实当年留在树上不落,观测记录中应在"果实脱落末期"栏中写"宿存"。观果树木果实或种子脱落期,为适应道路造景需要应详细记录观赏效果的开始日期和最佳观赏期。有多次落果的,应分别记载落果次数及每次落果数量、大小。

5) 叶秋季变色期

由于正常季节变化,木本植物出现颜色变化的叶片,并且叶片颜色变化不断增多至全部变色的时期,称为叶秋季变色期。实践中应注意区分因干旱或其他原因引起的夏季叶变色与秋季叶片变色。常绿树一般无叶变色期,可不记录。

以观测植株上约 5% 叶片呈现秋色叶时,作为秋叶开始变色期的标志。针叶树叶子的逐渐变色不易察觉,应以能明显看出部分叶片变为黄褐色,为秋叶开始变色期的标志。

以观测植株上 30% ~50% 的叶片所呈现秋色叶时,作为可供观秋色叶期的标志。此时植物叶色具有观赏价值,观测记录时注明变色方位、部位、比例、颜色,并以图示标出该树秋叶变色过程。如元宝枫,由绿变成黄、橙、红三色。

6) 落叶期

从观测树木秋冬开始落叶,到树木上的叶子全部落尽时止的时期,称为落叶期。注意区分因干旱、暴风雨、水涝或发生病虫害引起夏季的落叶,与秋冬的自然落叶。针叶树不易分辨落叶期,可不记。热带地区树木的叶子多为换叶,如能鉴别其换叶期,应加以记录。

物候观测中应记录落叶的始、盛、末期。落叶期应详细记录:落叶始期,约有 5% 的叶子脱落为标志;落叶盛期,30% ~50% 的叶片脱落为标志;落叶末期,树上的叶子几乎全部(90% ~95%)脱落为标志。

此外观测中,遇到秋冬气温突降至 0 ℃ 或 0 ℃ 以下,有些叶子冻枯于树上,应在记录中注明。遇到有落叶树的叶子年终未脱落,应注明"干枯未落",并记录第二年春天落叶时间。

2.1.4 物候期观测

绿化植物的物候观测,除具有生物气候学方面的一般意义外,还可以观测了解常见绿化植物的季相变化,为道路绿化种植设计、选配树种,形成四季景观提供依据。

1)观测目标与地点的选定

在进行物候观测前,按照以下原则选定观测目标或观测点。观测地点选择视野开阔,环境应有代表性,土地、地形、植被要基本相似,观测地要求多年不变;按统一规定的树种名单从露地栽培或野生树木中,选择生长健壮的成年(开花结实3年以上)树木,植株在生长地要有代表性,观察株数可根据具体情况确定,一般每种3~5株;对雌雄异株的树木最好同时选雄株和雌株,并分别记载。

2)观测植株的标记

选定观测植株后,应选择典型部位,挂牌标记,并绘制平面图注明位置,存档备用。以便定期进行测定和统计的内容。

3)观测记录方法

物候观测人员要固定,需要责任心强的工作人员,不间断细心观测和记录。做到随看随记,记录全面。记录方法如下:

①观察时间:一天中一般宜在气温高的下午观测。

②观察间隔时间:根据物候期的进程确定。萌芽至开花物候期应每隔2~3 d观察一次;开花期短的植物,需几个小时或1 d观察一次;其他生长季可5~7 d观察一次。

③定期测量:有些项目需详细物候期观察并配合定期测量。如枝条加长加粗、果实体积的增加、叶片生长等应每隔3~7 d测量一次,并绘制出曲线图。

④定期取样观察:有些项目需取样做切片观察。如花芽分化期应每隔3~7 d取样做切片观察一次。

⑤统计数字:落果期调查项目,除每日计数外,还应配合开花期和落花后的定期统计。

⑥观测位置应靠近植株观察各发育期,主要观测向阳面或上枝部分。

任务2.2 绿化植物的生长发育

绿化植物主要由树根、枝干、树叶所组成,达到一定树龄后,还会有花、果、种子等。我们将绿化植物的根称为地下部分,把枝干、叶、花、果称为地上部分。实践中应充分了解各器官的生长习性和相关性,以便于调控树木的生长发育及提高移栽成活率。

2.2.1 根的生长发育

根是绿化植物的重要器官,是绿化植物整体赖以生存的基础。根的生长有加长生长和加粗生长两种。根形成初期以加长生长为主,根冠内的细胞分裂区不断分裂,使根不断伸长;根形成的中后期以加粗生长为主,产生木栓形成层和木栓层,形成周皮,形成层的活动则形成根的次生木质部和次生韧皮部。

绿化植物由胚根形成的初生根一般都垂直向下生长,在垂直根上分生出侧根,组成的根系称为垂直根系。垂直根系对土壤深层水分和养分吸收能力强,吸收基肥多。侧根的生长角度较大,沿接近水平方向生长,组成的根系称为水平根系。水平根系分布浅,侧根多,对根外追肥反应敏感,不耐旱。

1) 影响根生长的因素

树木根系可全年生长,且随时可由停顿状态迅速过渡到生长状态。其生长势的强弱和生长量的大小随土壤的温度、水分、通气与树体内营养状况以及其他器官的生长状况而异。

(1) 土壤温度

树木的活动与土壤温度有密切的关系。不同的树种对开始发根生长所需要的土壤温度不一致,一般原产温带寒地的落叶树木需要温度低,而热带、亚热带树种所需温度较高。

根的生长都有最适温度、上限温度和下限温度。温度过高或过低都会对根系生长产生影响,造成低温或高温休眠,甚至导致伤害。由于土壤不同深度的土温,随季节而变化,分布在不同土层中的根系活动也不同。以中国中部地区为例,早春土壤化冻后,地表 30 cm 以内的土温上升较快,温度也适宜,表层根系活动较强烈;夏季表层土温过高,30 cm 以下土层温度较适合,中层根系较活跃。90 cm 以下土层,周年温度变化小,根系往往常年都能生长,所以冬季根的活动以下层为主。

新移栽的树木,由于根群较小,组织幼嫩,且分布较浅、抗逆能力差、易出现各类不稳定因素,加强各季节根系有针对性的养护工作十分必要,如春季提温、夏季降温、冬季保温等。

(2) 土壤湿度

土壤湿度是限制绿化植物根系生长的主要因素,土壤水分状况对根系生长的影响是多方面的。根系在通气良好而又湿润的土壤环境下生长良好,适宜根系生长的土壤为含水量达到 60% ~ 80% 的湿度环境。土壤湿度是影响绿化植物根系生长的不可代替因素,当温度、通气状况及其他因子都适合,但土壤水分降到一定限度时,根也要停止生长。土壤湿度不足,易造成根系出现木栓化和发生自疏,进而影响树木的生长发育。土壤湿度过大,土壤含氧减少,抑制根的呼吸作用,会造成绿化植物停长甚至腐烂死亡。可见树木的浇灌应遵循见干见湿的原则,并根据绿化植物喜干湿程度,正确进行灌水和排水。

(3) 土壤通气

土壤通气状况是影响根系生长的重要因素。土壤通气良好,根系分枝多、密度大。土壤通气不良,根系生长慢或停止,发根少,易引起树木生长不良和早衰。土壤通气与土壤湿度形成互补,正常情况下湿度大,通气差;湿度小,通气畅。道路绿化,铺装路面多、道路工程施工夯实以及人流踩踏频繁,土壤紧实,透气差。表现为影响根系的穿透和发展,内外气体不易交换,引起有害气体(二氧化碳等)的累积中毒,影响菌根繁衍和树木的吸收。土壤水分过多也影响土壤通气,从而影响根系的生长。树木移栽时,土壤改良和科学浇水是值得我们加以重视的,同时注意在养护过程中进行中耕、打孔透气也是必要的。不可轻视土壤板结的危害。

(4) 土壤养分

土壤养分状况不至于使根系处于完全不能生长的程度,所以土壤营养一般不成为限制因素,但可影响根系的质量,如根系的发达程度、细根密度、生长寿命长短。

绿化植物根系有趋肥性。适当施肥有利于根系的生长。施磷、硼、锰肥有利于根系的生长。施氮肥有利于叶片光合作用产生有机营养及生长激素进而促进发根。但当土壤通气不良时有些元素会转变成有害的离子,使根受害。移栽时,注意对有机肥的使用重视,而无机肥(化肥)应合理、严格控制使用量。

(5)树体有机营养

根系的生长状况与地上部分所供应的碳水化合物的多少直接相关。土壤条件良好,树体向下输送有机养分量决定了根的生长总量。当地上部分出现叶片受害或结实过多情况时,树体向下输送的营养物质不足,根的生长受阻。此时即使加强施肥,短时间也无法满足根的生长需求,需通过保叶或疏果来改善。树木移栽时应保持一定量的叶片,保留叶片可通过光合作用制造营养,并通过疏花疏果减少消耗,以促进生根。树木移栽1~3年内,尽量做到无花无果,能改善树木长势和提高移栽成活率。

2)根的生长周期与再生力

(1)根的生长周期

树木根系没有自然休眠,在适宜的条件下可周年生长。根系的生长状况与地上部分密切相关,受气候影响,树木根系的伸长生长也呈周期性变化。树木根的生长有明显的生命周期、年生长周期和昼夜周期。掌握树木根系年生长动态规律,对科学合理地进行树木栽培和管理有着重要的意义。

根系生长的年生长周期。绿化植物的根系一般在一年中有三次明显的生长高峰期。在春季3月到4月中旬,根系生长达到第一次高峰。第一次高峰,根的生长程度、发根量与上一年树体积累的营养有关。夏季6月底7月初,从新梢停止生长到果实加速生长前后,根系生长达到第二次高峰。第二次高峰,根的生长发根量最多,发根多、生长快、时间长。秋季自9月上旬至11月下旬,随着叶片养分的回流积累,根的生长达到第三次高峰。此后随着温度下降,根的生长趋于缓慢直至进入休眠状态。树木根系的年生长高峰次数和强度与树种和年龄有关,树龄大的生长高峰不明显,松柏类树木根系没有明显的年生长高峰期。栽培中根据树木根系年生长周期特点,选择树木移栽和施肥时间,科学养护。如根系生长高峰期浇灌生根剂,发挥生根剂的更大效果。

根系生长的昼夜周期。根与地上部分一般交错生长。一天中,白天绿化植物地上部分生长量大,根的生长量相对较少。夜间绿化植物的地上部分生长量小,绿化植物的根生长量大。生命周期的早期植物的根大多形成骨干根,进入衰老期骨干根大量死亡。

(2)根的再生

根系受伤后能迅速愈合并长出大量根系,具有很强的再生和恢复吸收能力,尤其在春季和秋季根系再生能力较强。树体和生长环境对根的再生力有较大影响,旺盛生长新梢顶芽和侧芽能促进根的再生力,土壤良好的通气状况通透性能促进根的再生力,适宜的土壤温度和水分条件也有利于提高根的再生力。树木移栽就是利用根系较强的再生能力。不同树种再生能力存在差异性,在移栽树木时,尽量选择根系再生能力强的树木进行移栽,同时科学地选择生根药剂和用药配比,促进较难成活树木移栽生根。

2.2.2　芽的生长发育

芽是尚未充分发育和伸长的枝条或花,是枝条或花的雏形。有些植物的芽,在幼叶的外面还包有鳞片。花芽由未发育的一朵花或一个花序组成,其外面也有鳞片包围。

1)芽的类型

根据芽着生的位置、性质、构造和生理状态等标准,可把芽分为各种类型。

（1）顶芽和腋芽

一般生长在茎和枝条的节上着生有固定位置的芽称为定芽,其中着生在枝顶端的称为顶芽,着生在叶腋处的称为腋芽,叶腋处通常有一个芽,也有几个芽生长在同一个叶腋内的,例如有的植物叶腋内有3个横向并列的芽,先生的称为腋芽,其他称为副芽。有的为纵列2~4个叠生芽。被膨大的叶柄基部覆盖的芽,称为柄下芽(图2.2)。

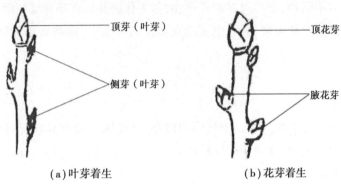

（a）叶芽着生　　　　　　（b）花芽着生

图2.2　顶芽和侧芽示意图

与定芽相对应的为不定芽,是从老茎、老根和叶片上所产生的,例如洋槐根上,落地生根的叶片上形成的芽。除顶芽和腋芽外,其他位置发生的芽为不定芽。一些植物体受伤后,也可在伤口附近产生不定芽,例如秋海棠叶上,或砍伐后的柳树桩上所产生的芽。不定芽可发育成新植株,可用不定芽营养繁殖。在生产实践上,利用秋海棠、香叶天竺葵、泡桐等植物的叶或根容易产生不定芽的特点,通过扦插可以进行大量的繁殖。

（2）枝芽(叶芽)、花芽和混合芽

依据芽的性质划分为枝芽(叶芽)、花芽和混合芽。芽发育开放后形成茎和叶,这种芽称为叶芽(也称枝芽),如榆树的芽。由生长锥、幼叶、叶原基和腋芽原基构成。

发展为花或花序的为花芽,如小檗的芽。由花萼原基、花瓣原基、雄蕊原基和雌蕊原基构成。如果一个芽开放后既形成枝叶,又形成花的称为混合芽,如丁香、苹果、梨和海棠的芽。

（3）鳞芽与裸芽

芽的外面包有鳞片的称为鳞芽。大多数生长在寒带的木本植物(如杨树、松树等),芽外部形成鳞片或芽鳞,包被在芽的外面保护幼芽越冬,都为鳞芽[图2.3(a)]。鳞片脱落后在茎上留下的痕迹就是芽鳞痕。

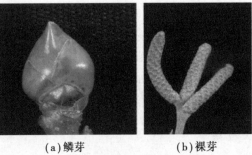

（a）鳞芽　　　　　　（b）裸芽

图2.3　鳞芽与裸芽

鳞片上有角质和毛茸,有的甚至还分泌树脂,可以使芽内蒸腾减少至最低限度,对过冬可起保护作用。生长在湿润的热带地区的木本植物及温带地区的草本植物,它们的芽外面无鳞片,仅为幼叶所包裹,如枫杨和胡桃的雄花芽,都是裸芽[图2.3(b)]。

(4)活动芽和休眠芽

一株木本植物上有数目众多的芽,通常在生长过程中只有顶端几个芽(顶芽及近顶端的几个腋芽)开放形成枝条或花,这类芽称为活动芽,当年可以开放形成新枝、新叶、花和花序,一般一年生草本植物的芽都是活动芽,而多年生木本植物,通常只有顶芽和附近的侧芽开放为活动芽。下部的叶芽平时不活动,始终以芽形式存在,称为休眠芽。在顶芽受到损害,而生长受阻后开始发育。休眠芽以后可能伸展开放,也可能在植物的一生中,始终处于休眠状态不再形成活动芽。

2)芽的特性

(1)芽的异质性

枝条或茎上不同部位生长的芽由于其形成时期、环境因子及营养状况等不同,造成芽的生长势及其他特性上存在差异,称为芽的异质性。

(2)芽的早熟性和晚熟性

有些木本植物的芽,当年形成,当年即可萌发抽梢,称为芽的早熟性。一年生植物和很多热带木本植物,在整个生长季中芽都在活动。

一年生植物在生长季末期,随着植株顶端的芽形成了花,茎的伸长停止,芽的生命活动也随之结束。

多年生草本植物和木本植物的新芽在当年内并不开展,而是经过冬季休眠,到翌年春季才开展。一些树种当年形成的芽到第二年春才萌发抽梢,称为芽的晚熟性。

(3)萌芽力和成枝力

绿化植物茎或枝条上芽的萌发能力称为萌芽力;多年生树木,芽萌发后有长成长枝的能力,称为成枝力,用长枝数占总萌发芽数的百分比来表示。

(4)潜伏力

芽的潜伏力包含两层意思:一是潜伏芽的寿命长短;二是潜伏芽萌芽力与成枝力的强弱。一般潜伏芽寿命长的绿化植物寿命也长,植株易更新复壮。

绿化植物植株的形成,很大程度取决于芽在植株上的位置和活动状况。一些植物的芽具有明显的顶端优势,顶芽生长旺盛,腋芽休眠较多,则植株高而分枝少。一些植物的芽没有明显顶端优势,顶芽生长缓慢,腋芽生长旺盛,则茎干矮而周围分枝多。

绿化工作人员可结合植株上芽的着生位置、活动习性等特点,采取剪枝、抹芽等方法控制植物的形态。要获得丛生状植株,针对具有顶端优势的公路绿化植物,可以抹去顶芽,刺激大量腋芽的生长,使其形成丛生状。要获得高大的植株,针对无顶端优势的绿化植物,可抹去侧芽保留单根枝条,促进植株长高和直立而无分枝。如观赏花卉、蔷薇、香石竹等,抹去侧芽后仅保留顶端单枝花,营养供应集中,可产出更加大而美丽的花。

2.2.3　茎枝的生长发育

绿化植物的茎具有输导营养物质和水分以及支持叶、花和果实在一定空间的作用。有的茎还具有光合作用、贮藏营养物质和繁殖的功能。茎上着生叶的部位,称为节。两个节之间的部分,称为节间。茎与根在外形上的主要区别是,茎有节和节间,在节上着生叶,在叶腋和茎的顶端具有芽。着生叶和芽的茎,称为枝条。因此,茎是枝上除去叶和芽所留下的轴状部分,一个植物体上全部枝的总和称为枝系。植株在生长过程中,茎的伸长有强有弱,因此节间也就有长有短。节间显著伸长的枝条,称为长枝。节间短缩,各个节紧密连接的枝条,称为短枝(图2.4)。

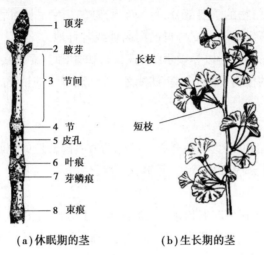

(a)休眠期的茎　　　　(b)生长期的茎

图2.4　植物的茎

1)茎的生长方式

在适应外界环境的进化过程中,为保证叶片伸展空间、获取阳光、制造营养、繁殖后代的需要,植物茎形成了不同生长方式(图2.5)。

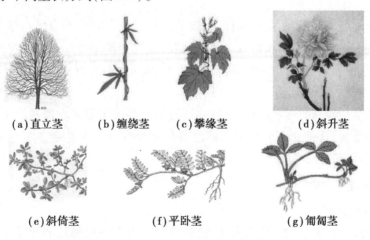

(a)直立茎　　(b)缠绕茎　　(c)攀缘茎　　　　(d)斜升茎

(e)斜倚茎　　　　(f)平卧茎　　　　(g)匍匐茎

图2.5　植物茎的生长方式

（1）直立茎

茎干垂直地面向上直立生长的称为直立茎。大多数植物的茎是属于此类型,草本植物和木本植物都可以具有直立茎。如杨树具有木质直立茎,蜀葵具有草质直立茎。

（2）缠绕茎

缠绕茎是自身无法直立,要绕在其他物体上才能向上生长的藤茎。缠绕茎幼小时细长而柔软,不能直立,用茎干缠绕于支持物上升,方能使枝叶生长良好;如离开支持物则倒伏地面。

缠绕茎的缠绕方向在每一种植物中是固定的,有些缠绕的方向左旋转(逆时针方向),如牵牛花、打碗花;有些缠绕的方向向右旋(顺时针方向),如忍冬、紫藤;也有些植物的缠绕方向可左可右,如何首乌。

(3)攀缘茎

攀缘茎细长柔软,不能直立生长,是以卷须、不定根、或吸盘等特有的结构攀缘支持物向上生长。攀缘茎是所有攀爬植物的重要部分,每一个植物在发芽生长过程中不断长高,为了可以更好地生长,它们便长出了攀缘茎来支持自己向高处或各种地方生长。

根据攀缘结构的不同,可分为以卷须攀缘的植物,如葡萄、黄瓜;以气生根攀缘的植物,如常春藤;以叶柄卷曲攀缘的植物,如旱金莲、铁线莲;以钩刺攀缘的植物,如白藤、猪殃殃;还有以吸盘攀缘的植物,如凌霄、五叶地锦。

(4)斜升茎

草本植物和木本植物都可以具有斜升茎。植株幼时茎离开地面偏斜向上生长,成长过程中茎逐渐变直立,整体植株下部呈弧曲状,上部呈直立状。

(5)斜倚茎

斜倚茎通常为草质。茎初生时斜倚地面,随后向斜上方倾向生长,整体植株形成近地面生长向四周扩展的状态。斜倚茎在密集生长时,可发育为斜升茎状态。在稀疏生长时,植株斜倚于地表。代表植物有马齿苋等。

(6)平卧茎

平卧茎细长,通常为草质。平卧茎在接近地表的基部分枝,向四周蔓延生长,节上无不定根产生,一般植株蔓延的距离不大,如地锦等。

(7)匍匐茎

匍匐茎细长柔弱,平卧地面蔓延生长,一般节间长且节上能生不定根。有少数植物兼有直立茎和匍匐茎,通常主茎向上生长是直立茎,而侧枝发育为匍匐茎。有些植物的茎本身就介于平卧和直立之间,植株矮小时,呈直立状态,植株长得高大不能直立则呈斜升甚至平卧,如酢浆草。

在长期适应某种特殊的环境过程中,有些植物的茎改变了原来功能和原来形态,并长期稳定保持茎的这种改变,这种和一般形态不同的变化称为变态。常见变态茎有茎卷须、茎刺、根茎、块茎、鳞茎、球茎等。

2)茎枝的习性

(1)顶端优势与层性

顶端优势指植物的主茎顶端生长占优势,同时抑制着它下面邻近的侧芽生长,使侧芽处于休眠状态的现象。顶端优势的形成与植物体内源激素的合成、积累和分布有关。随着苗木开始逐年生长,强枝成为主枝,弱枝衰亡,树冠上的主枝就形成了层状分布,这就是层性。

(2)分枝习性

茎的分枝是普遍现象,能够增加植物的体积,充分地利用阳光和外界物质,有利繁殖新后代。各种植物分枝有一定规律。植物常见分枝方式有:单轴分枝、合轴分枝、二叉分枝、假二叉分枝4种类型(图2.6)。

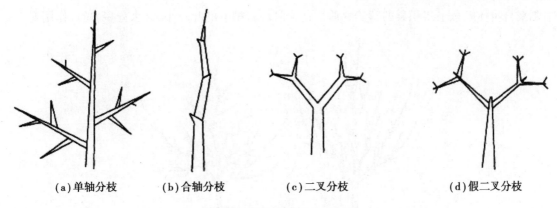

（a）单轴分枝　　（b）合轴分枝　　　（c）二叉分枝　　　　（d）假二叉分枝

图2.6 植物常见的分枝方式

①单轴分枝：顶端优势明显，顶芽不断向上生长形成粗壮主干，侧芽发育形成侧枝，各级分枝由下向上依次细短，树冠呈尖塔形。主轴的生长明显占优势。

②合轴分枝：没有明显的顶端优势，顶芽生长迟缓或很早枯萎或为花芽，紧临下方的侧芽开放长出新枝，代替原来的主轴向上生长，如此反复交替进行，成为主干。这种主干是由许多腋芽发育的侧枝组成，称为合轴分枝。这种分枝方式，树冠开阔，枝叶茂盛，有利于充分接受阳光，是一种进化的分枝类型。大多见于被子植物，如桃、李、苹果、马铃薯、番茄、无花果、桉树等。

③二叉分枝：顶芽均匀分裂成两个侧芽，每个侧芽发育成一个分枝，是分枝中最原始的类型。蕨类绝大多数是二叉分枝式，但种子植物却很少具有这种分枝方式。一些低等植物如鹿角蕨和少数高等植物，如地钱，其茎尖生长点一分为二，形成两个对生的分枝，成为真二叉分枝。

④假二叉分枝：是合轴分枝的一种特殊形式。叶对生的植株，顶端很早停止生长或开花，由顶芽下的两侧腋芽同时发育成二叉分枝，形成两个叉状的分枝。这种分枝实际上是合轴分枝的一种特殊形式，与真正的二叉分枝有根本区别。假二叉分枝多见于被子植物木犀科、石竹科，如丁香、石竹、茉莉、接骨木。

3）枝的生长

（1）枝条的生长势

生长量和生长势是衡量树木生长强弱和一些生命活动状况的常用指标。生长势指枝条加长和加粗生长的快慢。植物体中长新梢占新梢的比例越高，植株抽生强旺，新梢的能力强，说明枝的生长势强（图2.7）。生长量指一年内枝条生长达到的长度和粗度。经一段时间的生长后植物体的地上和地下部增加的总量，包括根、茎、枝、芽数量的增加、长度的延伸和粗度的增大，可用增加的重量来测算。

生长量与生长势并不是简单地成正比关系，还与生长点密切相关，采取恰当的栽培措施可保证植株旺盛的生长能力。实践中对老弱树采取重剪、开心、疏枝、改接等缩减体积的栽培措施，减少生长点，促进植株生长势由弱变强。

（2）枝条的加长生长

绿化植物的树冠不断扩大，植物的新梢每年都加长和加粗生长。其中枝条的加长生长是通过枝条的顶端生长点的细胞分裂和伸长来实现的。新梢的加长生长一般经历由慢到快再到慢的过程，树木的新梢生长可分为：开始生长期、旺盛生长期、缓慢生长和停止生长期3个时期。

①开始生长期：指从叶芽萌发幼叶伸到芽外，到节间伸长的时期。此时新梢生长营养物质

主要来自树体贮藏上年积累的营养物质。这个阶段新梢上的叶较小,含水分多,光合作用弱。

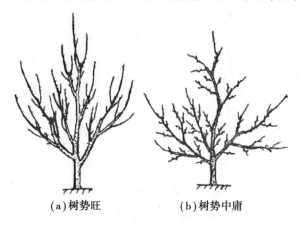

(a)树势旺　　　　　　(b)树势中庸

图2.7　植物常见的分枝方式

②旺盛生长期:旺盛生长期枝条节间伸长明显,其上叶片数量增加、面积加大,光合作用增强。旺盛生长期新梢生长依靠当年叶片制造的养分。新梢长度与生长持续的时间取决于雏梢的节数。

③缓慢生长和停止生长期:新梢的旺盛生长受到植株果实、花芽、根系等器官发育的制约。受到外界环境的变化的影响,可能进入缓慢生长和停止生长状态。当枝梢长至一定时期生长点细胞分裂减慢到停止,新梢加长生长也逐渐减慢到停止,形成顶芽,枝条生长进入缓慢生长和停止生长期。此阶段枝条发生木栓层,进而完全木质化而成熟,出现蜡质、茸毛等保护组织,准备越冬。

不良的环境条件能使枝条提前结束生长。在贫瘠干燥的土壤或透气性不好的土壤中生长的植株,枝条能提前1~2个月结束生长。而充足的氮肥、湿润的土壤环境能延长枝条的生长期。栽培中应合理调节光、温、肥、水,加以合理的修剪,来控制新梢的生长时期和生长量,达到树木培育的目的。

(3)枝条的加粗生长

多年生枝条只有加粗生长而没有加长生长。新梢在加长生长同时进行加粗生长,加粗生长高峰晚于加长生长高峰,停止也较晚。形成层细胞不断分裂、分化、增大,使枝干不断增加粗度。新梢加粗是按照由基部到梢部的次序生长的。一般幼树的加粗生长持续时间比老树长。同一树体上枝龄越小加粗的绝对值越小,相对值越大,新梢加粗生长的开始期和结束期都比老枝早(图2.8)。

枝干在加粗生长过程中,形成层随季节周期性活动,使树干横断面上因密度不同而出现同心环,形成了树木的年轮。热带地区一年中气候变化多次,树木一年出现多个密度不同的同心环,每一轮代表一个生长季,准确来说这些同心环应称为生长轮(图2.9)。

(4)影响新梢生长的因素

遗传因素是影响新梢生长的主要因素。树木品种不同,新梢生长的强度各异,同一树种由于所选砧木不同,其生长强度也有很大差别,如苹果嫁接在乔化砧木上,新梢生长旺盛、树体高大,而嫁接在矮化砧木上,生长弱、树体矮小紧凑。

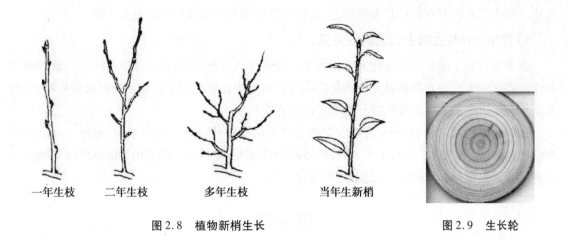

一年生枝　　二年生枝　　　多年生枝　　　当年生新梢

图 2.8　植物新梢生长　　　　　　　　图 2.9　生长轮

自身营养状况是影响新梢生长的主要因素。自身营养状况主要体现在着生母枝的粗度上，粗度大可供营养多，新梢生长旺盛。着生位置和姿势与新梢生长强弱密切相关，着生位置高、分枝角度小、直立生长者，新梢长势强；位置低、分枝角度大则新梢长势弱；表现为"枝高顶端优势"和"直立优势"。

2.2.4　绿化植物各器官的内在关联

绿化植物各器官之间，在生长发育的速率和节律上都存在着相互联系、相互促进或相互抑制关系。绿化植物树体某一部位或器官的生长发育，常能影响另一部位或器官的形成和生长发育。这种表现为植物体各部分器官之间在生长发育方面的相互促进或抑制的关系，植物生理学上称之为植物生长发育的相关性。植物各器官生长发育上这种既相互依赖又相互制约的关系，是植物有机体整体性的表现，也是制定合理的栽培措施的重要依据之一。

1）地上部分树冠与地下部分根系之间的关系

地上部分与地下部分关系的实质是树体生长交互促进的动态平衡，是存在于树木体内相互依赖、相互促进和反馈控制机制决定的整体过程。枝叶通过光合作用为树体各部分的生长发育提供能源。根系吸收土壤中水分和营养元素，促进地上部分枝叶的生长发育。当枝叶受到严重病虫危害时，光合作用受损，根系营养供应不足，导致树木的生长势衰弱。当枝叶受到轻微危害时，根系从土壤中吸收的水分和养分可促进枝叶恢复，枝叶和根系相互供给养分，促进树木长势逐步恢复。栽植后地下部分根系出现问题不易被发现，当栽植树木出现顶端枝叶干枯、落叶、回芽、小叶等问题时，如果树皮没有受损，我们就需要挖根查看地下部分，然后对症下药。

2）消耗性器官与生产性器官之间的关系

叶片是植物主要的绿色部分，也是光合作用的主要器官，叶片承担向所有器官供应有机养分的功能，是最重要的生产性器官。树木上有光合能力的绿色器官称为生产性器官。而无光合能力的非绿色器官称为消耗性器官。

叶片在向消耗性器官供应有机营养的时候，会根据各器官在生长发育上的节律，按一定次序优先满足几个代谢旺盛中心对养分的需求，协调各个器官生长发育对养分的需求。叶片营养物质供应是能保证树体生长发育的中心，一般会首先供应幼嫩、生长旺盛、代谢强烈器官的营养供应。树木在不同时期的生长发育中心,大体与生长期树体物候期的转换相一致。

3)营养生长与生殖生长之间的关系

营养生长和生殖生长是绿化开花植物生长过程中两个密切相关的过程。树木的营养器官和生殖器官的生长发育都需要光合产物的供应。营养生长和生殖生长相互依存又相互制约,营养生长与生殖生长之间需要形成一个合理的动态平衡。

在绿化植物栽培和管理中,可以根据对不同绿化植物的栽培目的和要求,通过合理的栽培和修剪措施,调节两者之间的关系,对有机养料合理分配,使不同植物或植物的不同时期偏向于营养生长或生殖生长,达到更好的美化和绿化效果。

思考题

1.绿化植物枝有哪几种类型?简述其特性。

2.绿化植物根系生长有何特点?

3.简述绿化植物花芽分化与开花过程。

4.简述绿化植物各器官之间的关系。

5.试用所学知识解释"根深叶茂,本固枝荣。枝叶衰弱,孤根难长"这句话。

项目3 绿化植物的生态习性

【学习目标】

了解影响植物的环境因子类型、各环境因子对植物生长发育的影响,了解城市气候特点、改善城市气候的措施。

【学习要点】

重点掌握植物生长发育适宜的各环境因子界限,掌握城市土壤、城市光照、城市污染对植物生长发育的影响及采取的栽培措施。

任务3.1 环境因子对绿化植物的影响

绿化植物的生存状况受到立地条件的影响,植物生活的地面和空间称为环境。植物生活环境影响的因子称为环境因子,影响植物的环境因子有气候因子(光照、温度、水分)、土壤因子、生物因子、地形因子和人为因子。环境因子是指环境中对生物的生长、发育、生殖、行为和分布有着直接或间接影响的环境要素。对于植物而言,在环境因子对植物生活有直接、间接作用。为更好地在生产中栽培和应用园林植物,我们应该了解外界的生态因子对绿化植物生长发育的影响。

3.1.1 光与绿化植物生长发育

为保证绿化植物进行光合作用,需要提供光照条件。光照随着地形、坡向、纬度、海拔的变化而不同,随季节和昼夜的变化而不同。影响光合作用的主要是光质(光谱成分)、日照长度(光周期)、光照强度。

1)光质对植物的影响

太阳光由不同波长的太阳光谱成分组成。不同的光对植物生长发育的作用不同。对植物起重要作用的部分主要是可见光,不同波长段对植物的作用是不完全相同的。红光、橙光有利于碳水化合物的合成,加速长日照植物的发育。蓝紫光能加速短日照植物发育。紫外线能抑制茎的伸长和促进花青素的形成,所以高山上的花卉色彩更加浓艳,果色更加艳丽。

而植物同化作用吸收最多的是红光和橙光,其次为黄光。太阳直射光中红光和黄光最多只有37%。直射光所含紫外线比例大于散射光,有利于防止徒长,有促使植株矮化的作用。太阳散射光中红光和黄光占50% ~60%,散射光对半阴性花卉及弱光下生长的花卉效用大于直射光。

花卉的种子萌发对光照条件有不同的光需求。报春花、秋海棠等花卉播种一般稍覆土有利于萌发,曝光时发芽比在黑暗中发芽的效果好,称为好光性种子。而嫌光性种子播种后必须覆较厚土壤,嫌光性种子需要在黑暗条件下发芽。

2)日照长度对植物的影响

日照长度就是指一天中日出日落的时数。每日的光照时数与黑暗时数的交替,对植物开花的影响称为光周期现象。日照长度是植物赖以开花的重要因子,根据光周期现象可将植物分为3类:长日照植物、短日照植物和中日照植物。

①长日照植物:植物在开花以前,需要一段时期每日光照时数大于14 h的临界时数称为长日照植物。这些园林植物大多起源于中、高纬度地区。连续光照起较好的促进作用;短日照不开花或延迟开花。

②中日照植物:对日照时间长短不大敏感,当温度和湿度适宜时,在长日照和短日照下都能开花的植物称为中性日照植物,如月季、仙客来、紫薇等。

③短日照植物:植物在开花以前,需要一段时期每日的光照时数少于12 h的临界时数称为短日照植物。三角梅、一品红、菊花等原产热带和亚热带,秋天开花的多年生花卉多属短日照植物。

自然条件下一年生植物,春天发芽后长日照下以营养生长为主,秋天短日照下开花结果;若播种较迟,秋天较短日照下仍能如期开花,但植株矮小。生产上经常人为控制日照长度,来达到调节花期的目的。短日照条件促进植物的休眠,长日照条件促进植物的营养生长。

3)光照强度对植物的影响

光照影响植物地上部分的生长。强光削弱植物体顶芽向上生长,增强侧芽的生长,促进组织分化,使树干粗壮、树冠庞大、分枝位置较低、短枝较多。光照不足时,树枝长且直立生长势强,表现为徒长和黄化。过强则易引起日灼。

光照强度也间接影响地下部分的生长。光照不足,对根系生长有明显的抑制作用,新根发生数少,甚至停止生长。而当根系生长不良时,进而使地上部分枝条木质化程度差,树体抗性差,冬季易受冻害。

植物的生殖生长也易受光照强弱的影响。光照不足,不利于花芽分化,结果量少或果实发育中途停止,同时也降低果实的品质。在光照强和低温条件下,果实中花青素含量多,植物花朵鲜艳。

根据植物对光强的反应可以将植物分为阳生植物、中性植物以及阴生植物。

①阳生植物:也称喜光植物,这类植物生长时要求较强的光照,通常不能在林下及弱光的条件正常生长。需要在全光照条件下生长最好,不耐阴。如多数露地一、二年生植物及宿根花卉、仙人掌科植物等多浆植物以及木本植物桃、杏、桦木、松树、刺槐、杨树等,常不能在林下生长或完成其更新。

②中性植物(耐阴植物):较喜光,也能耐阴。在充足的阳光下生长最好,但也有不同程度的耐阴能力,在高温干旱时全光照条件下生长受抑制。在过强的光照下需遮阴,一般季节在全光照条件下生长。

③阴生植物:在较弱的光照条件下,比在全光照下生长良好。人参、三七、多种秋海棠属生长在潮湿阴暗密林中的草本植物,为阴生植物。阴生植物在光照过强条件下,植物的叶片会失去应有的光泽,有的会发生灼伤。栽培时保持50%~80%的荫蔽度。严格地说,木本植物中很

少有典型的阴生植物,多为耐阴植物。

植物在幼苗、幼树阶段和以营养生长为主的时期较耐阴,而成年时期需要长日照生长迅速。一般长日照植物生长迅速,寿命较耐阴植物短。

3.1.2　绿化植物生长发育与温度的关系

温度是影响绿化植物生长发育的重要因子,它影响着植物体内的一切生理生化过程,同时也影响着植物的地理分布。

植物种子的发芽、生长发育和开花结果,都有它的最适温度、最高温度与最低温度,超过这个温度界限,植物的生命活动都会受到影响。一般植物随着温度的升高而加快生长发育。但当温度超过所要求温度限度时,生长就会停止或者死亡。

1)温周期要求

(1)日温周期

日温周期即温差。夜间植物生长比白天快。适当的白天高温有利于光合作用,并将养分积累在根部,夜间供给细胞伸长和新细胞的形成。适当的夜间低温可抑制呼吸作用,降低养分消耗,促进营养生长和生殖生长。一般原产热带植物需昼夜温差为 3~6 ℃,原产温带植物所需温差为 5~7 ℃,仙人掌类需在昼夜温差 10 ℃以上。适当的温差有延长开花时间、促使果实着色鲜艳等作用。

(2)年温周期

许多温带木本植物在温度降低到足以停止生长之前便早已停止生长进入休眠,而春季温度适宜时休眠结束,进入生长状态,造成这种现象的外因即年温周期和光周期。温带植物在种子萌发期就必须经受一定的温度条件作用,才能萌发或开花,这是年温周期对植物萌发和开花的影响。如牡丹的种子春季播种,当年只生根不萌出地上芽,秋季播种则第二年春天发芽;冬小麦必须在 0~2 ℃环境中经历 5 d 以上才能开花(称春化作用)。生产实践中,人们在找到控制某些植物发育过程的方法,如种子春化处理,球根低温贮藏,花期控制等。掌握年温周期中的春化作用,是调节植物生长发育的重要措施。

某些植物在个体发育过程中,要求有一个低温周期才能继续下一个阶段的发育,这个低温周期即是春化作用。如二年生植物月见草、毛地黄在春季气温较高时播种花梗太短,不能正常开花,且植株矮小,需要在 0~10 ℃时才能通过春化作用;百合、水仙、郁金香只有在夏季进行冷藏处理,冬季才能开花;碧桃、寿星桃、牡丹等落叶的开花树种,形成花芽后需要经过冬季的低温,花芽才能发育正常。

(3)积温

植物生长发育所需要的一定的热量积累就是积温。不同的植物对积温的要求不同,如月季从现蕾到开花所需积温为 300~500 ℃;杜鹃所需积温为 600~750 ℃。

此外,温度交替变化能提高种子的发芽率。降温能增加氧气在细胞中的溶解度,改善通气性,促进种子萌发。温度交替变化能提高细胞膜的透性,促进种子的萌发。

2)温度对植物生长发育的影响

(1)光合作用

不同的植物进行光合作用的最适温度不一样,白桦约为 25 ℃,刺槐为 35 ℃,一般的植物在

25～30 ℃。

（2）呼吸作用

呼吸作用最适温度高于光合作用的最适温度,乔木在45～50 ℃呼吸作用最强,超过50 ℃呼吸作用迅速下降,接近乔木枯死。

（3）蒸腾作用

温度高低影响叶面温度和气孔关闭,并使角质层蒸腾与气孔蒸腾的比例发生变化。温度升高角质层蒸腾比例加大,蒸腾作用也加强。蒸腾水分超过吸收的水分,植物就会发生萎蔫乃至枯黄。

（4）根系吸收水分和矿质养分

土温降低增加水的黏度,减缓水或溶质进入根细胞的速度,并减缓水或溶质在体内的输导速度,进而削弱根的吸收作用。土温过高根尖过早木质化,根系提前成熟,降低根系吸收的表面积。

（5）植物发育

一些植物需要低温才能引起一系列生理生化变化,才可以从生长转为发育阶段。一般温度高,植物发育快,果实成熟早。植物在果实成熟期需要足够的温度,果实着色鲜艳,含糖量高。

（6）花芽分化

不同的植物花芽分化时所要求的温度不同。

①高温下花芽分化:气温高达25 ℃以上进行花芽分化,入秋后进入休眠状态,经过一定低温后结束或打破休眠而开花,如杜鹃、山茶、梅花和樱花等。一些球根花卉的花芽分化,也在夏季较高温度下进行,如郁金香、风信子等秋植球根在夏季休眠期进行花芽分化。

②低温下花芽分化:许多原产温带中北部和各地的高山植物,多要求在20 ℃以下凉爽气候条件下进行花芽分化,如八仙花、卡特兰属等。一些秋播草花如金盏菊、雏菊等,也要在低温下进行花芽分化。

3）极端温度变化对植物生长发育的影响

（1）温差过大

生长期中如遇到温度的突然变化,会打乱植物生理进程,对植物造成伤害。土壤温度骤降对绿化植物的危害较大,直接影响到根系的生长。特别在气温高土温突然降低时,植物地上部分进行蒸腾而失去水分,土温骤降根系吸水能力急剧降低,会发生生理干旱,长时间的土温骤降会引起枝条干枯死亡。因此在炎热的夏天,不适宜在中午给植物浇水。

（2）突然低温

遇到强大寒潮,可引起气温骤降而使植物受到伤害。突然低温的危害有以下几种:

①寒害:指气温在物理零度以上时使植物受害甚至死亡的情况。一般热带喜温植物容易受到寒害侵袭。

②霜害:当气温降至0 ℃时,空气中过饱和的水汽在物体表面就凝结成霜,这时植物的受害称为霜害。如果霜害的时间短,而且气温缓慢回升时,许多种植物可以复原;如果霜害时间长而且气温回升迅速,则受害的叶子反而不易恢复。

③冻害:气温降至0 ℃以下时,植物的细胞间隙出现结冰现象,严重时导致质壁分离,细胞膜或壁破裂就会死亡。

植物抵抗突然低温伤害的能力,因物种和植物所处的生长状况而不同。植物的不同生长发育状况,对突然低温的抵抗能力有很大不同,以休眠期最强,营养生长期次之,生殖期抗性最弱。不同气候带的植物抗低温能力不同,寒温带的针叶树可耐 – 10 ℃以下的低温。植物经秋季和初冬冷凉气候的锻炼,可提高植物忍受较低温度的能力。园林工作者在植物的防寒养护方面加强管理措施,非常重要。常用的简单防寒措施有地面覆盖秸秆、塑料薄膜等。

(3)突然高温

当温度高于植物生长的最高温度就会对植物造成伤害甚至死亡。高温会破坏植物光合作用和呼吸作用的平衡,并能促进蒸腾作用破坏水分平衡,温度过高时可使蛋白质凝固及造成物理伤害,如皮烧等。高温还能促使叶片过早衰老,减少有效叶面积。

道路绿化中,常常需突破植物的自然分布范围而引种许多当地所没有的奇花异木。当然,在具体实践中,不应只考虑到温度因子本身而且尚需全面考虑所有因子的综合影响,才能获得成功。

3.1.3 绿化植物生长发育与水分的关系

水是组成植物体的重要成分,影响树木生长发育和分布的重要因子,没有水就没有树木。植物所需要的水分主要来源于大气降水和地下水。水通过不同的质态、数量和持续时间这 3 个方面的变化来对植物体发挥作用。

1)水分对绿化植物生长发育的影响

植物体内的生理活动必须在有水的参与下才能正常进行,水分不足会加速植物的衰老。植物的光合作用要以水为原料才能进行,水通过生理生化反应,分解出氢,以供光合作用合成有机质。水分也参与植物的呼吸作用和各种水解反应。土壤中的无机盐和植物体内的各种物质溶解在水中,才能被植物吸收并在植物体内运输。

水分的动态平衡是植物生长发育的基础。根系吸收了水分供给其他器官,植物的叶子进行蒸腾作用,当吸收和蒸腾之间达到平衡时,植物生长发育良好。植物细胞里有大量的水,枝叶才能够伸展,花朵才能够绽放,且植物体才能正常进行光合作用、呼吸作用和蒸腾作用等正常生理生化反应。植物缺水会发生萎蔫,不利于各种生命活动的进行。水分决定花芽分化迟早和难易,植物体缺乏水分,花芽分化少;植物体水分过多,花芽分化也难以进行。开花期内水分不足,花朵难以完全绽开,花期缩短,花色变浓。因植物体内含有大量水分,能适应一定的温度变化,如强光高温条件下,植物会通过蒸腾作用带走大量的热能,避免被灼伤。

空气湿度过大,植物容易枝叶徒长,生殖器官往往发育不良,出现落蕾、落花、落果、授粉不良和花而不实的现象。空气湿度过大环境条件下,多数植物易生病虫害。而喜阴的观叶植物,则需要较大的空气相对湿度。

土壤湿度应适宜保持 60% ~ 80% 的含水量,水分过多二氧化碳增加,氧气减少,促使一些有毒物质积累,使植物根系中毒。生长在水分多的土壤中,植物的垂直根系大多腐烂,只有水平根活着。

2)绿化植物对水分的需求和适应

植物对水分有不同的要求,对土壤湿度有不同的适应性。按植物对水分的要求可将植物分为以下 4 种类型。

（1）旱生植物

在严重缺水和强烈光照下生长的植物,植株往往变得粗壮矮化。它们在外部形态上和内部结构上都产生许多适应的变化和特征,地上部分发育气生部分、叶片变小、叶片退化或变成刺毛状、叶片肉质化。地下根系深入土层,或形成储水的地下器官。这些植物多原产于常年干旱地区,栽培管理上不宜水分过多。还有些植物在生长季节并不干旱,但在夏季多呈休眠状态,以其地下营养器官适应干燥炎热的环境。

（2）中生植物

中生植物是指不能忍受过干和过湿的条件的植物。绝大多数绿化植物属于这种类型。常见的有君子兰、月季、丁香、悬铃木、红叶李、国槐等。中生植物对水分要求和形态特征介于上述之间,久干久旱或过干过湿均不适宜。

（3）湿生植物

湿生植物是指生长在过度潮湿环境中的植物。这类植物生长期间要有大量的水分,耐旱性弱。它们根系不发达,没有根毛,根茎和叶内多有通气组织的气腔与外界互相通气,吸收氧气以供根系需要。原产热带,生活在热带雨林中,由于林内光照微弱,空气湿度大,蒸腾作用也弱,容易保持水分,故根系不发达,叶片中的机械组织也不发达,抗旱能力极差,是阴生湿生植物。阳生湿生植物生活在阳光充足、土壤水分饱和的沼泽地区或湖边。这些植物没有任何避免蒸腾过度的保护性形态结构,却具有对水分过多的适应。由于适应阳光直接照射和大气湿度较低的环境,其叶片上常有防止蒸腾的角质层,输导组织也较发达。

阴生湿生植物和阳生湿生植物各有一些不同的特点,但它们的共同特点是为发育争取水分和防止蒸腾的适应性器官变化。如它们的叶子大而薄,光滑,角质层很薄,根系通常不发达,位于土壤表层,并且分枝很少,它们的细胞渗透压不高。

（4）水生植物

水生植物是指长期生长在水中或水分饱和的土壤中的植物。广义上指沼生、沉水或漂浮的植物。水生植物根系发达,体内具发达的通气组织,水下器官常表皮变得极薄,可以直接从水中吸收水分和养分。水生植物茎秆强韧、叶子柔软而透明,有的形成为丝状。丝状叶增加与水接触面积,能最大限度地得到光照和吸收水里的二氧化碳,保证光合作用的进行。水生植物又分为挺水植物、浮水植物、沉水植物和漂浮植物。

不同生长时期植物在对水分的需要不同。种子发芽时,需要较多的水分,以便透入种皮;萌发后,在幼苗时期根系分布在土壤浅层,抗旱力极弱,须保持土壤和环境湿润;蹲苗期,土壤表层适当缺水,有利于根系向下生长;成长时期,抗旱能力增强,适当的水分保证旺盛生长;开花结实期,空气湿度小,利于开花和授粉;种子成熟和休眠期,要求空气和土壤干燥。

3.1.4　植物生长发育与土壤的关系

土壤对植物生长发育的影响是由土壤的多种因素决定的,土壤的厚度、质地、营养元素含量、酸碱度以及微生物均会影响其上植物的生长发育。研究土壤对植物生长的影响时,应找出最大影响因子,并分析植物对主导因子的适应性。

1）土壤的物理性状的影响

土壤的物理性状是决定植物能否生长良好的关键因素之一。植物需要透气性好,又有较好的持水、保肥能力的土壤。

（1）土壤质地和厚度

土壤按土壤矿物质颗粒大小分为砂土类、黏土类和壤土类。砂土类土粒间隙大，通透性和排水性好，但保水保温性差，且有机质含量少。黏土类的土壤颗粒细、排水和透气性都不好。壤土类性状介于二者之间，适应大多数植物的要求。

土壤厚度影响植物根系的分布。土壤深厚，植物根系发达分布深，能吸收较多水分和养分，植物抗逆性强，寿命也长。土壤厚度薄，植物根系分布在表层，吸收水分和养分有限，植物生长势弱。

（2）土壤温度

土壤温度制约盐类的溶解和微生物的活性，影响有机物分解和养分的转化。土温影响植物根系的呼吸，养分的吸收，且影响植物体内生理生化活动的进行，直接影响植物的生长和发育。土温与太阳辐射、气温和土壤颜色、质地、结构、湿度特性有关。不同土壤会呈现各自的温度变化规律，受到四季和昼夜气温变化的影响不尽相同。实践中，要防止极端土温的危害，如夏季适当密植，避免土温过高植物根系烫伤；冬季覆盖物保持土温，防止土壤深层冻结，减少冻害。

（3）土壤通气

氧气是土壤中最重要的成分。植物根系和土壤微生物都需要氧气进行呼吸，并排出二氧化碳。土壤与大气间不断进行气体的交换，保证氧气与二氧化碳之间的平衡。土壤通气不良，影响根系的生长，并且使土壤中形成有毒物质使根系中毒。长时间缺少氧气会造成植物早衰和死亡。土壤通气性对不同季节植物影响不同。通气不良对休眠期植物影响小，生长旺盛期影响较大。保持土壤疏松，改善通气状况，有利于植物根系的生长、吸收养分和水。

（4）土壤水分

植物的水分主要从土壤中吸收。一般植物生长在持水量 60%～80% 的土壤中，根系发达，生命活动最旺盛。土壤中的水分能调节土壤温度。适度的土壤持水量，保证土壤通气良好，为根系生长提供良好的条件。在栽培中常采用"蹲苗"的方法，适当保持土壤干燥，抑制地上部分生长，养分优先供给根群生长，使根向土层深处生长且形成大量分支，提高植物的耐旱能力。土壤水分过多，通气性变差，根系呼吸不畅；土壤水分过少，植物会出现枝焦叶枯或果实受害，甚至出现植株萎蔫现象。

2）土壤理化性质的影响

（1）土壤的酸碱度

不同植物生长要求不同的酸碱度。土壤的酸碱度与土壤理化性质和微生物活动有关，也影响到土壤有机质和矿物质元素的分解和利用。土壤酸碱度对植物生长的影响往往是间接的。酸碱度影响植物根系对营养物质的吸收，酸性土壤有利于根吸收硝态氮，中性或微碱性土有利于根吸收氨态氮。在碱性土壤中，钙中和了根分泌物而妨碍对铁、锰的吸收，有些植物易发生缺绿症。在强酸性土壤中，因铁、铝与磷酸根结合成难溶的磷酸铁、磷酸铝，而导致土壤缺磷，植物开花受到影响。植物培育时需根据这些特性采取相应的土壤的酸碱度调节措施，提高土壤肥力以促进园林树木的生长。

（2）土壤盐类

不同植物对盐类的反应和耐力不同，在含有害盐类的地段，可选用耐盐碱性强的植物。在有害盐类多的土壤中,不耐盐碱植物可能出现枝叶枯黄,甚至死亡。在盐碱地进行绿化时,既要注意土壤改良,制订相应的栽培管理措施,更要选择一些抗盐碱性强的绿化植物,如白蜡、刺槐、无花果、海桐等。

(3)土壤肥力

土壤肥力是指土壤及时满足植物对水肥气热要求的能力,它是土壤物理化学和生物学特性的综合反应。要提高土壤肥力,就要使土壤同时具有良好的物理性质、化学性质和生物性质。绿化植物配置除考虑栽培地点气候因子外,还要考虑土壤因子,视其肥力状况,选择适当的植物。大多园林植物喜欢在深厚肥沃而湿润的土壤上生长,称为肥土植物。土壤肥力不足时,种植肥土植物,需进行土壤改良。有些植物能在较瘠薄的土壤上生长,称瘠土植物,如马尾松、木麻黄、构树等。在道路绿化中选择植物时,需要针对土壤状况选树适地,或改地适树。

3.1.5 其他因子与绿化植物生长发育的关系

1)地形因子

(1)海拔高度

海拔高度对温度、湿度、光照强度有明显影响,也对植物的生长与分布产生影响。对于植物个体而言,生长在高山上的植物,植株变矮、节间变短、叶的排列变密。随海拔升高植物的物候期推迟,高海拔植物的生长期结束早、秋叶色艳而丰富、落叶相对提早、而果熟较晚。

不同植物对光照、温度、水分、土壤等生态因子要求不同,而以上生态因子受海拔高度而变化显著,因而植物的垂直分布都各有其"生态最适带"。山地植物形成垂直分区明显的风景林带,以形成符合生态特点的自然植被景观。

(2)坡向方位

山坡的不同方位气候差异很大,例如北坡光照弱,土温低、气温低、土壤湿润;而南坡形成温暖、强光、干燥的小气候。我国北方地区,属于大陆性气候降水少,水分对植物生长影响显著,湿润的北坡植被繁茂,一些阳性树种也分布于此;干燥的南坡,仅生长耐旱的灌木和草本植物。降水充沛的南方,阳坡的植被非常繁茂。

(3)坡度

坡度不但对小气候环境产生影响,而且对水土的积聚和保持有影响。不同坡度形成不同的气候因子,影响植物的生长和分布。坡度极大地影响了水土的保持,坡度越大地表水的水流越快,冲刷掉的土壤量也越大。植物在坡度小的坡面上生长发育较稳定。

2)生物因子

在自然环境中各种高等动物、低等动物和植物同时处在一个共同的生活环境中。各种动物直接或间接影响植物的生存环境,植物和植物之间也相互影响。

土壤中的动物和地面上的昆虫对植物的生长有一定的影响。如蚯蚓活动能改善土壤的肥力,增加钙质,促进植物的生长发育;象鼻虫会毁坏豆科植物的种子,导致植物无法正常繁衍;鸟类有利于散布种子,但有时会吃掉大量的嫩芽而损害树木;松鼠可吃掉大量的种子;兔、野猪等会吃掉大量的幼苗或嫩枝;松毛虫能迅速吃光松针叶。动物的活动常给植物的生存带来危害,但有益动物的活动有利植物传粉、传播种子并起到害虫天敌的生物防治作用。

同一生存环境的植物,其生长发育相互影响。寄生病菌和植物对原有植物产生不利影响:

植物会因受真菌的寄生而患病甚至死亡;菟丝子可使大豆大大减产;槲寄生、桑寄生会使寄主生长势逐渐衰弱。附生植物一般对附主影响不大。豆科植物、罗汉松、木麻黄、胡颓子、沙棘的根瘤,属于植物的共生现象,对双方有利。能产生挥发性分泌物的植物对附近植物的生长产生影响:胡桃树分泌出核桃醌会导致附近苹果发生毒害;皂荚白蜡树、驳骨丹种在一起会促使共同生长速度。

在植物的生长发育过程中,各生态因子综合发挥作用。植物生存条件的各因子相互联系,却不能相互代替,仅在一定条件下可以相互补充。栽培和养护主要任务是找到影响植物生长发育的主导因子,并适当调节。

任务 3.2　道路环境对绿化植物的影响

3.2.1　城市气候特点

城市环境要素与自然环境因素相比,有了较大的改变。城市下垫面改变、人为释放热量及大气污染,使得城市内部的风、气温发生了变化,形成了特殊城市气候特点。

1)城市热岛

城市气温比周围农村高,形成了"城市热岛",原因主要集中在:城区的水泥、沥青地面、建筑物具有较好的导热率和热容量,太阳辐射反射率低;建筑的阻挡,风速小;城市人工热源排放热量;生物体的热交换等。城市年平均气温较郊区高 0.5 ~ 1 ℃,冬季最低平均气温高出 1 ~ 2 ℃,有时城市气温可高出郊区 12 ~ 13 ℃。城区严寒天气和霜冻比郊区少,无霜期比郊区长 10% 左右。

市区气压低于郊区,城市周围常出现风速不大的热岛环流,是由郊区向市区辐射的特殊风系。当空气流经城市时,因受建筑物的阻碍,在迎风面一部分气流被迫上升,在城市上空风速增大,乱流加强。城市空气的热对流加强,大气中具有形成凝结核的物质,空气上升运动加强,有利于城市降水形成。总体来说,城市降水量增加。

2)城市干湿岛

由于城市硬质铺装地面、建筑物密度高,蒸发和蒸腾量小。城市湿度受人为活动影响大,城市湿度的昼夜变化比郊区大。城市排水好,下垫面大都不吸水、不透水,地面含水量小,这使城市的蒸发耗热小,白天城区绝对湿度比郊区低,形成"干岛",夜间城市绝对湿度比郊区大,形成"湿岛"。

3)城市低能见度

城市大气中污染物增加了大气浑浊度,雾日多,大气能见度降低。城市多雾,相对湿度偏低。城市大气中含较多的吸湿性微粒,在 70% 的相对湿度下,就能使水汽在其上发生凝结,雾日增多。由于城市上空烟尘杂质较多,城市的辐射和光照受空气污染物的影响,市区的散射辐射也被削弱。城市年平均太阳辐射总量大约比郊区减少 10% ~ 15%,在太阳高度角较低的情况下,大城市市区的紫外线甚至可减少 30%,日照时数大约减少 5% ~ 15%。

3.2.2　城市土壤

城市中的土壤受到很多污染,源于城市工业的三废、城市垃圾、人类破坏土壤结构等。而在自然土壤中很少有这种污染。城市土壤形成不同于自然土壤的特点,并对其上种植的绿化植物产生影响。

1)城市土壤对植物生长的影响

(1)土壤密实度高、结构性差的影响

城市土壤在机械和人为的外力作用下,通过挤压土粒,提高土壤密实度,达到建筑需要的硬度。土壤密实度大于郊区,土壤密实度增大,使土壤通气性下降,土壤中氧气常不足,对树木根系进行呼吸作用等生理活动产生极其不利的影响,严重时可使根组织窒息死亡。人为活动加剧破坏了原土壤表层或腐殖层,城市土壤肥力下降,形成无层次、无规律的土体结构。城市土壤密实度大于耕作土壤,使通气孔隙减少,下雨后,地表水不能及时排除或下渗,导致树木生长不良,甚至可使根组织窒息死亡。

(2)土壤有机质匮缺的影响

由于市区内植物的枯枝落叶作为垃圾而被清除运走,城区土壤不能像自然环境那样实现营养元素循环。随着土壤中有机质不停地供给植物,但得不到回报,使得土壤有机质的含量逐年减少。城市土壤中渣土含量的增加,所含养分少,且难以被植物吸收。城市硬质铺装比例大,多形成封闭的不透气不透水的地面,土壤中缺乏氧气,不利于土壤中有机物质的分解。

城市土壤具有空间变异明显、层次性差、土壤有机质含量低、土壤养分元素多呈无规律分布,土壤向碱性方向发展等特点。土壤中有机质含量降低,无法满足植物生长需要的多种必需营养元素,使城市植物的生长量减少。加上城市土壤通气性差和水分匮乏,植物生长量降低,寿命缩短。

(3)土壤含水量低的影响

城市地下构筑物及各种管道占据地下空间,改变了土壤原有水、气、热、养分的分布状况。土壤中道路铺垫材料、施工残渣含量高,土壤含水量低。而地面硬化铺装部分无法渗透降水补给水分,城市热岛效应又引起土壤水分蒸发加剧,导致城市土壤含水量偏低。

城市土壤无法充分供给树木水分,不能满足根系生长的需要。城市中的自然降水大部分排入下水道,很难渗入土壤中。城市土壤表层常处于干燥状态。受地下管线的影响,其上植物的栽植土壤只有1 m左右的厚度,根系很难接近和吸收深层的地下水,土壤水分供应不足,植物生长不良,表现为早期落叶,甚至死亡。

(4)土壤污染重的影响

城市建设中产生大量回填土壤,土壤内含有大量的建筑和生活垃圾等物理污染物。城市生产中产生的大量污水、油脂、酸碱盐排泄到土壤中,形成土壤中的化学污染和生物污染。土壤中各种污染的数量超过了土壤的容纳能力和净化速度,土壤功能失调,动态平衡遭到破坏,植物生长受到影响。

土壤中有坚硬夹杂物层的地方,植物根无法穿越而限制其分布深度和广度。土壤内的热力管道可提高地温,减少冻土层而有利不耐寒树种的越冬和存活。但在土壤内管道密集处,根系的垂直生长限制,且土壤提升水分的毛细管被切断,不利于植物生长。

土壤是植物营养物质最主要的供应地,城市中绿化植物生长在城市土壤上,土壤的密度、养分、水分、温度因素直接影响生长在其上绿化植物的生长发育状况。

2）城市土壤修复措施

（1）选择适宜树种

城市土壤中养分元素分布差异显著,根据植物的生存条件要求选择适宜树种,对于盐碱土、含水量少的土壤选择耐盐碱植物和耐旱植物。而需要种植土壤条件要求较高的植物,可采取分段深翻改良措施。针对地下构筑物上土层薄的情况,应选择浅根系耐干旱植物,并定期进行浇灌养护。

（2）增加土壤养分

在绿化用地土壤回填时,严格控制土壤质量,确保绿化用地土壤达到栽植要求。针对城市土壤养分贫乏的状况,在土壤改良同时人工施肥,增加土壤有机质含量。集中处理有机物质废弃物,使其成为有机肥,并使其再次进入城市土壤中,形成一个良性循环。无机营养亏缺,根冠比失调,植物的生长量减小。在栽植树木时,要根据不同树木对土壤的要求进行换土,保证树木主干的周围有一定面积的透气性好有机质充足的土壤,并且要加强水肥的管理。

（3）改善土壤通气状况

土壤密实区域选择抗逆性强的树种,并在土壤中掺入碎树枝和腐叶土等,改善通气状况,创造适宜公路绿化植物生长的土壤环境。将部分人行道铺装改成透气铺装,促进土壤与大气的气体交换,便于吸收降水。

（4）调节土壤水分

土壤水分不足时适时浇水,满足植物对水分的需求。针对保水差的土壤,要少量多次浇水;针对板结的土壤,在根分布区内松土筑埝浇水或打孔透水。减少地面不透水铺装比例,扩大地表水面积,提高城市土壤含水量。

（5）防止土壤污染

集中处理建筑和生活垃圾,避免其直接埋入道路绿地土壤中,形成物理污染物。避免污水、油脂、酸碱盐排泄到土壤中,防止融雪剂危害。封严路牙缝隙,避免融化雪盐水进入植物根区。严禁将带盐的雪堆放到树木根区及花池内。

3.2.3　城市光照

1）光照特点

城市内建筑玻璃众多,光的反射折射影响正常光的吸收。城市的亮化工程,装饰了夜晚的景观,但也造成了光污染,打破自然昼夜规律的光照,不符合植物的生长发育对光的需求。

城市光照,日照时数少,城市热岛有上升气流,阴雨天多,城市中植物接受光照时间比乡村少。城市污染物多,大气透明度低,太阳辐射强度小于乡村。日照不均匀,一般东西向街道太阳光比南侧强,而南北向街道所接受的太阳光与遮光基本相同。街道的方向、街道宽窄不同改变,影响了太阳辐射状况。

2）城市中光对公路绿化植物的影响

城市中太阳光辐射的不均匀性,纬度越高,建筑物的遮光作用越大。由于接受光量的不同,导致了树木偏冠,造成了树冠朝向街心方向生长。日照长度和强度的减弱影响了植物光合作用,植物生长量减少,开花延迟。城市灯光对公路绿化植物正常生长发育和休眠产生影响。环境中人工光源,成为太阳的一种补充,改变了植物接受的有规律的自然光照而形成的生长规律。夜幕降临后,商场酒店上的广告灯、霓虹灯闪烁夺目,有些强光束甚至直冲云霄,犹如白昼,使夜晚的时候植物和动物也能接受光照。在晴朗天气中,阳光照射强烈,城市中的建筑物表面的玻璃幕墙、砖墙、各种涂料等反射光线,自然光的照射方向得到改变,重新照射到植物上。植物种植要一定程度上减弱人工光对生活的不利影响。人工光、聚焦光影响交通安全,在高速道路分车带,中间分隔一米多高的绿篱,避免人工光影响交通安全。城市娱乐生活中会安装一些彩色的光灯,如黑光灯、旋转灯和一些彩色光源,黑光灯会产生紫外线,强度高于太阳光中的紫外线,对动物和植物产生持续的影响。应该合理控制和管理彩色光,减少大功率光源,多种植绿色植物。

3.2.4 城市污染

城市内的物种多样性显著减少,很多生物都不适合在城市生存。我们生活的城市环境中,其实存在着很多的生态环境问题,比如出现的雾霾天气、水体污染、光污染、土壤污染、噪声污染等。

1)水污染

随着工业的发展和人们的重视度的降低,城市中的自然水体已经变得较浑浊了,出现垃圾直接漂着的现象。水体附近人们随意丢弃的废电池、旧衣物,不经处理随意排放的生活用水,都会对水质产生很严重的破坏。

工业生产中工厂的废水未经处理或处理不达标直接排入河流,农业生产中过量使用化肥农药,残余的化肥农药会流入水中,都对水源造成污染。不当的工农业生产和生活废弃水体、物质的排放,造成有害化学物质进入水源,使水源的使用价值降低或丧失。污水中的苯、二氯乙烷、乙二醇等有机毒物,分解污水中的有机物消耗水中的氧,影响水生生物的生命,甚至会毒死水生生物。

生物营养过多积累会引起水的污染,称为水体富营养化。水体富营养化表现为:水中蓝、绿藻等大量繁殖,占据水体大部分或整个水域,鱼类生存受到严重的威胁;或水体中藻类的种类减少,从硅藻、绿藻为主转为蓝藻为主;或者是水体处于严重的缺氧状态时。氮、磷元素是富营养化的主要限制因素,一般水体富营养化的检测指标是水中磷超过 20 mg/m^3,无机氮超过 300 mg/m^3,即为水体富营养化。

2)大气污染

随着工农业现代化的发展,环境污染问题日趋严重。城市居民生活废气的排放,交通出行时汽车尾气的排放,工厂废气未经处理直接排放,垃圾露天燃烧处理等均会造成空气污染。

目前对大气危害较大的有毒物质有 20 余种。城市工厂生产和生活能源燃烧、汽车排气等是市区主要的污染源。汽车尾气经紫外线的照射会变成浅蓝色的烟雾,其中 90% 为臭氧,其他为醛类、烷基硝酸盐、过氧乙酰基硝酸酯和铅,这是城市中常见的次生污染物质。

有些植物对大气污染的反应敏感(常用作监测),有些植物对大气污染的抗性较强。树木抗毒性分为 3 类:生物学抗性,是对毒气污染的一种反应;形态解剖学抗性,是指植物叶片结构上能阻止或限制有害气体进入,而减少危害,对净化实际只起稀释作用;生理学抗性,原理和机理多样,其中有部分能够降解转化毒气。

有毒气体主要破坏叶器官,产生影响光合作用等不良反应。许多树木虽能经受1~2次高浓度的污染,但无法承受低浓度长时间的污染。如果树木常年处在受害临界浓度范围内,即使具有抗性,但连续减少贮藏营养,会导致植物体逐渐衰败。

根据不同地点污染的特点和季节变化状况,选择不同抗性的植物,能发挥园林植物一定程度的净化作用。在有气体污染的区域,可考虑选择以下10种抗污染树种:构树、朴树、梧桐、臭椿、龙柏、大叶黄杨、蚊母、女贞、海桐、凤尾兰。

3)土壤污染

土壤为植物生长提供机械支撑,并提供所需要的水、肥、气、热等肥力要素。由于工业迅猛发展,固体废物、有害废水、有害气体不断渗入到土壤中,导致了土壤污染。土壤污染导致土壤质量下降,植物生长发育受到影响,更为严重的是土壤对污染物具有富集作用,一些毒性大的污染物,如汞、镉等富集到作物果实中,又通过粮食、蔬菜、水果等间接影响人体健康。

土壤主要是受到水体和大气污染源的影响,在大气中污染物的沉降,污染水、重金属元素以及放射性元素的沉降,直接污染土壤。此外,无机污染物(酸、碱、重金属等)、有机污染物(有机农药、酚类、氰化物、石油、合成洗涤剂等)和有害微生物会污染城市土壤,并由植物根的吸收进入植物体,造成植物生长不良。

农业生产和城市建设中要减少农药使用,减少土壤污染,同时还可采取生物修复、化学治理、增施有机肥等防治措施。对于轻度污染的土壤,采取深翻土的方法。对于污染严重的土壤,可采取铲除表土或换客土的方法。这些方法的优点是改良较彻底,适用于小面积改良。已污染的土壤上,种植有较强吸收力的植物,针对污染物的种类选择有对应吸收能力的植物,降低有毒物质的含量。土壤污染物质还可以通过生物降解或植物吸收而被净化。蚯蚓是一种能提高土壤自净能力的动物,利用它还能处理城市垃圾和工业废弃物以及农药、重金属等有害物质。积极推广使用减少农药污染的微生物降解菌剂,以减少农药残留量。此外,增施有机肥料可增加土壤有机质和养分含量,能改善土壤理化性质,特别是土壤胶体性质,又能增大土壤容量,提高土壤净化能力。受到重金属和农药污染的土壤,增施有机肥料可增加土壤胶体对其的吸附能力,同时土壤腐殖质可络合污染物质,显著提高土壤钝化污染物的能力,从而减弱其对植物的毒害。

城市环境受到大气污染、水污染、土壤污染的危害,影响植物的正常生长。除了要恢复城市绿化,还需要在温度、湿度、空间等方面做出改善,防止城市的绿化工程变成"绿色沙漠"。

思考题

1.根据光周期现象可将植物分为哪几类?各自的特点是什么?
2.简述水分对植物生长发育的影响。
3.城市气候是如何影响绿化植物生长的?
4.简述城市中光对公路绿化植物的影响。

项目4 绿化植物栽培技术

【学习目标】

了解道路绿化植物栽培成活原理、栽培时间对绿化植物成活的影响以及栽培前的准备工作,掌握道路绿化植物栽培技术及其后期养护管理技术等相关知识。

【学习要点】

重点掌握道路绿化植物栽培前的准备工作、道路绿化植物栽培技术及后期养护管理技术措施。园林树木的栽植是园林建设中必不可少的一个重要环节。绿化美化建设是城市建设的重要组成部分,也是城市文明建设和现代化城市的重要标志之一。道路绿化的栽培技术直接影响道路绿化植物的成活率,进而影响城市道路绿化建设的整体效果,在城市景观建设中有举足轻重的作用。只有熟练掌握道路绿化植物栽培前的准备工作和栽培技术及后期的养护管理技术,才能优质高效地完成道路绿化建设任务。

任务4.1 绿化树木的栽培技术简介

道路绿化工作的主体是绿化植物,其中绿化树木所占比例最高。从道路绿化风景建设和保持国土的良好生态环境而言,绿化树木是极为重要的因素之一。树木是道路绿化的主体,而且在陆地生态系统中面积最大、功能最稳定、生物量最多,是陆地生态平衡的主要维护者。

绿化树木通常植株比较高大,寿命较长,管理简便,又各有其典型的形态、色彩之美。在道路绿化中居于主导地位,它们较其他植物而言,能够发挥更多的功效,起着美化城市、减轻噪声、固沙吸尘、调节小气候、净化空气等作用,为人民的生活提供优美、清新、舒适的道路环境。

绿化树木是指包括乔木、灌木和藤木在内的木本观赏植物的总称。从道路绿化应用上来讲,常可分为景观树、行道树、花灌木、攀缘植物、绿篱植物及木本地被植物等,为道路绿化的首选植物材料。学好绿化树木的栽培及养护等相关知识,对道路绿化以及养护管理等实践工作具有重要意义。

4.1.1 绿化树木栽植的概念

道路绿化养护中,栽植是指有计划地将苗木种植于道路绿化的一定区域、一定位置的过程,包括起苗、运苗以及种植等环节。起苗是指将绿化苗木从某地掘出的操作,分为裸根或带土球等方式,也称掘苗;运苗是指把起出的苗木用人力或运输工具运送到指定道路绿地的过程;种植是指按要求将运来的树苗栽入道路绿地的操作。

由于栽植目的不同,分为移植和定植。移植是指在一定时期把生长拥挤的小苗木起出来,在移植区内按规定的株行距栽植下去。定植是指将植物栽植在指定地点,之后不再轻易移走的栽植方式。在道路绿化过程中,绿化工程具有持久性,树木栽植多指定植。仅在特殊情况下,将树木从某处移到另一处才用移植一词,如大树移植等。

4.1.2 绿化树木栽植成活原理

绿化树木的树体是由地上和地下两部分组成,地上部分的主干和树冠等,以光合作用、蒸腾作用等生理生化代谢为主;地下部分的根系,是树木的主要吸收器官,起着固定树体、吸收水分和养分、合成营养和贮藏营养等作用,再运送到地上部分,满足枝叶光合作用、蒸腾作用所需。根系栽植状况与生长的关系极为密切。栽植过深,缓苗慢,生长势弱;栽植过浅,根系暴露在外,也易失水干枯而死亡。与此同时,光合作用产生的有机物质又可运输到根系,满足树木根系生长发育所需。常说的根深叶茂,不仅说明了根系对枝叶生长的重要作用,也总结了树木生长的规律以及栽培经验。另外,树木要维持正常的生理活动,除了必需的水分外,还需要各种矿质元素和氮素。土壤是树木主要的矿质和氮素营养的来源。这些矿质元素和氮素不仅是构成树木结构组织的重要成分,也是代谢中不可缺少的反应物和调节物。树木只有在各种元素充足并比例适当的情况下,才会发育良好,健壮生长。

首先,苗木成活的重要环节,是要有供其发芽生长的根系。树木栽植过程中,起苗会在一定程度上破坏根系与原有土壤之间的密切关系,并损伤大量的根系,从而削弱了水分和矿质元素等的吸收能力,而地上部分的枝叶却在进行正常的蒸腾作用、光合作用,打破树木地上部分和地下部分之间以水分代谢为主的生理生化代谢平衡,轻者影响到树木正常生长发育,重者死亡。为了尽快恢复树体地上及地下部分间的生理生化代谢平衡,应该迅速采取有效措施恢复根系再生能力、密切根系与土壤间的关系,防止树木干枯甚至死亡。一般来说,树体水分代谢平衡关系(图4.1)建立的快慢受树木种类、年龄时期、物候状况、环境因子和栽植技术等因素的影响。比如处于幼年期、青年期及休眠期的树木容易栽植成活;萌根能力和根系再生能力强的树种,能较快地恢复根系的吸收功能,有充足的土壤水分和适宜的气候条件的栽植成活率高。栽植过程中,要保持严谨的科学态度,大大提高栽植成活率。

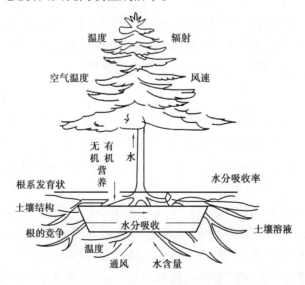

图4.1 树木水分代谢平衡示意图

其次,适地适树是绿化树木栽植的基本原则。适地适树,通俗地说,就是把树木栽植在比较适宜生长环境下,因地制宜的选用树种。也就是使树种生态习性和园林栽植条件相适应,达到树、地统一,使其健壮生长,充分发挥绿化功能。生产中,主要采取选地适树、选树适地,也可通过改地适树、改树适地等途径实现适地适树。人为措施不能盲目乱来,要根据扩大栽培的条件、措施的能动作用和经济技术条件综合考虑。

最后,由于绿化树木的栽植有多方面的功能,尤其是要实现景观功能,栽植设计的艺术性必须建立在生态、科学的基础上。设计时,既要考虑景观效果,又要考虑适地适树,同时加以局部改造。

4.1.3　绿化树木栽植季节

绿化树木具体的栽植季节,应根据当地气候条件和树种特性而定,不同的季节,人力、物力等资源的消耗有着很大的差别。例如在北方部分地区,春季主要进行幼苗移植;秋季主要进行抗性强、适应能力强的树种中的大苗移植。雨季移植针对个别树种,如桧柏的一年生苗,雨季移植幼苗,因温度高、蒸发量大,成活率不稳定,一般很少采用。

从树木的生长发育特点来看,生长发育与外界环境因子的关系十分密切。春季萌芽,抽枝展叶,夏季旺盛生长,秋季果熟,冬季休眠。在植物春季、夏季和秋季落叶前生理活动旺盛;在树木自秋季落叶后到春季萌芽前的休眠期,植物的各项生理代谢微弱,营养物质消耗少,对外界环境因子变化不敏感,抗性强。所以要尽量选择早春和晚秋进行栽植,早春树木萌芽前刚开始生命活动,晚秋树木落叶后开始进入休眠期至土壤冻结前,这两个时期树木对水分和养分的需求量较小,树体内营养物质积累水平较高,适于植物保湿及根系伤口愈合,外界环境因子等都有利于树木的成活。

但是在实际的道路绿化建设中,受诸多因素影响,树木的栽植工作很多情况下无法都在早春或晚秋进行。全年中,只要能确保树体根系相对完整,栽植环节科学合理,栽后养护管理措施到位,都可进行树木栽植。并且,随着容器苗木的大力推行,可根据道路绿化工程需要,随时栽植。

总之,树木栽植时间受到当地气候条件、树木的种类、生长状态以及工程因素等多方面影响。确定树木栽植时间的基本原则,是尽量减少栽植过程对树木正常生长发育的影响,因此,要根据实际情况,多方面综合考虑,选择适宜的季节进行栽植。

1)春季栽植

春季是大部分树种栽植的最适时期,是主要的栽植季节。春季栽植指自春季土壤解冻后至树木萌芽前栽植树木。一般春季移植宜早,在土壤解冻后立即开始,此时树木尚处于休眠期,代谢较弱,环境温度也不高,树体蒸发量小,消耗水分少,栽植后容易达到地上、地下部分的生理代谢平衡。尤其是针叶苗,早春栽植,土壤水分条件好。当地上部分开始发芽时,根系已得到初步的恢复,开始吸收水分供给苗木生长需要,使苗木体内能保持水分平衡,苗木容易成活。春季栽植的具体时间,还应根据树种发芽的早晚来确定,一般来说,发芽早者先移,晚者后移。

春季是树木栽植的黄金季节,栽植成活率高,适合于大部分地区和几乎所有树种。北方部分地区,春季移植常绿树幼苗,如实行小苗露根移植方法,以4月上旬清明前两天为宜;移植带土球的常绿树,则可迟至4月中旬栽完。移植落叶乔、灌木的时间,应按苗木发芽先后确定,发芽较早的树种如杨柳、果树类,应于3月底以前栽完;发芽晚的乔、灌木如国槐、龙爪槐、白蜡、柿树、花椒、悬铃木等,应于4月上旬栽完。南方春季移植开始较早,大部分都在3月,有些地区在3月以前即进行移植。金钱松、柳杉要早移,樟树、枫杨、喜树等移植在开始发芽前进行为宜。

但是如果某些地区春季干旱多风、气温回升快,蒸发量大,适栽时间短,根系尚未恢复,树已萌芽,这时栽植成活率低,不适合春植。

春季栽植宜在土壤解冻、地温上升后进行,尽量提早,同时也要综合考虑树种生态习性、物候期等,以树木萌芽先后为依据,安排各树种的栽植顺序。

2)秋季栽植

在秋季温暖、湿润地区,可秋季进行移植。秋季栽植指自树木落叶盛期后至土壤封冻前栽植树木。在苗木地上部分停止生长后即可进行,这一时期利于维持树体生理代谢平衡和断根伤口的愈合。树木进入休眠期、生理代谢转弱,消耗营养物质少,树体内营养积累水平较高,且气温逐渐降低,有着蒸发量小、土壤水分比较稳定等优势,因这时根系尚未停止活动,移植后根系可以得到恢复生长。但栽植时间应尽早,在后期栽植效果较差。经过一个冬季,根系与土壤能够紧密结合,第二年春天土温回升,根系开始生长,为树木萌芽、抽枝、展叶打下良好基础。

在园林绿化过程中,春季栽植与秋季栽植经常相互结合,尤其是人力物力等资源紧张且栽植工程量大时,更应考虑将栽植工作分期进行,如春季主要栽植常绿树种、秋季主要栽植落叶树种。

3)夏季栽植

夏季栽植也称雨季栽植,夏季雨水集中的时节是栽植常绿树种的最适宜时期。夏季树木生长旺盛,土壤蒸发和树体蒸腾作用较强,新栽树木很难维持生理代谢平衡,容易造成树体失水干枯而死亡。但夏季栽植只适合于部分地区,北方栽植针叶常绿树类常在雨季开始来临时;南方栽植阔叶常绿树类则以梅雨初期为好。夏季栽植成活率较高,尤以带土球栽植常绿树效果明显。

夏季栽植应充分利用历年降雨规律,结合当年的气象预报,抓住连绵阴雨的有利时机。同时,采取加大土球、加强树体保湿及遮阳、重修剪、喷抗蒸腾剂等有力措施,有效地提高栽植成活率。夏季栽植由于成本高、成活率低,如无特殊情况,尽量不安排在这一时期进行树木栽植。

4)冬季栽植

冬季栽植适合于冬季土壤基本不结冻的地区,如华南、华中和华东等地区。在北方,气温回升早的年份,土壤化冻后即可开始栽植,部分耐寒树种在华北北部、东北大部,由于冬季严寒,土壤冻结较深,对本土树种可以利用冻土球栽植法进行栽植。

由于我国幅员辽阔,各地温度、湿度、光照等气候条件差异明显,树种繁多,特性各异,各地均有与之相适宜的栽植季节,甚至在同一栽植季节,不同树种,也有先后之别。栽植先后顺序为落叶针叶树、落叶阔叶树、常绿针叶树、常绿阔叶树。通常对气候条件反应敏感、萌芽力弱的树种应优先栽植,如落叶树常比常绿树先栽,针叶树常比阔叶树先栽。栽植时,结合各树种季节的优缺点,综合当地环境条件,因地制宜、因树制宜,结合人力、物力情况,恰当安排施工时间和施工进度,可确保优质高效地完成绿化工程建设任务。

4.1.4　绿化树木栽植前的准备工作

道路绿化工程施工单位,在接受施工任务后,工程开工之前,必须充分了解设计意图、工程概况等,做好工程施工方案、清理现场、准备苗木等工作,确保高标准高质量地按期完成工程施工,达到预期目标与效果。

1)了解设计意图与工程概况

绿化工程必须按照批准的绿化设计及有关文件进行施工,因此,正式施工前,施工单位应充分了解设计意图与工程概况等详细情况。

施工前,由设计单位向施工单位进行设计交底,使施工单位充分了解设计理念,设计意图、工程概况、讨论确定最佳定点放线依据等详细信息。施工单位还应了解道路绿化工程与其他配套工程等的施工范围、工程量等,结合实际情况,确定施工的先后顺序,合理安排工期。了解各项工程材料的来源渠道,尤其是苗木来源、苗木质量与规格、起苗及运苗所需时间等情况以及机械、车辆和劳动力的现状,以便做好合理安排、调配预案,并选择合理的树木栽植时间。

2)现场调查

在充分了解设计意图和工程概况之后,负责施工的主要人员必须亲自到现场进行细致的现场踏勘与调查。查看现场是否有需要保护的地上物,遇到需要保护的如古树名木或其他地上物,影响到工程施工的,须与设计单位及有关主管部门协商讨论,确定搬迁或变更设计方案等。

掌握施工现场内外交通设施、水源状况、电源情况以及施工期间工人的生活设施,保证施工的正常进行。核查施工范围、施工地段的土壤状态、地下水位、水源等详细情况。

3)施工方案

施工方案是指根据工程规划设计所制订的施工计划,也称施工组织设计。施工方案由施工单位的领导部门或委托生产业务部门制订。施工方案应简明扼要、全面细致周到、有极强的针对性和预见性。

(1)施工方案的主要内容

①工程概况:工程概况主要包括工程项目名称、设计理念、施工范围、工程量、工程指导思想、工程的特点、有利条件和不利条件、投资预算等信息。

②组织机构及分工:参加施工的单位及负责人,各职能部门、负责人及其职责范围;明确道路绿化施工队伍,确定施工范围,任命组织领导人员,制订相关规章制度和要求。

③施工程序和进度计划:依据施工程序,确定单项进度与总进度计划,规定工期起止日期、工程进度计划表的制订等。

④劳动力计划:依据工程任务量及劳动定额,计算出每道工序用工数量,并确定用工来源、使用时间及具体的组织形式等。

⑤材料、工具供应计划:依据工程进度需求,制订材料、工具以及绿化苗木的供应计划。根据工程需要提出所需的机械、车辆、说明型号、日用台班数及具体使用日期。

⑥机械运输计划。

⑦各项工程的施工预算及总投资金额:根据实际工程情况、质量要求和当时市场行情,以设计预算为主要依据,编制合理的施工预算。

⑧技术和质量管理措施:施工中除遵守当地统一的技术操作规程外,应提出道路绿化工程

的一些特殊要求及规定,制订操作细则;确定质量标准及绿化树木成活率指标;进行技术交底,提出技术培训的方法;制订质量检查和验收的办法。

⑨绘制施工现场平面图:对于比较大型的复杂的道路绿化工程,为了解施工现场的全貌,便于指挥施工,在编制施工方案时,应绘制道路绿化施工现场平面图,标明施工现场的放线基点、各种材料、工具存放位置、苗木假植地点以及水源、临时工棚等相关信息。

⑩安全生产制度:建立安全生产督查机构,制订安全操作规程,制订安全生产检查管理制度与办法等,保障道路绿化生产安全。

(2)确定植树工程的主要技术项目

为确保道路绿化工程质量,在制订施工方案的时候,依据栽植工程的主要项目确定具体的技术措施和质量要求。

①定点、放线:确定具体的定点、放线方法(包括平面和高程),保证栽植位置准确无误,符合设计要求。

②挖坑:根据树种、苗木规格不同,确定相应种植坑的规格,并做好编号排序工作。

③土壤改良:如遇土壤质地不理想的情况,明确是否需要改良土壤及改良土壤的工作量,如果需要客土,估算客土量及其来源及渣土处理方法等。

④起苗、运苗:确定具体树种的起苗、包装方法及要求,如土球规格、裸根根幅等。确定苗木运输机械、运输路线、遮盖材料等,如果需要长途运输,还需拟订详细的运输计划。

⑤种植:需要假植的,选好苗木假植地点,确定具体的假植方法、时间和养护管理措施等。根据不同苗木,针对道路的特点,拟订苗木种植顺序、肥水管理措施等。

⑥修剪:根据苗木情况,确定修剪方法、修剪频率、修剪量的大小等。

⑦设立支柱:结合立地情况,根据苗木大小,确定是否需要设立支柱、支柱的材料、形式和设立的方法等。

⑧灌水:确定灌水的方式、时间、频率和灌水量。

⑨清理现场:应做到文明施工,施工完毕后保持现场整洁。

⑩其他。

4)现场清理

施工现场清理工作的进度和质量影响到整个栽植工程的进展,是准备工作的重中之重必须加以重视。

(1)清理障碍物

凡绿化工程用地边界之内有碍施工的市政设施、农田设施、房屋、树木、坟基、堆放杂物、违章建筑等,应拆除或迁移。障碍物的处理应在现场踏的基础上逐项落实,根据有关部门的要求,履行相关手续,依法处理对不妨碍施工的房屋设施等,可物尽其用,如作临时工棚或仓库等,待施工完毕再行拆除;对现有树木的处理,尤其是古树名木要持慎重态度,凡能结合绿化设计加以利用的尽量保留,无法保留的可进行移植,避免造成浪费和损失。

(2)地形地势的整理

地形整理是指从土地的平面上,将绿化地区与其他用地区划分开来,根据绿化设计图样的要求整理出一定的地形,此项工作可与清除地上障碍物相结合。有混凝土等铺装的地面,须刨除铺装,以免影响树木成活与生长。地形整理过程中,宜安排好土方调度,挖填结合节省投资。

地势整理主要解决绿地的排水问题。绿地的排水主要借助地面坡度,使雨水形成地表径流进入下水道或排水明沟。因此,绿地界限划清后,结合地形地势现状,将绿化区域整理成具有一定坡度的地形,能达到较好的排水效果即可。

(3)地面土壤的整理

地形地势整理完毕之后,须在种植植物的范围内对土壤进行整理,给植物创造良好的生长条件。如原为农田菜地的基址,土质较好、侵入物不多的只需适当平整即可;如果在建筑遗址、工程废弃物和矿渣炉灰等裸地兴建绿地,则须清渣换土。树木定植点及附近更需改良土壤。

(4)接通电源、水源,修通辅道

工程开工之前,须解决工程用水、用电等基本问题,并修筑辅助道路,确保工程的顺利开展。

(5)根据需要,搭盖临时工棚

施工场地附近有可利用的房屋设施等,尽量物尽其用,否则应搭盖工棚、食堂等必要生活设施,解决施工工人饮食起居难题。

5)苗木准备

移植前要做好苗木的准备工作。需要移植的苗木应做到随起、随分、随运、随栽。为了减少苗木分化,必须分级移栽,移栽前要对根系和枝叶进行适当修剪,保留一定的根系长度,小苗要求15~20 cm,苗龄较大时根系适当加长。深根性苗木可将主根剪短,以促使多发须根,便于移植。过长的根和受伤根也应适当修剪。在移植过程中必须保持根系湿润,切勿晒根。为减少蒸腾作用,常绿阔叶树苗可剪去部分枝、叶。萌芽性强的树种地上部分可适当修剪,也可截干移植。针叶树大苗露根移植不易成活,移栽时应带土坨。

当前道路绿化工程多采用较大规格的苗木,建议首选当地苗圃经过移栽培育的苗木,次选外地购进适合本地生长发育、能满足景观建设需要、并经过移植的苗培育苗木,最后才考虑选用当地经过促根处理的野生苗木,以提高苗木栽植成活率。

4.1.5 绿化树木栽植流程

1)定点放线

定点放线是依据以道路绿化工程种植设计图,将树木种植点按比例确定于地面上。定点放线前需做好前期准备工作,认真仔细研究施工图样,熟悉施工现场和附近水准点等。定点放线的准确与否直接影响到道路绿化工程质量的优劣。

(1)行道树的定点放线

行道树是指栽植于道路两侧,为车辆或行人遮阳并能够造景的树木。行道树的定点放线必须准确无误。

①行位确定方法:要根据按横断面设计的位置放线。有固定路牙的道路,以路牙内侧为准;没有路牙的道路,以道路路面的平均中心线为准,用钢尺测准行位,并按设计图规定的株距,每10棵左右钉一个行位控制桩。道路笔直的路段,最好首尾用钢尺量距,中间部位用经纬仪照准穿直的方法布置控制桩,确保行位精准。笔直路段,行位控制桩距离可稍远一些,转弯道路则必须测距钉桩。为了不妨碍施工,行位控制桩不要钉在植树刨坑的范围内。

②点位确定方法:行道树点位以行位控制桩为瞄准依据,用皮尺或测绳按照设计确定株距,定出每棵树的株位。株位中心要定位标记。由于行道树位置与道路交通、沿途建筑、设施等关

系密切,定点位置还应注意以下情况:遇道路急转弯时,在道路内侧留出 50 m 的距离不栽种树木,以保证安全视距;交叉路口各边 30 m 内不栽树;道路与铁路交叉口 50 m 内不栽树;高压输电线两侧 15 m 内不栽树;道路桥头两侧 8 m 内不栽树;遇有出入口、交通标志牌、涵洞、车站电线杆、消火栓、下水口等应留出适当距离,并注意左、右对称布置。

行道树的定点放线工作结束后,必须请设计人员以及有关单位验点,符合标准后才能进行下一程序的施工作业。

(2)成片道路绿地的定点、放线

成片道路绿地的树木种植有单株种植、成丛种植两种。其定点、放线多采用平板仪定点、网格法、交会法等方式。平板仪定点根据设计图样,依据基点将单株位置及片林的范围依次定出,做好标记,并标明树木种类、数量等基本信息。网格法适合范围大、地势平坦的公园等绿地种植树木。交会法适用于范围较小、现场内建筑物或其他标记与设计图相符的绿地。

2)挖穴

(1)穴坑规格

穴坑大小根据树种、树体大小、根系分布状况和土球规格以及立地土壤情况等确定,以能够容纳植株全部根系,并能良好舒展为适。一般种植坑的深度与宽度(直径)比树木的根幅或土球大 20 ~ 40 cm。当刨坑处立地土壤情况良好,如排水透气性能良好等,则可按规定规格刨坑;如果土壤理化性状差,如建筑垃圾,则需清除建筑垃圾、加大刨坑规格。

(2)刨坑操作规范

①坑形:从坑形上来说,种植单株苗木的穴坑一般为圆筒状;种植绿篱的穴坑一般为长方形槽;成片密植的小株灌木,则适宜采用大块几何形浅坑。以定植点为圆心,按规格在地面画一个圆圈从周边向下挖坑,不能挖成上大下小或者上小下大的形状(图4.2)。

②土壤堆放:通常情况下,土壤上部的耕作层,疏松,透气透水性较好,营养较丰富,而下部土壤较为瘠薄。为便于栽植时土壤的回填,刨坑时宜将表层土和底层土分开堆放,且土壤的堆放要避免影响换土、运土和行人通行,有利于栽种操作(图4.3)。

③地下物处理:刨坑时发现生产生活电缆、管道等,应立即停止操作,及时找相关部门配合解决。刨坑完毕后,应严格按相关标准统一组织验收,对未通过验收的及时返工处理。

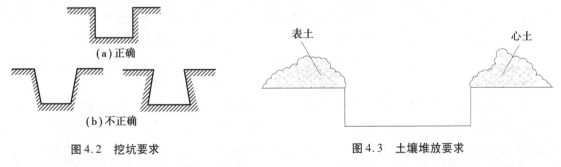

图 4.2 挖坑要求   图 4.3 土壤堆放要求

(a)正确
(b)不正确

表土   心土

3)起苗

起苗质量的好坏直接影响苗木栽植成活与否,是道路绿化过程的关键环节之一,决定最终的道路绿化效果。正确的起苗方法、合理的起苗时间、认真标准的组织操作,是保证苗木质量的关键。同时还要做好起苗的准备工作,注意土壤含水、工具锋利程度、包装材料适用与否。

（1）挖苗前准备

①选苗：在挖苗前，根据设计要求和苗木质量标准，严格筛选苗木，并做好相应标记（如挂牌、拴绳涂色等），避免误挖。

②土地准备：挖苗前要注意土壤的干湿情况，可方便起挖操作，并且减少苗木根系损伤。如果土壤过干，应提前灌水；土壤过湿，应设法排水或适当晾晒。对不熟悉情况的苗木，可先试挖少量几株，再行制订相应的挖掘措施。

③拢扎树冠枝条：在挖前用草绳适度捆扎树冠枝条，这样既方便挖苗操作，又减少挖苗过程中对枝条的损伤，如雪松、棕竹、火棘等。此法适用于枝条分枝点低、侧枝分枝角度大，或枝条长而柔软乃至枝条带刺不便掘苗操作的苗木。

④工具、材料和人力资源：提前备好适用的掘苗工具、材料，并且组织好劳动力等，尽量减少挖出的苗木在空气中裸露时间，可提高苗木成活率。

（2）起苗规格

起苗分为裸根起苗和带土球起苗两种。裸根起苗具有工具材料少、简便易行、经济实惠等优点，缺点是成活率会受到一定程度的影响。裸根起苗适用于苗木干径低于8 cm的落叶树小苗；带土球起苗适用于多数常绿树和落叶树大苗，并能有效保证树木栽植成活率，但成本高、技术性要求较高。

挖苗规格是根据一般苗木在正常生长状况下确定的，但苗木的具体挖取规格要根据树种、根系条件、立地环境等因素综合确定，如果各方面条件不够理想，则应适当加大挖苗范围或直径。一般来说，起苗的范围或土球的直径越大，根系所受损伤越小，苗木成活率也就越高。但与此同时，起苗成本提高、操作难度加大。因此，为平衡二者关系，须根据实际情况合理确定起苗范围或土球直径。

（3）掘苗方法

①裸根掘苗：裸根掘苗适用于大多数阔叶树在休眠期栽植。裸根掘苗保存根系比较完整，操作方便，节省人力、运输和包装材料，但因根部裸露，容易失水干燥和损伤弱小的须根。裸根掘苗直接在划定的掘苗范围内轻挖、由外向内逐渐去除土块即可。注意尽量避免撕裂根系，同时根际间与根系结合紧密的护心土壤应尽量保留。

一般落叶阔叶树种在休眠期移植时采取裸根挖苗的办法。挖苗时，依苗木的大小按一定的保留苗木根系规格，通常二、三年生苗木保留根系直径为35 cm左右。在此范围之下，铁锹稍向内斜切根下，沿保留根系规格要求，切断周围一圈根系多余部分，提起树干，起出苗木。为了保证切口齐整平滑，不要劈裂和撕裂主根，挖苗工具要锋利，起出苗木后，抖去根部宿土，尽量保留完整的须根。

②带宿土挖苗：落叶针叶树及部分移植成活率不高的落叶阔叶树种需进行带宿土挖苗。挖苗方法同上，区别是苗木挖出后少抖掉些泥土，保留根部护心土及根毛集中区的土块，以提高移植成活率。

③带土球掘苗：常绿树种及规格较大的苗木或移植不易成活的树种，为了保证移植成活，在移植时必须带好土球。将苗木指定范围内的根系，连土掘削成球状，用草绳自根部开始向下通过土球底部绕扎6~8圈，或装入蒲包内，以免土球散开（图4.4）。

由于在土球范围内须根未受损伤，并带有部分原土，栽植过程中

图4.4　扎好后的土球

水分不易损失,对恢复生长有利。但操作较困难,费时费力、消耗大量包装材料、增加运输负担,成本远高于裸根掘苗。因此,绿化建设中,尽可能采取裸根栽植。

4)运苗与假植

（1）运苗

起苗后,应在最短时间内运输到种植处,并在运输过程中采取相应的保护措施,减少对树木枝条水分蒸发、根系损伤等,以提高树木栽植成活率。

①核对苗木:完善起运苗木手续,装车之前,仔细核对苗木种类、数量与规格等,贴上相应标签。

②装车:苗木装车前在车厢内铺松软物质,如蒲包、稻草等,可保护树皮。大苗装车时,须放倒,且土球或根系向前,枝梢向后并不拖地,依次码放。土球之间码放紧实,避免运输途中松动、碰散土球;部分苗高低于 1.5 m 的苗木可以立放,但需要设立支架或绑扎,固定苗木,苗木上方不可堆放重物并搭盖遮阳挡风材料。

③运输:运苗过程中,如果是短距离运输,未采取遮阳挡风措施,中途尽量不做停留,直奔施工现场。如果是长距离运输,驾车要稳,尽量避免大的颠簸抖散土球,随时检查遮阳挡风材料,适度喷水保持根系湿润。

④卸车:苗木运达目的地后,应及时组织人力卸车。卸车时,顺序应从上往下,对带土球苗木,不可拖拽树干,要抱住土球或借助木板等材料顺势滑动卸下,轻拿轻放,以免土球散开。

（2）假植

假植是苗木栽种的一种临时保护性措施。苗木运达预定场地,受各方面条件限制,不能及时栽植,为保护根系,减少苗木失水,提高苗木栽植成活率,将苗木根系或土球用湿润的沙壤土掩埋起来的过程,即为假植。

①裸苗假植:不能及时种植的,则应假植。裸根苗木从起苗到栽植,在空气中裸露时间尽量不要超过 8 h。在栽植处附近选择合适地点,挖浅沟,规格为宽 200 ~ 300 m、深 30 ~ 50 cm,长度视苗木多少而定,按树木种类或品种集中假植,做好标记。在气候温和湿润的地区,如果假植时间很短,可采取对根部喷水保湿、覆盖草帘等方式,降低工作量;但在高温干旱多风地区,苗木水分散失过快,不宜采用此法。

②带土球苗假植:带土球的苗木,运到预定场地,如较短时间内无法定植,进行假植。选择合适的地块,将苗木码放整齐,四周培土,用草绳围拢树冠,喷水保湿;假植时间较长的,土球间缝隙填土,并根据需要进行叶面喷水。如假植时间非常短,可采取直接对土球喷水保湿、覆盖草帘等方式,既降低工作量,又不影响苗木成活。

5)栽植前的修剪

（1）修剪目的

①保证成活:所有的起苗,都会损伤苗木根系。地上部分枝叶蒸腾作用正常进行,而根系吸收能力减弱,这样会造成地上、地下部分的水分和养分不平衡,影响苗木栽植成活率。通过修剪,降低地上部分水分养分的消耗量,使植株地上、下两部分的水分和养分尽量平衡,提高苗木栽植成活率。

②调整树形:通过整形修剪,可塑造出满意的树形,同时还能刺激长势衰弱的树萌发更多枝叶,缓和生长势强劲苗木的生长。

③减少病虫危害，推迟物候期：栽植前的修剪，着重剪除病虫枝、徒长枝、折断或撕裂的枝条，以及根系和一些幼嫩的枝梢等，能够较好地减弱病虫危害。同时，修剪时会剪除比较饱满的顶芽，物候期也会被相应延迟。

（2）修剪操作规范

道路树木栽植过程中，栽前修剪和栽后修剪常综合使用，栽后修剪在栽前修剪的基础上进行。不管哪种修剪，都要严格按照有关操作规范进行。

①剪口平整：剪口平滑整齐，枝条不劈不裂，更不能撕破树皮，否则伤口难以愈合。

②剪口芽位置合理：剪口位置与芽的距离约 0.5～1.0 cm，不可紧靠剪口芽下剪，否则易致剪口芽随枝条干枯而死。剪口成 45°斜面（图 4.5）。要结合树木的生长习性和立地条件，合理选留剪口芽的位置与方向，保证剪口芽萌发抽条的方向符合今后树形发展要求。

图 4.5　剪口处芽的处理

③根系和枝叶修剪：栽植前的修剪部位，包括地上部分的枝叶和地下部分的根系。首先从根系入手，先将干枯及病虫危害、破皮、劈裂的根系剪除，其次将有病虫害的、损伤枝条剪除，最后去除部分大枝、徒长枝。对修剪留下的较大剪口、伤口，应及时涂抹伤口保护剂。

6) 栽植

（1）散苗

散苗也称配苗，是指为方便栽植，将苗木按设计图样，散放于定植坑旁边的过程。

①按图散苗：以设计图样为依据，选对苗木种类，找准位置。裸根苗应根朝下置于坑内，带土球苗木可置于坑边。

②保护苗木植株：道路绿化时，组织安排好劳动力，带土球的苗木必须轻拿轻放，避免土球散开，边散边栽，减少苗木在空气中的暴露时间，减少水分和养分散失，提高成活率。

③精细分级：行道树、绿篱等散苗时做好分级工作，相邻苗木高度、规格基本一致，确保达到预期的景观效果。

（2）栽苗

栽苗是指散苗后，将苗木放入坑内扶直，提苗到种植深度、舒展根系、分层埋土压实、固定苗木的过程。

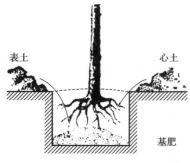

图 4.6　种植示意图

①穴植法：人工挖穴栽植，适用于大苗移植或较难成活苗木的移植。具有成活率高、生长恢复快的优点，但栽植工作效率低。移植时按预定的行距和株距挖穴，穴的直径和深度应略大于苗木的根系。栽时一人扶正苗木，一人填土，并将填入的土踩实或夯实。回填土壤时，表土在下，心土在上（图 4.6）。裸根苗木的根在植穴内要舒展；带土球苗栽时要将包扎物拆除或剪开，使根系接触土壤。覆土后踩实时，不可将土球踩碎，应踩在土球与树穴空隙处。覆土深度比原有土印略深，避免灌水

后土壤下沉而露出根系,降低成活率。

②沟植法:一般用于移植小苗,适用于根系发达的苗木移植。按移植的行距开沟,将苗木按株距排列沟中,填土踩实。开沟深度应大于苗根深度,以免根部弯曲。栽植应十分整齐,维持在一条线上。可每隔20株左右先行栽植1株,以作标杆树,方便栽植时前后对齐,做到三点一线。

③缝植法:适用于小苗和主根长而侧根不发达的苗木,移植时用铁锹开缝,随即把苗木放在适当位置,使根系舒展,然后压实土壤。用此法移植时,注意不要使苗根变形。另外,勿使苗根悬空。

(3)注意事项

埋土前必须仔细核对设计图样,检查树种、规格与设计图样是否一致,同时检查栽植坑的大小、深浅是否符合要求,发现问题立即纠正。树形及长势最好的一面应朝向主要观赏方向。定植完毕后应与设计图样仔细核对,确定无误后解开拥拢树冠的草绳等。

4.1.6　栽植后的养护管理

道路绿化树木栽植工程按设计要求定植完毕后,要加强看管防护,树木定植后可通过设立防护围栏等方式对新栽植苗木进行保护,避免人为等因素破坏,尤其是在城市绿化工程中,更应加强看护。如果没有围护条件,须强化巡查看管,减少人为破坏。植树工程竣工后,应将施工现场彻底清理干净,如去除围堰、清扫施工现场,将石块、土球包扎物、修剪下来的枝条、根系等无用杂物处理干净,保持施工场地清洁,做到文明施工。

为了巩固绿化成果,提高树苗成活率,还必须加强后期养护管理工作。苗木栽植后的抚育管理工作主要包括病、虫、草的防治和灌水、施肥、中耕除草、整形修剪等内容。

1)设立支柱,扶正培土

新栽苗木一般入土较浅,栽植坑底及周围土壤疏松,土壤容易下陷,加上风吹雨打,部分苗木会倾斜或基部松动,造成根部悬空、根系暴露或塘内积水。另外,高大苗木,尤其是带土球栽植的大苗,容易因风刮、浇水、生物活动以及松软土壤下沉等因素的影响而歪斜,应及时设立支柱加以支撑。支柱的材料,各地有所不同,木材、竹竿甚至钢筋水泥柱等均可。一般原则是就地取材,既要简便实用,也要美观大方。支撑的方式有单杆支撑、三脚架支撑、"井"字架支撑等,不同的支撑方式操作难易有别,效果各异。具体采取何种方式根据当地风向、苗木大小以及立地土壤条件等综合考虑。注意对具体的支持部位加以保护,一般采取缠绕稻草绳、垫橡胶皮等方式,避免磨损树皮,影响苗木正常生长发育。因此,应随时观察,移植苗经灌水或较多的降雨后,苗木极易倒伏、倾斜或露根,如发生此类现象,应立即扶直、培土、踏实,否则由于苗本正在发芽生长,几天之内苗干就会变弯。扶苗时、可先将苗根附近的土挖开,将苗木扶正,找直行间和株间方向,然后还土踏实,保证树苗成活。

2)灌水与排水

浇水是保证移植苗成活的主要措施,特别是北方春季干旱少雨,蒸发量大、如果供水不足,将严重影响苗木成活率。树苗根系恢复生长过程中既需要足够的水分,也需要足够的氧气,如果土壤过于干旱或根系附近积水严重,会影响根系正常生长发育。尤其暴雨或连绵阴雨天气,容易导致土壤间隙被水填满、通气不良,部分不耐水湿的树种会因根系呼吸困难而窒息死亡。

树木定植后尽量在24 h内浇水,时间越早越好,并连续浇灌几次,尤其是高温干旱、蒸发量大的区域。季节栽植苗木时,及时合理浇水更为重要。苗木栽植后浇的第一次水也有定根水之称。此次浇水量不宜太大,但应湿润 30~40 cm 土层,其主要作用是通过水分的渗透,使苗木根系与土壤颗粒密切接触,利于根系吸收功能的发挥,提高成活率。此后间隔 5~7 d 再浇第二次、第三次水,可根据天气和苗木成活情况再决定是否浇水。水量不可过大或过小,水量过大土壤变软,苗木容易倒伏;水量过小,影响成活。注意每次浇水后应及时检查,扶正因土壤松软导致的歪斜、倾倒的苗木。因此,树木成活期的水分管理应以"早时及时灌水,涝时及时排水"为原则,为苗木正常生长发育创造良好条件。

3)施肥

新栽成活的苗木,度过缓苗期后,可适当施清淡的肥水,以满足苗木生长发育对养分的需求,促进苗木正常生长。初期施肥浓度宜低,施肥次数可适当增加,以"勤施薄肥,少量多次"为原则。

4)修剪

苗木成活期的整形修剪主要包括除萌、修枝、平茬等工作。部分新栽苗木主干容易产生萌蘖,除因特殊需要保留外,其他均需要及时摘除;对主枝多或分布不均的苗木,可适当修剪,疏除扰乱树形的枝条,以培育优质主干;对萌发能力强,但主干干枯、折断或弯曲等无培育前途的苗木,可于树液流动前进行平茬,加强肥水管理,可培育出新的端直主干。

5)松土除草

苗木移植不久,大部分土面暴露于空气当中,不仅土壤极易干燥,而且易生杂草,在此期间应及时进行中耕除草。与树苗相比,杂草根系发达,争夺水分养分的能力强,影响树苗根系伸展。因此,结合松土,及时清除杂草,可有效改善苗木根系的生长发育条件。同时,松土可以切断土壤毛细管,减少水分蒸发,保住土壤水分,增加土壤通气性,促进微生物活动,提高土壤肥力,有利于树苗成活和生长。中耕的深度依苗木根系的深浅而定。一般移植苗应浅耕,株行间可适当加深,通常加深 3~5 cm。除草应在杂草发生之初尽早进行,要坚持除小、除净。对多年生杂草必须将其地下部全部挖出,否则,将越来越难清除。松土除草一般一年进行 2~3 次,要做到"除早,除小,除净"。

6)补植

苗木成活期养护管理工作中,应不定期地检查苗木成活情况,对死亡的苗木以及虽未死亡但已严重影响景观效果、短期难以恢复生长势的苗木进行拔出,并及时补植。注意补植苗木的规格,如高矮、干粗等,应与四周苗木大小基本一致,避免影响景观效果。

任务4.2 大树移植技术

4.2.1 大树移植的概念

大树移植技术是道路绿化不可缺少的。栽植大树除改善生态环境、美化环境等特有的绿化功能以外,还对道路绿化有特殊作用。大树移植是道路绿化建设事业中所特有的工作项目,当然也是植树工程施工所必须研究的课题,是道路绿化的骨架。特别是一些重点的道路工程,为了加快绿化的速度,达到预期的景观效果,及时发挥园林树木的生态功能,要求用特定的优美树姿相配合,这就只有采用大树移植的办法才能实现。大树移植已成为道路绿化建设中的一种重要技术手段,可以达到立竿见影的绿化美化效果。

通过大树移植,可在短时间内优化道路绿地的植物配置,及时满足一些重点工程和大型市政工程的绿化、美化要求,是现代化城市园林布置和道路绿化建设中经常采用的重要手段和技术措施。尽管大树移植存在一些困难,但如果能科学、合理、适度进行配植,则可较快发挥道路绿地的景观功能。大树的移植只要遵循其自然生长规律,运用科学的技术,就会有较高的成活率。

大树移植,即移植大型树木的工程。所谓大树是指树干和胸径一般在 10~40 cm,树高在 5~12 m,树龄一般 10~50 年或更长的大型树木。大树移植条件较复杂,要求较高,从来源上可分为人工培育大树移植和天然生长大树移植两类。人工培育大树移植是经过各种技术措施培育的树木,移植后能适应各种生态环境,成活率较高。天然生长大树移植大部分生长在森林生态环境中,移植后不适应小气候生态环境,成活率较低。但从大树移植的实践中可发现,只要方法得当,都可以收到较好的绿化效果。

4.2.2　大树移植的特点

1)快速发挥景观功能

要发挥道路绿化效果,必须选择理想的树形来体现艺术的景观内容,只有选择成形的大树才能创造理想的艺术作品,为了提高道路绿化、美化的造景效果,经常采用大树移植。它能在较短时间内,较快地发挥绿化树木的功能效益,改善城市的园林布置和城市环境景观,使用大批量的大树种植,突出了效果,使之立树成荫,当即成林,及时满足重点工程、大型道路建设绿化、美化等要求,同时也能打破植树季节性,实现全年栽植绿化。

2)成活率较低

由于大树在移植过程中须根量很少,被损伤的根系恢复慢,根系的再生能力下降,新根发生能力较弱,地上部分蒸腾面积远远超过根系的吸收面积,树木常因脱水而死亡。在移植过程中,采用措施不当、栽植后的养护管理不到位等,会造成树体损伤,影响树木的成活。

3)技术要求比较高

我国早就有用直接移植大规格树木进行城市绿化建设的历史,近几十年来,大树移植技术有了较大的发展。为有效保证大树移植的成活率,一般要求在移植前的一段时间要做必要的移植处理。移栽周期少则几个月,多则几年,每一个步骤都不容忽视。大树对移植的质量要求较高,移植的大树具有庞大的树体和质量,是专业性很强的一项技术工作,同时还需借助于一定的机械力量才能完成。作业人员必须经过严格的培训和实际锻炼,达到熟练操作程度,方可单独上岗,否则人员、树木的安全和工程质量就不能保证,因此,大树移植成本高。

总之,移植大树不同于带有群众性的一般的绿化植树,所以,除有特殊需要的工程外,一般均需慎重。

4.2.3　大树移植的原则

1)就近选择树种

不同树种对土壤、光照、水分和温度等生态因子的要求不同,移植后的环境条件应尽量与树种的生物学特性相符。在进行大树移植时,应根据栽植地的气候条件、土壤状况,选择乡土树种为主、外来树种为辅,坚持就近选择优先的原则。

2)树体年龄轻壮

处于壮年期的树木,树冠发育成熟且较稳定,当胸径在 10~15 cm 时,正处于树体生长发育的旺盛时期,因其环境适应性和树体再生能力强,移植过程中树体恢复生长时间短,移植成活率高,易成景观,从形态、生态效益以及移植成活率上来讲都是最佳时期的树木,最能体现景观设计的要求。

3)科学配置原则

为了使大树移植能起到突出景观和强化生态的效果,要尽可能地把大树配置在主要位置,配置在能够产生巨大景观效果的地方,作为景观的主景。如在公共绿地、公园绿地、居住区绿地,大树作为主景,适宜配置在出入口、重要景点等位置。切忌在道路绿化中较集中、过多地应用过大的树木栽植。

4)严格控制原则

大树移植,成本高,对技术、人力、物力的要求高,移植后的养护难度更大。大树移植时,要对移植地点和移植方案进行严格的科学论证,精心规划设计,移植的树种,移植的数量。另外,大树来源更需严格控制,必须以不破坏森林自然生态为前提,最好从苗圃中采购,或从近郊林地中抽稀调整。

4.2.4　大树移植前的准备工作及处理

大树移植前必须进行精心策划,准确掌握大树移植的配套技术以及加强栽后的精细管理,以确保大树移栽的成功。

1)大树的选择

大树移植前,首先调查移植大树的树种、树龄、干高、树高、胸径、冠幅、树形及所有权等,并进行测量记录,注明最佳观赏面的方位,可留影像资料。调查记录苗木产地与土壤条件,交通路线有无障碍物等,判断是否适合挖、装、运,分析问题,解决问题,办好准运证和检疫证等证件。对选中的树木应进行登记编号,为规划设计提供资料。

2)大树移植的时间

如果掘起的大树带有大而完整的土球,在移植过程中严格执行操作规程,移植后又精心养护,那么在任何时期都可以进行大树移植。但在实际中,最佳移植时间最好选择在树木休眠期,不仅可以提高移植成活率,而且可以有效降低移植成本,方便日后的正常养护管理。春季萌动期前和秋季树木落叶后为最佳时期。北方最佳时期是早春。落叶后至土壤封冻前的深秋,树木上部处于休眠状态,也可进行大树移植。在道路改建扩建工程中的大树移植,可以选择在生长旺季移植,最好选择在连阴天或降雨前后移植。常绿树,春、夏雨季、秋均可进行。但夏季应错过生长旺盛期。一般以春季最佳。

(1)春季移植

早春是大树移植的最佳时期,这一时期树液开始流动,枝叶开始萌芽生长,挖掘时损伤的根系容易愈合、再生。移植后,经过早春到晚秋的正常生长,树体移植时受伤的根冠已基本恢复,给树体安全越冬创造了有利条件,春季树体开始萌芽而枝叶尚未全部长成之前,树体蒸腾量较小,根系还能够及时恢复水分代谢平衡。因此,春季移植成活率较高。

（2）夏季移植

由于树体在夏季时蒸腾量较大,一般来说不利于大树移植。不得不移植时,可采取相应的措施来减少枝叶蒸腾,如加大土球、加强修剪、树体遮阳等,也能获得较好的效果。由于夏季移植需要的技术复杂、成本较高,尽量避免夏季移植。在北方的雨季和南方的梅雨季节,由于连阴雨日较长,光照强度较弱,空气湿度较高,如把握得当,也不失为移植适期。

（3）秋冬移植

从树木开始落叶到气温不低于－15 ℃这段时期,树体虽处于休眠状态,但地下部分尚未完全停止生理活动,移植时损伤的根系能够愈合恢复,给来年春季萌芽生长创造有利条件。而在严寒的北方,必须加强对移植大树的根际保护,才能达到预期目的。

总之,如何选择大树移植的最佳时期,还要考虑树种的差异、天气状况,分期分批、有计划地进行。

3）断根处理

断根处理也称回根、盘根或截根。定植多年的或野生的大树,特别是胸径在 30 cm 以上的大树,应先进行断根处理,利用根系的再生能力,促使树木形成紧凑的根系,发出大量的须根。断根可在大树移植前的 1~3 年,有计划地分期切断树体的部分根系,以促进吸收根的生长,使大树在移植时能形成大量可带走的吸收根。在移植前 1~3 年的春季或秋季,以树干为中心,以胸径尺寸 3 倍左右为半径画圆或方形,在保留两段或三段之外挖宽约 35 cm 的沟,深度依据树种根系特点而定,一般为 70 cm 左右。挖掘时,如遇较粗的根,应用锋利的手锯截断,使之与沟的内壁平齐,但直径 5 cm 以上的粗根,为防大树倒伏一般不予切断,可将土球外壁处进行环状剥皮（宽约 10 cm）后保留。并在切口涂抹一定浓度的生长素,有利于生根。最后,用拌着肥料的泥土填入并夯实,定期浇水。到第二年春季或秋季,再依照上面的步骤,分批挖掘其余的沟段,如图 4.7 所示。正常情况下,经过 2~3 年,环沟中长满须根后即可起挖移植。

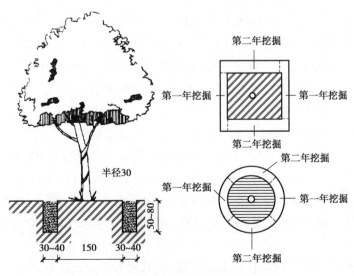

图 4.7 大树预先断根法（单位:cm）

4)大树的修剪

为了改善树体通风透光条件,增强树势,提高抗逆性,对移栽的树木要进行适当的修剪。移植前应对树冠进行修剪,修剪强度根据树种确定。萌芽力强的、树龄大的、叶片稠密的应多剪;常绿树、萌芽力弱的宜轻剪。从修剪程度看,可分全株式、截枝式和截干式3种。全株式原则上保留原有的枝干树冠,只将徒长枝、交叉枝、病虫枝及过密枝剪去,适用于萌芽力弱的树种,栽后树冠恢复快,绿化效果好。截枝式只保留树冠的一级分枝,将其上部截去,适用于一些生长快、萌芽力中等的树种。截干式修剪,将整个树冠截去,只留一定高度的高干,只适宜生长快,萌芽力强的树种。由于截口较大易引起腐烂,应将截口用蜡或沥青封口,或者用塑料薄膜包裹。

4.2.5　大树移植技术

大树移植要掌握"随挖、随包、随运、随栽"的原则,移植前应根据设计要求定点、定树、定位。

1)树木挖掘

掘苗前,应先按照绿化设计要求的树种、规格(高度、干径、分枝点高度、树形及主要观赏面)选苗,并在选好的树上做出明显标记,如可在树干上拴绳或在北侧点漆,将树种、规格分别记载,以便分类,确定栽植顺序。对于所要掘取的大树,要确定它能否移植,了解大树所在地的土质、周围环境、交通路线和有无障碍物等。

(1)掘苗准备工作

掘苗的准备工作,材料只要有蒲包、草片、草绳等物。国内多采用人工挖掘软材包装移栽法。大树移植时,应尽量加大土球,多保留根系,并保留一部分根际原土,以利于树木萌根。起树时要保持好土球完整性,用蒲包、草片或塑编材料加草绳包装。挖掘方形土台,适用于树木胸径为15~25 cm的常绿乔木。落叶乔木一般采用休眠期树冠重剪、尽量保留较大较多根系的裸根移栽法,挖掘包装相对容易。

(2)挖掘

①裸根移植:裸根移植适用于移植容易成活、干径在10~20 cm的落叶乔木。裸根移植大树必须在落叶后至萌芽前当地最适季节进行。有些树种仅宜春季,土壤冻结期不宜进行。对潜伏芽寿命长的树木,地上部留一定的主枝、副主枝外,可对树冠行重剪,但慢生树不可过重,以免影响栽后相当一段时期的观赏效果。锯截粗枝应避免劈裂,伤口应涂抹保护剂。挖掘前要先以树干为圆心按规定直径在树木周围画一个圆圈,然后在圆圈以外开挖。挖掘时应沿所留根幅外垂直下挖操作沟,沟宽60~80 cm,沟深视根系的分布而定。挖至不见主根为准,深度一般为80~120 cm。遇粗根应用手锯锯断,不宜硬铲防治引起劈裂。挖倒大树以后,如有特殊要求则包扎根部,注意尽量少伤树皮和须根。移植后应保持根部湿润,方法是根系掘出后喷保湿剂或沾泥浆,用湿草包裹。未能及时定植应进行假植,时间不能过长,以免影响成活率。栽植穴径应比根的幅度与深度大20~30 cm,栽后可立支柱。萌芽后应注意选留适合枝芽培养树形,其他剥去。

②带土球挖掘:带土球挖掘应保证土球完好,尤其雨季更应该注意这点。一般可按树木胸径(树干1.3 m处的直径)的7~10倍来确定土球的大小。为了减轻土球质量,挖掘前应先铲除树干周围的浮土。土球规格确定之后,以树干为中心,在比规定土球大3~5 cm处画一个圆圈,

然后沿着圆圈挖一宽 60 ~ 80 m 的操作沟,其深度应与确定的土球高度相等。挖时先去表土,再行下挖。

修整土球要用锋利的铁锹,遇到较粗的树根时,用手锯或利剪将根切断。当土球修整到1/2深度时,应随挖随修整土球,将土球表面修平,使之上大下小,局部圆滑,呈苹果形,收底时遇粗大根系应锯断。

③冻土球移植法:适合用于我国华北以北,冬季气候严寒,土壤封冻较深的地区。选用当地耐严寒的乡土树种,可以利用冻土期挖掘冻土球移植,并利用冻结河道和雪地滑动运输,由于免去包装和运输费用而节省开支。冬季土壤冻结不深的地区,可于土壤封冻前灌水,以湿润土壤。待气温下降到零下 12 ~ 15 ℃,土层冻结深达 20 m 时,开始用羊角镐等挖掘土球。在土壤冻结很深的地区,为减少挖掘困难,应提前在冻得不深时挖掘,并泼水促冻。挖好的树,未能及时移栽时应用覆盖材料覆盖,以免晒化或经寒风侵袭而冻坏根系。

④大树移植机移植法:大树移植机最适于交通方便、运距短的平坦地移植,效率很高。大树移植机是一种在卡车或拖拉机上装有操纵尾部四扇能张合的匙状大铲的移树机械。移植机停在适合起树的位置,张开匙铲围于树干四周一定位置,开机下铲,直至相互并合,收提匙铲将树抱起,树梢向前,匙铲在后,横卧于车上,即可开到栽植点,直接对准放入挖好的坑穴中,填土入缝,整平做堰,灌足水即可。与传统的大树移植相比,将原分步进行的众多环节联成一体,使挖、起、吊、运、栽等成为随挖、随运、随栽的流水作业,并免去了许多费工的辅助操作,如包装环节,应大力推广。

(3)捆扎土球

在大树基部捆草绳 60 ~ 80 cm 高,在捆好的草绳上钉护板以保护树干。

①围腰绳:事先将草绳浸水理顺,将土球腰部缠紧,2 人合作边拉缠,边绕边拍打收紧,腰绳宽度视土球规格而定,总宽达土球高的 1/4 ~ 1/3 (约 20 cm)并系牢即可。一般扎 8 ~ 10 圈草绳,草绳捆扎要求均匀、松紧适度(图4.8)。

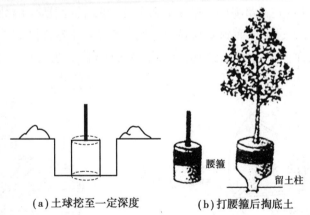

(a)土球挖至一定深度　　　(b)打腰箍后掏底土

图4.8　土球挖掘和尾腰绳示意图

②开底沟:围好腰绳后,在土球底部向内刨挖一圈底沟,宽度在 5 ~ 6 cm,这样有利草绳绕过底沿不易松脱。然后用蒲包、草绳等材料包装。

③围外绕绳:用蒲包将土球底部挡严,并另用草绳与土球底沿纵向绳拴连系牢。草绳包扎方式有下列 3 种。井字式和五角式适用于黏性土和运距不远的落叶树或 1 t 以下的常绿树,否则宜用橘子式。

● 橘子式(图4.9):打包时先将草绳一头系在树干(或腰绳)上,呈稍倾斜经土球底沿绕过对面,向上约于球面1 m处经树干折回,顺同一方向按一定间隔缠绕至满球;然后再绕第二遍,第二遍与第一遍的每道于肩沿处的草绳整齐相压,至满球后系牢;再于内腰绳的稍下部捆十几道外腰绳,而后将内外腰线呈锯齿状穿连绑紧;最后在计划将树推倒的方向沿土球外沿挖道弧形沟,并将树轻轻推倒,这样树干不会碰到穴沿而损伤。用蒲包将土球底部挡严,并另用草绳与土球底沿纵向绳拴连系牢。

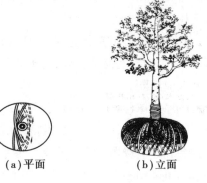

(a)平面   (b)立面

图4.9   橘子式

● 井字(古钱)式(图4.10):先将草绳一端系于腰箍上,然后按图4.10(a)所示数字顺序,由1拉到2,绕过土球的下面拉至3,经4绕过土球下拉至5,再经6绕过土球下面拉至7,经8与1挨紧平行拉扎。按如此顺序包扎满6~7道井字形为止,扎成如图4.10(b)的状态。

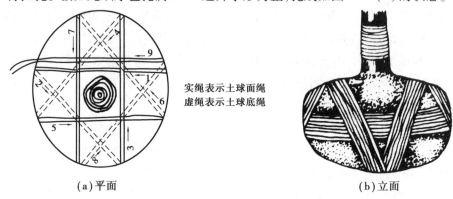

实绳表示土球面绳
虚绳表示土球底绳

(a)平面   (b)立面

图4.10   井字式

● 五角式(图4.11):先将草绳的一端系在腰箍上、然后按图所示的数字顺序包扎,先由1拉到2,绕过土球底,经3过土球面到4,绕过土球底经5拉过土球面到6,绕过土球底,由7过土球到8,绕过土球底,由9过土球面到10,绕过土球底回到1。按如此顺序紧挨平扎6~7道五角星形,扎成如图4.11(b)的状态。

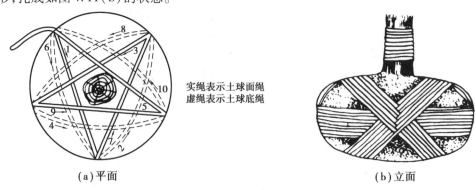

实绳表示土球面绳
虚绳表示土球底绳

(a)平面   (b)立面

图4.11   五角式

2)装运

大树装运应选用起吊、装运能力大于树重的机车和适合现场使用的起重机类型。吊运前先撤去支撑,捆拢树冠,事先准备好粗麻绳和木板等。吊装前,用事先打好结的粗绳;将两股分开,捆在土球由上至下3/5的位置上,与土球接触的地方垫以木板,以免麻绳勒入土球。然后将粗绳两端扣在吊钩上,轻轻起吊一下,此时树身倾斜,马上用粗绳在树干基部拴系一绳套,也扣在吊钩上,即可起吊装车。装车时必须土球向前,树梢向后,轻轻放在车厢内。用砖头或木块将土球支稳,并用粗绳将土球与车身牢牢捆紧,防止土球摇晃。根部盖草包等物进行保护,树身与车板接触之处,必须垫软物,并用绳索紧紧固定,以防擦伤树皮,碰坏树枝。

运输途中要有专人负责押运,苗木运到施工现场后要立即卸车,如不能立即栽植,则应将苗木立直、支稳,决不可将苗木斜放或平倒在地。

3)栽植

(1)假植

苗木如短期内不能栽植则应假植。假植场地应距道路施工现场较近,且交通方便,水源充足。大量假植树木时,应按树种、规格分门别类集中排放,便于假植期间养护管理和日后运输。较大树木假植时,可以双行成一排,株距以树冠侧枝互不干扰为准,排间距保持在6~8 m,以便通行运输车辆。树木安排好后,在土球下部培土,至土球高度的1/3处左右,并用铁锹拍实,切不可将土球全部埋严,以防包装材料腐朽。必要时应立支柱,防止树身倒歪,造成树木损伤。

假植期间,要经常喷水保持土球和叶面潮湿,以保持树体水分代谢平衡。随时检查土球包装材料情况,发现腐朽损坏的应及时修整,必要时应重新打包。要注意防治病虫害。加强围护看管,防止人为破坏。一旦栽植条件具备,则应立即栽植。

(2)栽植

①定点刨坑:栽植前,应按照设计要求定好点,测出标高,编好树号,以便栽植时对号入位。定植的树坑,其直径应比土球大30~40 cm,深度应比土球的高度大20~30 m。如定植坑的土质不好,还应适当加大坑径并换用砂质壤土。在挖好的种植穴底部先施基肥,将腐熟的有机肥与土拌匀,并用土堆成约10 cm高的小土堆。大树运抵后必须尽快定植。

②栽植:吊装入穴前,要将树冠生长最丰满、完好的一面朝向主要观赏方向。定植起吊前同样应在树干上捆绑两根长绳索,以便卸装和定植时用人力控制方向;同时应进行种植坑的回土和施肥,回土高度应保证树木下坑后土球上表面略高于地面5~10 cm(因为灌水后树木会出现一定的下沉)。定植起吊时,应使树干立直,然后慢慢放入坑内。坑内应先堆放15~25 cm厚的松土,使土球能刚好立在土堆上。应由人配合起重机,掌握好定植方位,尽量符合原来的朝向并保证定植深度适宜。当树木栽植方向确定后,即可将树木轻落坑中,然后用人力稳住树体,解开吊绳和包装材料。解开包装材料后应观察树木根系,把受伤的根系剪除,创面一定要修平滑,然后用草木灰涂抹或用0.1%的高锰酸钾溶液喷洒,有利于创面愈合,防止烂根。树木定位后,拆除草绳等包装材料,均匀填入细土,分层夯实。当填至1/3时,通过人力用树干上的绳索校正树体以使其垂直于地面,而后再将种植穴回填压实至满;于树干基部围一土埝,便于保水;填土至2/3时浇水,如发现空洞,及时填入捣实,待水渗下后,再加土,然后堆土成丘状。栽植的深度,不要超过土球的高度,与原土痕印相平或略深3~5 cm即可。

树木定植好后应立即灌水,灌水时在水管端口套接一根1 m有余的钢管,打开水阀,将水管顺着种植坑壁插入坑底,直至水往外冒。多方位插灌,直到灌透为止。树木定植后应解开树干绳索和树冠包扎物,在树干2.5~3 m处包裹草席,捆扎3~4根木桩,结实地支撑在地面上,以免大风摇动树体,影响树木生长。树木基部的地面也应覆盖草席或稻草保暖保湿。

由于移植时大树根系会受到不同程度损伤,定植时,为促其增生新根,恢复生长,可根据具体情况适当使用生长素。对于土球破裂或裸根树木还应采用种植穴内打泥浆法种植。

4)栽植后的管理

大树再生能力较弱,移植后一段时间内树体生理功能大大降低,树体常常因供水不足、水分代谢失去平衡而枯萎,甚至死亡。因此,大树移栽后,一定要加强后期的养护管理,第一年尤为重要。因此,应把大树移栽后的精心养护看成是确保移栽成活和树木健壮生长不可缺少的重要环节,不可忽视。

(1)地上部分保湿

①包干:大树移植后及时用稻草绳、麻包等材料严密包裹树干和比较粗壮的分枝。上述包扎物具有一定的保湿性和保温性,经包干处理后,避免强阳光直射和热风吹袭,可减少树干、树枝的水分蒸发;贮存一定量的水分,使枝干经常保持湿润;还可调节枝干温度,减少高温和低温对枝干的伤害。

②喷水:树体地上部分特别是叶面因蒸腾作用而易失水,应及时喷水保湿。喷水要求细而均匀,喷及地上各个部位和周围空间。可采用高压水枪喷雾,或将供水管安装在树冠上方,根据树冠大小安装一个或数个喷头进行喷雾,效果较好,但比较费工费料。或采取打点滴的方法,即在树枝上挂上若干个装满清水的盐水瓶,运用打点滴的原理,让瓶内的水慢慢滴在树体上,定期加水,既省工又节省材料,但喷水不够均匀,水量较难控制。

③遮阴:大树移植初期或高温干燥季节,要搭设荫棚遮阴,以降低棚内温度,减少树体的水分蒸发。在成行、成片种植的密度较大的区域,宜搭建大棚,省材又方便管理;孤植树宜按株搭设荫棚,要求全冠遮阴,荫棚上方及四周与树冠保持50 cm左右距离,以保证棚内有一定的空气流动空间,防止树冠日灼危害,遮阴率为70%左右。树木抽发新根,生长稳定后可逐步去掉荫棚。

(2)促发新根

①控水:新移植的大树,其根系吸水功能减弱,对土壤水分需求量较小。因此,只要保持土壤适当湿润即可。土壤含水量过大,反而会影响土壤的透气性能,影响根系的呼吸,对发根不利,严重的会导致烂根死亡。因此,一方面要严格控制浇水量,移植时第一次浇透水,以后视天气情况与土壤干燥情况,谨慎浇水,同时要慎防对地上部分喷水过多使水滴进入根系区域;另一方面,要防止树穴内积水,种植时留下浇水穴,在第一次浇透水后即应填平或略高于周围地面,以防下雨或浇水时积水。在地势低洼易积水处,要开排水沟,保证雨天及时排水,做到雨止水干。另外,为提高成活率,浇定根水时加入活力素稀释液和防烂根剂,可促发新根,抑制和防止树木烂根。

②保护新芽:树体地上部分的萌发,对根系具有自然而有效的刺激作用,能促进根系的萌发。因此,在移植初期,特别是移植时进行重修剪的树体所萌发的芽要加以保护,让其抽枝发叶,待树体成活后再行修剪整形。同时,在树体萌芽后,要特别加强喷水、遮阴、防病、防虫等养护工作,保证嫩芽、嫩梢的正常生长。

③保持土壤通气良好:保持土壤良好的透气性有利于根系萌发。为此,一方面要做好中耕松土工作,防止土壤板结。另一方面,要经常检查土壤通气设施(栽植时埋设的通气管或竹笼

等),一旦发现堵塞或积水,要及时清理,以经常保持良好的透气性能。

(3)树体保护

①支撑固定:大树移植后即应支撑固定,以防地面土层湿软,大树遭风袭导致歪斜、倾倒,同时还有利于根系的生长。一般采用三角形支撑固定法,确保大树稳固。支撑点以在树体高度的2/3处为好。支架与树皮交接处可用旧鞋底或草包等做隔垫,以免磨伤树皮。细钢绳拉树应为"品"字形三方拉树,并注意系安全标识物。

②防治病虫:坚持以预防为主,勤检查,一旦发生病虫,要对症下药,及时防治。

③施肥:施肥有利于恢复生长势,大树移植初期,根系吸肥能力低,宜采用根外追肥,一般半个月左右施肥一次。宜用尿素、磷酸二氢钾等速效肥料制成浓度为 0.5% ~1% 的肥液,选早晚或阴天进行叶面喷施,遇雨天应重喷一次。根系萌发后,可进行土壤施肥,要求薄肥勤施。

④剥芽除萌除梢:大树移栽后,对萌芽能力较强的树木,应定期、分次进行剥芽除萌、除嫩梢,此项工作切忌一次完成,以减少养分消耗。及时除去基部及中下部的萌芽,控制新梢在顶端30 cm 范围内发展成树冠。

⑤防冻:新移植大树易受低温危害,应做好防冻保温工作。一方面,在入秋后要控制氮肥,增施磷、钾肥。另一方面,在入冬寒潮来临前,可采取覆土、涂白、地面覆盖等措施。设立风障、搭建塑料大棚等方法加以保护。

任务 4.3　垂直绿化植物栽植技术

随着社会的发展,人们生活质量的提高,对环境的要求也日益提高。由于城市人口密集,高楼林立,硬化面积增大,众多的道路和铺装取代了自然土地和植物,有限的绿地空间往往被侵占,可用于绿化的面积十分有限。可供绿化用地往往位于建筑角网,见缝插针式的绿化远远不能满足城市居民的需要。必须把更多的绿化空间引入建筑空间,以立体绿化来弥补城市绿地面积的不足。人们除了在地面上种树、种草,还把绿化向立体发展,利用攀缘植物进行垂直绿化。对有限的空间进行多方位、多层次、多功能的绿化,以联想自然、表现自然为基调,建设绿色生态建筑,符合人们的心理追求,成为未来城市建设的方向,对于改善城市环境和恢复生态平衡具有十分重要的意义。

4.3.1　垂直绿化的概念及特点

1)概念

垂直绿化也称立体绿化,是利用藤本植物的攀缘特性绿化墙面以及亭、架、灯柱、园门、围墙、桥、驳岸等垂直立面的一种绿化形式。

2)特点

和其他道路绿化植物材料相比,垂直绿化植物的特点主要表现在以下 5 个方面。

(1)植物种类繁多

适宜进行垂直绿化的植物材料既有木本藤本植物,也有草本藤本植物,同时,也有种类繁多的灌木。

（2）繁殖容易

草本藤本植物主要靠播种繁殖,木本藤本植物可采用插、分株、压条等方式进行繁殖。成活率高,易形成大量幼苗。

（3）对环境适应能力较强

很多藤本植物对光照、温度、水分、土壤条件都有很强的适应能力。

（4）应用形式多,应用范围广

用于垂直绿化的植物,多为藤本植物,茎干直立性差,因此,其形状可随其所攀附的物体不同,而呈现不同的绿化形式,既可用作墙面绿化,也可用作棚架、亭廊绿化。同时,它具有占地面积小、见效快、覆盖范围大的特点,可有效增加城市绿地率和绿化覆盖率,减少夏季太阳辐射的影响,有效改善城市生态环境,提高城市人居环境质量。

（5）艺术性较强

垂直绿化可以增加建筑物等的立面艺术效果,使环境更加整洁美观、生动活泼,垂直绿化中的藤本植物绝大多数具有吸附、缠绕、卷须、钩刺等攀缘特性,具有很高的观赏价值,或姿态优美,或花果艳丽,或叶形奇特,或叶色秀丽,通过人工配置,在垂直立面上形成良好的植物景观,在美化环境中具有独特的作用。

4.3.2　垂直绿化植物的种类

有一些植物的茎干柔弱纤细,自己不能直立向上生长,须借助他物来伸展其躯干,以利于争取吸收充足的雨露阳光。由于它们具有必须依附其他物体才能攀缘向上生长的习性,因此把这类植物称为攀缘植物。我国攀缘植物的种类极其丰富,据不完全统计有 1 000 余种,隶属 70 余科、200 余属。其中大多数为种子植物,少数是蕨类植物。攀缘植物的种类,按其攀缘方式分为以下 5 种。

1）缠绕类

缠绕类是指依靠自己的主茎或叶轴绕他物向上生长的一类藤本,如紫藤、金银花、木通、南蛇藤、铁线莲等。不具有特殊的攀缘器官,而是依靠植株本身的主茎缠绕在其他植物或物体上生长,这种茎称为缠绕茎。其缠绕的方向,有向右旋的,如薯蓣、啤酒花、葎草等;有向左旋的,如紫藤、扁豆、牵牛花等;还有左右旋,缠绕方向不断变化的植物,如何首乌等。

2）吸附类

吸附类是指依靠茎上的不定根或吸盘吸附他物攀缘生长的一类藤本,如爬山虎、凌霄、薜荔、常春藤等。具有明显的攀缘器官,利用这些攀缘器官把自身固定在支持物上,向上方或侧方生长。

3）卷须类

卷须类是指由枝、叶、托叶的先端变态特化而成的卷须攀缘生长的一类藤本,如葡萄等。

4）钩刺类

钩刺类是利用生于植物体表面的向下弯曲的镰刀状逆刺（枝刺或皮刺）,钩附他物向上攀缘的藤本类型,如藤本月季、葎草、多花蔷薇等。

5）蔓生类

蔓生类不具有缠绕特性,无卷须、吸盘、吸附根等特化器官,茎长而细软,枝散下垂的一类藤本,如迎春、迎夏、枸杞、木香等。蔓生类具有几种攀缘能力,它既是缠绕性的攀缘植物,又具有特化的攀缘器,如葎草等。

4.3.3　垂直绿化的形式

垂直绿化植物的选择与垂直立面的性质有关。道路垂直绿化的主要类型包括以下几种。

1)墙面式

墙面式绿化是指利用攀缘植物绿化、美化城市中各类建筑的外墙、围墙、挡土墙、河道护坡墙以及一切垂直于地面的建筑物和构筑物的墙体的一种绿化形式。墙面式绿化要根据道路绿化的自身条件、墙面材料、墙面朝向等选择适宜的植物材料。用吸附类的攀缘植物直接攀附墙面,如藤本月季、香豌豆、牵牛等,是常见、经济、实用的墙面绿化方式,在城市垂直绿化面积中占有很大比例。在各类墙体包括建筑物墙面以及各种实体围墙表面的绿化。用绿色植物遮覆墙面,丰富墙面景观,增加墙面的自然气氛,对道路绿化具有良好的装饰作用。

2)柱子绿化

常见的柱子有道路绿化中的有树干、电线杆、灯柱等,可应用具有吸附根、吸盘的藤本或缠绕类藤本攀缘其上,形成绿柱、花柱。常用的有金银花、爬山虎、凌霄、紫藤、络石、薜荔等。金银花缠绕柱子扶摇而上;爬山虎、络石、常春藤、薜荔等吸附于树干。道路绿化中的电线杆、灯柱上覆以藤本,可以美化柱杆,但要注意控制长势,适时修剪,避免影响交通安全和供电、通信等设施的功效。

3)陡坡防护

常见的陡坡包括道路绿化中的台壁、土坡等,可以用藤本植物覆盖,一方面起到绿化、美化的作用,另一方面可防止水土流失。一般选用爬山虎、葛藤、常春藤、蔓性蔷薇、迎春、络石等。在花坛的台壁、台阶两侧可吸附爬山虎、常春藤等,叶幕浓密使台壁绿意盎然,自然生动,在花台上种植迎春、枸杞等蔓生类藤本,其绿枝婆婆潇洒,犹如美妙的挂帘。于黄土坡上植以藤本,既可遮盖裸露地表,美化坡地,又具有固土的功效。

4)城市桥梁、高架桥、立交桥的绿化

具有吸盘或吸附根的攀缘植物如爬山虎、络石、常春藤、凌霄等可用于拱桥、石墩桥的桥墩和桥侧面的绿化,涵盖于桥洞上方,绿叶相掩,倒影成景;也可用于高架桥、立交桥立柱的绿化。

4.3.4　垂直绿化植物的栽培方法

1)植物材料的选择

藤本植物种类很多,生态习性不一,有的喜阳怕阴,有的喜阴耐寒。由于墙面受直射光时间的长短不同,受热量多少不匀。因此,在种植时应根据栽植地的环境条件,并结合植物的生态习性,合理选择植物材料。

（1）向阳墙面

向阳墙面温度高、湿度低、蒸腾量大、土壤较干旱,应选择喜光、耐旱和适应性强的树种如凌霄、木香、藤本月季、藤本蔷薇等。

（2）向阴墙面

向阴墙面日照时间短、温度低、较潮湿，应选择耐阴湿植物，如常春藤、络石、金银花等。

（3）棚架、栅栏、灯柱绿化

在开阔的道路绿地内，架设棚架、立栅栏、灯柱时，如果设置地点日照时间长光照强、土壤湿度低、蒸发量大，宜选用耐旱喜光的紫藤、葡萄、木香、牵牛及茑萝等；如在小天井内，日照时间较短拐弯等荫蔽处，可栽植金银花、常春藤、爬墙虎等耐阴湿植物。

2）栽植季节

（1）华南地区

华南地区1月的平均气温较高，多在10 ℃以上，年降水量丰富，主要集中在春夏季，秋冬季较少。秋季高温干旱，但时有雷阵雨。由于春季来得早，且又遇雨季，栽植垂直绿化植物成活率很高。秋季为旱季，此时植株地上部分已停止生长，而土温适宜根系生长，且时间较长，有利于植株成活和恢复，晚秋栽植比春栽好。由于冬季土壤不冻结，也可冬栽。

（2）华中、华东长江流域地区

华中、华东长江流域地区四季分明，冬季不长，土壤基本不冻或最冷时仅表层有冻结；夏秋酷热干旱，春季多阴雨，初夏为梅雨季节。多数落叶垂直绿化植物可春栽，一般在2月上旬至4月初；早春开花的，如迎春、连翘等，为了不影响观花，可于花后栽植；萌芽晚的应于晚春见萌芽时栽植，过早易出现枯梢，但此时气温已高，应先对垂直绿化植物灌足水，待土壤处于湿润状态而又不过重时随挖、随运、随栽，栽后灌足定根水。常绿垂直绿化植物最好选择在晚春栽植，甚至可延迟到6月上旬至7月上旬，但须带土球移植。某些落叶垂直绿化植物，如藤本月季还可于晚秋栽植，一般在10月上旬至12月初，有利于根系恢复，效果比春栽好。但常绿垂直绿化植物不宜在晚秋栽植。

（3）华北大部、西北南部地区

华北大部、西北南部地区冬季较长，有70~90 d的冻土期，且少雪、多西北风。春季干旱多风，气温回升快，但持续时间短。7月上旬至8月下旬雨量集中，为高温的雨季。土地多为深厚土壤，贮水较多，自秋至土壤含水状况较好，该区绝大多数落叶垂直绿化植物宜在3月上旬至4月下旬栽植；对北方原产的木本垂直绿化植物，在土壤化冻后尽早栽植有利于恢复和成活。原产偏南喜温、早栽易枯梢的木本垂直绿化植物，如紫藤宜晚春栽。常绿垂直绿化植物宜晚春栽植于背风向阳处。

（4）东北大部、西北北部和华北北部

东北大部、西北北部和华北北部区域冬季严寒，且持续时间长，落叶垂直绿化植物在4月土壤化冻后栽植成活率较高。极耐寒的乡土树种可于9月下旬至10月底栽植，但根部仍需注意防寒。

（5）西南地区

西南地区气候主要受印度季风影响，5月下旬至9月底为雨季，10月至翌年5月中旬为旱季，且蒸发量大，海拔高，光照强，日温差大。由于春旱严重，有灌溉条件的落叶垂直绿化植物可于2月上旬至3月上旬尽早栽植；常绿垂直绿化植物应选择在6—9月的雨季栽植。

3）栽植方法

垂直绿化植物栽植时应选用疏松、肥沃的土壤做种植土，植株种植前要进行修剪，剪掉多数的丛生枝条,选留主干。苗木根部应距墙根 15 cm 左右,株距为 50~70 cm。

(1)选苗

在绿化设计中应根据垂直立面的性质和成景的速度,科学合理地选择一定规格的苗木。由于多数垂直绿化植物生长较快,因此用苗比一般的绿化苗龄小,如爬山虎类一年生苗即可定植。用于棚架绿化的垂直绿化苗木宜选大苗,便于牵引。

(2)挖穴

穴的规格因植物种类和地区而异。穴径一般应比根幅或土球大 20~30 cm,深与穴径相等或略深。垂直绿化植物绝大多数为深根性,因此所挖的穴应略深些。蔓生性木本垂直绿化植物穴深应为 45~60 cm;一般垂直绿化植物的穴深应为 50~70 cm;高大垂直绿化植物并结果的植株,穴深应为 80~100 cm。如果树穴的下层为较实壤土,应添加枯枝落叶或腐叶土,有利于透气;若土壤水位高,穴内应添加沙层。如在建筑区遇有灰渣多的地段,还应适当加大穴径和深度,并客土栽植。

也可采用种植槽的方式。在近墙地面应留有种植带或建有种植槽,种植带的宽度一般为50~150 cm,土层厚度在 50 cm 以上。种植槽宽度为 50~80 cm,高度为 40~70 cm,槽底每隔2~2.5 m 应留排水孔。也可用直径 50~70 cm 水缸,放在种植点,缸底打 2 或 3 个排水孔,孔上盖 2 或 3 片碎瓦片,然后在缸底铺一层碎石,以便排水和通气。

(3)修剪栽植苗

垂直绿化植物植株的特点是根系发达,冠覆盖面积大而茎较细,起苗时容易损伤较多根系,为了避免栽植后水分代谢不平衡造成死亡,对栽植苗要适当重剪,苗龄不大的落叶垂直绿化植物留 3~5 个芽,对主蔓应重剪;苗龄较大,垂直绿化植物的冠,主、侧蔓均留数芽,进行重剪和疏剪;常绿垂直绿化植物以疏剪为主,适当短截,栽植时视根系损伤情况再行复剪。

(4)起苗与包装

落叶木本垂直绿化植物多数采用裸根起苗,且一般多用苗龄不大的植株,起苗范围略大即可。植株大的木本蔓生类或呈灌木状的垂直绿化植物,应先找好植冠,在冠幅的 1/3 处挖掘。其他垂直绿化植物由于自然冠幅大小难以确定,在干蔓正上方的,可以植冠较密处为准的 1/3 处或凭经验起苗,其中直根性和具肉质根的落叶或常绿木本垂直绿化植物应带土球移植。在沙壤地所起的小于 50 cm 的小苗土球,以浸湿蒲包包装为好;如果是江南的黏土球,用稻草包扎即可。

(5)假植与运输

起出待运的木本垂直绿化植物应就地假植。裸根木本垂直绿化植物如在半天内的近距离运输,只需盖帆布即可;若运程超过半天,装车后应先盖湿草帘再盖帆布;若运程为 1~7 d,应先蘸泥浆,按一定苗量加入湿苔藓等用革袋包装后装运,途中最好能给苗株喷水,运到后如苗根较干,应先浸水,以不超过 24 h 为宜,未能及时种植的,应用湿润土假植。

(6)定植

除吸附类作垂直立面或作地被的垂直绿化植物外,其他垂直绿化植物的栽植方法和一般的园林树木一样,苗木栽下后,要将根团周围的土壤夯实。栽后的第一次定根水一定要浇透,若在干旱季节栽植,应每隔 3~4 d 连浇 3 次水,待土表稍干后中耕保墒。在多雨地区,栽时浇一次水即可,等稍干后把堰土培于根际,使呈内高四周稍低状以防积水。在干旱地区,可于雨季前铲除土堰,将土培于穴内;秋季栽植的,入冬将堰土呈月牙形培于垂直绿化植物的主风向,以利于越冬防寒。如墙面太光滑,植物不易爬附墙面,需在墙面上均匀地钉上水泥膨胀螺钉,用铁丝贴着墙面拉成网,供植物攀附。

4.3.5 垂直绿化植物的养护与管理

由于藤本植物离心生长能力很强,需要肥水较好,应经常施肥和灌溉,及时松土除草,特别是用栽植槽或缸、箱栽植时,装土容积有限,蓄水保肥量差,应增加施肥和灌水次数。及时修剪整形,生长期注意摘心、抹芽,促使侧枝大量萌发,迅速达到绿化效果。花后及时剪残花。冬季应剪去病虫枝、干枯枝及重叠枝。

1)垂直绿化植物的施肥

(1)施肥原则

垂直绿化植物的基本施肥方法与一般园林树木相同,但要注意其特点。垂直绿化植物生长发育的一个最显著特点是生长快。表现在年生长期长,年生长量大或年内有多次生长,根系发达而深广或块根茎等贮藏养分多,因此要求施肥量大、次数多。对多年生木本垂直绿化植物,秋季施肥提高营养贮存更为重要,但应以钾肥为主,相应少施氮肥,防止徒长而影响抗寒能力。此外木本垂直绿化植物类型、种类、品种多样,功能要求不同,既有多年生宿根,又有类似灌木、乔木;栽培目的有观叶、观花、观果或遮阳等,要求不同;各地区因气候、土壤条件多样,施肥要求也不同。

(2)施肥时期

垂直绿化植物的施肥时期应依据栽培植物最需时期、最佳吸收期、不同物候期、肥料的性质以及气象等条件来确定施肥时期。

①早春或晚秋施有机肥作基肥:木本垂直绿化植物育苗以堆肥、厩肥作基肥,大多在整地前翻入土中;饼肥、粪干等多于播前或移栽前整地施入。多年生垂直绿化植物和木本垂直绿化植物宜用有机肥作基肥,除育苗和移栽时穴内施肥外,还需每年或隔数年结合扩穴施入基肥。尤其是北方宜秋季施基肥,此时气温下降,地上部分多趋于停长,而土温适合根系恢复,正值根系生长小高峰,当年吸收的,经光合作用,有利于积累有机养分,提高营养贮存,为翌年生长开花打基础;而且基肥分解期长,晚分解的翌春可利用,夏秋雨季后施肥引起二次生长不利越冬。具体时间因地区、植物种类而异。对木本垂直绿化植物而言,应于当地秋季扩穴断根,既有利于恢复,又不会引起地上部分继续生长。北方宜早,南方宜迟。对生长停止晚的宜迟,冬季土壤不冻结地区也可冬施。

②按植物物候追肥:花前追肥,以促生长为主,一、二年生的多在"蹲苗"的同时或之后进行追肥,多年生的在萌芽开花之前追肥,以氮肥为主。花后追肥,以促坐果为主,除追施氮肥外,另配以磷、钾、钙及微肥。果实膨大肥,也是木本垂直绿化植物花芽分化肥,应施以磷、钾为主的复合肥。采后恢复肥,对多年生草本和木本垂直绿化植物,为提高其养分的贮存,采果后应追肥,以"无机促有机",提高贮养水平以有利于翌年的生长。

③垂直绿化植物的叶面施肥:叶面喷肥简单易行,用肥量少,见效快,可满足植物对养分的急需,并可避免某些肥料元素在土中发生化学和生物的固定作用,尤其适合缺水季节和山地风景区采用。但喷叶施肥局限性大,不能代替根系施肥。向叶面喷施的肥主要通过叶片上的气孔和角质层进入叶片,而后运送到各处。一般喷后 15 min ~ 2 h 即可被叶片吸收利用,但吸收强度

与叶龄、肥料成分、溶液浓度等有关。一般应先做小型试验,然后再大面积喷施,以免浓度过高引起伤害。此外植物体内含水状况、喷后外界的气温、湿度、风速、溶液浓缩的快慢都影响着喷施效果。一般应在上午 10 时前和下午 4 时后喷施,干旱季节最好在傍晚或清晨喷施,以免溶液浓缩过快难以吸收或浓度变高引起伤害。为能使溶液附着并展布均匀,应加喷施展布剂,也可加入中性的洗衣粉等洗涤剂。此外,还应喷整合的铁、锰、锌、铜剂,其优点是不易中毒,并可适当提高喷施浓度以加强效果。

2)垂直绿化植物的灌水

(1)垂直绿化植物的需水时期

苗期应适当控水,有利根系的发育及壮苗。在光照较弱的保护地育苗,控水可防徒长。抽蔓展叶旺盛期需水最多,为需水临界期,对枝蔓的生长量有很大影响,这时期一般在夏初。有些垂直绿化植物一年内有多次生长高峰,应注意充分供水。开花期的需水较多而且比较严格。水分过少,影响花瓣的舒展和授粉受精;水分过多,会引起落花。果实膨大期,含水多的瓜果类垂直绿化植物,在果实快速膨大期需水较多;后期供水可增加产量,但会引起品质降低,硬度小、着色差。越冬前期,多年生藤本在越冬前应浇水,使其在整个冬季保持良好的水分状况。在冬季土壤冻结的地方,冬前灌冻水可防过冷空气侵入冻坏根系,有利于防寒越冬。

(2)垂直绿化植物的灌水方法

灌水的方法大致有地面灌溉、喷灌、滴灌、地下灌溉等,由于垂直绿化植物根系较深,需水量比其他植物多,尤其在干旱的早春和冬季,要灌足水,待稍干后覆土或中耕保墒。滴灌和喷灌在育苗和园林中有较大推广前途。

3)垂直绿化植物的排水

水淹比干旱对垂直绿化植物的危害更大。水涝 3~5 d 即能使垂直绿化植物死亡。植物的耐水性与根系的需氧性关系密切,需氧性高的植物怕涝,水涝会使植物因缺氧而死亡。尤其在闷热多雨季节,大雨之后存积的涝水,遇烈日一晒,水温剧升,使垂直绿化植物更易缺氧死亡。因此,雨停后要尽快排水。地下水位过高的地方,因缺氧会给垂直绿化植物带来危害,因此应在栽前采取降低水位等防范措施。

4)牵引工作

苗木发芽生长后必须做好枝梢的引导工作,使其定向生长,快速见效。否则苗木在地面匍匐,分散植株养分,易受人为破坏。尤其五叶地锦萌发新梢后,如任其沿水泥散水面爬行,极易因地面阳光辐射而焦黄、枯萎,影响其吸附能力。牵引方法有以下几种。

(1)斜支架式

用木棍或竹竿斜支到墙壁上,越过散水,植株通过支架,即可上墙,支架为 15°~30°,如角度过大,下部形成空当,即使顶端吸住墙壁,也易被风吹落。

(2)直立架式

在散水的外侧直立木杆约 3 m 高,在上搭横杆与墙面相接,杆与杆间用铁丝相连,形成棚架式通道,植株通过棚架爬上墙体,形成绿色长廊。

(3)黏接附着物

对表面光滑的墙体采用黏接剂,将钉有铁钉的木块按一定距离均匀地黏接在墙面上,并用铁丝或线绳连接起来,便于牵引,有效地解决攀缘植物的脱落问题。

5)修剪整形

植株布架占棚后,应使蔓条均匀分布,不使重叠,生长期内摘心,抹芽,促使侧枝大量萌发,迅速达到绿化效果。花后及时剪去残花,不使结实,节省营养物质。冬季应修去病虫枝、干枯枝及过密枝。

由于攀缘植物离心生长能力很强,加上新植苗木根浅而弱,对水肥反应十分明显,因此应经常施肥和灌溉,及时松土除草,特别是用栽植槽(池)或箱、盆(缸)栽植时,装土容积有限,蓄水保肥量差,更应多次施肥与灌水。欲求生长迅速,花色浓艳,还可叶面施肥。

任务4.4　绿化花卉栽培技术

4.4.1　绿化花卉概述

1)绿化花卉含义

绿化花卉主要是指用于花坛、花境、花带及园林露地的花卉,包括一、二年生花卉、宿根花卉、球根花卉、水生花卉、木本花卉等。花卉的栽培是指将花卉直播或移栽到露地,其整个生长发育过程在露地完成,无论寒冷的冬季还是炎热的夏季都不采用保护设施使其自然越冬越夏的一种栽培形式。它包括地栽和露地盆栽两种栽培形式。

花卉种类繁多,各类花卉有不同的生态习性,表现为春夏季生长发育,秋冬季种子成熟和落叶休眠,对环境条件要求各异。露地花卉适应性强,能自行调节水、肥、温、气等栽培条件。管理粗放,栽培容易。在园林绿地应用中,既能直播又能移栽,利用率高,能长期展示观赏效果。

2)栽培方式

花卉根据应用目的可分为两种栽培方式:一种是按园林绿地要求进行直播栽培;另一种是保护地育苗移栽。

(1)直播栽培方式

将花卉种子或其他繁殖材料直接播种于花坛、花境等园林绿地中而生长发育直至开花的过程称为直播栽培方式。适合此种栽培形式的花卉通常具有主根发达、须根量少、不耐移栽的特点,如虞美人、长春花、百日草、紫茉莉、牵牛、茑萝等。

(2)育苗移栽方式

先在保护地育苗,长至成苗后,按要求定植到花坛、花境等园林绿地中的过程,称为育苗移栽方式。适合此种栽培形式的花卉通常主根、须根均很发达,并且具有耐移栽的特点,如一串红、万寿菊、矮牵牛、波斯菊、彩叶草、四季海棠、三色堇等。近年来,随着育苗技术的发展,在园林绿化中普遍采用穴盘育苗或用育苗钵来培育不同规格的花卉苗木,成苗后运输到种植地点直接栽种。使用穴盘育苗或育苗钵育苗移栽,成活率高,见效快,应用广泛。

4.4.2　整地

整地作畦是露地花卉生产过程中关键环节之一,具有改良土壤理化性质、提高土壤肥力和减少杂草危害、降低病虫害发生的作用。整地质量的高低直接影响花卉生长发育的好坏。露地花卉生产中,通过整地作畦,要求达到土层深厚肥沃、土质疏松、排水良好、土壤颗粒细碎均匀而平整,无影响根系伸展的碎石块、残根等杂物。

1) 整地的含义

根据不同花卉对土壤的不同要求,选择适宜的栽培地块,对土壤进行耕翻、改良的操作。

2) 整地的作用

整地的质量对花卉生长发育有重要影响,主要作用:改进土壤物理性质,利于水分保持和空气流通;促进土壤风化和土壤有益微生物的活动,促使肥料的分解、转化,增加土壤可溶性养分含量;抑制土壤中的杂草、病菌、虫卵,利于防止和减轻病虫害发生;疏松土壤,利于种子发芽和根系伸展,促进苗木的健壮生长,从而增强抗病能力;便于灌溉与排水。

3) 整地深度

整地的深度依据花卉种类、品种和土壤情况而定。一、二年生花卉生长周期短,根系较浅,整地深度控制在 20 ~ 30 cm 即可;宿根花卉等多年生观赏植物生长年限长、根系发达,整地宜深,以 40 ~ 50 cm 为宜。整地时,结合土壤情况施入基肥以增肥土壤;球根花卉则因地下部分肥大,根系的生长发育需要深厚、疏松、肥沃的土壤,才能保证有足够的营养供应球根膨大。一般整地深度为 30 ~ 40 cm,并逐年加深耕作层,增施有机肥;木本花卉在种植时,在深耕平整表土的基础上,尽量开挖定植坑。坑的大小规格视花卉大小、根系发育状况以及花卉生长发育习性而定。

此外,整地深度还受到土壤质地的影响,一般沙土可浅、黏土宜深;平地可浅、坡地宜深。不能很好地满足植物生长发育的新开垦及瘠薄土地,还需结合整地进行土壤改良。

4) 整地方法

整地方法视土地面积大小而定。整地面积小,可借助传统的牲畜和人力完成;整地面积宽广,则宜借助翻耕机、旋耕机等机械,以提高效率、节约时间并降低成本。

翻耕土壤时,清除石块、瓦片,拣出残根、断茎及杂草等,适当镇压深翻过于松软的土壤,避免影响花卉种子萌发和幼苗根系生长发育。同时,根据土壤实际情况,采取增施有机肥、补充客土等方法改良不适合花卉生长发育的土质。

5) 整地时间

整地时间依用地时间而定,结合土壤干湿状况进行。我国北方地区整地时间多在春、秋季进行,以秋季整地效果更好。一般土壤含水量为 40% ~ 60% 时是整地适宜时间,如土壤过干,土块不易打碎,土壤湿度太大则翻挖困难,尤其黏土更是如此。

4.4.3 灌溉与施肥管理

1) 灌溉管理

(1) 灌溉用水水质

灌溉用水以软水为宜,避免使用硬水。最好是河水、池塘水和湖水,不含碱质的井水也可利用,自来水中含有氯气,用自来水浇灌最好在水池里贮放一段时间后使用,能使氯气得以挥发,并且使水温接近土温,利于植物生长。水以清洁为佳,避免用污浊水和碱性很重的水,同时注意水的 pH 值,禁止使用工业废水浇灌花卉。

（2）灌溉量与灌溉次数

灌溉量与灌溉次数根据花卉种类、不同生长阶段、土质、气候条件的不同而有所区别。蕨类植物、秋海棠等喜湿花卉要多浇；多肉多浆植物等旱生花卉要少浇。进入休眠期时，浇水量要根据花卉种类不同而减少或停止；从休眠期进入生长期，浇水量逐渐增加；生长旺盛期要多浇，开花期和结实期少浇；疏松土壤要多浇，黏性土壤要少浇；夏天多浇，冬天少浇；晴天多浇，阴天少浇。

春季干旱及夏季高温，一、二年生花卉及球根花卉根系浅容易受旱，灌水次数应较宿根花卉和木本花卉多；疏松土质的灌溉次数应比黏性土质为多；晴天风大比阴天无风时灌溉次数要多。

（3）灌溉时间

灌溉时间因季节而异。一般灌水宜上午进行，尽量避免晚上浇水。春、夏、秋季以清晨浇水为宜，冬季以中午前后最适。

（4）灌溉方法

一般花卉灌溉的方法可分为地面浇灌、喷壶浇灌、喷灌及滴灌 4 种。

①地面浇灌：依地区的不同、规模的大小及生产设备情况而采用不同的地面浇灌方式。我国北方干燥而地势平坦的地区一般采用畦灌，用电力或畜力吸取水源，经水沟引入畦面。此法设备费用较少，灌水充足；缺点是灌溉后，易使土面板结，整地不平或镇压不匀时，常使水量分布不均。花坛、苗床等，常采用橡皮管引自来水进行灌溉。

②喷壶浇灌：喷壶浇灌适用于繁殖床、苗床的灌溉及小面积栽植花卉的灌溉。一般采用细孔喷头，使喷出的水柱分散细小，避免冲散种子、冲倒幼苗。

③喷灌：喷灌是指依靠机械力将水压向水管，喷头接于水管上，水自喷头喷成细小的雨滴状进行灌溉。此法与地面灌溉相比，具有省水、省工、地面不板结、防止土壤盐碱化、改善小气候、提高水的利用率等诸多优点；但其缺点是设备投资较大。

④滴灌：滴灌是利用低压管道系统，使灌溉水呈点滴状，缓慢而经常不断地湿润植物根系附近的土壤。滴灌在必要时可以分别给予不同的灌水量，因此可以极大地节约用水；滴灌可以抑制杂草生长，减少病虫危害的发生，其缺点是投资大，管道和滴头容易堵塞，在接近冰冻气温时就不能使用。

2）施肥管理

（1）肥料种类

露地花卉栽培使用的肥料种类很多，但根据肥料性质可分为有机肥和无机肥两大类。

①有机肥：有堆肥、厩肥、饼肥、鱼粉、骨粉、屠宰场废弃物以及制糖残渣等。有机肥含有丰富的氮、磷、钾及微量元素，具有肥效长、养分完全，还有改良土壤团粒结构的功效，宜作为基肥使用。

②无机肥：有氮肥，如尿素、硝酸铵、硫酸铵、碳酸氢铵等；磷肥，如过磷酸钙、重过磷酸钙等；钾肥，如硫酸钾、氯化钾、磷酸二氢钾等，这些是基本肥料，另外还有复合肥可选用。

（2）施肥方法

花卉的施肥可分为基肥和追肥两类。施肥的常用方法有土壤施肥和叶面喷肥两种。

基肥是指在花卉种植前向土壤中施肥，追肥是指在花卉生长季节追施肥料。土壤施肥是花卉栽培中最常用的施肥方法，可分为撒施、穴施、条施和环施；叶面施肥是将肥料溶于水，形成肥料溶液后喷洒于花卉叶片上,养分可以通过叶片和茎秆上的气孔进入植株体内,被吸收利用。

（3）施肥量

施肥量主要包括养分要素的比例,即氮、磷、钾等的含量,施肥浓度和施肥总量。这要根据花卉的种类、花卉的生长阶段、土壤养分的状况、前作情况、气候条件不同而异。现代化栽培管理中通过测土配方施肥。

（4）施肥的注意事项

花卉的施肥不宜单独施用只含某一种成分的单纯肥料。氮、磷、钾三种营养成分应配合使用。只有确定特别缺少某一养分时,才可施用单纯肥料。

基肥可以在整地前全面施入,整地过程中将有基肥翻入土中,也可将颗粒肥料置入土中。追肥通常结合浇水施入土壤,但要注意操作时不能沾污叶面,以薄肥勤施为原则。

施肥要在晴天进行,第二天要浇水一次。生长季节施肥次数多些,天气寒冷可少施或不施。

苗期主要是营养生长,需要氮肥较多;花芽分化和孕蕾阶段需要较多的磷肥和钾肥。观叶植物不能缺氮,观茎植物不能缺钾,观花植物不能缺磷。

有机肥在使用前必须充分腐熟。化肥在花卉生长的关键时期使用,施入量宜少不宜多。叶面喷肥要注意肥料溶液浓度不可过高,否则会灼伤叶面,可在施用前进行小规模的田间试验。此外,施用化学肥料要把握少量、多次的原则,注意施肥与水分、土壤管理相结合。

4.4.4　中耕除草与防寒越冬管理

1）中耕

中耕能疏松表土,减少水分蒸发,增加土温,促使土壤内的空气流通以及土壤中有益微生物的繁殖与活动,从而促进土壤中养分的分解,为花卉根系的生长和养分的吸收创造良好的条件。通常在中耕的同时除去杂草,但除草不能代替中耕,因为雨后或灌溉以后,在没有杂草的情况下也要进行中耕。在幼苗期间苗及移植后要及时中耕;幼苗渐大,枝叶覆盖地面,有利于阻止杂草的发生,此时根系已扩大于株行间,中耕应停止,否则因中耕切断根系,使植物生长受到阻碍。

中耕深度依花卉根系的深浅及生长时期而定。根系分布较浅的花卉应浅耕,反之可深耕。幼苗宜浅,以后随苗株生长逐渐加深,植株长成后停止中耕。中耕深度一般 3 ~ 5 cm;中耕时行间宜深,近植株处宜浅。

2）除草

除草可以减少土壤中的养分与水分的损失,有利于植株的生长发育。除草应在杂草发生之初尽早进行,在开花结实之前必须除净,多年生的杂草必须将其地下部分全部掘出,并清理出去。

4.4.5　整形修剪

整形是指整理花卉全株的外形和骨架,其作用主要是通过一定外形和骨架的建立和改变而达到调节花卉生长发育之目的,使各器官的生理机能相协调,从而防止徒长和促进开花结果,同时可美化造型;修剪则是对花卉植株的局部或某一器官的具体修理措施,目的是调节生长和发育。

1) 整形修剪原理

露地观赏花卉整形修剪遵循的基本原理如下。

（1）遵循花卉的生长发育规律

通过整形修剪，调节植物生长发育的关系，使养分供应到所需的部位。由于花卉的用途不同，其整形修剪的目的和方式也不同。剪梢、摘心可使枝条的伸长得到抑制，促使营养向中、短枝运输，使花卉开花繁茂。

（2）要符合植物体内营养分配与积累的规律

例如早春开花的木本花卉一般在7—8月进行花芽分化，这时营养中心会转移到中短枝上，为保证开花结果的数量，应对旺枝进行短截、摘心，促进养分集中到中短枝上。另外，应重点剪去重叠枝、交错枝和过于密集枝，使树冠内外叶片均接受充足光照。

（3）要和观赏花木的分枝规律相统一

主轴分枝的花木应抑强扶弱，以形成高大通直的树冠；合轴分枝式如樱花、紫薇等应采用摘除顶端优势的方法，把一年生顶枝短截。以扩大树冠为主，增加花枝数量，促进植株内外开花。假二叉分枝式的花木，顶端生长末期不能形成顶芽，侧芽对生，应除去一个，保留壮芽，以培养较高的主干；有些花木的花芽数量与其着生角度有关，角度适中时，开花多，正确修剪十分必要。

（4）要遵循顶端优势的原则

控制株形，以促进开花。植物种类不同，顶端优势的强弱不同，主要表现为：顶端优势强的花卉，可对主枝附近的竞争枝进行修枝，控制其生长，保证中心枝的顶端优势。顶端优势弱的花卉，树冠圆球状，一般通过短截、回缩来调整主侧枝的关系，促进花木生长，使整体株形良好。

（5）应考虑光能的利用

剪去枝条顶端，使侧芽萌发，多形成中、短枝，增加叶面积，以提高光能利用率。

（6）应遵循美学原理

为使观赏花木达到理想的观赏效果，在整形修剪过程中，还应遵循美学原理。使观赏花木的冠宽与株高的比例达到合适比值，产生最佳观赏效果。

2) 整形形式

露地花卉的整形方式比较简单，一般以自然为主，也可针对不同种类和需要进行整形。整形通常有下列几种形式：

（1）单干式

单干式整形是只留主干，不留侧枝，并将所有侧蕾全部摘除，集中养分于顶蕾，使顶端开花一朵。单干式整形适用于大丽花及独本菊等花卉的整形，可充分表现品种特性。

（2）多干式

多干式整形是留主枝多个，开花数量较多。如大丽花留2～4个主枝等，菊花留5～9个主枝，其余侧枝全部摘除。

（3）丛生式

丛生式整形是在生长期间多次摘心，促使发生多数枝条，全株呈低矮丛生状，开出许多花朵。丛生式整形适合一、二年生花卉、宿根花卉和灌木花卉，如百日草、矮牵牛、藿香蓟以及紫荆、榆叶梅等。

（4）悬崖式

悬崖式整形是指全株枝条向一方伸展下垂,多用于小菊类品种的整形,如悬崖菊。

（5）攀缘式

整形适合于蔓性草本花卉和藤蔓类木本植物,如牵牛、茑萝、金银花、爬山虎、葡萄、紫藤等。将其枝蔓固定于一定形状的支架上,创造出圆形、圆柱形、棚架及篱垣等特殊形态。

（6）匍匐式

匍匐式整形是利用枝条自然匍地的特性,使其覆盖地面或山石之上。此种整形方式,适合于地被菊、爬地柏、卧茎景天等地被植物。

（7）圆球式

圆球式整形是指通过多次摘心和修剪,使其形成稠密的侧枝,然后再对突出的侧枝进行短截,将整个树冠剪成圆球形或扁圆球形,如水蜡、榆叶梅、大叶黄杨等。

（8）象形式

象形式整形是根据设计意图,通过多次剪截、摘心等方式促发大量枝条,然后进行蟠扎、修剪等,将植株做成球形、方形、梯形,乃至动物、建筑物等特殊形状。

3）修剪技术

露地观赏花卉整形修剪技术主要有以下 6 种形式。

（1）摘心

摘心是将枝梢顶芽摘除,有矮化植株、促发侧枝、调控花期等作用。草本花卉一般摘心 1～3 次,如一串红、菊花、百日草、万寿菊、大丽花等。但主枝开花的花卉不宜摘心,如鸡冠花、凤仙花、蜀葵等,以免影响开花数量、品质。

（2）抹芽

抹芽是抹去过多的腋芽,限制枝数的增加和过多花朵的产生,保证所留花朵硕大、花枝充实。如菊花、大丽花在栽培中过多的腋芽应及时除去。

（3）折梢及捻梢

折梢是将新梢折曲,但仍连而不断;捻梢是将枝梢捻转。折梢及捻梢能抑制新梢徒长,促进花芽形成。折梢及捻梢时,勿切断枝梢,避免下部腋芽受刺激而萌发抽枝,起不到抑制徒长的作用。

（4）曲枝

曲枝是为使枝条生长均衡,将生长势强的枝条向侧方弯压,扶直弱枝,达到抑强扶弱的目的。

（5）剥蕾

剥蕾通常指除去侧蕾保留顶蕾,集中营养确保顶蕾开花质量。芍药、菊花、大丽花等常用此法。在球根花卉生产中,及时除去花蕾,勿使开花,可促进球根膨大。

（6）修枝

修枝是将过于密集、无用的枝条,如徒长枝、干枯枝、交叉枝、重叠枝及病虫害枝和花后残枝等及时疏除或剪截,可改善植株通风透光,减少养分消耗,有利于开花结果。

通过整形修剪可使园林花卉花色清新,花容整洁。日常管理中应经常剪除残花、多余的果实及枯枝黄叶;秋冬季节要及时清理宿根花卉、地被植物枯黄的茎叶;要想保持毛毡花坛清新的图案与适宜的高度,需要经常对其进行修剪;对生长旺盛的花木,应以整形为主,辅以轻剪。用疏剪法剪除病虫枝、人为破坏枝、干枯枝、徒长枝等;对直立枝必须进行严格控制,冬剪时剥掉斜生枝的上位芽,防止其长成直立枝;对生长健壮的丛生花灌木的直立枝进行摘心,促其早开花。

4.4.6　防寒越冬

我国北方冬季寒冷,对于露地栽培的二年生花卉及不耐寒多年生花卉必须进行防寒保护。由于各地的气候条件不同,采用的防寒方法也不相同,常见防寒方法有以下几种:

1)覆盖法

霜冻来临之前,在畦面上覆盖干草、落叶、马粪或草帘等,直到晚霜过后再将畦面清理干净。耐寒力较强的花卉小苗,常用塑料薄膜覆盖,效果较好。

2)培土法

冬季地上部分枯萎的宿根花卉和进入休眠的花灌木进行培土防寒是常用的方法,翌年春季萌芽前再将培土扒开。

3)灌水法

冬灌能减少或防止冻害,春灌有保温、增温效果。灌溉可以提高空气中的含水量,空气中的蒸汽凝结成水滴时释放热量还可以提高气温。灌溉后,土壤湿润热容量加大,减缓表层土壤温度的降低。

4)熏烟法

露地越冬的二年生花卉,可采用熏烟法防霜冻。熏烟的方法很多,地面堆草熏烟是最简单易行的方法,每亩可堆放 3~4 个草堆,每堆放柴草 50 kg 左右;或者使用汽油桶制成熏烟桶,使用时放在车上,可以往返推动,方便使用,效果更好。

除以上方法外,还可通过设立风障、茎干涂白、浅耕等方法进行防寒。

4.4.7　花卉病虫害防治

1)花卉病虫害防治的意义

花卉是经济效益较高的植物,在国家的经济收入中占有重要地位。但是病虫害的危害会造成花卉生产严重的经济损失,影响各国的贸易和销售。加强花卉病虫害的防治,是保证各种花卉健康生长发育,提高城乡环境绿化、美化和香化效率的必要措施,也是花卉栽培不可忽视的重要问题。

2)花卉病虫害防治原则及基本方法

(1)花卉病虫害防治基本原则

花卉病虫害防治必须贯彻"预防为主,综合防治"的基本原则。可从以下 3 点入手:

①要提高花卉植物本身的抗病虫害能力。

②要创造有利于花卉植物生长发育而不利于病菌和害虫繁殖、生存的良好环境,促进植株健康生长以增强抵抗力。

③要直接消灭病原物和害虫,或减少甚至杜绝其传播途径。

（2）防治的基本方法

①园艺栽培防治：选用抗病虫品种；根据各种花卉的习性和要求，科学合理地施肥浇水，氮、磷、钾肥要合理搭配才能提高花卉抗病虫害的能力；实行轮作和合理配植，对常年发生的猝倒病、立枯病、青枯病、枯萎病有较好的防治效果；培育无病虫害的壮苗；加强生产场所的消毒。

②生物防治：应用有益的生物天敌或生物的代谢产物，来防治病虫害的方法，即生物防治。对人、畜和植物无毒，不污染环境。以菌治菌、以菌治虫、以虫治虫、以鸟治虫均是生物防治的方法。

③物理及机械防治：目前常应用热处理、超声波、紫外线及各种射线等一些物理、机械方法防治害虫。灯光诱杀、毒饵诱杀、温水浸种、塑料大棚短期升温都可以起到防治病虫害的作用。此外，还用烈日晒种、焚烧、熏土、高温或变温土壤消毒，或用枯枝落叶在苗床焚烧，都可以达到防治土壤传播病虫害的作用。

④药剂防治：花卉病虫害防治的重要手段之一，当病虫害大发生后，施用化学药剂往往是唯一有效的办法。化学药剂根据防治对象不同，可分为杀菌剂、杀虫剂、杀线虫剂、杀螨剂等。

药剂使用方法有喷雾、喷粉、拌种或浸种、土壤消毒，将药制成毒饵或毒土，在温室、仓库可用易挥发的药剂熏蒸。

• 喷雾：要求雾细而均匀，叶背是病菌容易侵入的部位，喷头自下而上喷洒效果好。设施内喷雾，宜选择晴天上午进行，防止增加空气相对湿度。

• 喷粉：宜选择无风晴天的早晨露水未干之前进行。

• 熏烟：设施内傍晚燃放烟剂。注意燃放质量，不要起明火，影响发烟效果；距离棚膜、花卉苗 0.5 m 以上，防止火灾或花卉烟害；人员撤出，密闭棚室一夜。另外注意掌握好用药量，防止药害。

药剂施用中应注意以下几点：

• 对症下药：根据防治对象、药的性能和使用方法，对症下药才能达到好的效果。真菌只能用抗真菌药，细菌也只能用防细菌的药物。如乙磷铝和甲霜灵对霜霉病和疫病有良好的防治效果，但对白粉病无效。

• 掌握用药时机：在栽培生产中要注意掌握病虫害的发病规律，掌握关键时期用药。如发病初期及时用药。防治花卉介壳虫，应在若虫孵化活动阶段施药效果好。

• 交替用药：以防止病原物和害虫产生抗药性。

• 不同种类或品种的花卉、不同的发育阶段，对药剂的敏感程度有差异：用药时，应严格掌握各种药剂的使用浓度，控制用药量，不要随意增加浓度，防止产生药害。严格按照说明使用，注意安全防护，以防中毒。

⑤植物检疫：植物检疫主要是防止某些种子、苗木、球根、插穗及植株等传播的病虫害，由于生产及商业贸易和品种交流活动中，往往在国际或国内不同地区造成人为的传播，而引起各种病虫害的侵入、流行。因此，国家专门制定法令，设立专门机构，对引进或输出的植物材料及产品，进行全面的植物检疫，防止某些危险性的病虫害由一个地区传入另一个地区。

3）花卉常见病虫害防治

（1）花卉常见病害症状及防治方法

①白粉病类：花卉植物病害中，白粉病是常见病、多发病，如菊花白粉病、月季白粉病、芍药

白粉病、凤仙花白粉病、大丽花白粉病等。下面简要介绍月季白粉病。

• 症状：白粉病是月季的一种常见病害，能危害蔷薇属多种植物，病害发生在叶片、嫩梢、花梗和花蕾上。主要特征是在感病部位的表面均布满白色粉层，为病原菌的菌丝及分生孢子。发病严重时，病叶皱缩不平，叶片向叶背卷曲，嫩梢向下弯曲或枯死，花蕾不能正常展开。

• 防治方法：加强栽培管理，注意土壤湿度及时浇水；合理施肥，氮肥不宜过多，氮、磷、钾适当配合，提高寄主抗病力。控制温室内湿度，注意通风透光，减少发病条件。早春发芽前喷 3 ~ 4 波美度的石硫合剂，可消灭在芽鳞内的越冬病菌；生长期发病可喷 70% 甲基托布津 1 000 ~ 1 500 倍，或用粉锈宁 1 000 ~ 2 000 倍。

②锈病类：花卉植物常见有玫瑰锈病、鸢尾锈病、菊花锈病、铁梗海棠锈病等。锈病菌中有些为转主寄生菌，往往在防治上很困难。

• 症状：玫瑰锈病是世界性病害，我国也普遍发生。除玫瑰外，还可侵害月季、野玫瑰等。感病植株叶早落、长势弱，花的产量锐减。病菌侵害嫩梢上的芽和叶片为主，其次危害叶柄及花朵。病芽展开时叶片上布满鲜黄色粉状物。叶片背面产生黄色稍突起的锈孢子器，与其相对应的叶片正面出现性孢子器。随后叶背又产生近圆形的散生或聚生橘黄色夏孢子堆。生长后期，叶背产生大量黑色粉状的冬孢子堆。嫩梢、叶柄受害，其夏孢子堆呈长椭圆形，果实染病则病斑呈圆形，严重发病时嫩梢扭曲、花朵畸形。

• 防治方法：入冬后清理枯枝落叶、喷洒 3 波美度的石硫合剂，杀死病芽及病组织内的越冬菌丝体，生长季节适时摘除病叶、病芽。栽培时注意植株通风透光，一般增施磷钾肥，控制氮肥用量，有利于锈病的防治。

③叶斑病类：叶斑病是叶部得病后的统称，主要是真菌侵染所致，也有细菌、线虫等危害而产生。有时以病斑的形状、色泽、轮纹的有无等，又分别称为黑斑病、褐斑病、角斑病、圆斑病及软斑病等。花卉植物体上的叶斑病，既降低观赏性，又造成经济上的损失，如月季褐斑病等。

• 症状：月季黑斑病侵染叶片、叶柄，也危害嫩梢。叶片受侵染时在正面出现褐色斑点，后逐渐扩大呈圆形、近圆形或不规则形，病斑为紫褐色，边缘呈明显放射状。随着时间推移，病斑中心变为灰白色，并产生许多针头大的黑色小颗粒。病斑可相互会合，致使叶片枯黄，提早落叶。嫩梢染病，病斑为长椭圆形，并稍隆起，暗褐色。叶柄上的病斑与梢上相近。

• 防治方法：冬时结合修剪，彻底清除枯枝落叶，一并销毁。用 1% 硫酸铜溶液于休眠季节喷洒植株，杀死病残体上越冬菌源。控制栽植密度或花盆摆放密度，以利于通风；灌水采用沟灌、滴灌或盆边浇水，切忌喷灌。发病期间喷洒 50% 多菌灵可湿性粉剂 600 ~ 800 倍液，或甲基托布津可湿性粉剂 1 000 倍液，或 1∶1∶100 倍波尔多液，约 10 d 喷洒一次。增施有机肥、磷肥、钾肥，提高植株抗病性，选栽抗病品种。

④幼苗猝倒病和立枯病：猝倒病和立枯病是花卉植物中常见的根部病害。从一、二年生花卉的瓜叶菊、一串红等，到宿根花卉的香石竹和球根花卉的唐菖蒲等均有发生。

• 症状：危害植物有 3 种症状类型。腐烂型：即种子或幼芽还未出土，被病害侵染而致腐烂。猝倒型：幼苗出土还未木质化，其茎基受病菌危害呈水渍状，进而缢缩褐变腐烂，子叶尚未凋萎，幼苗即倒伏，故称猝倒病。立枯型：苗茎木质化后，但根部或根茎部皮层腐烂，并渐枯死，幼苗不倒伏，呈现立枯状。

• 防治方法：应采取综合防治措施，即培育壮苗，增强抗病力。认真选择圃地，精选种子，适时播种，推广营养钵或容器育苗，培育壮苗。加强苗期管理，灌溉时使床土湿润即可。种子用

60 ℃ 0.5%高锰酸钾消毒,处理 2 h,晾干后播种。幼苗出土后,用50%多菌灵可湿性粉剂800~1 000倍液,或1:1:100倍的波尔多液,每15 d左右喷洒一次,可控制病害。

(2)花卉常见害虫形态特征及防治方法

①刺蛾类:也称洋辣子。其中以黄刺蛾、丽绿刺蛾、褐边绿刺蛾、扁刺蛾、桑褐刺蛾发生普遍,为害严重。其食性杂,可危害林木、果树、花卉等上百种阔叶树,严重时可食尽叶片,残留叶脉、叶柄,且幼虫具毒毛,接触皮肤可引起红肿。

• 形态特征:成虫体中型、粗短、鳞片松厚,多呈黄、褐或绿色,上具红色或暗色简单的斑纹。幼虫蛞蝓形,头小内缩,胸足小或退化,体上常具瘤和刺,刺人后,皮肤痛痒。化蛹于光滑而坚硬的石灰质茧内,形似雀蛋。

• 防治方法:一是消灭越冬茧。刺蛾类以茧越冬,可结合冬季抚育,修剪等措施,杀死越冬茧。二是利用成虫的趋光性,可设置黑光灯诱杀成虫。三是摘除虫叶。幼龄幼虫有群集性,被害叶片呈透明枯斑,容易识别,可组织人力摘除虫叶,杀死幼虫。四是保护上海青蜂、刺蛾广肩小蜂等天敌。五是可用90%晶体敌百虫、40%敌敌畏乳油、50%辛硫磷乳油 800~1 200 倍液,菊酯类农药 5 000 倍液喷,均有较好的效果。

②蚜虫类:种类繁多,常见有棉蚜、桃蚜、菊小长管蚜、月季蚜等。分布全国各地,为害木槿、蜀葵、石榴、一串红、菊花、紫叶李、夹竹桃、大丽花、玫瑰等花卉。以成虫和若虫群集在寄居的嫩梢、花蕾、花瓣和叶片,吸取汁液,使叶片皱缩,卷曲或形成瘿瘤,影响开花,同时诱发煤污病。

• 形态特征:成虫分有翅和无翅两种类型,若蚜也分有翅和无翅两型,成蚜、若蚜均有一对腹管,可分泌蜡质及信息警戒激素等。

• 防治方法:一是注意检疫虫情,抓紧早期防治。盆栽花卉上零星发生时,可用毛管蘸水刷掉,刷时要求小心轻刷、刷净,避免刷伤嫩梢、嫩叶。刷下的蚜虫及时处理干净,以防蔓延。二是木本花卉的蚜虫,可在早春刮除老树皮剪除受害枝条,消灭越冬卵。三是保护和利用天敌。蚜虫的天敌种类很多,常见的有瓢虫、草蛉、食蚜蝇、蚜小蜂、蚜茧蜂、蚜霉菌属等。施用农药,应在天敌极少、其不足以控制蚜虫密度时为宜。有条件的地方,应积极开展人工繁殖天敌与进行天敌释放。四是药剂防治。蚜虫大发生时,可喷40%氧化乐果、乐果、50%马拉硫磷乳油或40%乙酰甲胺磷 800~1 200 倍液。五是发生在球茎上(如郁金香、百合、唐菖蒲)的蚜虫,栽培前应将受害球茎浸泡在含有湿润剂的林丹药液浓度为 250 mg/L 为 15 min。六是物理机械防治。利用黄色板诱杀,在花卉栽培地或温室内,可放置黄色黏胶板诱粘有翅蚜虫,还可采用银白锡纸反光,拒栖迁飞的蚜虫。

③粉虱类:常见有温室粉虱、橘黄粉虱,是一种分布很广的露地和温室害虫,危害瓜叶菊、万寿菊、非洲菊、月季、大丽花、桂花、栀子花、牡丹等70余种观赏植物。主要以成虫和幼虫群集在寄主植物叶背,吮吸汁液为害。严重时,导致叶片退色、凋萎,直至干枯,直接影响光合作用和生长发育。此外,成虫、幼虫能分蜜露,诱发煤污病。

• 形态特征:成虫体淡黄白色,复眼赤红色,翅 2 对、膜质,覆盖白色蜡粉,前翅有 1 长 1 短的两条脉,后翅有 1 条脉。卵具短柄,表面覆盖白色蜡粉。幼虫扁平,椭圆形,体缘、体背具蜡丝,腹背末端具褐色排泄孔。

• 防治方法:一是加强植物检疫工作,注意检查进入温室的各类花卉,尽可能避免将虫带入。二是清除温室周围杂草以减轻虫源,加强管理,适当修枝,保持通风透光环境,可减轻为害。三是在幼虫大量孵化或成虫盛发期及时喷药防治,可选用40%氧化乐果、25%亚胺硫磷及50%

杀螟松乳油 800 ~ 1 200 倍液,连续喷杀 2 ~ 3 次。

④叶螨类:俗称红蜘蛛,一般在植物的叶片上取食,直接破坏叶片组织,故名叶螨。它们危害很普遍,不论是草本、木本、阔叶、针叶、果树、花灌木都受其危害,使叶片失绿,呈现斑点、斑块或叶卷曲、皱缩,严重时整个叶子枯焦、似火烤,故红蜘蛛又有"火龙"之称。常见有朱砂叶螨、山楂叶螨、柑橘全爪螨、酢浆草岩螨等。

• 形态特征:体型微小,体长 1 mm 以下,圆形或卵圆形,体色为红、褐、绿、黄色。一般成螨、若螨4 对,幼螨3 对。

• 防治方法:一是越冬期的防治。对木本花卉植物,刮除粗皮、翘皮、树干、束草、诱集越冬螨;对花圃地,冬季灌水,销毁残株落叶,以便消灭越冬虫口。二是药剂防治。防治早期危害,是控制后期猖獗的关键。可喷40% 三氯杀螨醇乳油 800 ~ 1 200 倍液或50% 三氯杀螨砜可湿性粉剂 800 ~ 1 200 倍液,对杀成螨、若螨、幼螨卵均有效,最好 10 ~ 15 d 后再喷 1 次。

⑤天牛类:这类害虫为钻蛀枝梢及树干的害虫,以幼虫钻蛀植株茎干,在韧皮部和木质部形成蛀道为害,引起主干、枝梢的生长不良,风折或植株枯死。这类害虫营隐蔽生活,防治十分困难。常见有星天牛、菊小天牛、双条合欢天牛、橘绿天牛、中华锯花天牛、桃红颈天牛等。

• 形态特征:成虫体长圆筒形,触角一般丝状,常超过体长,至少为体之半,复眼环绕触角基部,呈肾形凹入。幼虫体肥胖,长圆筒形,略扁,乳白色或淡黄色,头和前胸背板骨化较强,前胸大而扁平,腹部 1 ~ 6 或 7 节的背面及腹面常呈卵形的肉质类,称步泡突,便于在坑道内行动。

• 防治方法:一是加强抚育管理,使植株生长健壮,增强抗虫能力;剪除被害枝梢,消灭幼虫,是防治这类害虫的关键措施。二是人工捕杀成虫,同时掌握天牛产卵部位,用小刀刮卵。三是化学防治。用40% 敌敌畏乳油 100 倍液注入蛀孔内或浸药棉塞孔(用黏土封孔);或用毒签插入蛀孔中,毒杀幼虫。

⑥金龟子类:幼虫总称蛴螬。其成虫均能对园林花卉造成危害。蛴螬除咬食主、侧根外,还能将根皮剥食殆尽,造成植株枯死。成虫取食园林花卉的叶片和花,严重影响观赏价值。常见有小青花金龟、白星花金龟、铜绿金龟、黑绒鳃金鱼、苹毛丽金龟等。

• 形态特征:成虫触角鳃片状,腹部末端露于鞘翅外,蛴螬仅具 3 对胸足,静止时弯曲呈"C"形。

• 防治方法:施充分腐熟的有机厩肥,在播种前或幼苗出土前,用幼嫩多汁的新鲜杂草 70 份与 2.5% 敌百虫粉 1 份配制毒饵,于傍晚撒布地面,诱杀 3 龄以上幼虫。春季成虫羽化盛期,用糖醋液(配方:糖 6 份,醋 3 份,白酒 1 份,水 10 份)加适量敌百虫,用黑光灯诱杀成虫。幼虫为害期,用90% 晶体敌百虫 500 ~ 800 倍液,于根颈处浇灌,毒杀为害苗木的初龄幼虫。

任务 4.5　草坪栽培技术

4.5.1　草坪及草坪草概念

根据草坪的现状和发展,将其概念归纳为:草坪是指园林绿地中,以禾本科和莎草科多年生草本植物为主体,经人工建植和管理,具有绿化、美化、护坡作用和观赏效果,可供人们游憩、活动或运动的坪状草地,它是由草坪草和表土组成的统一体。

草坪植物也称草坪草,是指能够经受一定修剪而形成草坪的草本植物。它们大多是叶片质地纤细、生长低矮、具有易扩展特性的根茎型或具有较强分能力的草本科植物。

4.5.2　草坪在道路绿化中的作用

1)环境保护作用

(1)改善小气候

草坪具有较明显的改善局部小气候的作用。首先,草坪具有较强的调节气温作用,据测定,夏季草坪表面温度比裸露地面温度低 3~4.5 ℃,冬季则能保持太阳的辐射热而增高温度达 4~6.5 ℃。其次,草坪还能调节湿度,夏季,草坪植物体内水分蒸发,从而增加空气湿度,在无风情况下,草坪近地层空气湿度比裸露地面高 5%~18%。此外,草坪表面风速比裸露地面可降低 10%。密植的草坪是良好的空气过滤器。杀菌作用上,某些草坪草能分泌一定的杀菌素,使空气中的细菌数量减少,有些草坪草还能起到环境污染的指示作用。草坪还具有很强的吸附和滞留粉尘的能力,草坪上空的粉尘量为裸地的 1/6~1/3。冬季草坪枯黄后,草坪的粉尘比裸地少 15% 左右。

(2)减小噪声

草坪与乔灌木组合成 40 m 宽的绿化带,可减小噪声 10~15 dB。另据测定,20 m³ 的草坪可减小噪声 2 dB;250 m² 的草坪比同面积的石板路面减小噪声 10 dB。如飞机场草坪可减小飞机场的扬尘与噪声,又能延长飞机发动机寿命。

(3)沉降粉尘

草坪叶面积相当于占地面积的 20~28 倍,滞尘量大大超过裸露地面,沉降的粉尘可随雨水、露水和人工灌水流至土壤中。据测定,草坪近地层空气含尘量比裸露地面少 30%~40%。

(4)净化空气

草坪净化空气中最明显的是吸收二氧化碳释放氧气。据测定,一个人呼出的二氧化碳只要 25 m² 的草坪就可吸收并还原为氧气。另外,草坪还是氨、硫化氢、二氧化硫、氯化氢及臭氧等有毒气体的沉降场所,并能吸收其中的一部分合成为蛋白质。

(5)改善土壤结构

草坪植物的根系能改善土壤结构,促进微生物的分解活动,促进土壤中有害环境的有机物无机化。

(6)保持水土

草坪植物能巩固土壤,减低地表径流,减少水土冲刷,保护露天水体免受污染。在堤坝、高速道路、铁路边坡等位置建植草坪,可起到固土护坡,防止水土流失的作用。

2)在造景上的作用

生机盎然的草坪以其表面平滑、色泽均一、质地良好、开阔平坦等特点,成为道路景观中不可缺少的要素,它与地形、水体、建筑、小品及其他植物材料相配合,通过对比与调和、变化与统一、均衡与稳定,形成道路中一幅幅美景。翠绿茵茵的草坪会给人一种坦然、安静、舒畅的感觉。绿色毯状的草坪,映衬着五彩缤纷的鲜花,会使人忘记工作的劳累,淡化生活的烦恼,对新生活充满向往。

3）其他方面的作用

草坪是最为经济的护坡护岸及覆地材料，是预留建筑用地的最适合的绿化材料，当下面有工程设施或岩层、石砾，而且地表土层厚度在 30 cm 以内时，草坪是首选的绿化材料。另外，大面积草坪，可以在紧急时刻，如火灾、地震时，起到集散人群的作用。

4.5.3 草坪的建植

草坪建植简称建坪、铺坪、铺草坪等，是指用有性和无性繁殖的方法人工建立草坪的过程。有性繁殖的方法包括播种法、植生带铺植法、喷播法；无性繁殖的方法包括播茎法、铺植法（草皮、草块）。

1）播种法

播种法建植草坪即用种子直接播种建立草坪的方法。用播种法建植草坪，节时省工，草坪草根系发达，长势旺盛，耐旱力强，草坪表面平整，有利于机械修剪和提高修剪质量。但成坪时间较长，要掌握适宜播期、播量和关键的栽培技术。大多数冷季型草坪草均用种子直播法建坪，暖季型草坪草中的假俭草、雀稗、地毯草、野牛草、普通狗牙根和结缕草也可用种子建坪。

（1）播种时期

草坪最适宜的播种期因草种和地区而异。播种一般在秋季或春季进行。夏季也可以播种，但多数草种在炎热的天气发芽不良，因此如无必要，应避开夏季播种。秋季播种的草坪可避开夏季杂草为害，并可在冬季到来之前形成初期草坪，有利于安全越冬。

冷季型草坪草的发芽温度为 10~30 ℃，最适宜的发芽温度为 20~25 ℃。因此，冷季型草种一般除了严冬和酷夏外均可播种，以早春和初秋两季播种最适宜。春播可使幼苗在炎热的季节来临之前，已健壮生长，增强了对不良环境的抵抗能力。初秋播种，此时杂草已停止生长，并可在冬季到来之前形成初期草坪，有利于安全越冬。暖季型草坪草的发芽温度一般为 25~35 ℃，最适宜的发芽温度为 25~30 ℃。因此，暖季型草一般在 6—8 月播种较为适宜。

（2）播种量

草坪播种时，播种量过大，浪费种子、增加成本、增加间苗用工。播种量过小，造成缺苗且杂草容易侵入。草坪种子的播种量取决于种子质量、混合组成和土壤状况以及工程的要求。一般从理论上讲，播种后在单位面积上有足够的幼苗，即在 1 m² 面积上有 10 000~20 000 株幼苗。实际播种量还应加 20% 左右的损耗量。

（3）种子处理

草坪播种时，选择品质纯净的种子，并在播种前做好种子发芽试验，以准确确定播种量。对发芽困难的草种（如结缕草等），可用 0.5% 的氢氧化钠溶液浸泡 24 h 后，再用清水浸 6~8 h，捞出晒干后再播种，这样有利于发芽，而且出苗整齐。如用地膜覆盖，可提高土温，促进发芽。种子处理是为了提高发芽率，达到全苗、壮苗的目的，在播种前可对种子加以处理，种子处理的方法主要有 3 种，一是用流水冲洗，如细叶苔草的种子可用流水冲洗数十小时；二是用化学药物处理，如结缕草种子用 0.5% 的氢氧化钠溶液浸泡 48 h，用清水冲洗后再播种；三是机械揉接，如野牛草的种子可用机械的方法揉接掉硬壳。

（4）播种方法

对于草坪的播种，大面积可用专用机械播种，小面积则用手工撒播。当草坪建植面积较大时，尤其是运动场草坪的建植，适宜用机械播种。常用播种机有手摇式播种机、手推式播种机和自行式播种机。其最大特点是容易控制播种量、播种均匀，不足之处是不够灵活，小面积播种不适用。人工撒播，要求工人播种技术较高，否则很难达到播种均匀一致的要求。其优点是灵活，尤其在有乔、灌木等障碍物的位置、坡地及狭长和小面积建植地上适用，缺点是播种不易均匀，用种量不易控制，有时造成种子浪费。人工撒播大致分4步。第一步，把建坪地划分成若干块或条。第二步，把种子相应地分称成若干份。第三步，把种子均匀地撒播在块或条中以确保均匀。种子细小可掺细沙、细土撒播。播2或3个来回以确保均匀。第四步，当播种完一小区后，即用细土覆盖或轻耕土面，使种子与表土混合，然后再镇压以保持水分，促进种子发芽。

2）播茎法

凡易生茎的草种如狗牙根、马尼拉结缕草、剪股颖等均可采用播茎法。即利用草坪的茎作"种子"均匀撒布于坪床上，经浇水、施肥等管理形成草坪的一种建坪方法。优点是可以获得草种纯一、长势均匀的草坪。

将草皮铲起，抖落或用水冲去根部附土，然后撕开匍匐茎或将匍匐茎剪成10 cm左右的小段，将茎段均匀撒播在整理过的土壤上，然后覆盖细土约1 cm厚，稍加镇压，立即喷水。以后每日早晚各喷水一次，草茎生根后逐渐减少喷水次数。一般护理半个月至一个月，就会先长幼根接着萌发新芽。此法以春末夏初进行为好。

3）铺设法

（1）密铺法

密铺法也称满铺法，即用草皮直接将地面全部铺满。用铲草机或用手工把草皮铲成33 cm×33 cm大小、厚2～3 cm的方块。工厂化生产的草皮，由于带基质少、质量轻，可将草坪切割成50 cm×50 cm，卷成草卷运输。密铺时，应使草皮接缝处留有1～2 cm的间距。草皮铺设后，用质量为150～250 kg的滚筒来回滚压数次，使草皮土面与四周土面相平，使草皮与土壤密接，以利草皮生根。施工面积不大时，边铺设边用脚踩平、踩实。在草皮铺设之前和铺设之后，都应充分浇水。凡茎发达的草种，如狗牙根、马尼拉结缕草等，在铺设时可将草皮拉松成网状，密铺后也能在短期内形成草坪。

（2）间铺法

间铺法可节约草皮。间铺形式有两种：一是均用长方形草皮，类似铺砖，草块之间相距3～6 cm，铺植面积约占全面积的1/3；另一种是用近似正方形的草块相间排列，形似梅花，铺植面积约占总面积的1/2。为保证草坪平整，间铺时更应注意使草块土面与土地土面相平。镇压与浇水同上。

4）喷播法

喷播法建植草坪是以水为载体将草坪种子、生长素、土壤改良剂、复合肥等成分通过专用设备喷洒在地表而生成草坪，达到绿化美化效果的一种草坪建植方式。草坪喷浆要求无毒、无害、无污染、黏附性强、保水性好、养分丰富。喷到地表能形成耐水膜，反复吸水不失黏性。能显著提高土壤的团粒结构，有效地防止坡面浅层滑坡及径流，使种子幼苗不流失。

喷植后覆盖一层稻草等，以保湿和防止混合泥土流失，并可防止阳光直射灼伤种子，覆盖物腐烂后还可作肥料。经一段时间保湿养护,30~40 d可显现绿色效果。但播后遇干旱、大雨,都会遭受很大损失,且播种方法比较粗放,要运用得当,尽量避免损失。

5)植生带法

植生带法是用特殊的工艺将种子均匀地撒在两层无纺纤维或其他材料中间而形成的种子带。建植草坪时将植生带平铺在整理好的土地上,覆土2~3 cm,然后辊压,浇水保养,经30 d左右可见绿色。主要特点是运输方便,种子密度均匀,简化播种程序,出苗均匀,成坪质量好,便于操作。适宜中小面积草坪建植,尤其是坡地不大的护坡、护堤草坪的建植。

4.5.4　草坪养护管理

养护管理是指草坪建成后,根据建坪目的和草坪草的生长规律,采取的一系列综合性管理措施,主要包括修剪、施肥、灌水、病虫害防治等。

1)草坪修剪

草坪修剪也称剪草、轧草或刈草,是指去掉草坪地上一部分生长的枝叶。修剪的目的在于保持草坪整齐美观,充分发挥草坪的坪用功能。适度修剪可促进草坪匍匐茎和枝条密度的提高,利于日光进入草坪基层,抑制杂草,使草坪草健康生长。

（1）修剪高度

修剪高度是修剪后草坪茎叶的高度,也称留茬高度。修剪高度应根据草坪草的种类、品种、使用目的及环境条件等因素而定。每一种草坪草都有它特定的修剪高度范围,在范围内修剪可获得较高的草坪质量。该范围是草坪草能耐受的最高与最低修剪高度。低于耐受范围,草坪变得稀疏、膨松、柔软而匍匐,质量低下;高于此范围,发生剪去过多的绿色茎叶,老茎裸露。不合理的修剪还会引起杂草侵入。

（2）修剪时间和频率

修剪时间和频率取决于草坪草的生长速度、1/3修剪原则和修剪高度。春秋两季最合适冷季型草坪草生长,每周可剪两次,夏季每两周剪一次。施肥量大,灌溉多的草坪生长迅速,剪草次数比粗放管理的草坪多。暖季型草坪草则在夏季生长最旺盛,修剪频率也最高,一年中其他气温较低的季节,剪草频率较低。对质量要求不高的粗放管理草坪,可不按照1/3的原则,在整个生长季节修剪几次,但必须是耐粗放管理的一些草种。

（3）修剪方法

运用间歇修剪技术和修剪方向的不同,可形成色泽深浅和明暗相间的图形,如彩条形、彩格形、同心圆形等。同一草坪每次修剪要避免从同一方向、在同一路线往返进行,否则,草向剪草方向倾斜生长,形成谷穗状纹理,而且会导致草坪草瘦弱,使草坪的均一性下降。

2)草坪追肥

草坪正常生长所必需的营养元素有16种,除碳、氢、氧主要来自空气和水外,其余的包括氮、磷、钾、钙、镁、硫(以上称大量元素)以及铁、锰、铜、硼、锌、钼、氯(以上称微量元素),都主要依靠土壤来供给。

草坪植物在整个生育过程中只有满足所必需的各种营养物质,才能健壮地生长发育。在生育过程中的任何时期,植物缺乏某种营养元素,其正常生长就会受到抑制,严重时导致死亡,因此要根据不同土壤及其养分含量和不同草坪(或品种)的不同生育期,实行平衡施肥,有效地保证草坪草生长所需。

3) 草坪灌水

当草坪草失去光泽,叶尖卷曲时,表示草坪水分不足,此时,若不及时浇水,草坪草将变黄,在极端的情况下还会因缺水而死亡。据测定,草坪草每生产 1 g 干物质需消耗 500 ~ 700 g 的水分,依靠降雨满足不了草坪草生长的需要。为了保持草坪草的正常生长,提高草坪的质量,必须人为地补充水分。当草坪草表现出不同程度的萎蔫,进而变为青绿色或灰绿色,或土壤干至 5 ~ 10 cm 深时,草坪就需要灌水。水是植物生长的基本要素之一,没有水,草不能生长,没有灌溉,就不可能获得优质草坪。

(1)灌水时间

夏季,早晨是一天中最适宜的灌水时间,也可在傍晚时进行。中午及下午灌水,水分蒸发损失大,还容易引起草坪灼伤。晚秋及早春季节,以上午灌水较为适宜,下午灌水虽然能有效地提高水的利用率,但草坪整夜处于潮湿状态,病原菌和微生物易乘虚而入,侵染草坪草组织,从而引起草坪病害。北方以中午前后灌溉为好,此时水温较高,灌水后不致伤害草坪草根系。

(2)灌水量

草坪灌水量的大小,与气候、季节、温度、土质等因素有密切的关系,应根据这些因素灵活掌握灌水的次数。在生长季节,为保持草坪的鲜绿,需保持土壤湿润。一般情况下,在炎热和严重干旱条件下,每 5 ~ 7 d 浇一次水,春、秋季节 10 ~ 20 d 浇一次水。通常灌水应使土壤湿润至 15 cm深,在炎热夏季,长期轻度灌水(土壤湿润 3 ~ 5 cm),有利杂草的滋生而对草坪不利。因此,应减少灌水次数,增加灌水量,以有利于草坪草的生长。

(3)灌溉方法

①喷灌:利用地下管道和地上自动喷头进行灌水,灌水均匀,省水,灌水量容易控制,是比较理想的灌水方法,但喷灌设施费用较高。

②人工管灌:人工拉水管浇水,完全凭经验、靠感觉,很不科学,已渐渐被淘汰。此外,道路绿化还常常采用水车喷灌。

③地面漫灌:费水、费时、费工,不好控制灌溉均匀度和强度,会逐渐被草坪喷灌取代。

(4)节水管理措施

频繁、浅层的浇水方式必然导致草坪根系的浅层分布,从而减弱草坪对干旱和贫瘠的适应性。下列措施有助于节约用水。

秋季,及时把松紧实的草坪,草坪耙松后,适当进行表层覆盖。在旱季,可适当提高草坪修剪的留茬高度 2 ~ 3 cm。较高的留茬虽然增加了叶面积而使蒸腾作用有所增加,但较大叶量的遮阴作用,使土壤蒸发作用大大降低。减少修剪次数,减少因修剪伤口而造成的水分损失。在干旱季节应少施肥。高比率的氮促进草坪草的营养生长,加大对水分的消耗量,施用磷、钾肥则能增加草坪草的耐旱性。及时进行垂直修剪,以破除过厚的枯枝层,改善床土的透水性和促进根系的深层生长。过紧实的床土及时进行穿孔、打孔等通透作业,提高床土的渗水贮水能力。少用除莠剂,避免对草坪草根系的伤害。新坪建植时,选择耐旱的草种及品种。床土制备时应增施有机质和土壤改良剂,提高床土的持水能力。浇水前注意天气预报,避免在降雨前浇水。

4) 草坪其他养护管理

（1）镇压

镇压是用压辊在草坪上边滚边压。草坪镇压能增加草坪草的分蘖和促进匍匐茎的伸长，也可抑制匍匐茎的浮起，使节间变短，草坪致密，能抑制杂草侵入和对坪床作一定程度休整。草坪镇压时可用 60~200 kg 的手推滚压器或 80~500 kg 的机动滚轮。滚轮是空心的，可以通过装水或装沙来调节滚轮的重量。如为了修整床面宜重压，播种后使种子与土壤密接则轻压（50~60 g）。土壤黏重、水分过多、草坪较薄时不宜滚压，以防止土壤板结和影响根系的生长。

（2）打孔

打孔是用打孔机在草坪上打许多孔洞。打孔后扩大了草坪的容重和表面积，一般可增加 2 倍以上，因而增加了草坪土壤与空气和水分接触面积，提高了土壤的吸水透水性和通气性。

一般打孔机的打孔直径为 1~2.5 cm，孔距为 5 cm、11 cm、13 cm 和 15 cm，孔的深度随打孔机类型、土壤紧实度和土壤湿度不同而不同，最深可达 8~11 cm。打孔的最佳时间是草坪生长旺盛、恢复力强时。冷季型草坪最适宜的打孔时间是夏末秋初，暖季型草坪最好在春末夏初进行。炎热的夏季一般避免打孔；土壤太干或太湿时，不宜打孔；打孔后与覆土或覆沙、修剪、拖耙、施除草剂或杀虫剂相结合进行，这样可以有效地改善打孔对草坪外观的破坏，也使打孔的效果更好、更持久。

思考题

1. 简述绿化植物栽植成活原理。
2. 如何进行苗木的成活期养护管理？
3. 树木栽植后要做哪些管理工作？如何提高树木栽植成活率？
4. 如何提高大树移植成活率？
5. 垂直绿化的种类有哪些？
6. 道路垂直绿化形式有几种？
7. 如何对垂直绿化植物进行水、肥养护管理？
8. 简述花卉病虫害防治基本方法。
9. 简述露地花卉施肥方法。
10. 简述北方露地花卉防寒越冬的几种方式。
11. 简述草坪在道路绿化中的作用。
12. 简述草坪灌水时间及灌水量的确定。
13. 简述草坪的灌水方法。
14. 简述草坪打孔作用及注意事项。
15. 简述城市干道植物栽培树种的选择。

项目5 绿化植物的整形修剪

【学习目标】

了解绿化植物整形修剪的意义和原则、修剪时期,整形修剪技术及各种不同植物的修剪。

【学习要点】

重点掌握绿化植物整形修剪技术及特殊树形的修剪。

任务5.1 绿化植物整形修剪的意义和原则

5.1.1 整形修剪的概念

修剪是对植株的某些器官,如茎、枝、叶、花、果、芽、根等进行剪截或删除的措施。整形是通过对树木施行一定的修剪措施来形成栽培所需要的树体结构形态,表达树体自然生长所难以完成的不同栽培功能。整形是通过一定的修剪手段来完成的,而修剪又是在一定的整形基础上,根据某种目的要求而实施的,去除树体的部分枝、叶等器官,达到调节树势、更新造型的目的。因此,整形与修剪是紧密相关、不可截然分开的完整栽培技术,是统一于栽培目的中的有效管护措施。修剪整形能调节树势,创造和保持合理树冠结构,形成优美的树姿,甚至可以构成有一定特色的园景,还可以解决城市街道绿化中地上、地下电缆和管道与树木之间的矛盾,能使具有生产作用的观赏树种保持丰产、优质。

5.1.2 整形修剪的目的

1)调控树体结构

整形修剪可使树体的各层主枝在主干上分布有序、错落有致、主从关系明确,各占一定空间,形成合理的树冠结构,满足特殊的栽培要求。

(1)控制与调整树体结构、避免安全隐患

修剪是减少植物对居民或财产构成危险的重要措施之一,如通过修剪增加树冠的通透性,增强树木的抗风能力;及时修剪去除枯枝、死枝,避免折断坠落造成伤害;修剪以控制树冠枝的密度和高度,保持树体与道路周边高架线路之间的安全距离,避免因枝干伸展而损坏设施。对城市行道树来说,修剪的另一个作用是避免树冠可能阻挡视线,减少行车交通事故。

(2)控制树体生长、增强景观效果

园林树木以不同的配置形式栽植在特定的环境中,并与周围的空间相互协调,构成各类园林景观。栽培管护中,需要通过不断的适度修剪来控制与调整树木的树冠结构,形体尺度,以保持原有的设计效果。

（3）调节枝干方向、创造树木的艺术造型

通过整形修剪来改变树木的干形、冠形，创造出具有更高观赏价值的树木姿态。如在自然式街头小游园中，追求"骨干肌曲，苍劲如画"的境界；而规则式的行道树修剪中，又推崇规整严谨、犹如机制的树冠形态。

2）调控开花结实

修剪打破了树木原先的营养生长与生殖生长之间的平衡，调节树体内的营养分配，协调树体的营养生长和生殖生长，促进开花结实。正确运用修剪可使树体养分集中、新梢生长充实，控制成年树木的花芽或果枝；及时有效的修剪，既促进大部分短枝和辅养枝成为花果枝，达到花开满树的效果，又可避免花、果过多而造成的大小年现象。

3）调控通风透光

当自然生长的树冠过度郁闭时，内膛枝得不到足够的光照，致使枝条下部光秃形成天棚型的叶幕，开花部位也随之外移呈表面化；同时树冠内部相对湿度较大，极易诱发病虫害。通过适当修剪，可使树冠通透性能加强、相对湿度降低、光合作用增强，从而提高树体的整体抗逆能力，减少病虫害的发生。

4）平衡树势

（1）提高移栽树的成活率

树木移栽特别是大树移植过程中丧失了大量的根系，直径 10 cm 的出圃苗木，移栽过程中可能失去95％的吸收根系，因此必须对树冠进行适度修剪以减少蒸腾量，缓解根部吸水功能下降的矛盾，提高树木移栽的成活率。

（2）促使衰老树的更新复壮

树体进入衰老阶段后，树冠出现秃裸，生长势减弱，花果量明显减少，采用适度的修剪措施可刺激枝干皮层内的隐芽萌发，诱发形成健壮的新枝，达到恢复树势，更新复壮的目的。

5.1.3　整形修剪的作用

1）调控生长

树木地上部分的大小与生长势如何，决定于根系状况和从土壤中吸收水分、养分的多少。通过修剪可以剪去地上不需要的部分，使养分、水分集中供应，促使局部生长；修剪过重，则对整体又有削弱作用。具体是促还是抑，因修剪的方法、轻重、时期、树龄、剪口芽的质量而异。因而可以通过修剪来恢复或调节均衡树势，既可促使衰弱部分壮起来，也可使过旺部分弱下来，对潜芽寿长的衰老树或古树，适当重剪，结合施肥浇水，促潜芽萌发，可以更新复壮。

2）培养树形

对于上有架空线，下有人流、车辆交通的行道树，则需要整修成适合的树形，还有因艺术上的需要将树整修成规则或不规则的特种形体。工厂区设施复杂，常与树木发生矛盾。例如，上有架空线，下有管道、电缆等，有些树触挂电线，都要靠修剪来解决。

3）通风透光好，病虫害少

整形修剪可以使主枝和侧枝分布合理，小枝多而不密。一方面，树膛内通风透光，有利于光合作用,树势生长强健;另一方面,通风透光能减少病虫害的潜藏危害。修剪时剪去病虫枝,可以避免病虫传播蔓延,减少伤害。通过修剪可以剪去生长位置不当的密生枝、徒长枝及带有病虫的枝条,以保证树冠内部通风透光,也可避免相互摩擦而造成的损伤。

4)促进开花结果

对于观花、观果或结合花果生产的树种,可以通过修剪,调节营养生长与花芽分化,促使提高开花结果,克服花果大小年。只有合理修剪才能调节结果枝和发育枝的比例,平衡生长和结果的关系,消灭"大小年"或减轻"大小年"的幅度。获得稳定的花果产品或提高观赏效果。

5)理论与实践相结合

园林树木整形修剪受树木自身和周围环境等许多因素的制约,是一项理论与实践结合性很强的工作。通过整形修剪使主枝开张角度合理,分布均匀、主次分明、层次清楚,形成牢固的骨架,能承受结实的重量和大风造成的自然灾害。整形修剪的原则是"符合自然规律",适应树木的自然树形及其分枝习性。

5.1.4　整形修剪的原则

1)服从树木景观配置要求

不同的景观配置要求不同的整形修剪方式。如国槐作行道树时一般修剪成杯状形,作庭荫树时则采用自然式整形;桧柏作孤植树配置应尽量保持自然型,作绿篱则一般行强度修剪促使形成规则式树型;榆叶梅栽植在草坪上宜采用丛状扁圆形,在路边用有主干的圆头形。

2)遵循树木生长发育习性

树种间的不同生长发育习性,要求采用相应的整形修剪方式。如桂花、榆叶梅、毛樱桃等顶端生长势不太强但发枝力强,易形成丛状树冠,可整形成圆球形、半球形等形;对于香樟、广玉兰、榉树等大型乔木树种,则主要采用自然式冠型;对于桃、梅、杏等喜光树种,为避免内膛秃裸、花果外移,通常需采用自然开心形的整形修剪方式。

（1）发枝能力

整形修剪的强度与频度,不仅取决于树木栽培的目的,更取决于树木萌芽发枝能力和愈伤能力的强弱。如对悬铃木、大叶黄杨、女贞、圆柏等具有很强萌芽发枝能力的树种,耐重剪,可多次修剪;而对青桐、桂花、玉兰等萌芽发枝力较弱的树种,则应少修剪或只作轻度修剪。

（2）分枝特性

对于具有主轴分枝的树种,修剪时要注意控制侧枝,剪除竞争枝,促进主枝的发育,如钻天杨、毛白杨、银杏等树冠呈尖塔形或圆锥形的乔木,顶端生长势强具有明显的主干,适合采用保留中央领导干的整形方式。而具有合轴分枝的树种,易形成几个势力相当的侧枝,呈现多叉树干,如为培养主干可采用摘除其他侧枝的顶芽来削弱其顶端优势,或将顶枝短截,剪口留壮芽,同时疏去剪口下 3~4 个侧枝,促其加速生长。具有假二叉分枝的树种,由于树干顶梢在生长后期不能形成顶芽,下面的对生侧芽优势均衡,影响主干的形成,可采用抹除一个芽的方法来培养主干。具有多歧分枝的树种,可采用抹芽法或用短截主枝方法重新培养中心主枝。

修剪中应充分了解各类分枝的特性,注意各类枝之间的平衡。如强主枝具有较多的新梢,叶面积具有较强合成有机养分的能力,进而促使其生长更加粗壮;反之,弱主枝则因新梢少、营养条件差而生长愈渐衰弱。欲借修剪来平衡各枝间的生长势。应掌握主枝强剪、弱主枝弱剪的原则。

侧枝是构成树冠、形成叶幕、开花结实基础,其生长过强或过弱均不易形成花芽,应分别掌握修剪的强度。如对强侧枝弱剪,目的是促使侧芽萌发、增加分枝、缓和生长势、促进花芽的形成,而花果的生长发育又进一步抑制侧枝的生长。对弱侧枝强剪,可使养分高度集中,并借顶端优势的刺激而抽生强壮的枝条,获得促进侧枝生长的效果。

(3)花芽的着生部位、花芽性质和开花习作

不同树种的花芽着生部位有异,有的着生于枝条的中下部,有的生于枝梢顶部;花芽性质,有的是纯花芽,有的是混合芽;开花习性,有的是先花后叶,有的为先叶后花。所有这些性状特点,在花、果木的整形修剪时,都需要充分考虑。

春季开花的树木,花芽着生在一年生枝的顶端或叶腋,其分化过程通常在上一年的夏、秋进行,修剪应推迟至早春气温回升,芽即将萌动时进行。夏秋开花的种类,花芽在当年抽生的新梢上形成,在一年生枝基部保留3~4个饱满芽短截,剪后可萌发出苗壮的枝条,虽然花枝可能会少些,但由于营养集中能开出较大的花朵。当年开两次花的树木,可在第一次花后将残花剪除,同时加强肥水管理,促使二次开花。

对玉兰、厚朴、木绣球等具顶生花芽的树种,除非为了更新枝势,否则不能在休眠期或者在花前进行短截;对榆叶梅、桃花、樱花等具腋生花芽的树种,可视具体情况在花前短截;而连翘、桃等具腋生纯花芽的树种,剪口芽不能是花芽,否则花后会留下一段枯枝,影响树体生长;观果树木,幼果附近必须有一定数量的叶片作为有机营养的供体,否则花后不能坐果,落果严重。

(4)树龄及生长发育时期

幼树修剪,为了促成其尽快形成良好的树体结构,应对各级骨干枝的延长枝采用重短截为主,促进营养生长;为提早开花,骨干枝以外的其他枝条应以轻短截为主,促进花芽分化。成年期树木,正处于成熟生长阶段,整形修剪的目的在于调节生长与开花结果的矛盾,保持健壮完美的树形,稳定丰花硕果的状态,延缓衰老阶段的到来。衰老期树木,其生长势衰弱,生长量逐年减小,树冠处于向心生长更新阶段,修剪时应采用重短截为主,以激发更新复壮活力、恢复生长势,但修剪强度应控制得当,此期,对萌蘖枝、徒长枝的合理有效利用,具有重要意义。

3)根据栽培的生态环境条件

树木在生长过程中总是不断地协调自身各部分的生长平衡,以适应外部生态环境的变化。孤植树,光照条件良好,因而树冠丰满,冠高比大;密生的树木,主要从上方接受光照,因侧旁遮阳而发生自然整枝,树冠变得较窄,冠高比小。因此,需针对树木的光照条件及生长空间,通过修剪来调整有效叶片的数量,控制大小适当的树冠,培养出良好的冠形与干形。生长空间较大的,在不影响周围配置的情况下,可开张枝干角度,最大限度地扩大树冠;如果生长空间较小,则应通过修剪抑制树木的体量,以防过分拥挤,降低观赏效果。对于生长在一些逆境条件,如土壤瘠薄、盐碱地、干旱立地、风口地段等的树木,应采用低干矮冠的整形修剪方式,还应适当疏剪枝条,保持良好的透风结构。

即使相同的树种,因配置不同或生长的立地环境不同,也应采用不同的整形修剪方式。如在北京,对榆叶梅一般有3种不同的整形修剪方式:梅桩式整形,适合配置在建筑、山石旁;主干圆头形,配置在常绿树丛前面和园路两旁;丛状扁圆形,适宜在种植在坡形绿地或草坪上。桃花

如栽在湖边应剪成悬崖式;种植在大门的两旁应整形修剪成桩景式;配置在草坪上则以自然开心形为宜。

任务5.2 园林树木整形修剪的时期

园林树木的整形修剪,从理论上讲一年四季均可进行,只要在实际运用中处理得当、掌握得法,都可以取得较为满意的结果。但正常养护管理中的整形修剪,主要分两个时期集中进行。

5.2.1 冬季修剪

冬季修剪(休眠期修剪)是大多落叶树种的修剪时期,宜在树体落叶休眠到春季萌芽开始前进行,习称冬季修剪。此期内树木生理活动缓慢,枝叶营养大部回归主干、根部,修剪造成的营养损失最少,伤口不易感染,对树木生长影响较小。修剪的具体时间,要根据当地冬季的具体温度特点而定,如在冬季严寒的北方地区,修剪后伤口易受冻害,故以早春修剪为宜,一般在春季树液流动前约2个月的时间内进行;而一些需保护越冬的花灌木,应在秋季落叶后立即重剪,然后埋土或包裹树干防寒。

一些有伤流现象的树种,如葡萄,应在春季伤流开始前修剪。伤流是树木体内的养分与水分在树木伤口处外流的现象,流失过多会造成树势衰弱,甚至枝条枯死。有的树种伤流出现得早,如核桃,在落叶后的11月中旬就开始发生,最佳修剪时期应在果实采收后至叶片变黄之前,且能对混合芽的分化有促进作用,但如为了栽植或更新复壮的需要,修剪也可在栽植前或早春进行。

5.2.2 夏季修剪

夏季修剪(生长期修剪)可在春季萌芽后至秋季落叶后的整个生长季内进行,此期修剪的主要目的是改善树冠的通风、透光性能,一般采用轻剪,以免因剪除大量的枝叶而对树木造成不良的影响。对发枝力强的树种,应疏除冬剪截口附近的过量新梢,以免干扰树型;嫁接后的树木,应加强抹芽、除蘖等修剪措施,保护接穗的健壮生长。夏季开花的树种,应在花后及时修剪,避免养分消耗,并促来年开花;一年内多次抽梢开花的树木,如花后及时剪去花枝,可促使新梢的抽发,再现花期。观叶、赏形的树木,夏剪可随时去除扰乱树形的枝条;绿篱采用生长期修剪,可保持树形的整齐美观。常绿树种的修剪,因冬季修剪伤口易受冻害而不易愈合,故宜在春季气温开始上升枝叶开始萌发后进行。根据常绿树种在一年中的生长规律,可采取不同的修剪时间及强度。

任务5.3 园林树木整形修剪技术

5.3.1 园林树木的修剪方法

园林树木的各种树形,都是通过各种修剪方法,改变树冠内枝条的数量、位置、姿势和营养物质的分配,促控结合,均衡发展,逐渐形成的。修剪的方法主要有短剪(截)、疏剪、回缩、缓放、摘心、拉枝、撑枝、曲枝、扭梢等(图5.1)。

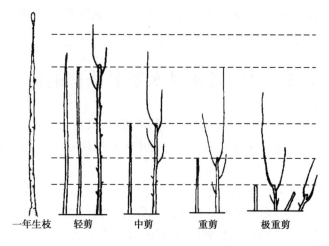

一年生枝　轻剪　中剪　重剪　极重剪

图5.1　枝条短截类型示意图

1)短截

短截也称短剪,是指对一年生枝条的剪截处理。枝条短截后,养分相对集中,可刺激剪口下侧芽的萌发,增加枝条数量,促进营养生长或开花结果。短截程度对产生的修剪效果有显著影响。

(1)轻短截

轻短截是指轻剪枝条的顶梢(剪去枝条全长的1/5~1/4),主要用于花果类树木强壮枝的修剪。去掉枝条顶梢后刺激其下部多数半饱满芽的萌发,分散了枝条的养分,促进产生大量的中短枝,这些短枝一般容易形成花芽。

(2)中短截

中短截是指剪到枝条中部或中上部饱满芽处(剪去枝条全长的1/3~1/2)。由于剪口芽强健壮实,养分相对集中,刺激其多发强旺的营养枝。主要用于某些弱枝复壮以及骨干枝和延长枝的培养。

(3)重短截

重短截是指剪到枝下部半饱满芽处,由于剪掉枝条大部分(剪去枝条全长的2/3~3/4),刺激作用大,一般都萌发强旺的营养枝。主要用于弱树、老树和老弱枝的复壮更新。

(4)极重短截

极重短截是指在春梢基部留2~3个芽,其余全部剪去。由于剪口芽在基部,质量较差,一般萌发中短营养枝,个别也能萌发旺枝。主要用于竞争枝的处理。

(5)回缩、截干

①回缩:也称缩剪,是指对多年生枝条(枝组)进行短截的修剪方式。在树木生长势减弱、部分枝条开始下垂、树冠中下部出现光秃现象时采用此法,多用于衰老枝的复壮和结果枝的更新,促使剪口下方的枝条旺盛生长或刺激休眠芽萌发徒长枝,达到更新复壮的目的(图5.2)。

②截干:对主干或粗大的主枝、骨干枝等进行的回缩措施称为截干,可有效调节树体水分吸收和蒸腾平衡间的矛盾,提高移栽成活率,在大树移栽时多见。此外,尚可利用逼发隐芽的效用,进行壮树的树冠结构改造和老树的更新复壮。

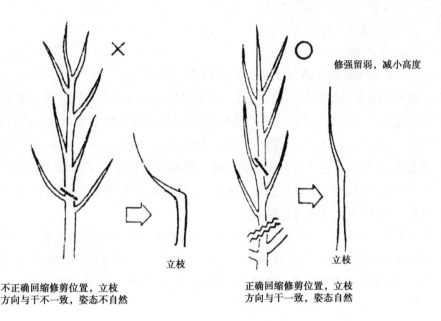

图 5.2　回缩

2)疏

疏也称疏删或疏剪,将枝条自分生处(枝条基部)剪掉的修剪方法。疏剪可使枝条分布均匀,减少树冠内部的分枝数量,加大空间,使枝条分布趋向合理,改善树冠内膛的通风透光,增强树体的同化功能,减少病虫害的发生,并促进树冠内膛枝条的营养生长或开花结果。疏剪的主要对象是弱枝、病虫害枝、枯枝及影响树木造型的交叉枝、干扰枝、萌蘖枝等各类枝条。特别是树冠内部萌生的直立形徒长枝,芽小、节间长、粗壮、含水分多、组织不充实,宜及早疏剪以免影响树形;但如果有生长空间,可改造成枝组,用于树冠结构的更新、转换和老树复壮。

疏剪对全树的总生长量有削弱作用,但能促进树体局部的生长。疏剪对局部的刺激作用与短截有所不同,它对同侧剪口以下的枝条有增强作用,而对同侧剪口以上的枝条则起削弱作用。应注意的是,疏枝在母枝上形成伤口,从而影响养分的输送,疏剪的枝条越多,伤口间距越接近,其削弱作用越明显。对全树生长的削弱程度与疏剪强度及被疏剪枝条的强弱有关,疏强留弱或疏剪枝条过多,会对树木的生长产生较大的削弱作用;疏剪多年生的枝条,对树木生长的削弱作用较大,一般宜分期进行。

疏剪强度是指被疏剪枝条占全树枝条的比例,剪去全树 10% 的枝条者为轻疏,强度达 10% ~20% 时为中疏,疏剪 20% 以上枝条的则为重疏。实际应用时,疏剪强度依树种、长势和树龄等具体情况而定。一般情况下,萌芽率强、成枝力弱的或萌芽力、成枝力都弱的树种应少疏枝,如马尾松、油松、雪松等,而萌芽率、成枝力强的树种,可多疏枝;幼树宜轻疏,以促进树冠迅速扩大;进入生长与开花盛期的成年树应适当中疏,以调节营养生长与生殖生长的平衡,防止开花、结果的大小年现象发生;衰老期的树木发枝力弱,为保持有足够的枝条组成树冠,应尽量少疏;花灌木类,轻疏能促进花芽的形成,有利于提早开花。

3)伤

用各种方法损伤枝条的韧皮部和木质部,以达到削弱枝条的生长势、缓和树势的方法称为伤。伤枝多在生长期内进行,对局部影响较大,而对整个树木的生长影响较小,是整形修剪的辅助措施之一,主要有以下4种方法。

（1）环状剥皮（环剥）

环状剥皮是指用刀在枝干或枝条基部的适当部位,环状剥去一定宽度的树皮,可以在一段时间内阻止枝梢碳水化合物向下输送,有利于环状剥皮上方枝条营养物质的积累和花芽分化,这适用于发育盛期开花结果量少的枝条。实施时应注意:剥皮宽度要根据枝条的粗细和树种的愈伤能力而定,一般以1个月内环剥伤口能愈合为限,为枝直径的1/10左右（2～10 mm）,过宽伤口大不易愈合,过窄愈合过早而不能达到目的。环剥深度以达到木质部为宜,过深伤及木质部会造成环剥枝梢折断或死亡,过浅则韧皮部残留,环剥效果不明显。实施环剥的枝条上方需留有足够的枝叶量,以供正常光合作用之需。

环剥是在生长季应用的临时性修剪措施,多在花芽分化期、落花落果期和果实膨大期进行,在冬剪时要将环剥以上的部分逐渐剪除。环剥也可用于主枝,但须根据树体的生长状况慎重决定,一般用于树势强旺、花果稀少的青壮树。伤流过旺、易流胶的树种不宜应用环剥。

（2）刻伤

刻伤是指用刀在芽（或枝）的上（或下）方横切（或纵切）而深及木质部的方法,刻伤常在休眠期结合其他修剪方法施用。主要方法有:

①目伤:在芽或枝的上方行刻伤,伤口形状似眼睛,伤及木质部以阻止水分和矿质养分继续向上输送,以在理想的部位萌芽抽枝,反之,在芽或枝的下方进行刻伤时,可使该芽或该枝生长势减弱,但因有机营养物质的积累,有利于花芽的形成。

②纵伤:在枝干上用刀纵切而深达木质部的方法,目的是减小树皮的机械束缚力,促进枝条的加粗生长。纵伤宜在春季树木开始生长前进行,实施时应选树皮硬化部分,小枝可行一条纵伤,粗枝可纵伤数条。

③横伤:对树干或粗大主枝横切数刀的刻伤方法,其作用是阻滞有机养分的向下输送,促使枝条充实,有利于花芽分化达到促进开花、结实的目的。作用机理同环剥,只是强度较低。

（3）折裂

为了防止枝条生长过旺,或为曲折枝条使之形成各种苍劲的艺术造型,常在早春芽略萌动时,对枝条施行折裂处理。较粗放的方法是用手将枝折裂,但对珍贵的树木行艺术造型处理时,应先用刀斜向切入,深及枝条直径的1/2～2/3,然后小心地将枝弯折,并利用木质部折裂处的斜面相互顶住（图5.3）。精细管理者于切口处涂泥以免蒸腾水分过多。

图5.3　折裂

（4）扭梢和折梢

多用于生长期内将生长过旺的枝条,特别是着生在枝背上的徒长枝,扭转弯曲而未伤折者称扭梢;折伤而未断离者则成折梢。扭梢和折梢均是部分损伤传导组织以阻碍水分、养分向生长点输送,削弱枝条长势以利于短花枝的形成。

4）变

改变枝条生长方向,缓和枝条生长势的方法称为变。如曲枝、拉枝、抬枝等,其目的地是改变枝的生长方向和角度,以调节顶端优势为目的整形措施,并可改变树冠结构,通常结合生长季修剪进行,对枝梢施行屈曲、缚扎或扶立支撑等技术措施。直立诱引可增强生长势;水平诱引具中等强度的抑制作用,使组织充实易形成花芽;向下屈曲诱引则有较强的抑制作用,但枝条背上部易萌发强健新梢,须及时去除,以免适得其反(图5.4)。

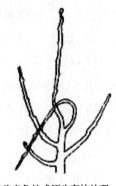

将竞争枝或原头弯枝处理

图5.4 变

（1）拉枝与拿枝

①拉枝:用绳子把枝条角度拉大,或用木棍支开;或用重物下坠枝。拉枝的时期以春季树液流动以后为宜,此时枝条较柔软,开张角度易到位而不伤枝。

②拿枝:对一年生枝从基部起逐步向下弯曲,伤及木质部又不折断,做到枝条自然呈水平状态或先端略向下。拿枝的时期以春夏之交、枝梢半木质化时最好,容易操作,开张角度、削弱旺枝生长的效果最佳,还有利于花芽分化和较快地形成结果枝组。树冠内的直立枝、旺长枝、斜生枝,可以用拿枝的方法改造成有用的枝。

（2）圈枝与别枝

①圈枝:1个长枝圈起来或把2个枝相互圈起来,促进花芽形成。圈枝不能太多,更不能重叠,避免影响树冠内光照。

②别枝与圈枝类似,只不过弯曲别到其他枝下,促使被别起来的枝下部出长枝,中上部出短枝、徒长枝、直立枝可以用此法改造,变无用为有用。别枝应注意适量,并及时放开或缩修剪。

5）放

营养枝不剪称为放,也称长放或甩放,利用单枝生长势逐年减弱的特点,对部分长势中等的枝条长放不剪,保留大量的枝叶,以积累更多的营养物质,从而促进花芽的形成,使旺枝或幼旺树提早开花、结果。

6）其他

（1）摘心

在生长季节,随新梢伸长,随时剪去其嫩梢顶尖的技术措施称为摘心。具体进行的时间依树种、目的要求而异。通常在梢长至适当长度时,摘去先端4~8 cm,可使摘心处1~2个腋芽受到刺激发生二次枝,根据需要二次枝还可再进行摘心。

（2）剪梢

在生长季节,由于某些树木新梢未及时摘心,使枝条生长过旺,伸展过长,且又木质化。为调节观赏树木主侧枝的平衡关系以及调整观花观果树木营养生长和生殖生长关系,采取剪掉一段已木质化的新梢先端,即为剪梢。

（3）除芽

为培养通直的主干,或防止主枝顶端竞争枝的发生,在修剪时将无用或有碍于骨干枝生长的芽除去,即为除芽。

（4）除萌

榆叶梅、月季等易生根蘖的园林树木,生长季期间要随时除去萌蘖,以免扰乱树形,并可减少树体养分的无效消耗。嫁接繁殖树,则须及时去除其上的萌蘖,防止干扰树性,影响接穗树冠的正常生长。剪除最好在木质化前进行,也可用手掰掉。

（5）摘叶

摘叶的主要作用是改善树冠内的通风透光条件,提高观果树木的观赏性,防止枝叶过密,减少病虫害,同时起到催花的作用。如丁香、连翘、榆叶梅等花灌木,在8月中旬摘去一半叶片,9月初再将剩下的叶片全部摘除,加强肥水管理的条件下,则促其在国庆节期间的二次开花。而红枫的夏季摘叶措施,可诱发红叶再生,增强景观效果。

（6）摘蕾

摘蕾实质上为早期进行的疏花、疏果措施,可有效调节花果量,提高存留花果的质量。如杂种香水月季,通常在花前摘除侧蕾,而使主蕾得到充足养分,开出漂亮而肥硕的花朵;聚花月季,往往要摘除侧蕾或过密的小蕾,使花期集中,花朵大而整齐,观赏效果增强。

（7）摘果

为使枝生长充实、避免养分过多消耗,常将幼果摘除。例如对月季、紫薇等,为使其连续开花,必须时时剪除果实。至于以采收果实为目的,也常为使果实肥大、提高品质或避免出现"大小年"现象而摘除适量果实。

（8）断根

在移栽大树或山林实生树时,为提高成活率,往往在移栽前1~2年进行断根,以回缩根系、刺激发生新的须根,有利于移植。进入衰老期的树木,结合施肥在一定范围内切断树木根系的断根措施,有促发新根、更新复壮的效用。

5.3.2　园林树木的整形方式

整形工作总是结合修剪进行的,除特殊情况外,整形时期与修剪时期是统一的。园林绿地中的树木负担着多种功能任务,整形形式各有不同,但概括起来可以分为以下3类。

1）自然式整形

在园林绿地中,以自然式整形形式最普遍,施行起来也最省工,而且最易获得良好的观赏效果。

自然式整形的基本方法是利用各种修剪技术,按照树种本身的自然生长特性,对树冠的形状作辅助性的调整和促进,使之早日形成自然树形,对由各种因子而产生的扰乱生长平衡、破坏树形的徒长枝、冗枝、内膛枝、并生枝以及枯枝、病虫枝等,均应加以抑制或剪除,注意维护树冠的匀称完整。

自然式整形是符合树种本身的生长发育习性的,常有促进树木生长良好、发育健壮的效果,并能充分发挥该树种的树形特点,提高观赏价值。

2）人工式整形

为了满足园林绿化中某些特殊的目的,有时可用较多的人力物力将树木整剪成各种规则的几何形体或是非规则的各种形体,如鸟、兽、城堡等。

人工式整形是与树种本身的生长发育特性相违背的,是不利于树木的生长发育的,而且一旦长期不剪,其形体效果就易破坏,在具体应用时应该全面考虑。

3) 自然与人工混合式整形

自然与人工混合式整形是由于园林绿化上的某种要求,对自然树形加以或多或少的人工改造而形成的形式。常见的有以下 7 种。

（1）杯状形

杯状形是指树形无中心主干,仅有相当一段高度的树干,自主干上部分生 3 个主枝,均匀向四周排开,3 个主枝各自再分生 2 个枝而成 4 个枝,再以 4 枝各分生 2 枝即成 12 枝,即所谓"三股、六杈、十二枝"的树形。这种几何状的规整分枝不仅整齐美观,而且冠内不允许有直立枝、内向枝的存在,一经出现必须剪除。此种树形在城市行道树中较为常见。

（2）开心形

开心形是将杯状形整形法改良的一种形式,适用于轴性弱、枝条开展的树种。整形方法也是不留中央领导干而留多数主枝配列四方,分枝较低。在主枝上每年留有主枝延长枝,并于侧方留有副主枝处于主枝间的空隙处。整个树冠呈扁圆形,可在观花小乔木及苹果、桃等喜光果树上应用。

（3）多领导干形

多领导干形是指留 2～4 个中央领导干,于其上分层配列侧生主枝,形成匀称的树冠。本形适用于生长较旺盛的种类,可造成优美的树冠,提早开花年龄,延长小枝寿命,最宜于作观花乔木、庭荫树的整形。

（4）中央领导干形

中央领导干形是指留一强大的中央领导干,在其上配列疏散的主枝。本形式是对自然树形加工较少的形式之一。本形式适用于轴性强的树种,能形成高大的树冠,最宜于作庭荫树、独赏树及松柏类乔木的整形。

（5）圆球形

圆球形具一段极短的主干,在主干上分生多数主枝,主枝分生侧枝,各级主侧枝均相互错落排开,利于通风透光,叶幕层较厚,园林中广泛应用,如黄杨、小叶女贞、球形龙柏等常修剪成此形。

（6）灌丛形

灌丛形的主干不明显,每丛自基部留主枝 10 个,其中保留 1～3 年生主枝 3～4 个,每年剪掉 3～4 个老主枝,更新复壮。

（7）棚架形

棚架形主要应用于园林绿地中的蔓生植物。凡是有卷须或具有缠绕性特性的植物均可自行依支架攀缘生长,如葡萄、紫藤等;不具备这些特性的藤蔓植物,如木香、爬蔓月季等则靠人工搭架引缚,便于它们延长扩展,又可形成一定遮阴面积,而形状由架形而定。

总括以上所述的三大类整形方式,在园林绿地中以自然式整形应用最多,既省人力、物力又易成功。其次为自然与人工混合式整形,它比较费工,也需适当配合其他栽培技术措施。关于人工式整形,一般言之,由于很费人工,且需具有较熟练的技术水平的人员才能修整,故常只在园林局部或有特殊美化要求处应用。

5.3.3　园林树木的修剪技术

1)剪口和剪口芽处理

（1）平剪口

平剪口的斜切面应与芽的方向相反，其上端略高于芽5 cm，以免剪口芽因为剪口水分蒸发而失水枯萎。剪口位于芽端上方，下端与芽之腰部相齐，这样的剪口面积小，容易愈合，有利于芽体的生长发育。

剪口在侧芽的上方呈近似水平状态，在侧芽的对面作缓倾斜面，其上端略高于芽5 cm。位于侧芽顶尖上方，优点是剪口小，易愈合，是观赏树木小枝修剪中较合理的方法。

（2）留桩平剪口

剪口在侧芽上方呈近似水平状态，剪口至侧芽有一段残桩。优点是不影响剪口侧芽的萌发和伸展。问题是剪口很难愈合，第二年冬剪时应剪去残桩（图5.5）。

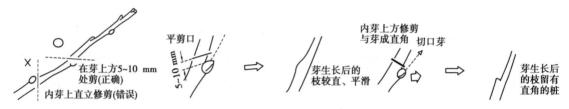

图5.5　剪口处芽的处理

（3）大斜剪口

大斜剪口的剪口倾斜过急，伤口过大，水分蒸发多，剪口芽的养分供应受阻，故能抑制剪口芽生长，促进下面一个芽的生长（图5.6）。

图5.6　剪口方向示意

（4）大侧枝剪口

大侧枝剪口的切口采取平面反而容易凹进树干，影响愈合，故使切口稍凸成馒头状，较利于愈合。剪口太靠近芽的修剪易造成芽的枯死，剪口太远离芽的修剪易造成枯桩（图5.7）。

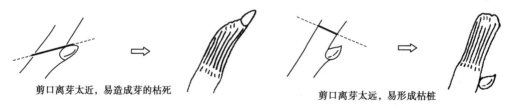

图5.7　剪口与芽距离的关系

剪门芽对修剪整形有一定的影响,在树桩盆景修剪时更应慎重。修剪时,要根据修剪的目的选择剪口芽的方向和强弱。剪口芽向外侧,修剪后可使树冠扩张;剪门芽向内侧,修剪后所萌发的枝条可用于填补树冠内脖;选择弱芽为剪口芽,可控制枝条的生长,反之,则可促进枝条的生长(图5.8)。

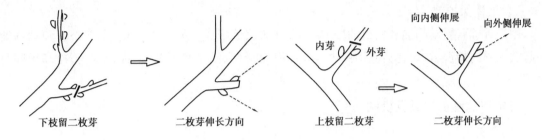

图5.8　上下枝留芽的生长方向

2)大枝锯除法

整形修剪中,在移栽大树、恢复树势、防风雪危害以及病虫枝处理时,经常需对一些大型的骨干枝进行锯截,操作时应格外注意锯口的位置以及锯截的步骤。

(1)截口位置

选择准确的锯截位置及操作方法是大枝修剪作业最重要的环节,因其不仅仅影响剪口的大小及愈合过程,更会影响树木修剪后的生长,错误的修剪技术造成过大的伤口愈合缓慢,创口长期暴露、腐烂易导致病虫害寄生,进而影响整株树木的健康。美国的树艺学家建议采用称为自然目标修剪的方法,截口既不能紧贴树干,也不应留一段较长的枝桩,正确的位置是贴近树干但不超过侧枝基部的树皮隆脊部分与枝基部的环痕。该法的主要优点是保留了枝基部环痕内的保护带,如果发生病菌感染,可使其局限在被截环痕组织内而不会向深处进一步扩大。

(2)锯截步骤

对直径在 10 cm 以下的大枝进行剪截时,为了避免大枝断裂时撕裂树皮,应采用三步锯截法。首先在距截口 10~15 cm 处锯掉枝干的大部分,然后再将留下的残桩在截口处自上而下稍倾斜削正,若疏除直径在 10 cm 以上的大枝时,应首先在距截口 25 cm 处由下至上锯一伤口,深达枝干直径的 1/3~1/2;然后在距第一锯口的外侧 5 cm 自上而下锯截,此时侧枝可被折断;最后在留下的侧枝桩上正确的位置截断。并用利刀将截口修整光滑,涂保护剂或用塑料布包扎。这种锯法,俗称三锯法。

3)剪口保护

短截与疏剪的剪口面积不大时,可以任其自然愈合。若剪口面积过大或对珍贵的植物、盆景、大树等修剪所形成的剪口,易因雨淋及病菌侵入而导致剪口腐烂,需要加以保护。通常使用的保护方法是在修剪后用锋利的刀削平伤口,用硫酸铜溶液消毒,再涂保护剂,以防伤口腐烂,促进伤口愈合。常用的保护剂有以下 3 种。

(1)豆油铜素剂

由豆油、硫酸铜和熟石灰按 1∶1∶1 的比例配成。配制方法是:先将硫酸铜、熟石灰研成粉末,然后煮沸豆油,再将硫酸铜和熟石灰加入油中搅拌,冷却后即可用。

（2）保护蜡

由松香、黄蜡、动物油按 5∶3∶1 的比例配成。配制方法是：先用温火加热动物油，然后加入松香和黄蜡，不断搅拌至全部熔化，熄火冷凝即可。取出装在塑料袋密封备用，由于保护蜡冷却后会凝固，使用时先加热令其溶解，再涂抹在植物的伤口。

（3）液体保护剂

用松香、酒精、动物油和松节油按 10∶4∶2∶1 的比例配成。配制方法是：先把松香和动物油一起放入锅内加温，待熔化后立即停火，稍冷却后再倒入酒精和松节油，搅拌均匀，冷却后即可使用。

4）常用的修剪工具及机械

（1）剪刀

剪刀主要有桑剪、圆口弹簧剪、小型直口弹簧剪、大平剪、高枝剪、残枝剪、长把修枝剪。

①桑剪：适用于木质坚硬粗壮的枝条，在切粗枝时应稍加回转。

②圆口弹簧剪：即普通修枝剪，适用于花木和观果树种枝条修剪，一般用于剪截 3 cm 以下的枝条。操作时，用右手握剪，左手将粗枝向剪刀小片方向猛推，即可剪掉枝条。

③小型直口弹簧剪：适用于夏季摘心、折枝及树桩盆景小枝的修剪。

④大平剪：也称绿篱剪、长刃剪，适用于绿篱、球形树和造型树木的修剪，它的条形刀片很长，刀面较薄，易形成平整的修剪面，但只能用来平剪嫩梢。

⑤高枝剪：装有一根能够伸缩的铝合金长柄，使用时可根据修剪的高度要求来调整。

⑥残枝剪：刀刃在外侧，可从枝条基部平整、完全地剪除残枝。使用时，刀间的螺丝钉不要旋太紧或太松，否则影响工作。

⑦长把修枝剪：其剪刀呈月牙形，没有弹簧，手柄很长，能轻快地修剪直径 1 cm 以内的树枝，适用于高灌木丛的修剪。

（2）锯

锯适用于粗枝或树干的剪截，常用有手锯、单面修枝锯、双面修枝锯、高枝锯和电动锯等。

①手锯：适用于花木、果木、幼树枝条的修剪。

②单面修枝锯：适用于截面树冠内中等粗度的枝条，弓形的单面细齿手锯锯片很窄，可以伸入树丛中去锯截，使用起来非常灵活。

③双面修枝锯：适用于锯除粗大的枝干，其锯片两侧都有锯齿，一边是细齿，另一边是由深浅两层锯齿组成的粗齿。在锯除枯死的大枝时用粗齿，锯截活枝时用细齿，另外锯把上有一个很大的椭圆形孔洞，可以用双手握住来增加锯的拉力。

④高枝锯：适用于修剪树冠上部大枝。

⑤电动锯：适用于大枝的快速锯截。

5）修剪程序及需注意的问题

（1）制订修剪方案

作业前应对计划修剪树木的树冠、树势、主侧枝的生长状况、平衡关系等进行详尽观察分析，根据修剪目的及要求，制订具体修剪及保护方案。对重要景观中的树木、古树、珍贵的观赏树木，修剪前需咨询专家的意见，或在专家直接指导下进行。

（2）修剪程序

修剪程序概括地说就是"一知、二看、三剪、四检查、五处理"。

一知：修剪人员必须掌握操作规程、技术规程、安全操作及特殊要求，因此工作前应接受培训，获得上岗证书后方能独立工作。

二看：修剪前应对植物仔细观察，因树制宜，合理修剪，即根据植物的生长习性、枝芽的发育特点、植株的生长情况及冠形特点进行修剪。

三剪：根据修剪方案，对要修剪的枝条、部位及修剪方式进行标记，对植物按要求或规定进行修剪。按先剪下部，后剪上部；先剪内膛枝，后剪外围枝；由粗剪到细剪的顺序进行。一般从疏剪入手，把枯枝、密生枝、重叠枝等不需要的枝条剪去，再对留下的枝条进行短截。回缩修剪时，应按修剪大枝、中枝、小枝的次序进行。

四检查：修剪完成后，检查修剪是否合理，有无漏剪与错剪，以便修正或重剪。

五处理：对剪口及剪下的枝叶进行处理。

（3）修剪注意事项

安全作业包括两个方面：一是对作业人员的安全防范，所有的作业人员都必须配备安全保护装备；二是对作业树木下面或周围行人与设施的保护，在作业区边界应设置醒目的标记，避免落枝伤害行人。

①修剪时使用的工具应当锋利，修剪病枝的工具，要用硫酸铜消毒后才能修剪其他枝条，以免交叉感染。修剪下的病枝及时收集烧毁。上树机械或折梯在使用前应检查各个部件是否灵活，有无松动，防止发生事故。

②修剪时不能撕裂树皮、折枝断枝，以免影响植物生长。大剪口应按规范进行处理和保护。

③上树操作必须系好安全带、安全绳，穿胶底鞋，手锯一定要拴绳套在手腕上，以保安全。作业时严禁嬉笑打闹，要思想集中，以免错剪。刮五级以上大风时，不宜在高大树木上修剪。

④在高压线附近作业时，应特别注意安全，避免触电，必要时应请供电部门配合。

⑤在行道树修剪时，必须专人维护现场，树上、树下要互相联系配合，以防锯落大枝砸伤行人或损坏车辆。

（4）清理作业现场

及时清理、运走修剪下来的枝条同样十分重要，一方面保证环境整洁，另一方面也是为了确保安全。

任务 5.4　各类园林树木的整形修剪

5.4.1　行道树的修剪

行道树是指在道路两旁整齐列植的树木，每条道路上树种相同。城市中，干道栽植的行道树，主要作用是美化市容，改善城区的小气候，夏季增湿降温、滞尘和遮阴。行道树要求枝条伸展，树冠开阔，枝叶浓密。冠形依栽植地点的架空线路及交通状况决定。在架空线路多的主干道上及一般干道上，采用规则形树冠，修剪整形成杯状形、开心形等立体几何形状。在无机动车辆通行的道路或狭窄的巷道内，可采用自然式树冠。

行道树一般使用树体高大的乔木树种，主干高为 2.5～4 m，行道树上方有架空线路通过的干道,其主干的分枝点高度,应在架空线路的下方,而为了车辆行人的交通方便,分枝点不得低于 2~2.5 m。城郊道路及街道、巷道的行道树,主干高可达 4 m 或更高。定植后的行道树要每年修剪扩大树冠,调整枝条的伸出方向,增加遮阴保湿效果,也应考虑到建筑物的使用与采光。

1) 杯状形行道树的修剪与整形

杯状形行道树具有典型的三叉六股十二枝的冠形,主干高为 2.5~4 m。整形工作是在定植后的 4~5 年内完成的。以法桐为例,春季定植时,于树干 2.5~4 m 处截干,萌发后选 3~5 个方向不同、分布均匀与主干成 45°夹角的枝条作主枝,其余分期剥芽或疏枝,冬季对主枝留 80~100 cm 短截,剪口芽留在侧面,并处于同一平面上,使其匀称生长;第二年夏季再剥芽疏枝,幼年法桐顶端优势较强,在主枝呈斜上生长时,其侧芽和背下芽易抽生直立向上生长的枝条,为抑制剪口处侧芽或下芽转上直立生长,抹芽时可暂时保留直立主枝,促使剪口芽侧向斜上生长;第三年冬季于主枝两侧发生的侧枝中,选 1~2 个做延长枝,并在 80~100 cm 处再短剪,剪口芽仍留在枝条侧面,疏除原暂时保留的直立枝、交叉枝等,如此反复修剪,经 3~5 年后即可形成杯状形树冠。

骨架构成后,树冠扩大很快,疏去密生枝、直立枝,促发侧生枝,内膛枝可适当保留,增加遮阴效果。上方有架空线路时,勿使枝与线路触及,按规定保持一定距离,一般电话线为 0.5 m,高压线为 1 m 以上。近建筑物一侧的行道树,为防止枝条扫瓦、堵门、堵窗,影响室内采光和安全,应随时对过长枝条行短截修剪。

生长期内要经常进行抹芽,抹芽时不要扯伤树皮,不留残枝。冬季修剪时把交叉枝、并生枝、下垂枝、枯枝、伤残枝及背上直立枝等截除。

2) 开心形行道树的修剪与整形

开心形行道树的修剪与整形多用于无中央主轴或顶芽能自剪的树种,树冠自然展开。定植时,将主干留 3 m 或者截干,春季发芽后,选留 3~5 个位于不同方向、分布均匀的侧枝进行短剪,促进枝条生长成主枝,其余全部抹去。生长季注意将主枝上的芽抹去,只留 3~5 个方向合适、分布均匀的侧枝。来年萌发后选留侧枝,全部共留 4~10 个,使其向四方斜生并进行短截,促发次级侧枝,使冠形丰满、匀称。

3) 自然式冠形行道树的修剪与整形

在不妨碍交通和其他公用设施的情况下,树木有任意生长的条件时,行道树多采用自然式冠形,如塔形、卵圆形、扁圆形等。

(1) 有中央领导枝的行道树

有中央领导枝的行道树如杨树、水杉、侧柏、金钱松、雪松、枫杨等,分枝点的高度按树种特性及树木规格而定,栽培中要保护顶芽向上生长。郊区多用高大树木,分枝点在 4 m 或以上。主干顶端如受损伤,应选择一直立向上生长的枝条或在壮芽处短剪,并把其下部的侧芽抹去,抽出直立枝条代替,避免形成多头现象。

阔叶类树种如毛白杨,不耐重抹头或重截,应以冬季疏剪为主。修剪时应保持冠与树干的适当比例,一般树冠高占 3/5,树干(分枝点以下)高占 2/5。在快车道旁的分枝点高至少应在 2.8 m 以上。注意最下的三大主枝上下位置要错开,方向匀称,角度适宜。要及时剪掉三大主枝上最基部贴近树干的侧枝,并选留好三大主枝以上的其他各主枝,使呈螺旋形往上排列。再如银杏,每年枝条短截,下层枝应比上层枝留得长,萌生后形成圆锥状树冠。成形后,仅对枯病枝、过密枝疏剪,一般修剪量不大。

(2)无中央领导枝的行道树

无中央领导枝的行道树选用主干性不强的树种,如旱柳、榆树等,分枝点高度一般为 2~3 m,留 4~5 个主枝,各层主枝间距短,使自然长成卵圆形或扁圆形的树冠。每年修剪主要对象是密生枝、枯死枝、病虫枝和伤残枝等。

行道树定干时,同一条干道上分枝点高度应一致,使整齐划一,不可高低错落,影响美观与管理。

5.4.2　庭荫树的修剪

庭荫树的枝下高无固定要求,若依人在树下活动自由为限,以 2.0 m 以上较为适宜;若树势强旺、树冠庞大,则以 3.0~4.0 m 为好,能更好地发挥遮阳作用。一般认为,以遮阳为目的的庭荫树,冠高比以 2/3 以上为宜;整形方式多采用自然形,培养健康、挺拔的树木姿态,在条件许可的情况下,每 1~2 年将过密枝、伤残枝、病枯枝及扰乱树形的枝条疏除一次,并对老、弱枝进行短截。需特殊整形的庭荫树可根据配置要求或环境条件进行修剪,以显现更佳的使用效果。

5.4.3　灌木、小乔木的修剪

灌木、小乔木的修剪首先要观察植株生长的周围环境、光照条件、植物种类、长势强弱及其在园林中所起的作用,做到心中有数,然后再进行修剪与整形。

1)因树势修剪与整形

幼树生长旺盛,以整形为主,宜轻剪。严格控制直立枝,斜生枝的上位芽在冬剪时应剥掉,防止生长直立枝。一切病虫枝、干枯枝、人为破坏枝、徒长枝等用疏剪方法剪去。丛生花灌木的直立枝,选择生长健壮的加以轻摘心,促其早开花。

壮年树应充分利用立体空间,促使多开花。于休眠期修剪时,在秋梢以下适当部位进行短截,同时逐年选留部分根蘖,并疏掉部分老枝,以保证枝条不断更新,保持丰满株形。

老弱树木以更新复壮为主,采用重短截的方法,使营养集中于少数腋芽,萌发壮枝,及时疏删细弱枝、病虫枝、枯死枝。

2)因时修剪与整形

落叶花灌木依修剪时期可分冬季修剪(休眠期修剪)和夏季修剪(花后修剪)。冬季修剪一般在休眠期进行。夏季修剪在花落后进行,目的是抑制营养生长,增加全株光照,促进花芽分化,保证来年开花。夏季修剪宜早不宜迟,这样有利于控制徒长枝的生长,若修剪时间稍晚,直立徒长枝已经形成。如空间条件允许,可用摘心办法使生出二次枝,增加开花枝的数量。

3)根据树木生长习性和开花习性进行修剪与整形

(1)春季开花,花芽(或混合芽)着生在二年生枝条上的花灌木

如连翘、榆叶梅、碧桃、迎春、牡丹等灌木是在前一年的夏季高温时进行花芽分化,经过冬季低温阶段于第二年春季开花,因此,应在花残后叶芽开始膨大尚未萌发时进行修剪。修剪的部位依植物种类及纯花芽或混合芽的不同而有所不同。连翘、榆叶梅、碧桃、迎春等可在开花枝条基部留 2~4 个饱满芽进行短截;牡丹则仅将残花剪除即可。

(2)夏秋季开花,花芽(或混合芽)着生在当年生枝条上的花灌木

如紫薇、木槿、珍珠梅等是在当年萌发枝上形成花芽,因此应在休眠期进行修剪。将二年生枝基部留 2～3 个饱满芽或一对对生的芽进行重剪,剪后可萌发出一些苗壮的枝条,花枝会少些,但由于营养集中会产生较大的花朵。有些灌木如希望当年开两次花的,可在花后将残花及其下的 2～3 芽剪除,刺激二次枝条的发生,适当增加肥水则可二次开花。

(3)花芽(或混合芽)着生在多年生枝上的花灌木

如紫荆、贴梗海棠等,虽然花芽大部分着生在二年生枝上,但当营养条件适合时多年生的老干也可分化花芽。对于这类灌木中进入开花年龄的植株,修剪量应较小,在早春可将枝条先端枯干部分剪除,在生长季节为防止当年生枝条过旺而影响花芽分化时可进行摘心,使营养集中于多年生枝干上。

(4)花芽(或混合芽)着生在开花短枝上的花灌木

如西府海棠等,这类灌木早期生长势较强,每年自基部发生多数萌芽,自主枝上发生大量直立枝,当植株进入开花年龄时,多数枝条形成开花短枝,在短枝上连年开花,这类灌木一般不大进行修剪,可在花后剪除残花,夏季生长旺时,将生长枝进行适当摘心,抑制其生长,并将过多的直立枝、徒长枝进行疏剪。

(5)一年多次抽梢,多次开花的花灌木

如月季,一年多次抽梢,多次开花的花灌木,可于休眠期对当年生枝条进行短剪或回缩强枝,同时剪除交叉枝、病虫枝、并生枝、弱枝及内膛过密枝。寒冷地区可进行强剪,必要时进行埋土防寒。生长期可多次修剪,可于花后在新梢饱满芽处短剪(通常在花梗下方第 2 芽到第 3 芽处)。剪口芽很快萌发抽梢,形成花蕾开花,花谢后再剪,如此重复。

5.4.4　绿篱的修剪

绿篱是萌芽力、成枝力强、耐修剪的树种,密集呈带状栽植而成,起防范、美化、组织交通和分隔功能区的作用。适宜作绿篱的植物很多,如女贞、大叶黄杨、锦熟黄杨、桧柏、侧柏、石楠、冬青、火棘、野蔷薇等。

绿篱的高度依其防范对象来决定,有绿墙(140 cm 以上)、高篱(120～140 cm)、中篱(50～120 cm)和矮篱(50 cm 以下)。绿篱进行修剪,既为了整齐美观,增添园景,也为了使篱体生长茂盛,长久不衰。高度不同的绿篱,采用不同的整形方式,一般有以下两种。

1)自然式

自然式,绿墙、高篱和花篱采用较多。适当控制高度,并疏剪病虫枝、干枯枝,任枝条生长,使其枝叶相接紧密成片提高阻隔效果。用于防范的枸骨、火棘等绿篱和玫瑰、蔷薇、木香等花篱,也以自然式修剪为主。开花后略加修剪使之继续开花,冬季修去枯枝、病虫枝。对蔷薇等萌发力强的树种,盛花后进行重剪,新枝粗壮,篱体高大美观。

2)整形式

中篱和矮篱常用于草地、花坛镶边,或组织人流的走向。这类绿篱低矮,为了美观和丰富园景,多采用几何图案式的修剪整形,如矩形、梯形、倒梯形、篱面波浪形等。绿篱种植后剪去高度的 1/3～1/2,修去平侧枝,统一高度和侧面,促使下部侧芽萌发生成枝条,形成紧枝密叶的矮墙,显示立体美。绿篱每年最好修剪 2～4 次,使新枝不断发生,更新和替换老枝。整形绿篱修剪时,顶面与侧面兼顾,不应只修顶面不修侧面,这样会造成顶部枝条旺长,侧枝斜出生长。从篱体横断而看,以矩形和基大上小的梯形较好,下面和侧面枝叶采光充足,通风良好,生长茂盛,不易产生枯枝和空秃现象。

组字、图式绿篱,一般用长方形整形方式,要求边缘棱角分明,界限清楚,篱带宽窄一致,每年修剪次数应比一般镶边、防范的绿篱为多。枝条的替换、更新时间应短,不能出现空秃,以保持文字和图案的清晰。用植物修制成的鸟兽、牌楼、亭阁等立体造型,为保持其形象逼真,不能任枝条随意生长而破坏造型,应每年多次修剪。

5.4.5　特殊树形的整形修剪

特殊树形的整形也是植物修剪整形的一种形式。常见的形式有动物形状和其他物体形状两大类。适于进行特殊造型的植物必须枝叶茂盛,叶片细小,萌芽力和成枝力强,自然整枝能力强,枝干易弯曲造型,如罗汉松、圆柏、六月雪、金雀花、水蜡树等。

对植物特殊的修剪整形,首先要具有一定的雕塑基本知识,能对造型对象各部分的结构、比例有较好的掌握。其次,这种整形应从基部做起,循序渐进,非一日之功,切忌急于求成。最后,灵活并恰当运用多种修剪方法。

1)图案式绿篱的修剪整形

组字或图案式绿篱,采用矩形的整形方式,要求篱体边缘棱角分明,界限清楚,篱带宽窄一致,每年修剪的次数比一般镶边、防护的绿篱要多,枝条的替换、更新时间应短,不能出现空秃,始终保持文字和图案的清晰可辨。

用于组字或图案的植物,应矮小、萌枝力强、极耐修剪。目前常用的是瓜子黄杨,可依文字和图形的大小,采用单行、双行或多行式定植。

2)绿篱拱门制作与修剪

绿篱拱门设置在用绿篱围成的闭锁空间处,为了便于游人入内,常在绿篱的适当位置断开绿篱,制作一扇绿色拱门,与绿篱联为一体。制作方法是:在断开的绿篱两侧各种一株枝条柔软的小乔木,两树之间保持较小间距,然后将树梢向内弯曲并绑扎而成。也可用藤本植物制作。绿色拱门必须经常修剪,防止新梢横生下垂,影响游人通行。反复修剪,能始终保持较窄的厚度,使拱门内膛通风通光好,不易产生空秃。

3)造型植物的修剪整形

用各种侧枝茂盛、枝条柔软、叶片细小且极耐修剪的植物,通过扭曲、盘扎、修剪等手段,将植物整成亭台、牌楼、鸟兽等各种主体造型,以点缀和丰富园景。

造型植物的修剪整形,首先应培养主枝和大枝构成骨架,然后将细小的侧枝进行牵引和绑扎,使它们紧密抱合生产,按仿造的物体形状进行细致的修剪,直至形成各种绿色雕塑的雏形。在以后的培养过程中不能让枝条随意生长而扰乱造型,每年都要进行多次修剪,对物体表面进行反复短截,以促发大量的密集侧枝,最终使得各造型丰满逼真。造型培育中,绝不允许缺棵和空秃现象,一旦空秃难以挽救。

思考题

1. 整形修剪的意义是什么?
2. 绿化植物如何进行冬季修剪?
3. 夏季修剪的具体方法有哪些?
4. 行道树的修剪整形要注意哪些方面?
5. 对花灌木整形要注意些什么?
6. 对绿篱修剪整形要注意些什么?

项目6 绿化植物的养护管理

【学习目标】

了解园林绿化植物养护管理、树体保护与修补、灾害管理的内容与方法以及古树名木的养护管理的措施。

【学习要点】

重点掌握绿化植物的土、肥、水及树体的管理方法。

任务6.1 绿化植物土、肥、水的养护管理

6.1.1 绿化植物的土壤管理

1)树木栽植前的整地

（1）整地季节

选择适宜的整地季节是取得良好的整地效果的重要措施。一般情况下，应提前整地，以便发挥蓄水保墒的作用，并可保证绿化植物种植工作的及时进行。在干旱地区，提前整地最好使整地与栽植之间有一个降水较多的季节，一般应提前3个月以上。准备秋季栽植时，整地可提前到雨季前；准备春季栽植时，整地可提早到头年雨季前、雨季或至少头年秋季。

（2）整地工作的内容和方法

①一般平缓地区的整地：对坡度8°以下的平缓耕地或半荒地，可进行全面整地。通常多翻耕30 cm深，以利于蓄水保墒。重点布置地区或深根树种可翻掘50 cm深，并施有机肥，以改良土壤。平地的整地要有一定的倾斜度，以利排除过多的雨水。

②市政工程场地和建筑地区的整地：这些地区常遗留大量灰槽、灰渣砂石、砖瓦、碎木及其他建筑垃圾等，在整地之前应全部清除，还应将因挖除建筑垃圾而缺土的地方，换入肥沃土壤。由于夯实地基，土壤紧实，因此在整地的同时应将夯实的土壤挖松，并根据设计要求处理地形。

2)土壤改良及管理

（1）土壤改良

①深翻熟化。深翻结合施肥，可改善土壤结构和理化性质，增加土壤孔隙度，加速土壤微生物的活动和土壤熟化，提高土壤肥力，促进树木的生长发育。深翻的时间一般以秋末冬初为宜。若在早春深翻，应在土壤化冻后及时进行。

②客土栽培。在以下情况下必须进行客土栽培：

• 有的树种需要有一定酸度的土壤，而本地土质不合要求，应将局部地区的土壤全换成酸

性土,或至少也要加大种植穴,放入山泥、泥炭土、腐叶土等,并混拌有机肥料,以符合酸性树种的要求。

●不适宜绿化植物生长的坚土、重黏土、砂砾土及被有毒的工业废水污染的土壤等,或在清除建筑垃圾后土质仍然不良时,应酌量增大栽植穴,全部或部分换入肥沃的土壤。

③培土。南方高温多雨地区,土壤淋洗流失严重,常把树木种在墩上,并逐年培土,保护根系。在土层薄的地区采用培土措施,能促进树木健壮生长。北方寒冷地区一般在秋末冬初进行培土,既可起到保温防冻、积雪保墒的作用,又可促进土壤熟化、沉实,有利于树木的生长。培土厚度要适宜,过薄起不到培土的作用,过厚对树木生长不利。一般以 5～10 cm 为宜,最厚不超过 15 cm。有条件的地区,可用土壤改良剂改良土壤。

(2)土壤管理

①松土除草:松土能减少土壤水分蒸发,改良土壤通气状况,促进土壤微生物的活动,提高土壤肥力。除草可减少土壤水分和养分的消耗,减少病虫害,增进风景效果。

松土除草应在天气晴朗时,或初晴之后,土壤不过干又不过湿时进行,要认真细致,做到不伤根、不伤皮、不伤梢,杂草除净,土块、石块捡净,并给树木根部适当培土。

松土除草的深度,应根据树木生长情况和土壤条件而定。幼树根系分布浅,松土不宜太深,随着树木的生长,可逐渐加深;土壤质地黏重、表土板结时,可适当深松。总之要做到里浅外深;树小浅松,树大深松;沙土浅松,黏土深松;土湿浅松,土干深松。一般松土除草的深度为 5～15 cm。松土除草的次数,以每年进行 2～3 次为宜。人工清除杂草,花费劳力多,劳动强度大,应大力提倡化学除草。目前较常见的除草剂有除草醚、扑草净、西马津、阿特拉津、茅草枯、灭草灵等。

②地面覆盖与地被植物:利用有机物或活的植物体覆盖地面,可防止或减少水分蒸发,减少地面径流,增加土壤有机质。还能调节土壤温度,减少杂草生长。覆盖材料以就地取材、经济适用为原则,如水槽、谷草、豆秸、树皮、锯屑、马粪、泥炭等均可应用。在大面积粗放管理的园林中还可将草坪上或树旁刈割下来的草头随手堆于树盘附近,用以进行覆盖。对幼树或草地的树木,一般仅在树盘下进行覆盖,覆盖的厚度通常以 3～6 cm 为宜。

地被植物可以是地面的多年生植物,也可以是一、二年生的较高大的绿肥作物。多年生地被植物除覆盖作用外,还可以减少尘土飞扬,抑制杂草生长,降低树木养护的费用。绿肥植物除覆盖作用外,还可在开花期翻入土内,起到施肥的效用。应选择适应性强,有一定耐阴性,覆盖作用好,繁殖容易,并有一定的观赏或经济价值的地被植物。

6.1.2　绿化植物的施肥管理

1)施肥时期

施肥时期一般分为基肥和追肥。基肥施用时期要早,追肥要巧。基肥是在较长时期内供给树木养分的基本肥料,宜施迟效性有机肥料。北方一些省份,多在秋分前后施基肥,但时间宜早不宜迟,尤其是对观花、观果以及从南方引入的树种,更应早施,施得过迟,使树木生长不能及时停止,降低树木的越冬能力。

追肥时期分为前期追肥和后期追肥。前期追肥又分为花前追肥、花后追肥和花芽分化期追肥。花前追肥和后期追肥与基肥施用相隔较近,条件不允许时则可省去。一般对初栽 2～3 年的庭荫树、行道树及风景树,每年在生长期进行 1~2 次追肥效果较好。

2)施肥量

施肥量受树种、土壤、肥料种类以及各个物候期需肥情况等多种因素的影响,很难确定统一的标准。施肥过多或不足,对树木生长发育均有不良影响。土壤条件差时应多施肥;开花结果多的大树应较开花结果少的小树多施肥;树势衰弱的也应多施肥。有条件的地方可根据土壤分析和叶片分析来确定适宜的施肥量。

3)施肥方法

施肥方法可分为土壤施肥和根外追肥两大类。土壤施肥方法有环状施肥、放射沟施肥、穴施、撒施等。

(1)环状施肥

环状施肥是指沿树冠正投影线外缘开挖 30~40 cm 宽的环状沟,将肥料施入沟内,上面覆土踏实与地面平,这种方法可以保证树根着肥均匀。

(2)放射沟施肥

放射沟施肥是指以树干为中心,向外挖 4~6 条渐远渐深的沟,沟长稍超出树冠正投影线外缘,将肥料施入沟内,上面覆土踏实,这种施肥方法可以保证内膛根也能着肥。

(3)穴施

穴施是指在树冠正投影线的外缘,挖掘单个的洞穴,将肥施入后,上面覆土踏实,与地面平,这种方法简便省工。

(4)撒施

撒施是将肥料撒于树干基附近,然后灌水,使肥料随水分渗至树木根部。这种施肥方法通常与灌水结合,操作简便、省工,但肥料利用率相对穴施、沟施要低。

6.1.3　绿化植物的灌水与排水

1)绿化植物的灌水

多数园林树木需要灌溉,以满足其土壤水分的不足,特别是在干旱、半干旱地区和干旱少雨季节,灌溉是园林绿地管理中需要经常注意的重要问题。

(1)灌溉时期

确定正确的灌溉时期,不是等绿化植物在形态上已显露出缺水症状时才进行灌溉。而是要在绿化植物未受到缺水影响以前开始,否则绿化的生长发育可能会招致不可弥补的损失。当然,这并不是说绿化植物外部形态不是判断绿化植物是否需要灌水的重要依据,相反在当前情况下它仍是许多园林工作者直观确定是否急需灌水的常用方法。例如,早晨看植物叶片是上翘还是下垂,中午看叶片是否萎蔫及其程度轻重,傍晚看萎蔫后恢复的快慢等,都可作为绿化植物是否需要灌溉的参考。名贵树木或抗性比较差的绿化植物,如杜鹃略现萎蔫或叶尖焦干时就应立即灌水或对树冠喷水,否则就会产生旱害。有的虽遇干旱出现萎蔫,但较长时间内不灌溉也不至于死亡。

用土壤含水量确定灌溉时期,也是较可靠的方法。一般土壤含水量达到田间最大持水量的 60%~80% 时,土壤中的水分和空气最符合树木生长的需要,当土壤含水量低至 50% 时,就需要补充水分。

用土壤水分张力计也可以简便、快速、准确地测出土壤水分状况,从而确定灌水时间。也可以通过测定细胞液浓度、叶片水势等生理指标作为灌水的依据。总体而言,树木的灌水应根据树木的生长对水分的要求、气候和土壤水分的变化等决定,一般分为以下几个时期。

①休眠期灌水:休眠期灌水主要在秋冬和早春进行。在中国的东北、西北、华北等地,降水量较少,冬春严寒干旱。休眠期灌水十分必要。秋末冬初灌水,一般称为"灌冻水"或"封冻水",可提高树木的越冬安全性,并可防止早春干旱,特别是越冬困难的树种以及幼年树木等,灌冻水更为必要。

早春灌水不但有利于新梢和叶片的生长,而且有利于开花与坐果,还可促进树木健壮生长,是花繁果茂的关键措施之一。

②生长期灌水:

• 花前灌水:在北方一些地区容易出现早春干旱和风多雨少的现象,及时灌水补充土壤水分的不足,是促进树木萌芽、开花、新梢生长和提高坐果率的有效措施;还可防止春寒、晚霜的危害。盐碱地区早春灌水后进行中耕,还可以起到压碱的作用。花前灌水可在萌芽后结合花前追肥进行。花前灌水的具体时间,则因地、因树种而异。

• 花后灌水:多数绿化植物在花谢后半个月左右是新梢速生期,如果水分不足会抑制新梢生长。绿化植物此时如果缺少水分也会易引起大量落果,尤其北方各地,春天多风,地面蒸发量大,适当灌水可保持土壤的适宜湿度,可促进新梢和叶片生长,扩大同化面积,增强光合作用,提高坐果率和增大果实,同时对后期的花芽分化有良好作用。没有灌水条件的地区,也应积极采取盖草、盖沙等保墒措施。

• 花芽分化期灌水:这次灌水对观花、观果绿化植物非常重要。因为绿化植物一般是在新梢生长缓慢或停止生长时开始花芽的形态分化,此时正是果实速生期,需要较多的水分和养分,如果水分不足会影响果实生长和花芽分化。因此,在新梢停止生长前及时而适量地灌水,可以促进春梢生长,抑制秋梢生长,有利于花芽分化及果实发育。

(2)灌水量

灌水量同样受多方面的影响,不同树种、不同品种、不同土质、不同气候、不同植株大小、不同生长发育时期,灌水量也有所不同。但必须一次灌透灌足,切忌表土打湿而底土仍然干燥。一般已达花龄的乔木,大多应浇水令其渗透至土壤的 80～100 cm 深处,适宜的灌水量一般应达到土壤最大持水量的 60%～80%。

根据不同土壤的持水量、灌水前的土壤湿度、土壤容重、要求土壤浸湿的深度,可确定灌水量,其计算公式为:

灌水量 = 灌溉面积 × 土壤浸湿深度 × 土壤容重 ×(田间持水量 – 灌溉前土壤湿度)

灌溉前的土壤湿度,需要在每次灌水前确定,田间持水量、土壤容重、土壤浸湿深度等项,可数年测定一次。

在应用上述公式计算出灌水量后,还可根据树种、品种、不同生命周期、物候期、间作物以及日照、温度、风、干旱期持续的长短等因素,进行调控,酌情增减,以符合实际需要。如果安装张力机,不必计算灌水量,其灌水量和灌水时期均可由张力机读数确定。

(3)灌溉方法

灌水方法正确与否,不但关系到灌水效果好坏,而且影响土壤的结构。正确的灌水方法,可使水分在土壤中均匀分布,充分发挥水效,节约用水量,降低灌水成本,减少土壤冲刷,保持土的良好结构。随着科学技术的发展,灌水方法也在不断改进,正朝着机械化、自动化方向发展。使灌水效率和灌水效果均大幅度提高。根据供水方式的不同,将绿化植物的灌水方法分为以下3种。

①地上灌水:地上灌水包括人工浇灌、机械喷灌和移动式喷灌。

• 人工浇灌:虽然人工浇灌费工多、效率低,但在交通不便、水源较远、设施条件较差的情况下,仍不失为一种有效的灌水方法。人工浇灌大多采用树盘灌水形式,灌溉时以树干为圆心,在树冠边缘投影处用土壤围成圆形树堰,灌水在树堰中缓慢渗入地下。人工浇灌属于局部灌溉,灌水前应疏松树堰内土壤,使水容易渗透。灌溉后耙松表土以减少水分蒸发。大量绿化植物灌溉时,要依次进行,不可遗漏。

• 机械喷灌:机械喷灌是固定或拆卸式的管道输送和喷灌系统,一般由水源、动力、水泵、输水管道及喷头等部分组成,是一种比较先进的灌水技术,目前已广泛用于园林苗圃、园林草坪以及重要的绿地系统。

机械喷灌的优点:灌溉水首先是以雾化状洒落在树体上,然后再通过绿化植物枝叶逐渐下渗至地表,避免了对土壤的直接打击、冲刷,基本不产生深层渗漏和地表径流,既节约用水又减少了对土壤结构的破坏,可保持原有土壤的疏松状态。机械喷灌还能迅速提高绿化植物周围的空气湿度,控制局部环境温度的急剧变化,为绿化植物生长创造良好条件。此外,机械喷灌对土地的平整度要求不高,可以节约劳力,提高工作效率。

机械喷灌的缺点:可能加重某些园林树木感染白粉病和其他真菌病害的程度;灌水的均匀性受风的影响很大,风力过大,还会增加水量损失;喷灌的设备价格和管理维护费用较高,使其应用范围受到一定限制。

• 移动式喷灌:一般由城市洒水车改建而成,在汽车上安装贮水箱、水泵、水管及喷头组成一个完整的喷灌系统,灌溉的效果与机械喷灌相似。由于汽车喷灌具有移动灵活的优点,因此常用于城市街道行道树的灌水。

②地面灌水:地面灌水可分为漫灌与滴灌两种形式。前者是一种大面积的表面灌水方式,因用水极不经济也不科学,生产上已很少采用;后者是近年来发展起来的机械化、自动化的先进灌溉技术,它是将灌溉用水以水滴或细小水流形式,缓慢地施于植物根域的灌水方法。滴灌的效果与机械喷灌相似,但比机械喷灌更节约用水。不过滴灌对小气候的调节作用较差,而且耗管材多,对用水质量要求严格,否则管道和滴头容易堵塞。目前国内外已发展到自动化滴灌装置,其自动控制方法可分时间控制法、电力抵抗法和土壤水分张力计自动控制法等,已广泛用于蔬菜、花卉的设施栽培生产中以及庭院观赏树木的养护中。滴灌系统的主要组成部分包括水泵、化肥罐、过滤器、输水管、灌水管和滴水管等。

③地下灌水:地下灌水是借助于地下的管道系统,使灌溉水在土壤毛细管作用下,向周围扩散浸润植物根区土壤的灌溉方法。地下灌水具有蒸发量小、节省灌溉用水、不破坏土壤结构、地下管道系统在雨季还可用于排水等优点。

地下灌水分为沟灌与渗灌两种。沟灌是用高畦低沟方法,引水沿沟底流动来浸润周围土壤。灌溉沟有明沟与暗沟、土沟与石沟之分,石沟的沟壁设有小型渗漏孔。渗灌是采用地下管道系统的一种地下灌水方式,整个系统包括输水管道和渗水管道两大部分,通过输水管道将灌溉水输送至灌溉地的渗水管道,它做成暗渠和明渠均可,但应有一定比降。渗水管道的作用在于通过管道上的小孔,使灌水渗入土壤中。目前常用的有专门烧制的多孔瓦管、多孔水泥管、竹管以及波纹塑料管等,生产上应用较多的是多孔瓦管。

(4)灌溉注意事项

①要适时适量灌溉:灌溉一旦开始,要经常注意土壤水分的适宜状态,要灌饱灌透。如果该灌不灌,则会使树木处于干旱环境中,不利于吸收根的发育,也影响地上部分的生长,甚至造成旱害;如果小水浅灌,次数频繁,则易诱导根系向浅层发展,降低树木的抗旱性和抗风性。当然,也不能长时间超量灌溉,否则会造成根系的窒息。

②干旱时追肥应结合灌水:在土壤水分不足的情况下,追肥以后应立即灌溉,否则会加重旱情。

③生长后期适时停止灌水:除特殊情况外,9月中旬以后应停止灌水,以防树木徒长,降低树木的抗寒性。但在干旱寒冷的地区,冬灌有利于越冬。

④灌溉宜在早晨或傍晚进行:因为早晨或傍晚蒸发量较小,而且水温与地温差异不大,有利于根系的吸收。不要在气温最高的中午前后进行灌溉,更不能用温度低的水源灌溉,土壤温度降低,影响根系的吸收能力,绿化植物地上部分蒸腾强烈,导致树体水分代谢失常而受害。

⑤注意灌溉水质:如果水里含有有害盐类和有毒元素及其他化合物,应处理后再使用,否则会影响树木生长。

(5)质量要求

①水堰应开在树冠投影的垂直线下,不要开得太深以免伤根,堰壁培土要结实以免被水冲坏,堰底地面要平坦,保证吃水均匀。

②水量足,灌得均匀是最基本的质量要求,若发现漏水现象,应及时用水填严,再补灌一次。

③渗透后及时封堰或中耕,通过封堰、中耕可以切断土壤的毛细管,否则水分很快蒸发,灌水效果差。通过中耕还可以把堰内的杂草除净。

2)绿化植物的排水

土壤水分不足,会导致干旱而造成树木生长不良,甚至死亡。但水分过多又会造成绿化植物根系缺氧,呼吸作用受阻,影响根系对水分、养料的正常吸收,造成树木生长不良,时间久了就会使树根窒息,以致树木腐烂而死亡。排水是防涝保树的主要措施,对耐水力差的树种尤为重要。排水的方法主要有以下3种。

(1)地面排水

开辟绿地就应考虑到排水问题。将地面整成一定的坡度,保证雨水能从地面顺畅地流到河、湖、下水道而排走,这是最常用的排涝方法,既节省费用又不留痕迹,地面坡度一般掌握在0.1%~0.3%,不要留下坑洼死角。

(2)明沟排水

明沟排水是指在地表挖明沟将低洼处的积水引到出水处河、湖、下水道,此法适用于大雨后抢排积水,或地势高低不平、实在不好实现地表径流的绿地,明沟宽窄视水情而定,沟底坡度一般以0.2%~0.5%为宜。这是园林中常用的排水方法,关键在于做好全园排水系统,使多余的水有个总出口。

(3)暗管沟排水

在地下埋设管道或用砖石砌筑暗沟,将低洼处的积水引出,借以排除积水。其优点是可保持地面整齐、便利交通、节约用地,但造价较高。

任务 6.2　绿化植物树体管理

6.2.1　绿化植物树体管理原则

树木的树干和骨干枝上,往往因病虫害、冻害、日灼及机械损伤等造成伤口,这些伤口如不及时保护、治疗、修补,经过长期雨水侵蚀和病菌寄生,易使内部腐烂形成树洞。另外,树木经常受到人为的有意无意的损坏,如树盘内的土壤被长期践踏变得很坚实,在树干上刻字留念或拉枝折枝等,所有这些对树木的生长都有很大影响。因此,对树体的保护和修补是非常重要的养护措施。

树体保护首先应贯彻防重于治的精神,做好各方面预防工作,尽量防止各种灾害的发生,还要做好宣传教育工作,使人们认识到,保护树木人人有责。对树体上已经造成的伤口,应该早治,防止扩大,应根据树干上伤口的部位、轻重和特点,采用不同的治疗和修补方法。

6.2.2　绿化植物树体管理方法

1) 树干伤口的治疗

枝干上因病、虫、冻、日灼或修剪等造成的伤口,首先应当用锋利的刀刮净削平四周,使皮层边缘呈弧形,然后用药剂(2% ~5%硫酸铜溶液,0.1%的升汞溶液,石硫合剂原液等)消毒。修剪造成的伤口,应将伤口削平然后涂以保护剂,选用的保护剂要求容易涂抹,黏着性好,受热不融化,不透雨水,不腐蚀树体组织,又有防腐消毒的作用,如铅油、接蜡等均可。大量应用时也可用黏土和鲜牛粪加少量石硫合剂的混合物作为涂抹剂,如用激素涂剂对伤口的愈合更有利,用含有0.01% ~0.1%的 α-萘乙酸膏涂在伤口表面,可促进伤口愈合。

由于风吹使树木枝干折裂,应立即用绳索捆缚加固,然后消毒、涂保护剂。目前,北京有的公园用两个半圆圈构成的铁箍加固,为了防止摩擦树皮用棕麻绕垫,用螺栓连接,以便随着干径的增粗而放松。另一方面(主要是国外采用),是用带螺纹的铁棒或螺栓旋入树干,起到连接和夹紧的作用。

雷击使枝干受伤的树木,应将烧伤部位锯除并涂保护剂。

2) 修补树洞

绿化植物由于各种因素造成的伤口长久不愈合,长期外露的木质部受雨水浸渍,逐渐腐烂,形成树洞,严重时树干内部中空,树皮破裂,一般称为"破肚子"。由于树干的木质部及髓部腐烂,疏导组织遭到破坏,因此影响水分和养分的运输及贮存,严重削弱树势,降低了枝干的坚固性和负载能力,缩短了树体寿命。同时影响美观,还能招致意外,应及时处理。先将腐烂部分彻底清除,刮去坏死组织,用药剂消毒,并涂以防水剂。然后可根据具体情况,采取不同方法予以处理。

(1) 开放法

树洞不深或树洞过大都可以采用开放法,如伤孔不深无填充的必要时可按前述的伤口治疗方法处理。如果树洞很大,给人以奇树之感,欲留做观赏时也可采用此法。方法是将洞内腐烂木质部彻底清除,刮去洞口边缘的死组织,直至露出新的组织为止,用药剂消毒,并涂防护剂。

同时改变洞形以利排水,也可以在树洞最下端插入排水管。以后需经常检查防水层和排水情况,防护剂每隔半年左右重涂一次。

(2)封闭法

对较窄树洞,即在洞口表面覆以金属薄片,待其愈合后嵌入树体。也可将树洞经处理消毒后,在洞口表面钉上板条,以油灰和麻刀灰封闭(油灰是用生石灰和熟桐油以100∶35混合而成。也可以直接用安装玻璃用的油灰,俗称腻子),再涂以白灰乳胶,颜料粉面,以增加美观,还可以在上面压树皮状纹或钉上一层真树皮。

(3)填充法

填充物最好是水泥和小石砾的混合物,如无水泥,也可就地取材。填充材料必须压实,为加强填料与木质部连接,洞内可钉若干电镀铁钉,并在洞口内两侧挖一道深约4 cm的凹槽。填充物从底部开始,每20~25 cm为一层,用油毡隔开,每层表面都向外略斜,以利排水,填充物边缘应不超过木质部,使形成层能在它上面形成愈伤组织。外层用石灰、乳胶、颜色粉涂抹,为了增加美观,富有真实感,在最外面钉一层真树皮。

3)吊枝和顶枝

吊枝在果园中多采用,顶枝在园林中应用较多。大树或古老的树木如有树身倾斜不稳时,大枝下垂需设支柱撑好,支柱可采用金属、木桩、钢筋混凝土材料。支柱应有坚固的基础,上端与树干连接处应有适当形状的托杆和托碗,并加软垫,以免损害树皮。设支柱时一定要考虑到美观,与周围环境协调。北京故宫将支撑物油漆成绿色,并根据松枝下垂的姿态,将支撑物做成棚架形式,效果很好。也有将几个主枝用铁索连接起来,也是一种有效的加固方法。

4)涂白

树干涂白,目的是防治病虫害和延迟树木萌芽,避免日灼伤害,据试验桃树涂白后较对照树花期推迟5 d,因此在日照强烈,温度变化剧烈的大陆性气候地区,利用涂白减弱树木地上部分吸收太阳辐射热原理,延迟芽的萌动期。由于涂白可以反射阳光,减少枝干温度局部增高,可预防日灼伤害。因此目前仍采用涂白作为树体保护的措施之一。杨柳树栽完后马上涂白,可防蛀干害虫。

涂白剂的配制成分各地不一,一般常用的配方是:水10份,生石灰3份,石硫合剂原液0.5份,食盐0.5份,油脂(动植物油均可)少许。配置时要先化开石灰,把油脂倒入后充分搅拌,再加水拌成石灰乳,最后放入石硫合剂及盐水,也可加黏合剂,能延长涂白的期限。

除以上介绍的4种措施外,为保护树体、恢复树势,有时也采用"桥接"的补救措施。

任务6.3　各种灾害防治管理

6.3.1　冻害

冻害主要是指树木因受低温的伤害而使细胞和组织受伤,甚至死亡。

1)冻害的表现及原因

(1)芽

花芽是抗寒力较弱的器官,花芽冻害多发生在春季回暖时期,腋花芽较顶花芽的抗寒力强。

花芽受冻后,内部变褐色,初期从表面上只看到芽鳞松散,不易鉴别,到后期则芽不萌发,干缩枯死。

(2)枝条

枝条的冻害与其成熟度有关。成熟的枝条,在休眠期以形成层最抗寒,皮层次之,而木质部、髓部最不抗寒。所以随受冻程度加重,髓部、木质部先后变色,严重冻害时韧皮部才受伤,如果形成层变色则枝条失去了恢复能力。但在生长期则以形成层抗寒力最差。

树在秋季因雨水过多贪青徒长,枝条生长不充实,易加重冻害,特别是成熟不良的先端对严寒敏感,常首先发生冻害,轻者髓部变色,较重者枝条脱水干缩,严重时枝条可能冻死。

多年生枝条发生冻害,常表现树皮局部冻伤,受冻部分最初稍变色下陷,不易发现,如果用刀挑开,可发现皮部已变褐;以后,逐渐干枯死亡,皮部裂开和脱落,但是如果形成层未受冻,则可逐渐恢复。

(3)枝杈和基角

枝杈或主枝基角部分进入休眠较晚,位置比较隐蔽,疏导组织发育不好,通过抗寒锻炼较迟,因此遇到低温或昼夜温差变化较大,易引起冻害。

枝杈冻害有各种表现:有的受冻后皮层和形成层变褐色,而干枝凹陷,有的树皮成块状冻坏,有的顺主干垂直冻裂形成劈枝。主枝与树干的基角越小,枝杈基角冻害也越严重。这些表现依冻害的程度和树种、品种而有不同。

(4)主干

主干受冻后有的形成纵裂,一般称为冻裂现象,树皮成块状脱离木质部,或沿裂缝向外卷折。一般生长过旺的幼树主干易受冻害,这些伤口极易招致腐烂病。

形成冻裂的原因是气温突然急剧降到零下,树皮迅速冷却收缩,致使主干组织内外张力不均,因而自外向内开裂,或树皮脱离木质部。树干冻裂常发生在夜间,随着气温的变暖,冻裂处又可逐渐愈合。

(5)根颈和根系

在一年中根颈停止生长最迟,进入休眠期最晚,而开始活动和解除休眠又较早,因此在温度骤然下降的情况下,根颈未能很好地通过抗寒锻炼,同时近地表处温度变化又剧烈,容易引起根颈的冻害。根颈受冻后树皮先变色,以后干枯,可发生在局部,也可能成环状,根颈冻害对植株危害很大。

根系无休眠期,根系较其地上部分耐寒力差。但根系在越冬时活动力明显减弱,故耐寒力较生长期略强。根系受冻后变褐,皮部易与木质部分离。一般粗根较细根耐寒力强,近地面的粗根由于地温低,较下层根系易受冻,新栽的树或幼树因根系小而浅,易受冻害,而大树则相当抗寒。

2)目前常用的防寒措施

(1)灌冻水

晚秋树木进入休眠期到土地封冻前,灌足一次冻水,这样到了冬季封冻以后树根周围就会形成冻层,维持根部恒温,不受外界气温骤然变化的影响。同时,灌了冻水,土壤湿度增加了,也可以防止树木灼条(抽条)。灌冻水的时间不宜过早,否则会影响抗寒力,北京地区一般掌握在霜降以后、小雪之前。

（2）覆土

11月中、下旬，土地封冻以前，将枝干柔软、树身不高的灌木压倒覆土，或先盖一层干树叶，再覆40～50 cm的细土，轻轻拍实，这种方法不仅防冻，也能保持枝干温度，防止灼伤。

（3）根部培土

冻水灌完后结合封堰，在树根部培起直径80～100 cm、高30～50 cm的土堰，防止冻伤树根，也能减少土壤的水分蒸发。

（4）扣筐、扣盆

一些植株比较矮小珍贵的露地花卉如牡丹等，可以采用扣筐、扣盆的方法，这种方法不会损坏原来的树形。用大花盆或大筐将整个植株扣住，外边堆土或抹泥，不留一点缝隙，给植物创造比较温暖、潮湿的小气候条件，以保安全越冬。

（5）架风障

为减低寒冷、干燥的大风吹袭造成树木枝条的伤害，可以在上风方向架设风障。架风障的材料常用秫秸、荆芭、芦席等，风障高度要超过树高，用木棍、竹竿等支牢以防大风吹倒，漏风处用稻草填缝，有时也可以抹泥填缝。

（6）涂白、喷白

用石灰硫黄粉对树身涂白、喷白，可以减低温差骤变的危害，还可以杀死一些越冬病虫害。涂白、喷白材料常用石灰加石硫合剂，为黏着牢固可加适量盐。

（7）春灌

早春土地开始解冻时及时灌水，经常保持土壤湿润，以供给树木足够的水分，对于防止春风吹袭使树木干旱、灼条也有很大作用。

（8）培月牙形土堆

在冬季土壤冻结、早春干燥多风的大陆性气候地区，有些树种虽耐寒，但易受冻旱的危害而出现枯梢。针对这种原因，对不能弯压埋土防寒的植株，可于土壤封冻前，在树干北面，培一向南弯曲、高30～40 cm月牙形土堆。早春可挡风、反射和积累热量使穴土提早化冻，根系也能提早化冻，提早吸水和生长，即可避免冻、旱的发生。

（9）卷干、包草

新植小树和冬季湿冷之地，不耐寒的树木可用草绳道道紧紧地卷干或用稻草包主干和部分主枝来防寒。

（10）积雪

积雪可以保持一定的低温，免除过冷大风侵袭，早春可增湿保墒，降低土温，防止芽过早萌动而受晚霜危害等，尤其在寒冷、干旱地区。

6.3.2　抽条

抽条，有些地方也称烧条、灼条、干梢等。幼龄树木因越冬性不强而发生枝条脱水、皱缩、干枯现象，谓之抽条。抽条实际上是冻及脱水造成的，严重时全部枝条枯死，轻者虽能发枝，但易造成树形紊乱，不能更好地扩大树冠。

1）抽条的原因

抽条与枝条的成熟度有关，枝条生长充实的抗性强，反之则易抽条。

抽条的原因有多种说法,但各地实验证明,幼树越冬后干梢是冻、旱造成的。即冬季气温低,尤以土温降低持续时间长,直到早春,由于土温过低或土壤水分冻结使根系吸水困难,而地上部则因温度较高且干燥多风,蒸腾作用加大,水分供应失调,因而枝条逐渐失水,表皮皱缩,严重时最后干枯,所以,抽条实际上是冬季的生理干旱,是冻害的结果。

2) 防止抽条的措施

①通过合理的肥水管理,促进枝条前期生长,防止后期徒长,充实枝条组织,增加其抗性。经验表明,北方地区,7月中旬以后少施或不施氮肥,适量增施磷、钾肥;8月中旬以后,控制灌水,均可有效地防止抽条。

②加强病虫害防治。病虫害的发生,往往对树木生长产生一定的不利影响,严重者可造成树势衰弱,尤其对枝条顶梢部位影响更为明显。因此,日常管理中应加强病虫害的防治。

③秋季新定植的不耐寒树木尤其是幼龄树木,为了预防抽条,一般多采用埋土防寒,即把苗木地上部向北卧倒培土防寒,既可保温减少蒸腾又可防止干梢。但植株大则不易卧倒,可在树干北侧培起60 cm高的半月形土梗,有利根部吸水,及时补充枝条失去的水分。如在树干周围撒布马粪、树叶也可增加土温,提早解冻,或于早春灌水,增加土壤温度和水分,均有利于防止或减轻抽条。

④秋季对幼树枝干缠纸、缠塑料薄膜,或胶膜、喷白等,对防止浮尘子产卵抽条现象的发生均具有一定的作用。其缺点是用工多,成本高,各地应据具体条件灵活运用。

6.3.3　霜降

1) 霜冻为害的情况及特点

生长季里由于急剧降温,水汽凝结成霜使幼嫩部分受冻称为霜害。

由于冬春季寒潮的反复侵袭,中国除台湾与海南的部分地区外,均会出现零度以下的低温。在早秋及晚春寒潮入侵时,常使气温骤然下降,形成霜害。一般来说,纬度越高,无霜期越短。在同一纬度上,中国西部大陆性气候明显,无霜期较东部短。小地形与无霜期有密切关系,一般坡地较洼地,南坡较北坡,近大水面的较无大水面的地区无霜期长,受霜冻威胁较轻。

在北方,晚霜较早霜具有更大的危害性。例如,从萌芽至开花期,抗寒力越来越弱,甚至极短暂的零度以下温度也会给幼嫩组织带来致死的伤害。在此期,霜冻来临越晚,则受害越重,春季萌芽越早,霜冻威胁也越大,北方的杏花早开,最易遭受霜害。

早春萌芽时受霜冻后,嫩芽和嫩枝变褐色,鳞片松散而枯在枝上。花期受冻,由于雌蕊最不耐寒,轻者将雌蕊和花托冻死,但花朵可照常开放;稍重的霜害可将雄蕊冻死,严重霜冻时,花瓣受冻变枯、脱落。幼果受冻轻时幼胚变褐,果实仍保持绿色,以后逐渐脱落;受冻重时,则全果变褐色很快脱落。

2) 防霜措施

霜冻的发生与外界条件有密切关系,由于霜冻是冷空气集聚的结果,因此小地形对霜冻的发生有很大影响。在冷空气易于积聚的地方霜冻重,而在空气流通处则霜冻轻。在不透风林带之间易聚积冷空气,形成霜穴,使霜冻加重,由于霜害发生时的气温逆转现象,越近地面气温越低,因此树木下部受害较上部重。湿度对霜冻有一定的影响,湿度大可缓和温度变化,故靠近大水面的地方或霜前灌水的树木都可减轻危害。

因此防霜的措施应从以下几方面考虑:增加或保持树木周围的热量;促使上下层空气对流;避免冷空气积聚;推迟树木的物候期,增加对霜冻的抵抗力。

（1）推迟萌动期,避免霜害

利用药剂和激素或其他方法使树木萌动推迟（延长植株的休眠期）。因为萌动和开花较晚,可以躲避早春回寒的霜冻。例如,比久、乙烯利、青鲜素、萘乙酸钾盐（250~500 mg/kg 水）或顺丁烯二酰肼（0.1%~0.2%）溶液在萌芽前或秋末喷洒树上,可以抑制萌动,或在早春多次潮返浆水,以降低地温,即在萌芽后至开花前灌水2~3次,一般可推迟开花2~3 d。或树干刷白使早春树体减少对太阳热能的吸收,使温度升高较慢,据试验此法可延迟发芽开花2~3 d,能防止树体遭受早春回寒的霜冻。

（2）改变小气候条件以防霜护树

根据气象台的霜冻预报及时采取防霜措施,对保护树木具有重要作用。

①喷水法:利用人工降雨和喷雾设备在将发生霜冻的黎明,向树冠上喷水,因为水比树周围的气温高,水遇冷凝结可放出潜热,计1 m³ 的水降低1 ℃,就可使相应的3 300 倍体积的空气升温1 ℃。也能提高近地表层的空气湿度,减少地面辐射热的散失,因而起到了提高气温防止霜冻的效果。此法的缺点主要是要求设备条件较高,但随着中国喷灌的发展仍是可行的。

②熏烟法:中国早在1 400 年前所发明的熏烟防霜法,因简单易行而有效,至今仍在国内外各地广为应用。事先在园内每隔一定距离设置发烟堆用稻秆、草类或锯末等,可根据当地气象预报,于凌晨及时点火发烟,形成烟幕。熏烟能减少土壤热量的辐射散发,同时烟粒吸收湿气,使水汽凝结液体放出热量提高温度,保护树木。但在多风或降温到 -3 ℃以下时,则效果不好。

近年来北方一些地区配制防霜烟雾剂,防霜效果很好。例如,黑龙江省宾西果树场烟雾剂配方为:硝酸铵20%、锯末70%、废柴油10%。配制方法:将硝酸铵研碎,锯末烘干过筛,锯末越碎,发烟越浓,持续时间越长。平时将原料分开放,在霜来临时,按比例混合,放入铁筒或纸壳筒,根据风向放药剂,待降霜前点燃,可提高温度1~1.5 ℃,烟幕可维持1 h 左右。

③吹风法:上面介绍了霜害是在空气静止情况下发生的,因此可以在霜冻前利用大型吹风机增强空气流通,将冷气吹散,可以起到防霜效果。

④加热法:加热防霜是现代防霜先进而有效的方法,美国、俄罗斯等利用加热器提高果园温度。在果园内每隔一定距离放置加热器,在霜降来临时点火加温。下层空气变暖而上升,而上层原来温度较高的空气下降,在果园周围形成一个暖气层,果园中设置加热器以数量多而每个加热器放热量小为原则,可以达到既保护果树,又不致浪费太大。

⑤根外追肥:根外追肥能增加细胞浓度,效果更好。

3）做好霜后的管理工作

霜冻过后往往忽视善后,放弃了霜冻后管理,这是错误的。特别是对花灌木和果树,为克服灾害造成的损失,夺取产量,应采取积极措施,如进行叶面喷肥以恢复树势等。

6.3.4　风害

在多风地区,树木常发生风害,出现偏冠和偏心现象,偏冠会给树木整形修剪带来困难,影响树木功能作用的发挥;偏心的树易遭受冻害和日灼,影响树木正常发育,北方冬季和早春的大风,易使树木干梢干枯死亡。春季的早风,常将新梢嫩叶吹焦,缩短花期,不利授粉受精。夏秋季沿海地区的树木又常遭台风危害,常使枝叶折损,大枝折断,全树吹倒,尤以阵发性大风,对高大的树木破坏性更大。

1)树种的生物学特性与风害的关系

(1)树种特性

浅根、高干、冠大、叶密的树种,如刺槐、加拿大杨等抗风力弱;相反根深、矮干、枝叶稀疏坚韧的树种,如垂柳、乌桕等则抗风性较强。

(2)树枝结构

一般髓心大、机械组织不发达、生长又很迅速且枝叶茂密的树种,风害较重。一些易受虫害的树种主干最易风折,健康的树木一般是不易遭受风折的。

2)环境条件与风害的关系

①行道树如果风向与街道平行,风力汇集成为风口,风压增加,风害会随之加大。

②局部绿地园地势低凹,排水不畅,雨后绿地积水,造成雨后土壤松软,风害会显著增加。

③风害也受绿地土壤质地的影响,如绿地偏砂,或为煤渣土、石砾土等,因结构差,土层薄,抗风性差。如为壤土,或偏黏土等则抗风性强。

3)人为经营措施与风害的关系

(1)苗木质量

苗木移栽时,特别是移栽大树,如果根盘起得小,则因树身大,易遭风害。大树移栽时一定要立支柱,在风大地区,栽大苗也应立支柱,以免树身吹歪。移栽时一定要按规定起苗,起的根盘不可小于规定尺寸。

(2)栽植方式

凡是栽植株行距适度,根系能自由扩展的,抗风强。如树木株行距过密,根系发育不好,再加上护理跟不上则风害显著增加。

(3)栽植技术

在多风地区栽植坑应适当加大,如果小坑栽植,树会因根系不舒展,发育不好,重心不稳,易受风害。

在管理措施上应根据当地实际情况采取相应防风措施,如排除积水;改良栽植地点的土壤质地;培育壮根良苗,采取大穴换土;适当深植,合理修枝,控制树形;定植后及时立支柱;对结果多的树要及早吊枝或顶枝,减少落果;对幼树、名贵树种可设置风障等。

遭受大风危害,折枝、伤害树冠或被刮倒的树木,要根据受害情况及时维护。首先要对风倒树及时顺势扶正,培土为馒头形,修去部分和大部分枝条,并立支柱。对裂枝要顶起或吊枝,捆紧基部创面,或涂激将药膏促其愈合;并加强肥水管理,促进树势的恢复。对难以补救者应加以淘汰,秋后重新换植新株。

6.3.5 雪害和雨凇(冰挂)

积雪一般对树木无害,但常常因为树冠上积雪过多压裂或折断大枝。例如:2008 年 1 月湖南、湖北、贵州和安徽等十几个省发生雪灾将树木压断;2005 年 2 月 6 日,鄂西南、江汉平原、鄂东北地区共有 18 个县市出现雨凇;2005 年 2 月 6 日,重庆市东南部雨雪天气持续不断,酉阳、武隆等地区分别遭遇了 20 多年不遇的恶劣天气和低温,形成大范围的雨凇。在多雪地区,应在雪前对树木大枝设立支柱,枝条过密的还应进行适当修剪,在雪后及时将被雪压倒的枝条提起扶正,振落积雪或采用其他有效措施防止雪害。

雨淞对树木也有一定的影响,历史上在杭州、武汉、长沙等地均发生过雨淞,在树上结冰,对早春开花的梅花、蜡梅、山茶、迎春和初结幼果的枇杷、油茶等花果均有一定的损失,还造成部分毛竹、樟树等常绿树折枝、裂干和死亡。对于雨淞,可以用竹竿打击枝叶上的冰,并设支柱支撑。

任务 6.4　古树、名木的养护与管理

6.4.1　古树名木的内涵

中华人民共和国国家城建总局(现为中华人民共和国住房和城乡建设部)早在 1982 年 3 月 30 日的文件规定,古树一般指树龄在百年以上的大树;名木是指树种稀有、名贵或具有历史价值和纪念意义的树木。《中国农业百科全书》对古树名木的内涵界定为:"树龄在百年以上的大树,具有历史、文化、科学或社会意义的木本植物。"古树名木有的以姿态奇特、观赏价值极高而闻名,如黄山的"迎客松"、泰山的"卧龙松"、北京市中山公园的"槐柏合抱"等;有的以历史事件而闻名,如北京市景山公园崇祯皇帝上吊的槐树(现已无存);有的以奇闻轶事而闻名,如北京市孔庙的侧柏,传说其枝条将汉奸魏忠贤的帽子碰掉而大快人心,故后人称其为"除奸柏"等。

中国是文明古国,古树、名木种类之多,树龄之长,数量之大,分布之广,声名之显赫,影响之深远,均为世界罕见。对古树、名木这类有生命的国宝,应大力保护,深入研究,发扬优势,使之成为中华民族观赏园艺的一大特色。

6.4.2　古树名木养护管理的意义和作用

我国现存的古树,已有千年历史的不在少数。它历尽沧桑,饱经风霜,经历过历代战争的洗礼和世事变迁的漫长岁月,依然生机盎然,为祖国古老灿烂的文化和壮丽山河增添不少光彩。保护和研究古树,不仅因为它是一种独特的自然和历史景观,而且它是人类社会历史发展的佐证者。它对于研究古植物、古地理、古水文和古历史文化等都有重要的科学价值。

1)古树名木是历史的见证

我国的古树名木不仅在横向上分布广阔,而且在纵向上跨越数朝历代,具有较高的树龄。例如我国传说中的周柏、秦松、汉槐、隋梅、唐杏(银杏)、唐樟等,均可作为历史的见证。山东莒县浮莱山"银杏王"已有 3 000 年以上高龄;山西太原晋祠"周柏"也有 3 000 余年的历史;陕西省西安市长安区温国寺和北京戒台寺("九龙松")两株古白皮松,均已 1 300 余年,堪称中国和世界白皮松树龄之最。

2)古树名木为文化艺术增添光彩

不少古树名木曾使历代文人、学士为之倾倒,吟咏抒怀。它在文化史上有其独特的作用。例如"扬州八怪"中的李辉,曾有名画《五大夫松》,是泰山名木的艺术再现。此类为古树而作的诗画,为数极多,都是我国文化艺术宝库中的珍品。

3)古树名木是名胜古迹的最佳景点

古树名木和山水、建筑一样具有景观价值,是重要的风景旅游资源。它苍劲挺拔、风姿多彩,镶嵌在名山峻岭和古刹胜迹之中,与山川、古建筑、园林融为一体,吸引着人们去游览观赏。如北京天坛公园的"九龙柏",北海公园团城上的"遮阴侯",泰山的"卧龙松",苏州光福的"清、奇、古、怪"4 株古圆柏等,它们把祖国的山河装点得更加美丽多娇。

4)古树对于研究树木生理具有特殊意义

树木的生长周期很长,相比之下人的寿命却很短,对它的生长、发育、衰老、死亡的规律,我们无法用跟踪的方法加以研究,古树的存在就把树木生长、发育在时间上的顺序展现为空间上的排列,使我们能以处于不同年龄阶段的树木作为研究对象,从中发现该树种从生到死的总规律。

5)古树对于树种规划有较大的参考价值

古树多属乡土树种,保存至今的古树,是久经沧桑的活文物,可就地证明其对当地气候和土壤条件有很高的适应性。故调查本地栽培及郊区野生树种,尤其是古树、名木,可作为制定城镇树种规划的可靠参考。

6.4.3　古树衰老的原因

任何树木都要经过生长、发育、衰老、死亡等过程,也就是说树木的衰老、死亡是客观规律。但是可以通过人为的措施使衰老以致死亡的阶段延迟到来,使树木最大限度地为人类造福,为此有必要探讨古树衰老原因,以便采取有效措施,对其加以保护。

树木一生一般都要经过种子萌芽—幼年—性成熟开花—衰老—死亡的生命周期过程。古树就是处在衰老—死亡的生命阶段。不论是活多少年的古树,都终究要结束它的个体生命。树木由衰老到死亡不是简单的时间推移过程,而是复杂的生理、生态、生命与环境相互影响的一个变化过程,受树种遗传因素及环境因素的共同制约。古树衰老的原因归纳起来主要有两个:一是树木自身内部因素,二是外部环境条件的影响。

1)树木自身因素

树木在其一生中都要经过由种子萌发经幼苗、幼树、逐渐发育到开花结果,最后衰老死亡的整个生命过程。树木自幼年阶段一般需经数年生长发育,才能开花结实,进入成熟阶段,之后其生理功能逐步减弱,逐渐进入老化过程(即衰老过程),这是树木生长发育的自然规律。但是,由于树种自身遗传因素的影响,树种不同,其寿命长短、由幼年阶段进入到衰老阶段所需时间、树木对外界不利环境条件影响的抗性,以及对外界环境因素引起伤害的修复能力等,均会有所不同。

2)土壤密实度过高

古树名木大多生长在城市公园、宫、苑、寺庙或是宅院内、农田旁等,一般地质土壤深厚、土质疏松、排水良好、小气候适宜,比较适宜古树名木的生长。但是改革开放 40 多年来,人口剧增,随着经济的发展,人民生活水平的提高,旅游已经成为人们生活中不可缺少的一部分。城市公园、名胜古迹、旅游胜地、古建筑群等旅游场所人满为患,特别是有些古树姿态奇特,或是具有神奇的传说,常招来大量的游客,使得地面受到大量频繁的践踏,密实度增高,导致土壤板结,土壤团粒结构遭到破坏,通透气性能及自然含水量降低,树木根系呼吸困难,须根减少且无法伸展;水分遇板结土壤层渗透能力降低,大部分随地表流失,树木得不到充足的水分和养分,致使树木生长受阻。

3)树干周围铺装面过大

在公园、名胜古迹点,由于游人增多,为了方便观赏,一些地方用水泥砖或其他硬质材料铺装,仅留下比树干粗度略大的树池。铺装地面平整、夯实,加大了地面抗压强度,人为地造成了土层透气通水性能下降,树木根系呼吸受阻无法伸展,产生根不深、叶不茂现象。同时,由于树池较小,还不便对古树进行施肥、浇水,使古树根系处于透气、营养与水分极差的环境中。

4)土壤理化性质恶化

随着旅游业的发展,近些年来,有不少人在公园古树林中搭帐篷开各式各样的展销会、演出会或是开辟场地供周围居民(游客)进行操练。这不仅使该地土壤密实度增高,同时这些人在古树林中还乱倒各种污水,以及有些地方还增设临时厕所,从而造成土壤的含盐量增加,土壤理化性质遭到严重破坏,对古树的生长极为有害。

5)根部营养不足

许多古树栽植在殿基之上,虽然植树时在树坑中换了好土,但树木长大后,根系很难向四周(或向下)坚土中生长;此外,古树长期固定生长在某一地点,持续不断地吸收消耗土壤中的各种营养元素,在得不到营养的自然补偿以及人工补偿时,常常形成土壤中某些营养元素的贫缺,致使古树长期在缺素条件下生长,促使其生理生化的改变和失调。由于根系活动范围受到限制,营养缺乏,加速了古树的衰老。

6)病虫危害

古树由于年代久远,在其漫长的生长过程中,难免会遭受一些人为和自然的破坏造成各种伤残。例如主干中空、破皮、树洞、主枝死亡等现象,导致树冠失衡,树体倾斜,树势衰弱而诱发病虫害。但从对众多现存古树生长现状的调查情况来看,古树的病虫害远较非古树要少,而且致命的病虫更少。不过,多数古树已经过了其生长发育的旺盛时期,开始或者已经步入了衰老至死亡的生命阶段,加之日常养护管理不善,人为和自然因素对古树造成损伤时有发生,古树树势衰弱已属必然,为病虫的侵入提供了条件。对已遭到病虫危害的古树,如得不到及时和有效的防治,其树势衰弱的速度将会进一步加快,衰弱的程度也会因此而进一步增强。

7)自然灾害

古树的衰老除受树木自身因素和人为因素影响外,还常受自然因素的影响,如大风、雷电、干旱、地震等,这些自然因素对古树的影响往往带有一定的偶然性和突发性,其危害程度有时是巨大的,甚至是毁灭性的。

(1)大风

七级以上的大风,主要是台风、龙卷风和另外一些短时风暴,春夏之交至初秋尤甚。它们吹折枝干或大枝撕裂,严重者可拦腰折断。古树一旦遭到飓风的破坏,干折者将致永远死亡,枝断者树冠、树势衰弱,还易引发病虫害。

(2)雷电

目前,古树多数未设避雷针,其古木高耸且电荷量大,易遭雷电袭击。有的古树遭雷电袭击后,干皮开裂,树头枯焦,树势明显衰弱。

（3）干旱

持久的干旱使得古树发芽迟,枝叶生长量少,枝的节间变短,叶子卷曲,严重者可使古树落叶,小枝枯死,树势因此而衰退,易遭病虫侵袭。

（4）地震

古树多朽木、空洞、开裂,遭强震袭击,往往造成树木倾倒或干皮进一步开裂。

（5）雨淞、冰雹

雨淞、冰雹出现虽然较少,但大量的冰凌、冰雹压断或砸断小枝、大枝,危害严重。

8）空气污染的影响

随着城市化进程的不断推进,各种有害气体（如二氧化硫、氟化氢、氯化物、二氧化氮、烟尘等）造成了大气污染,有生命的古树不同程度地承受着有害气体、烟尘、飘尘的侵害与污染,过早地表现出衰老症状。

9）人为的损害

对于古树人为直接的损害,主要有以下情况:在树下摆摊设点、乱堆东西（如建筑材料:水泥、石灰、沙子等）,特别是石灰,堆放时间久树体就会受害死亡;有的还在树上乱画、乱刻、乱钉钉子;地下埋设各种管线,尤其是煤气管道的渗漏,暖气管道的放热等,均对古树的正常生长产生了较严重的影响。

6.4.4 古树名木的养护管理技术措施

1）古树名木的调查、登记与存档

古树名木是我国的活文物,是无价之宝,各省市应组织专人进行细致的系统调查,摸清我国的古树资源。调查内容主要包括树种、树龄、树高、冠幅、胸径、生长势、病虫害、环境以及对观赏与研究的作用、养护措施等。同时还应搜集有关古树的历史及其他资料,如有关古树的诗、画、图片及神话传说等。总之,要群策群力逐步建立和健全我国的古树资源档案。

在调查的基础上加以分级,我国通常按树龄分为四级。

①一级:树龄 1 000 年以上的古树,或具很高的科学、历史、文物价值,姿态奇特可观的名木。

②二级:树龄 600 ~ 1 000 的古树,或具重要价值的名木。

③三级:树龄 300 ~ 599 年的古树,或具一定价值的名木。

④四级:树龄 100 ~ 299 年的古树,或具保存价值的名木。

各级古树名木均应设永久性标牌,编号在册,并采取加栏、加强保护管理等措施。一级古树名木更要列入专门档案,尤当特殊保护,必要时拨出专款,派专人加以养护,定期上报。对于生长一般、观赏及研究价值不大的,可视具体条件实施一般的养护管理。

2）古树名木的一般性养护管理措施

除前面介绍的树干的伤口的治疗和树洞的修补外,古树名木的一般性养护管理还包括以下措施。

（1）支撑、加固

古树由于年代久远,主干或有中空,全枝常有死亡,造成树冠失去均衡,树体容易倾斜;又因树体衰老,枝条容易下垂,因而需用他物支撑。如北京故宫御花园的龙爪槐,皇极门内的古松均用钢管呈棚架式支撑,钢管下端用混凝土基加固,干裂的树干用扁钢箍起,收效良好。

（2）设避雷针

据调查,千年古银杏大部分曾遭过雷击,严重影响树势,有的在雷击后因未采取补救措施甚至很快死亡。所以,高大的古树应加避雷针。如果遭受雷击,应立即将伤口刮平,涂上保护剂,并堵好树洞。

（3）灌水、松土、施肥

春季、夏季干旱季节灌水防旱;秋季、冬季浇水防冻,灌水后应松土,一方面保墒,也增加通透性。古树的施肥方法各异,可以在树冠投影部分开沟(深 0.3 m、宽 0.7 m、长 2 m 或深 0.7 m、宽 1 m、长 2 m),沟内施腐殖土加稀粪,或施化肥,有的还可在沟内施马蹄掌或麻酱渣(油粕饼)。

（4）树体喷水

由于城市空气浮尘污染,古树树体截留灰尘极多,影响观赏效果与光合作用,北京市北海公园和中山公园常用喷水方法加以清洗。此项措施费工费水,只在重点区采用。

（5）整形修剪

以少整枝、少短截,轻剪、疏剪为主,基本保持原有树形为原则。必要时也要适当整剪,以利通风透光,减少病虫害,促进更新、复壮。

（6）防治病虫害

古树衰老,容易招虫致病,加速死亡。北京天坛公园因抓紧防治天牛,保护了古柏。他们的经验是:掌握天牛每年 3 月中旬左右要从树内到树皮上产卵的时机,往古柏上打 223 乳剂,工人称之"封树"。5 月易发生蚜虫、红蜘蛛,需喷一次药加以控制。7 月注意树干害虫为害。

（7）设围栏、堆土、筑台

处于广场、铺装、游人容易接近地方的古树要设围栏对古树进行保护。围栏一般要距树干3～4 m,凡人流密度大,树木根系生长较长者,围栏外地面要做透气铺装;在树干基堆土或筑台,可起保护作用,也有防涝效果,砌台比堆土收效尤佳,可在台边留孔排水。

（8）立标志、设宣传栏

安装标志,标明树种、树龄、等级、编号,明确养护管理负责单位。设立宣传栏,既需就地介绍古树名木的重大意义和现况,又需集中宣传教育,发动群众保护古树名木。

3）古树名木的复壮养护管理措施

古树名木由于种种因素如树老势衰,土壤密实,所留树穴过小而周围铺装面过大,土壤理化性恶化,以及人为损伤与自然灾害等,易致衰老,甚至死亡。故应重视古树名木的复壮等抢救性措施,以收到扶弱转强,复老为壮之效。

北京市为历史文化古城,其古树名木特多。据北京市园林科学研究所研究,北京市公园、皇家园林中古松柏、古槐等生长衰弱的根本原因是土壤密实、营养及通气性不良、主要病虫害严重等。针对上述原因,他们采取了以下主要复壮措施,收到较好效果。

（1）埋条法

埋条法分放射沟埋条和长沟埋条。

前者在树冠投影外侧挖放射状沟 4～12 条,每条沟长 120 cm 左右,宽为 40～70 cm,深80

cm。沟内先垫放 10 cm 厚的松土,再把剪好的苹果、海棠、紫穗槐等树枝缚成捆,平铺一层,每捆直径 20 cm 左右,上撒少量松土,同时施入粉碎的麻酱渣和尿素,每沟施麻酱渣 1 kg、尿素 50 g,为了补充磷肥可放少量动物骨头和贝壳等物,覆土 10 cm 后放第二层树枝捆,最后覆土踏平。

如果株行距大,也可以采用长沟埋条。沟宽 70~80 cm,深 80 cm,长 200 cm 左右,然后分层埋树条施肥、覆盖踏平。

（2）地面铺梯形砖和地被植物

地面铺梯形砖和地被植物的下层做法与上述埋条法相同,在地面上铺置上大下小的特制梯形砖,砖与砖之间不勾缝,留有通气,下面用石灰砂浆衬砌,砂浆用石灰、砂子、锯末配制比例为 1:1:0.5。还可以在埋树条的上面铺设草坪或地被植物（如白三叶）,并围栏杆禁止游人践踏,或在其上铺带孔的或有空花条纹的水泥砖或铺铁筛盖。此法对古树复壮都有良好的作用。

（3）挖复壮沟

复壮沟深 80~100 cm,宽 80~100 cm,长度和形状因地形而定。有的是直沟,有的是半圆形或"U"字形均可。

沟内含物有复壮基质、各种树条,可增补营养元素。

复壮基质采用松、栎、槲的自然落叶,取 60% 腐熟加 40% 半腐熟的落叶混合,再加少量 N、P、Fe、Mn 等元素配制成。这种基质含有丰富的多种矿物质元素,pH 在 7.8 以下,富含胡敏素、胡敏酸和黄腐酸,可以促进古树的根系生长。同时有机物逐年分解与土、粒胶合成团粒结构,从而改善了土壤的物理性状,促进微生物活动,将土壤中固定的多种元素逐年释放出来。施后 3~5 年内土壤有效孔隙度可保持在 12% 以上。

埋入各种树木枝条。采用紫穗槐、苹果、杨树等枝条,截成长 40 cm 的枝段。埋入沟内,枝条与土壤形成大空隙。从 1982 年起,经多年实验证明,古树的根可在枝条内穿伸生长,复壮沟内可铺设二层树枝,每层 10 cm。

增施肥料,改善营养。以铁元素为主,施入少量氮、磷元素。硫酸亚铁使用剂量按长 1 m、宽 0.8 m 复壮沟,施入 0.1~0.2 kg。为了提高肥效一般掺施少量的麻酱渣等而形成全肥,以更好地满足古树的需要。

复壮沟施工位置在古树树冠投影外侧,从地表往下纵向分层。表层为 10 cm 素土;第二层为 20 cm 的复壮基质;第三层为树木枝条 10 cm;第四层又是 20 cm 的复壮基质;第五层是 10 cm 树条;第六层为 2 cm 厚粗砂和陶粒。

（4）换土

古树几百年甚至上千年生长在一个地方,土壤里肥分有限,常呈现缺肥症状;再加上人为踩实,通气不良,排水也不好,对根系生长极为不利。因此造成古树地上部分日益萎缩的状态。北京市故宫园林科从 1962 年起开始用换土的方法抢救古树,使老树复壮。例如,1962 年在皇极门内宁寿门外有一古松,幼芽萎缩,叶子枯黄,好似被火烧焦一般。职工们在树冠投影范围内,对大的主根部分进行换土。挖土时深挖 0.5 m（随时将暴露出来的根用浸湿的草袋子盖上）,以原来的旧土与沙土、腐叶土、大粪、锯末、少量化肥混合均匀之后填埋其上。换土半年之后,这株古松重新长出新梢,地下部分长出 2~3 cm 的须根,终于死而复生。以后他们又换过几株,效果都很好。又如,1975 年将一株趋于死亡的古松救活,这棵树换土时深挖达 1.5 m,面积也超出了树冠投影部分。同时挖深达 4 m 的排水沟,下层填以大卵石,中层填以碎石和粗砂,上面以细砂和园土填平,以排水顺畅。目前,故宫里凡是经过换土的古松,均已返老还童,郁郁葱葱,很有生气。此法很值得学习推广。

（5）病虫防治

病虫害是造成古树衰弱导致死亡的主要因素之一。北京市园林科学研究所，在防治古松柏、古槐等主要病虫害时，主要采用了浇灌法、埋施法及打针法，取得了良好效果。

①浇灌法：利用内吸剂通过根系吸收、经过输导组织至全树而达到杀虫、杀螨等作用的原理，解决古树病虫害防治经常遇到的分散、高大、立地条件复杂等情况而造成喷药难，次数、杀伤天数、污染空气等问题。

方法：在树冠垂直投影边缘的根系分布内挖3～5个深20 cm、宽50 cm、长60 cm的弧形沟，然后将药剂浇入沟内，待药液渗完后封土。

②埋施法：利用固体的内吸杀虫、杀螨剂埋施根部的方法，以达到杀虫、杀螨和长时间保持药效的目的。

方法：与浇灌法类似地将固体颗粒均匀撒在沟内，然后覆土浇足水。

③打针法：对于周围环境复杂、障碍物较多，而且吸收根区很难寻找的古树，利用其他方法很难解决防治问题的，可以通过此法解决，此方法是通过向树体内注射内吸杀虫、杀螨药剂，经过树木的输导组织至全身达到较长时间的杀虫、杀螨目的。

方法：用手摇钻（或电钻）在树干基部各个方向钻不同数量的孔径0.6 cm、深0.6 cm、与树干成35°的注药孔，然后注入药剂，注完后用湿泥封死孔口。

（6）化学药剂疏花疏果

疏花疏果可以降低古树的生殖生长、扩大营养生长、增加树势而达到复壮的目的。疏花疏果关键是疏花，所以喷施化学试剂的时间以秋末、冬季或早春为好。国槐在开花期喷施50 mg/L萘乙酸加3 000 mg/L的西维因或200 mg/L赤霉素效果均较好；侧柏和龙柏（或桧柏）若在秋末喷施，侧柏以400 mg/L萘乙酸为好，龙柏以800 mg/L萘乙酸为好，但从经济角度出发，200 mg/L萘乙酸对抑制二者第二年产生雌雄球花的效果也很好；若在春季喷施，以800～1 000 mg/L萘乙酸、800 mg/L 2,4—D、400～600 mg/L吲哚丁酸为宜，对于油松，若春季喷施，以400～1 000 mg/L萘乙酸为好。

（7）喷施或灌施生物混合制剂

1995年，雷增普等报道，用生物混合剂（"5406"细胞分裂素、农抗120、农丰菌、生物固氮肥相混合），于1991—1992年进行了古圆柏、古侧柏的叶面喷施和灌根处理，明显促进了古柏枝、叶与根系的生长，增加了枝叶中叶绿素量及磷含量，也增加了耐旱力。

思考题

1.园林树木养护管理主要包括哪些内容？

2.简述树木灌水与排水应掌握的原则。

3.对园林树木怎样做到合理施肥？

4.简述树木常用防止高温危害和寒害措施。

5.如何对古树进行养护管理和复壮？

6.结合当地实际说明古树、名木的旅游价值。

项目7　各类绿化植物的养护管理

任务7.1　常绿乔木的养护管理

7.1.1　云杉

1) 形态特征

小枝有疏生或密生的短柔毛,或无毛,一年生时淡褐黄色、褐黄色、淡黄褐色或淡红褐色,叶枕有白粉,或白粉不明显,二、三年生时灰褐色,褐色或淡褐灰色;冬芽圆锥形,有树脂,基部膨大,上部芽鳞的先端微反曲或不反曲,小枝基部宿存芽鳞的先端多少向外反卷(图7.1)。

主枝之叶辐射伸展,侧枝上面之叶向上伸展,下面及两侧之叶向上方弯伸,四棱状条形,长1~2 cm,宽1~1.5 mm,微弯曲,先端微尖或急尖,横切面四棱形,四面有气孔线,上面每边4~8条,下面每边4~6条。

球果圆柱状、矩圆形或圆柱形,上端渐窄,成熟前绿色,熟时淡褐色或栗褐色,长5~16 cm,径2.5~3.5 cm;中部种鳞倒卵形,长约2 cm,宽约1.5 cm,上部圆或截圆形则排列紧密,或上部钝三角形则排列较松,先端全缘,或球果基部或中下部种鳞的先端两裂或微凹;苞鳞三角状匙形,长约5 mm;种子倒卵圆形,长约4 mm,连翅长约1.5 cm,种翅淡褐色,倒卵状矩圆形;子叶6~7枚,条状锥形,长1.4~2 cm,初生叶四棱状条形,长0.5~1.2 cm,先端尖,四面有气孔线,全缘或隆起的中脉上部有齿毛。花期为4—5月,球果在9—10月成熟。

图7.1　云杉

2) 生长习性

云杉为中国宝贵树种,以华北山地分布为广,东北的小兴安岭等地也有分布。产于陕西西南部(凤县)、甘肃东部(两当县)及白龙江流域、洮河流域、四川岷江流域上游及大小金川流域。

云杉耐阴、耐寒、喜欢凉爽湿润的气候和肥沃深厚、排水良好的微酸性砂质壤土,生长缓慢,属浅根性树种。在海拔2 400~3 600 m的地带,常与紫果云杉、岷江冷杉、紫果冷杉混生,或成纯林。

云杉系浅根性树种,稍耐阴,能耐干燥及寒冷的环境条件,在气候凉润,土层深厚,排水良好的微酸性棕色森林土地带生长迅速,发育良好。在全光下,天然更新的森林生长旺盛。

3)种植管理

（1）繁殖方法

云杉一般采用播种育苗或扦插育苗,在1—5年生实生苗上剪取1年生充实枝条作插穗最好,成活率最高。硬枝扦插在2—3月进行,落叶后剪取、捆扎、沙藏越冬,翌年春季插入苗床,喷雾保湿,30~40 d生根。嫩枝扦插在5—6月进行,选取半木质化枝条,长12~15 cm,插后20~25 d生根。

云杉种粒细小,忌旱怕涝,应选择地势平坦,排灌方便,肥沃、疏松的砂质壤土为圃地。播种期以土温在12 ℃以上为宜,多在3月下旬至4月上旬。在种子萌发及幼苗阶段要注意经常浇水,保持土壤湿润,并适当遮阴。

种苗移植,小苗要多带宿土,大苗要带土球。栽植前要施足基肥,栽后水要浇透。生长期保持土壤湿润。定植后2年,在春季萌芽前施肥1次,初夏和秋季各施肥1次。苗期适当修剪,并以细竹扶直。

30年生植株才能结实,40—60年生植株进入结实盛期。以3月春播为宜,发芽适温为12~20 ℃,播后10~15 d发芽,发芽率为8%~10%。当年苗高可达40 cm以上。

（2）病虫害防治

①松天牛:为害多种松类植物。幼虫蛀食木质部,成虫咬食叶片,造成植株枯死,还传播松林线虫病,造成线虫萎蔫病的大量发生,大量植株死亡。防治方法:

• 在成虫羽化1周内,羽化盛期1周内,羽化后期,三段时间内各喷施1次50%杀螟松200倍液。喷药要周到全面,不留空白。

• 幼虫孵化时,喷施25%国科3号200倍液或40%氧化乐果1 000倍液。

• 幼虫蛀入枝干后,应用磷化锌毒扦插入孔中,杀死幼虫。

②松毒蛾:又名松茸毒蛾,为害多种松类植物。幼虫食叶,从叶片中部取食,造成叶片断裂,严重时,把叶片食光。防治方法:灯光诱杀成虫。幼虫孵化盛期,喷施3号灭幼尿2 000倍液或敌百虫1 000倍液。

③袋蛾防治方法:由于袋束明显,可用人工捕捉,采用药剂防治应在初龄期进行,使用敌百虫800倍液或敌敌畏1 000倍液喷洒,喷洒时必须把袋束喷湿。

④蚜虫防治方法:可用人工捕捉,蕴含物防治可用乐果1 000倍液喷洒。

⑤介壳虫防治方法:将植株移到阳光充足,空气流通的地方,并用人工将其刷除扑灭。药物防治可用40%氧化乐果600倍液(当气温高于30 ℃时禁用)或1605剂600倍液喷洒。

⑥根腐病:植株没有精神,针叶发黄或针叶突然变为蓝绿,针叶变长,不久针叶细软向四周倾倒,呈灰黑色,有的叶束基部出现少量共同色,以后开始脱针落叶。防治方法:首先进行"控水",加速盆土干燥,同时进行通风调养,有必要时进行换盆重植。

⑦叶枯病:植株开始时针叶尖端和中部发生一段一段褐色黄斑,以后黄斑颜色转深,并在深褐色斑上长出许多黑色霉点,在气温25 ℃左右,多雨,阴湿天气易发。防治方法:发病期喷施波尔多液(即用500 g硫酸铜及500 g石灰加50 kg水配制而成)。

⑧茎枯病防治方法:用65%代森锌可湿粉剂600倍液喷洒。

⑨赤枯病:发病时局部针叶出现黄斑,色由浅变深并不断扩大,最后死亡。防治方法:每年春季3—4月需连续喷10%硫酸亚铁1~2次。结合翻盆换土,用福尔马林消毒容器和盆土。

发现赤枯病要及时清除病叶,连续喷 500～1 000 倍甲基托布津溶液。

⑩紫纹羽病:系病菌危害,主要危害根部,出现紫黑色羽状物,最后植株枯萎死亡。以上病害如不及早防治,将有毁灭性的危害。防治方法:对地上部表现生长不良的果树,秋季应耙土晾根,并刮除病部和涂药,挖开根区土壤寻找患病部位;对于主要为害细、支根的紫纹羽病要根据地上部的表现,先从重病侧挖起,再详细追寻发病部位。找到患病部位后,要根据不同情况,进行不同处理。局部皮层腐烂者,用小刀彻底刮除病斑,刮下的病皮要集中处理,不要随便抛掷;也可用喷灯灼烧病部,彻底杀死病菌。整条根腐烂者,要从基部锯除,并向下追寻,直至将病根挖净。大部分根系都已发病者,要彻底清除病根,同时注意保护无病根,不要轻易损伤。清理患病部位后,要在伤口处涂抹杀菌剂,防止复发;较大的伤口要糊泥或包塑料布加以保护;严重发病的树穴要灌药杀菌或另换无病新土。所用药剂有 50% 代森铵水剂 100～150 倍液。此外,40% 福美砷可湿性粉剂 500～800 倍液、2 度石硫合剂、40% 五氯硝基苯粉剂 50～100 倍毒土等也可用。病株周围土壤用 70% 五氯硝基苯粉每株 0.2kg,配制成 1:(50～100)的药土,均匀撒施病株周围土中;或用 70% 甲基托布津或 50% 多菌灵 500 倍液灌根。病重树尽早挖除,搜集病残根烧毁。轻病树只要彻底刮除患部并涂药保护,一般不需要特殊管理即可恢复。

⑪云杉八齿小蠹:筑坑于松树韧皮部与边材之间,坑道为复纵坑,还可直接侵害健康木,常与其他小蠹一起发生导致树木成片枯死。防治方法:

●农业防治:营造混交林,结合抚育采伐,增强树势;注意林区卫生,清除虫害木和风折木;在卫生条件良好的前提下,于 4 月中旬伐取小径木,设置饵木诱杀,然后统一进行剥皮处理。

●保护步行虫、寄生蜂、啄木鸟等天敌。

●药剂防治:5 月底至 7 月初,成虫飞翔入侵盛期,用 2.5% 敌杀死药膏 200 倍液或 30% 氯氰菊酯毒膏 500 倍液喷洒活立木枝干,防治成虫。

7.1.2　红皮云杉

1)形态特征

红皮云杉属乔木,高达 30 m 以上,胸径为 60～80 cm;树皮灰褐色或淡红褐色,很少灰色,裂成不规则薄条片脱落,裂缝常为红褐色;大枝斜伸至平展,树冠尖塔形,一年生枝黄色、淡黄褐色或淡红褐色,无白粉,无毛或几无毛,或有较密但非腺头状的短毛,二、三年生枝淡黄褐色、褐黄色或灰褐色;冬芽圆锥形,淡褐黄色或淡红褐色,微有树脂,上部芽鳞常向外展,多少反曲,小枝基部宿存,芽鳞的先端向外反曲,明显或微明显(图 7.2)。

叶四棱状条形,主枝之叶近辐射排列,侧生小枝上面之叶直上伸展,下面及两侧之叶从两侧向上弯伸,长 1.2～2.2 cm,宽约 1.5 mm,先端急尖,横切面四棱形,四面有气孔线,上面每边 5～8 条,下面每边 3～5 条。

球果卵状圆柱形或长卵状圆柱形,成熟前绿色,熟时绿黄褐色至褐色,长 5～8 cm,径 2.5～3.5 cm;中部种鳞倒卵

图 7.2　红皮云杉

形或三角状倒卵形,长 1.5~1.9 cm,宽 1.2~1.5 cm,先端圆或钝三角形,基部宽楔形,鳞背露出部分微有光泽,平滑,无明显的条纹;苞鳞条状,长约 5 mm,中下部微窄,先端钝或微尖,边缘有极细的小缺齿。

种子灰黑褐色,倒卵圆形,长约 4 mm,种翅淡褐色,倒卵状矩圆形,宽约 2 mm,先端圆,连种子长 1.3~1.6 cm;子叶 6~9 枚,多为 7~8 枚,条状锥形,棱上有稀疏齿毛,初生叶四方状条形或稍扁,先端有锐尖头,上部棱上有疏生细锯齿,每边有 3~4 条气孔线。花期为 5—6 月,球果在 9—10 月成熟。

2)生长习性

分布于中国东北大、小兴安岭、吉林山区、长白山区、辽宁昭乌达盟地区、内蒙古多伦及锡盟种畜场海拔 400~1 800 m 地带。

在东北林区,以小兴安岭、长白山区、吉林山区分布普遍,常与针叶树、阔叶树种混生成林,间有成片纯林;在大兴安岭仅中部、东部部分河流的两旁、溪旁及山坡下部平缓地带有散生树木。常见的混生树种有红松、鱼鳞云杉、长白鱼鳞云杉、臭冷杉、落叶松、黄花落叶松、白桦、紫椴、色木、水曲柳等。为浅根性树种,较耐阴,喜生于山的中下部与谷地;在分布区内除有积水的沼泽化地带及干燥的阳坡、山脊外,在其他各种类型的立地条件均能生长。朝鲜北部及俄罗斯远东地区也有分布。

喜空气湿度大、土壤肥厚而排水良好的环境,较耐阴、耐寒,也耐干旱;浅根性,侧根发达,生长比较快。

3)种植管理

(1)繁殖方式

①扦插:扦插时间应在早春抽出新梢后,剪 15 cm 长插穗,在塑料大棚内进行扦插。为了增高地温,床底可垫生马粪,保持 25~35 ℃地温,湿度在 90% 左右为佳,塑料棚要盖严,不要频繁打开,以免湿度降低。苗木扦插时蘸 1 000 μg/g 吲哚丁酸激素和 ABT 生根粉 1 号,生根效果较好。

②播种:采取不覆土播种法。先按要求做好苗床,不打底水在湿润的床面上用耙搂动,使床面形成平整均匀的条形凹凸面。为了便于播种,播前将种子掺入适量干沙,搅拌均匀再播。播种时,要做到随播种,随镇压(木滚)、覆帘和浇水,使种子与土壤紧密接触。在苗木出齐之前,始终要勤浇水,本着"少量多次"的原则,始终保持床面湿润。实践证明,不覆土播种比覆土播种出苗又快又齐,一般播种后 8 天即见出苗,15~20 d 可出苗 80%,20~25 d 基本出齐,并从未发生过苗木倒伏现象。据统计,不覆土播种比覆土播种的苗木产量都高于规程标准,一般高22%,有的高 2~3 倍。

(2)贮种

采用雪藏法埋种,即先选择一处地下水位低,背阴背风的地方,挖一贮藏坑,其规格为深 80 cm,长、宽视种子多少而定。坑最好在前一年秋挖好,于 1—2 月在坑底铺 10~15 cm 厚的雪,再按 1:2 或 1:3 将种子与雪混合,搅拌均匀后放入坑内。装满后,用雪培成丘形,上覆草帘等物。贮藏到播种季节前一周左右将种子取出,混以湿沙,在 15 ℃左右的室温下催芽 4~5 d,沙干时浇水,且每天翻动 1~2 次,当有 20%~30% 的种子裂嘴时,即可播种。

（3）保苗

在出苗达60%以上时，撤去苇帘，使苗木全受光照，若不遇高温干旱，一直进行全光育苗，这样可比长期遮阴好，使苗木粗壮、根系发达、抗灾力强。为防止晚霜冻害，在冷空气到来之前要浇水，以提高土壤热容量。若发生冻害，可在太阳出来之前浇水，使苗木形成冰柱，再逐渐融化，即可解除冻害。在苗木生长期内，要本着"少量多次"的原则，定时定量浇水，尤其在气候干旱时，不可浇"跑马水"。机械浇水要用大压力、细喷头、快速阀门，以防止水流冲苗。苗木出齐后，要及时进行松土除草，以免杂草争水肥，促进苗木生长。为了防止日灼，可采用电接点水银温度计，连接日灼报警器，把温度计调到36 ℃，当地表温度达36 ℃时报警，应立即浇水降温。在防治病虫害方面，采取调节生态环境、制约病虫害蔓延的方法，除进行种子消毒外，平时严防将非传染性生态因子引起的灾害误认为是病原菌的传染；对侵染性病害又以调节水、肥、气、热、光等生态因子加以解决，防止化学药剂污染环境，这样可使苗木发育良好，具有较强的抗病虫害能力。

（4）移植

大树移植以春季为最佳。在技术措施完善的情况下，在11月下旬和5月下旬移植，成活率均可达98%以上。

①种植穴：根据种植树木土球的大小，在土球尺寸基础上加大树穴直径至40～100 cm，深度加深20～40 cm，种植土以富含有机质的中性、微酸性土壤为好，对不良土质应进行改良。

②苗木标准：选用植株健壮、树形丰满、无病虫害和机械损伤的苗圃苗为好。

③掘苗前应对树冠喷洒抗蒸腾剂，用草绳将树冠适当捆拢。清除无根系的表土和覆叶，以树干为中心，以干径的4～5倍为半径画圆，从线外向下垂直挖掘，直到土球高度为止；用铁锹将土球肩部修圆滑，到土球高度的一半内逐渐向内收缩，使土球呈扁球形；细小根系用利锹铲断，粗根要用锯、剪，避免震散土球。

④土球起好后用事先湿润过的草绳进行缠绕、捆扎、包装，超大土球可用木箱包装，待运。

（5）栽种

①栽前进行种植土回填，使中间略高于四周，回填高度以使土球放入后低于地表5 cm为宜。

②栽植：将苗木土球轻轻放入树穴内，立直树伴调整好主要观赏面，解除包装后再调整好树体，将种植土分层回填踏实；立好树木支撑。

③浇水：栽植后用土作挡水堰，挡水堰要足够大并拍实以防漏水。定植一周内浇3次透水，第一次在栽后24 h以内浇水。浇水后及时检查支撑情况，发现树木歪斜或支撑松动及时扶正加固。

（6）养护

根据天气情况及土壤湿度及时补水，盛夏季节移植应进行叶面给水；定期叶面追肥；风雨天气要及时检查，发现树木歪斜和支撑松动时要及时扶正进行支撑加固；定期喷洒农药预防病虫害的发生。

（7）病虫害防治

①叶锈病：清除中间寄主减少侵染源。在兴安杜鹃开花后，及时连根铲除，特别是苗圃附近。营造云杉与其他树种的混交林。苗床上用塑料薄膜做拱棚。苗圃和人工幼林在侵染期内，及时喷药剂防治，可用97%敌锈钠0.25%的药液，加上0.2%洗衣粉或20%的粉锈宁200倍，

每隔 10 ~ 15 d 喷一次,连续 2 ~ 3 次。

一般 6 月下旬红皮云杉当年生嫩叶上出现淡黄色的段斑,其上成行排列黄褐色至黑褐色小点,即病原菌的性孢子器,小点顶部有淡黄色密滴珠。数日后在性孢子器之间或对面,产生橘黄色微隆起椭圆形,或长条状锈孢子器。病叶逐渐变为淡黄色,密生橘黄色锈孢子器,发病严重的林分远望整个树冠呈现一片枯黄色。锈孢子器成熟后,包被膜陆续破裂,飞散出黄色粉状的锈孢子,9 ~ 10 月病叶干枯脱落。

②杜鹃金锈菌:杜鹃金锈菌是长循环型生活史转主寄生锈菌。在性孢子器和锈孢子器阶段寄生在红皮云杉当年新叶上,偶尔也生在鱼鳞云杉上。夏孢子堆和冬孢子堆阶段寄生在兴安杜鹃叶上。防治方法:

- 清除中间寄主减少侵染源:在兴安杜鹃开花后,及时连根铲除,特别是苗圃附近。
- 营造云杉与其他树种的混交林。
- 苗床上用塑料薄膜做拱棚,直接阻隔病原菌的侵染,侵染期过后撤除拱棚,可以达到良好的防病效果。
- 苗圃和人工幼林在侵染期内,及时喷药剂防治,可用 97% 敌锈钠 0.25% 的药液,加上 0.2% 洗衣粉或 20% 的粉锈宁 200 倍,每隔 10 ~ 15 d 喷一次,连续 2 ~ 3 次。

7.1.3　落叶松

1)形态特征

乔木,高达 35 m,胸径 60 ~ 90 cm;幼树树皮深褐色,裂成鳞片状块片,老树树皮灰色、暗灰色或灰褐色,纵裂成鳞片状剥离,剥落后内皮呈紫红色;枝斜展或近平展,树冠卵状圆锥形(图 7.3)。一年生长枝较细,淡黄褐色或淡褐黄色,直径约 1 mm,无毛或有散生长毛或短毛,或被或疏或密的短毛,基部常有长毛;二、三年生枝褐色、灰褐色或灰色;短枝直径 2 ~ 3 mm,顶端叶枕之间有黄白色长柔毛;冬芽近圆球形,芽鳞暗褐色,边缘具睫毛,基部芽鳞的先端具长尖头。叶倒披针状条形,长 1.5 ~ 3 cm,宽 0.7 ~ 1 mm,先端尖或钝尖,上面中脉不隆起,有时两侧各有 1 ~ 2 条气孔线,下面沿中脉两侧各有 2 ~ 3 条气孔线。

球果幼时紫红色,成熟前卵圆形或椭圆形,成熟时上部的种鳞张开,黄褐色、褐色或紫褐色,长 1.2 ~ 3 cm,径 1 ~ 2 cm,种鳞 14 ~ 30 枚;中部种鳞五角状卵形,长 1 ~ 1.5 cm,宽 0.8 ~ 1.2 cm,先端截形、圆截形或微凹,鳞背无毛,有光泽;苞鳞较短,长为种鳞的 1/3 ~ 1/2,近三角状长卵形或卵状披针形,先端具中肋延长的急尖头;种子斜卵圆形,灰白色,具淡褐色斑纹,长 3 ~ 4 mm,径 2 ~ 3 mm,连翅长约 1 cm,种翅中下部宽,上部斜三角形,先端钝圆;子叶 4 ~ 7 枚,针形,长约 1.6 cm;初生叶窄条形,长 1.2 ~ 1.6 cm,上面中脉平,下面中脉隆起,先端钝或微尖。花期为 5—6 月,球果在 9 月成熟。

图 7.3　落叶松

2)生长习性

落叶松分布于中国大、小兴安岭海拔 300 ~ 1 200 m 地带。在各种不同环境(如山麓、沼泽、泥炭沼泽、草甸,湿润而土壤富含腐殖质的阴坡及干燥的阳坡、湿润的河谷及山顶等)均能生长,常组成大面积的单纯林,或与白桦、黑桦、丛桦、山杨、樟子松、红皮云杉、鱼鳞云杉等针阔叶树组成以落叶松为主的混交林。俄罗斯远东地区也有分布。模式标本采自俄罗斯西伯利亚。

喜光性强,对水分要求较高,而以生于土层深厚、肥润、排水良好的北向缓坡及丘陵地带生长旺盛。落叶松最适宜在湿润、排水、通气良好,土壤深厚而肥沃的土壤条件下生长最好,在干旱瘠薄的山地阳坡或在常年积水的水湿地或低洼地也能生长,但生育不良。落叶松耐低温寒冷,一般在最低温度达 −50 ℃的条件下也能正常生长。

3)种植管理

（1）采种

9 月人工上树采摘果枝,将球果露天摊晒、敲打、筛选,然后干藏。

（2）贮藏

10 月至翌年 3 月,短时间内播种可直接干藏,将筛选后的种子适当干燥,置于通风、干燥的室内,第二年春播种前一个月混沙催芽。

（3）整地

3 月上中旬,选择海拔在 300 m 以上的阴坡、半阴坡土质肥沃、排水良好的砂壤土,翻深整平,做 1 m 宽左右的高床或高垄,每亩施厩肥 3 000 kg,严格进行土壤消毒。

（4）播种

3 月下旬,种子催芽后可直接播种。否则,要用 40 ℃左右温水浸种 1 ~ 2 d,在温暖处混沙或锯末中进行催芽后再播种。开沟条播,灌足底水。每亩播种 7 ~ 10 kg,用捣细的腐殖质或细沙覆盖,覆土不能超过 0.5 cm,有条件时,最好再覆一层草保墒。

4 月至翌年 7 月幼苗出齐后,要进行必要遮阴,透光度保持 60% 左右,进入雨季撤除。6 月中下旬和 7 月上中旬分别间苗 2 次,最后一次每米播种行留苗 100 株左右。出苗前始终保持床面湿润,用喷壶每天喷水 2 ~ 3 次,出苗后可适当减少喷水次数,但不可床面过干。出苗后 15 ~ 20 d,每亩追硫铵 5 kg,以后每隔半个月左右连续追肥 3 ~ 4 次,每亩每次追肥量逐渐增加至 10 kg 左右。7 月停止追氮肥,可适量追施磷钾肥。

第二年春季土壤解冻出圃移栽。起苗前 3 ~ 5 d 浇水一次,使土壤湿润疏松,起苗时不易伤根。对主根适当修剪,注意起苗时不要伤顶芽。

（5）病虫害防治

①褐锈病:落叶松褐锈病是危害落叶松的重要病害。

• 病原:落叶松褐锈病由担子菌亚门的落叶松拟三胞锈菌引起,该菌为同主寄生菌,在落叶松上能够完成发育循环。

• 发病症状:发病初期,叶片尖端或近中部出现退绿小斑,逐渐扩大,到 6 月下旬至 7 月上旬在叶背面形成夏孢子堆,直到 9 月中旬仍可产生。夏孢子堆初寄生于叶表皮下,奶油色或赭黄色形成圆形小丘状隆起,叶表皮夏孢子堆破裂后露出铁锈色至血红色的粉状物,夏孢子成熟后飞散,最后在夏孢子原基处留下痕迹,这时在叶片上形成段斑,8~9 月在叶背面产生 3 ~ 5 个黑褐色凸起于叶表面的小粉堆,即冬孢子堆。随着病害的发展,冬孢子堆数量逐渐增加,此时针叶萎黄,逐渐干枯脱落,使树木生长势减弱,影响落叶松的生长,严重的导致树木死亡。

• 发病规律:落叶松褐锈病主要发生在苗圃和幼林内。1 ~ 2 年生的苗木和 3 ~ 6 年生的幼龄林受害严重,大树受害轻。在 9 月下旬以落地针叶上的冬孢子越冬,越冬的冬孢子在适宜条件下5 h即可萌发,翌年的6、7月就能发病。一般降雨多、湿度大发病严重;干旱、湿度小发病较轻;冬季温度低,第二年发病轻;冬季温度高,第二年发病重。常集中连片发生,落叶松褐锈病发生的地块常有落叶松早落病的发生。

• 综合防治措施:可采用百菌清油剂低量喷雾防治苗圃地和幼林内发生的落叶松褐锈病,防治效果达到58%。也可在5—6月发病前喷洒波尔多液、石硫合剂等,能够起到预防作用。可于春秋两季把林地、菌圃地内落叶松落叶集中成堆,点燃烧毁,可降低落叶松的发病率,但要注意防火。在苗圃地内还要注意苗木栽植不能过密,通风降湿,防止徒长,提高抗病力。对于已经郁闭的林分,可利用百菌清烟剂放烟防治,防治效果也十分明显。

②松皮小卷蛾:落叶松松皮小卷属小蛾子,以幼虫为害落叶松的枝干,对幼树产生较大危害。该虫在吉林省中东部地区分布广泛,在人工纯林内发生严重。

• 发生规律:该虫1年发生1代,以6~7龄幼虫卷曲在落叶松皮下吐丝作薄网越冬。第2年4月上旬落叶松发叶时,幼虫开始在树皮下活动危害。成虫于6月下旬开始羽化,交尾后1 d就产卵,卵多产在针叶端部背面,排成2行。树冠下部产卵最多,中部次之,上部最少。初孵幼虫活泼,稍遇惊扰即吐丝下垂。孵化后1~2 h即钻入树皮下,10 d后在靠近树皮处吐丝作圆形白色薄网,卷曲在内。再经3~5 d脱第1次皮,第2龄幼虫开始食害树木表层,形成浅而细的坑道;3龄以后已食进韧皮部,形成较宽的坑道,并排出木屑,伴有流脂,幼林受害重于中龄林,其中以7~12年生林分发生最重。疏林重于密林,林缘重于林内。

• 防治方法:选育抗虫树种。造林时适当密植,实行针阔叶树混交,加强抚育管理,使树冠尽快郁闭。保护林间寄生蜂及其他天敌。对刚侵入树皮的幼虫可用40%氧化乐果乳油1 500倍液、50%敌敌畏乳油1 000倍液、50%杀螟松乳油1 000倍液、50%马拉硫磷乳油800倍液、75%辛硫磷乳油1 000倍液喷雾防治。对成虫可用50%敌敌畏乳油1 000倍液常规喷雾。

7.1.4 桧柏

1)形态特征

桧柏属于乔木,高20 m、胸径3.5 m;树皮深灰色,纵裂,成条片开裂、裂成不规则的薄片脱落(图7.4)。幼树的枝条通常斜上伸展,形成尖塔形树冠,老龄树则下部大枝平展,形成广圆形的树冠;小枝通常直或稍成弧状弯曲,生鳞叶的小枝近圆柱形或近四棱形,径1~1.2 mm。叶二型,即刺叶及鳞叶;刺叶生于幼树之上,老龄树则全为鳞叶,壮龄树兼有刺叶与鳞叶;生于一年生小枝的一回分枝的鳞叶三叶轮生,直伸而紧密,近披针形,先端微渐尖,长2.5~5 mm,背面近中部有椭圆形微凹的腺体;刺叶三叶交互轮生,斜展,疏松,披针形,先端渐尖,长6~12 mm,上面微凹,有两条白粉带。雌雄异株,稀同株,雄球花黄色,椭圆形,长2.5~3.5 mm,雄蕊5~7对,常有3~4花药。球果近圆球形,径6~8 mm,两年成熟,熟时暗褐色,被白粉或白粉脱落,有1~4粒种子;种子卵圆形,扁,顶端钝,有棱脊及少数树脂槽;子叶2枚,出土,条形,长1.3~1.5 cm,宽约1 mm,先端锐尖,下面有两条白色气孔带,上面则不明显。

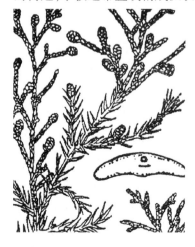

图7.4 桧柏

2)生长习性

桧柏分布甚广,产于我国内蒙古乌拉山、河北、山西、山东、江苏、浙江、福建、安徽、江西、河南、陕西南部、甘肃南部、四川、湖北西部、湖南、贵州、广东、广西北部及云南等地。各地也多栽培,西藏也有栽培。朝鲜、日本也有分布。

生于中性土、钙质土及微酸性土上,喜光树种,喜温凉、温暖气候及湿润土壤。在华北及长江下游海拔 500 m 以下,中上游海拔 1 000 m 以下排水良好之山地可选用造林。

桧柏雌雄异株,少同株。球果近圆球形,2 年成熟,径 6~8 mm,暗褐色,外有白粉,有 1~4 种子。种子扁卵形。花期为 4 月下旬,果多在翌年 10—11 月成熟。该树为喜光树种,较耐阴。喜凉爽温暖气候,耐寒、耐热。喜湿润肥沃、排水良好的土壤,对土壤要求不严,钙质土、中性土、微酸性土壤都能生长。耐旱也稍耐湿,深根性树种,忌积水。耐修剪,易整形。对二氧化硫、氯气和氟化氢抗性较强。

3)种植管理

(1)繁殖技术

①播种繁殖:选用籽粒饱满、没有残缺或畸形、没有病虫害的种子。种子进行消毒,另对播种用基质进行消毒。用温热水把种子浸泡 12~24 h,直到种子吸水并膨胀起来。按 3 cm×5 cm 的间距点播。播后覆盖基质,覆盖厚度为种粒的 2~3 倍。播后可用喷雾器淋湿,以后当盆土略干时再淋水,注意浇水的力度不能太大,以免把种子冲起来。在深秋、早春季或冬季播种后,遇到寒潮低温时,可以用塑料薄膜把花盆包起来,以利保温保湿;大多数的种子出齐后,需要适当间苗,把有病的、生长不健康的幼苗拔掉,使留下的幼苗相互之间有一定的空间,当大部分的幼苗长出了 3 片或 3 片以上的叶子后就可以移栽。

②扦插繁殖:生产上多用扦插繁殖。选 3 年生粗壮枝作插穗,长 30 cm,粗 0.5~0.7 cm,尽量随采随插,插前浸水或埋入湿沙中。常于春末秋初,用当年生的枝条进行嫩枝扦插,或于早春用去年生的枝条进行老枝扦插。进行嫩枝扦插时,在春末至早秋植株生长旺盛时,选用当年生粗壮枝条作为插穗。把枝条剪下后,选取壮实的部位,剪成 5~15 cm 长的一段,每段要带 3 个以上的叶节。进行硬枝扦插时,在早春气温回升后,选取去年的健壮枝条做插穗。每段插穗通常保留 3~4 个节,剪取的方法同嫩枝扦插。

插穗生根的最适温度为 20~30 ℃,低于 20 ℃,插穗生根困难、缓慢;高于 30 ℃,插穗的上、下 2 个剪口容易受到病菌侵染而腐烂,并且温度越高,腐烂的比例越大。

扦插后必须保持空气的相对湿度在 75%~85%。插穗生根的基本要求是,在插穗未生根之前,一定要保证插穗鲜嫩能进行光合作用以制造生根物质。但没有生根的插穗是无法吸收足够的水分来维持其体内的水分平衡的,因此,必须通过喷雾来减少插穗的水分蒸发。

扦插繁殖离不开阳光的照射,因为插穗还要继续进行光合作用制造养分和生根的物质来供给其生根的需要。但是,光照越强,则插穗体内的温度越高,插穗的蒸腾作用越旺盛,消耗的水分越多,不利于插穗的成活。因此,在扦插后必须把阳光遮掉 50%~80%,待根系长出后,再逐步移去遮光网。

③压条繁殖:选取健壮的枝条,从顶梢以下 15~30 cm 处把树皮剥掉一圈,剥后的伤口宽度在 1 cm 左右,深度以刚刚把表皮剥掉为限。剪取长 10~20 cm、宽 5~8 cm 的薄膜,上面放些淋湿的园土,像裹伤口一样把环剥的部位包扎起来,薄膜的上下两端扎紧,中间鼓起。4~6 周后

生根。生根后,把枝条边根系一起剪下,就成了一棵新的植株。

（2）移栽

先挖好种植穴,在种植穴底部撒上一层有机肥料作为底肥,厚度为 4～6 cm,再覆上一层土并放入苗木,以把肥料与根系分开,避免烧根。放入苗木后,回填土壤,把根系覆盖住,并用脚把土壤踩实,浇一次透水。

（3）修剪

在冬季植株进入休眠或半休眠期后,要把瘦弱、病虫、枯死、过密等枝条剪掉。

（4）病虫害防治

桧柏是我国北方的常绿树种之一,树形优美,挺拔壮观,观赏性、耐旱性和抗寒性强,易于移栽,被广泛应用于绿篱、行道树、单植点缀,具有很高的利用与推广价值。桧柏抗性虽然较强,但粗放管理常因病虫危害造成绿化失败,常见病虫有梨锈病、双条杉天牛等,对此应遵循"预防为主,综合防治"原则,首先创造适宜树木生长的环境条件,其次及时采取化学防治,选用高效、低毒、低残留农药或生物农药。

①桧柏锈病:梨锈病是苹果树或梨树上的重要病害,转主寄生桧柏类树木,其病原菌为梨胶锈菌或山田胶锈菌。

• 梨胶锈菌寄生:梨胶锈菌以多年生菌丝体在桧柏病部组织中越冬。病菌侵入桧柏后,10—12 月出现症状,起初在针叶、叶腋或小枝上出现淡黄色斑点,后稍肿大。翌年 2、3 月,渐次突破表皮露出单生或数个聚生的圆锥形角状物,红褐色至咖啡色,此即病菌的冬孢子角,同时该部位膨胀显著。冬孢子角突破寄主表皮而外露。3 月下旬以后冬孢子才逐渐成熟。气温在 5 ℃以上时,冬孢子角遇雨吸水膨胀成舌状胶质块,橙黄色,干燥时收缩成胶块。冬孢子萌发黄粉状的担孢子,它不能危害桧柏,只能危害转主寄生的梨树（中间寄主）等,而在转主寄生上形成的性孢子和锈孢子不能再危害梨树等,转而侵害桧柏的嫩叶或新梢,形成新的侵染循环。

• 山田胶锈菌寄生:山田胶锈菌在桧柏上以菌丝体在菌瘿中越冬,翌春形成褐色的冬孢子角,遇雨或空气潮湿时膨大,萌发大量淡黄褐色的担孢子,随风传到转主寄生如苹果等树上,侵染叶片、叶柄、果实及新梢,形成性孢子和锈孢子。锈孢子成熟随风飘至桧柏上,侵害桧柏枝条。在小枝一侧或周围形成直径 3～5 mm 的瘿瘤。病部呈黄色,起初表面平坦,至春季,菌瘿中心隆起破裂,露出深褐色鸡冠状的冬孢子角。冬孢子角遇雨吸水膨大,呈胶质花瓣状。桧柏受害严重时,小枝枯死。

• 防治方法:加强栽培管理,冬季剪除桧柏上的菌瘿和重病枝,集中烧毁。

两种锈菌的传播范围一般在 2.5～5 km,离桧柏近的苹果树或梨树,应在发芽后到幼果期（梨树萌芽期至展叶后 25 d 内）,即在担孢子传播、侵染的盛期喷药保护。可用石灰倍量式160～200 倍波尔多液或 25% 的粉锈宁可湿性粉剂 1 500 倍液喷 1～2 次,均有较好防效。10 月中旬至 11 月底,对桧柏喷施 0.3% 五氯酚钠以杀除传到桧柏上的锈孢子,如用 0.3% 五氯酚钠混合 1 波美度石硫合剂则效果更好。3 月上中旬,在桧柏上喷施 3～5 波美度石硫合剂 1～2 次或 25% 粉锈宁可湿性粉剂 1 000 倍液,可有效抑制冬孢子萌发产生担孢子。

②双条杉天牛:双条杉天牛喜产卵于树势衰弱或新移栽树木的树皮缝处。幼虫孵化后立即蛀入韧皮部危害,蛀成螺旋式或纵横交错的扁圆形不规则坑道,后钻入木质部蛀成弯曲的隧道。幼虫蛀食隧道绕树一周后,造成树势衰弱或整株枯死。幼虫在隧道化蛹并羽化过冬。

3 月中旬至 4 月中旬,成虫羽化、幼虫孵化期,可向桧柏喷 1～2 次 50% 氧化乐果乳油 200

倍液,重点喷洒树干中下部,可有效地杀灭初龄幼虫、成虫。4—5 月,为防止成虫产卵,尽量不移栽桧柏大树。用注射器向桧柏树蛀孔注入 80% 的敌敌畏乳油 30 ~ 50 倍液,毒杀幼虫。注射前清除虫道内木屑虫粪,注射后用黏土密封虫道口。

③侧柏毒蛾:1 年发生 2 代。卵在桧柏上越冬,翌年 3 月下旬开始孵化危害,蚕食树叶。5 月中旬在树叶上、树皮缝等处化蛹。5 月下旬成虫羽化、交尾,在叶上产卵 5 ~ 41 粒。6 月中旬,第一代幼虫孵化危害,7 月上旬出现第二代成虫,7—8 月危害最重,可将全株树叶吃光。9 月中旬化蛹,9 月下旬成虫羽化,在桧柏叶上产卵过冬。

6 月中旬和 7 月中下旬幼虫孵化后,用 90% 的晶体敌百虫或 80% 的敌敌畏 800 ~ 1 000 倍液杀灭幼虫。5 月下旬和 9 月中旬蛹期,在树叶、树皮缝处人工捉蛹。6 月上中旬和 9 月中下旬成虫羽化期利用黑光灯诱杀成虫,或用敌敌畏烟雾熏杀。

④蚜虫:蚜虫是较为常见的害虫,成虫和若虫刺吸桧柏嫩枝的汁液,严重时树干流黏液,招致黑霉病发生。防治时应加强桧柏的养护管理,适当修剪,增强通风透光,使树生长健壮。发现桧柏的死枝、死树干内的虫子要集中烧掉;应避开虫害多发季节,于雨季或秋季栽植。在发生期喷 40% 的乐果乳剂、25% 的亚胺硫磷乳剂或 80% 的敌敌畏乳油毒杀若虫、成虫;保护和利用害虫天敌,如异星瓢虫、草蛉、花蝽、食蚜虻及茧蜂类等。

7.1.5　雪松

1)形态特征

乔木,高达 30 m 左右,胸径可达 3 m(图 7.5)。树皮深灰色,裂成不规则的鳞状片;枝平展、微斜展或微下垂,基部宿存芽鳞向外反曲,小枝常下垂,一年生长枝淡灰黄色,密生短绒毛,微有白粉,二、三年生枝呈灰色、淡褐灰色或深灰色。叶在长枝上辐射伸展,短枝之叶成簇生状(每年生出新叶约 15 ~ 20 枚),叶针形,坚硬,淡绿色或深绿色,长 2.5 ~ 5 cm,宽1 ~ 1.5 mm,上部较宽,先端锐尖,下部渐窄,常呈三棱形,稀背脊明显,叶之腹面两侧各有 2 ~ 3 条气孔线,背面 4 ~ 6 条,幼时气孔线有白粉。雄球花长卵圆形或椭圆状卵圆形,长 2 ~ 3 cm,径约 1 cm;雌球花卵圆形,长约 8 mm,径约 5 mm。球果成熟前淡绿色,微有白粉,熟时红褐色,卵圆形或宽椭圆形,长 7 ~ 12 cm,径 5 ~ 9 cm,顶端圆钝,有短梗;中部种鳞扇状倒三角形,长 2.5 ~ 4 cm,宽 4 ~ 6 cm,上部宽圆,边缘内曲,中部楔状,下部耳形,基部爪状,鳞背密生短绒毛;苞鳞短小;种子近三角状,种翅宽大,较种子为长,连同种子长 2.2 ~ 3.7 cm。

图 7.5　雪松

2)生长习性

在气候温和凉润、土层深厚排水良好的酸性土壤上生长旺盛。要求温和凉润气候和上层深厚而排水良好的土壤。喜阳光充足,也稍耐阴,在酸性土、微碱。海拔 1 300 ~ 3 300 m 地带。北部暖温带落叶阔叶林区,南部暖带落叶阔叶林区,中亚热带常绿、落叶阔叶林区和常绿阔叶混交林区。雪松喜年降水量 600 ~ 1 000 mm 的暖温带至中亚热带气候,在中国长江中下游一带生长最好。分布于阿富汗至印度,海拔 1 300 ~ 3 300 m 地带。北京、大连、青岛、徐州、上海、南京、杭州、南平、庐山、武汉、长沙、昆明等地已广泛栽培作庭园树。

3) 种植管理

(1) 繁殖技术

一般用播种和扦插繁殖。播种可于 3 月中下旬进行,播种量为 75 kg/hm²。也可提早播种,以增加幼苗抗病能力。选择排水、通气良好的砂质壤土作为苗床。播种前,用冷水浸种 1~2 d,晾干后即可播种,3~5 d 后开始萌动,可持续 1 个月左右,发芽率达 90%。幼苗期需注意遮阴,并防治猝倒病和地老虎的危害。一年生苗可达 30~40 cm 高,翌年春季即可移植。扦插繁殖在春、夏两季均可进行。春季宜在 3 月 20 日前,夏季以 7 月下旬为佳。春季,剪取幼龄母树的一年生粗壮枝条,用生根粉或 500 mg/L 萘乙酸处理,能促进生根。然后将其插于透气良好的砂质壤土中,充分浇水,搭双层荫棚遮阴。夏季宜选取当年生半木质化枝为插穗。在管理上除加强遮阴外,还要加盖塑料薄膜以保持湿度。插后 30~50 d,可形成愈伤组织,这时可以用 0.2% 尿素和 0.1% 的磷酸的二氢钾溶液,进行根外施肥。

繁殖苗留床 1~2 年后,即可移植。移植可于 2—3 月进行。植株需带土球,并立支竿。株行距从 50~200 cm,逐步加大。生长期追肥 2~3 次,一般不必整形和修枝,只需疏除病枯枝和树冠紧密处的阴生弱枝即可。可喷洒苯来特或代森锌防治灰霉病,喷洒氧化乐果、敌百虫等防治蚧类及蛾蝶类害虫。

各种性质的土质均能适应,于黏重黄土及瘠薄干旱地上也能生长;但在积水洼地或地下水位过高处,则生长不良,甚至会死亡,系浅根性树种。易被风刮倒。幼叶对二氧化硫极为敏感,抗烟害能力很弱。幼龄苗生长缓慢。通常雄株在 20 龄以后开花,而雌株要迟上 30 龄以后才开花结籽。因花期不一,自然授粉效果较差。通常需预先采集与贮藏花粉,俟雌琼花成熟时进行人工授粉,才能获得较多的优质种子。一般用播种或扦插繁殖。播种可于 3 月下旬进行,播种量每亩 5 kg 左右,约 15 d 萌芽出土。幼苗需搭棚遮阴。扦插一般都在春秋两季进行。插穗基部如以 500 mg/L 的萘乙酸浸润 5 min,则能促进生根。插后应架设 1~2 层荫棚,并覆盖塑料薄膜,严格遮阴。插后 30~50 天叶形成愈伤组织。这时,可以以 0.2% 的尿素液和 0.1% 的磷酸二氢钾溶液进行根外施肥。繁殖苗留床 1~2 年后可移植。移植叶在 2—3 月进行,植株需带个球,并立支竿。初次移植的株行距约为 50 cm,第二次移植的株行距应扩大到 1~2 m。生长期应施以 2~3 次追肥。幼苗期易受病虫危害,尤以猝倒病和地老虎危害最烈、其他害虫有蛴螬、大袋蛾、松毒蛾、松梢螟、红蜡蚧、白蚁等,要及时防治。

(2) 病虫害防治

①灰霉病防治:灰霉病主要危害雪松的当年生嫩梢及两年生小枝。严格地可分为以下几种类型:

● 嫩梢枯梢型:主要发生在嫩梢上,初期症状同溃疡型,但当病部出现水渍状腐烂后难以形成愈合组织,当病部达到嫩梢周长的 2/3 以上时,嫩梢即自病部向下弯曲、萎蔫、枯死。病情发展迅速,从症状出现到嫩梢枯死,只需 4~5 d。雨天病部会长出一层灰霉。

● 溃疡型:主要危害雪松的嫩梢。初期在嫩梢基部产生淡褐色圆形、近圆形不规则小斑,后逐渐扩大成中部下凹的大病斑,在下凹初期呈深褐色水渍状腐烂。病愈后,原来腐烂的表皮干裂。

● 小枝枝枯型主要发生二年生小枝上。病斑主要从病死的嫩梢扩展而来。初期在枯梢和小枝交界处形成一圈赤褐色凹陷,后逐渐形成明显的病斑,病斑不开裂,有少量的树脂溢出,皮层和木质部表层呈深褐色。病斑扩展至小枝一周后,小枝上部枯死。该病的发生与流行与气候条件关系密切。

防治方法:雪松宜种植在排水良好、通风透光的地方,种植时不宜过密;对病死枯梢应及时剪除并销毁;发病期可喷 65% 代森锌可湿性粉剂 500 倍液、45% 代森铵水剂 1 000 倍液、50% 苯来特可湿性粉剂 1 000 倍液、70% 甲基托布津可湿性粉剂 1 500 倍液等。

②叶枯病防治:雪松叶枯病发病规律病菌以菌丝体(或子囊盘)在病落针叶越冬后,翌年 3—4 月形成子囊盘,4—5 月子囊孢子陆续成熟;在雨天或潮湿的条件下,因子囊盘吸水膨胀而张开,露出乳白色的子囊群;子囊孢子从子囊内挤出后进一步借气传播。病菌由雪松叶气孔侵入,经两个月左右的时间,才出现明显的症状。由于分生孢子器中产生的分生孢子萌发力很差而无侵染力,故无再侵染发生。但因子囊子孢子放射时间很长,达 3 个月左右,自春至夏都可能有新的侵染发生。在子囊孢子飞散期间,如果降水量大,湿度,有利于侵入。林地干旱,土壤僻薄,雪松遭受病虫害和管理不良等,都可能促使病害的发生。

无公害防治措施:

● 加强抚育管理,使雪松生长旺盛,增强抗病力。

● 对小面积人工林、雪松苗圃等有条件的地方,在子囊孢子飞散前清除病叶,以减少侵染来源。

● 在子囊孢子成熟后飞散期间,喷 1∶2∶200 倍量式波尔多液,0.3 ~ 0.5 波美度石硫合剂或 25% 可湿性多菌灵 400 ~ 500 倍液,或 65% 可湿性代森特 8 倍液防治 2 ~ 3 次,每次间隔 10 ~ 15 d。

4)园林用途

雪松是世界著名的庭园观赏树种之一。它具有较强的防尘、减噪与杀菌能力,也适宜作工矿企业绿化树种。雪松树体高大,树形优美,最适宜孤植于草坪中央、建筑前庭之中心、广场中心或主要建筑物的两旁及园门的入口等处。其主干下部的大枝自近地面处平展,长年不枯,能形成繁茂雄伟的树冠,此外,列植于园路的两旁,形成甬道,也极为壮观。

7.1.6　小叶榕

1)形态特征

小叶榕别名榕树、细小叶榕、万年青。小叶榕为常绿乔木,高达 15 ~ 25 m,冠幅广展;树皮深灰色;枝具下垂须状气生根;叶薄革质,椭圆形至倒卵形,长 4 ~ 10 cm,先端钝状,基部楔形,表面深绿色,干后深褐色有光泽,全缘或浅波状,基生叶脉延长,羽状脉,侧脉 5 ~ 6 对,叶柄长 5 ~ 10 mm,无毛;托叶小,披针形,长约 8 mm(图 7.6)。隐花果腋生,成熟时黄或微红色,近扁球形,直径 6 ~ 8 mm,无总梗,基生苞片 3,广卵形,宿存;雄花、雌花、瘿花同生于一榕果内,花间有少许短刚毛;雄花无柄或具柄;雌花与瘿花相似,花被片 3,广卵形,花柱近侧生,柱头短,棒形。瘦果卵圆形。

图 7.6　小叶榕

2)生长习性

原产于我国华南地区,印度、越南、缅甸、马来西亚、菲律宾等地也有分布。小叶榕喜阳,喜暖热多雨的气候,要求酸性土壤,生长适温为23～32 ℃,生长快,寿命长,为热带季雨林的代表树种,耐热、怕旱、耐湿、耐阴、抗污染、耐修剪。对风和烟尘有一定的抗性。

3)种植管理

(1)种植

①种植时间:小叶榕一年四季均可种植,最佳栽植时期为冬末春初,一般在2—3月带土球栽植。

②植穴及栽植规格:植穴大小应根据苗木根系、土球直径和土壤情况而定,比土球大20～80 cm。株行距应根据具体应用而定。道路绿化,株行距为5～6 m;庭园绿化及其他园林绿地绿化、山地绿化,可根据设计而定,一般株行距应在3～4 m以上。

③种植方法:种植前应先往植穴内垫些松土,然后将土球与穴壁间的空隙用土填满、捣实,栽植深度与原来深度一样。Ⅲ级以上苗木栽植时应搭好护架。

④抚育管理:小叶榕种植成活后要注意松土、施肥和浇水并严防摇动。小叶榕萌芽能力很强,当枝叶过密时应及时修剪,如任其生长不加破坏,数年即可成荫。如要养成乔木状,需常年进行修枝,把主干下方的侧枝及时修剪,以保证养分供应和主干通直,达到所需高度后,注意摘心整枝,培育树冠。

(2)土、肥、水管理

小叶榕怕旱耐湿,所以养护过程中要有足够的水分。新栽1～2年内的树木,要做好复土工作,必要时盖土保墒。灌溉之前,应先松土,做好土围。夏季灌溉应在早、晚进行;冬季则在中午前后进行,每次浇透浇足。灌溉可结合施肥,以提高耐旱力。

小叶榕喜肥,但施肥次数过多对榕树的生长会造成伤害。根据季节的不同,施肥量也要有所不同。冬季最好少施肥或不施肥。休眠期施一次基肥,以保证下一年的营养。施肥时,肥料不能沾污枝叶,以免烧伤。施肥要从效果和环境卫生方面考虑,应采用沟施或穴施,沟(穴)应开在树冠的冠缘线下,深度视根的深度而定,一般为25 cm,施肥不能与粗根接触,施后将沟(穴)填平。化肥要与有机肥交替使用。磷肥、尿素作根外喷施,根外喷施宜在清晨或黄昏时进行,以叶面湿润为度。

(3)病虫害防治

小叶榕的根容易产生由各种细菌、真菌引起的根腐病或根瘤病,应注意适当喷药进行防治。小叶榕主要的虫害有灰白蚕蛾、大腿格管蓟马、榕卵痣木虱等,可以采取以下方法进行综合防治。

①重视检疫工作:区间及省外调运、移植苗木时,应加强检疫,防止某些有害生物人为地被传入。

②加强养护管理,搞好预防工作:

• 人工摘除零星发生的虫瘿、被害梢、卵块等,局部施药防治虫源株。

• 冬春季清园,将杂草落叶收集烧毁;树干涂白,破坏越冬场所,降低翌年受虫害的概率和程度。

• 冬季不宜修剪,否则易造成冻害,可较早进行修剪,修剪以病虫枝为主,修剪枝再涂白保护;春季修剪宜在2—3月进行。

● 合理间植,阻止虫害扩散。常绿与落叶树种间植、寄主植物与非寄主植物间植,树木之间的间距以 6～8 m 为宜。

③加强监测及防治:监测虫情,确定药剂防治时期,采用多种施药方法。每年4—9月,定时定点调查虫情并上报。制订统一的防治指标,根据调查、计算确定防治时期;参照虫害高峰期,结合气候条件确定防治时期,将虫害控制在高峰期以前。

④对灰白蚕蛾的防治:

● 幼虫危害期用菊酯类农药喷杀,效果良好。

● 用含 100 亿/克菌量的杀螟杆菌 1 000 倍液喷洒。

⑤对大腿榕管蓟马的防治:

● 少数植株被危害时,可用手捏杀成虫和若虫,或用肥皂水冲洗。

● 在发生病虫害高峰前期,喷洒鱼藤精乳剂(含鱼藤酮2.5%)或40%乐果乳剂500～800倍液、80%敌敌畏乳油 1 000 倍液、50% 马拉硫磷乳剂 1 000 倍液,防治效果良好。

⑥对榕卵痣木虱的防治:若虫盛发期,喷洒80%敌敌畏乳油 800 倍液、40%氧化乐果 1 000倍液、40% 速扑杀乳油 600～800 倍液或 50% 高效大功臣可湿性粉剂 800～1 000 倍液。

(4)整形修剪

小叶榕的分枝力强,所以对其进行定期的修剪很有必要。生长旺季要对植株进行抹芽,秋季进行一次大的修剪,此后不进行修剪,因为植株冬季生长较慢,不宜在冬季修剪。修枝应剪去徒长枝、并生枝、病弱枝、交叉枝等,使植株整体产生层次美。整形修剪要根据以下几方面进行。

● 小叶榕整形方式有多种,如塔形、圆柱形、圆球形、半球形、自然开心形等。

● 为平衡树势,使各主枝、侧枝均衡生长,应"强主枝强剪,弱主枝弱剪"与"强枝弱剪,弱枝强剪"相结合,枯死枝、病虫枝、徒长枝、并生枝和损生枝要及时剪去。老衰树木可以强度修剪恢复树势。

● 修剪方法:修剪时切口必须靠节,剪口应在剪口芽的反侧面,呈45°斜面,剪口要平滑,对过粗的枝条应分段截枝,防止撕裂树皮。修剪应从树冠上方至下方,由内向外进行。生长期萌发的不定芽,除应保留者外,都要在未木质化前清除,扰乱树形的根际萌蘖应及时清除。

任务7.2 落叶乔木养护技术

7.2.1 加杨

1)形态特征

加杨为落叶乔木,高约30 m(图7.7)。干直,树皮粗厚,深沟裂,下部暗灰色,上部褐灰色,大枝微向上斜伸,树冠卵形;萌枝及苗茎棱角明显,小枝圆柱形,稍有棱角,无毛,稀微被短柔毛。芽大,先端反曲,初为绿色,后变为褐绿色,富黏质。单叶互生,叶三角形或三角状卵形,长7～10cm,长枝萌枝叶较大,长 10～20 cm,一般长大于宽,先端渐尖,基部截形或宽楔形,无或有 1～2 腺体,边缘半透明,有圆锯齿,近基部较疏,具短缘毛。上面暗绿色,下淡绿色,叶柄侧扁而长,带红色(苗期特明显)。

图 7.7 加杨

雄花序长 7～15 cm,花序轴光滑,每花有雄蕊 15～25(40)苞片淡绿褐色,不整齐,丝状深裂,花盘淡黄绿色,全叶缘,花丝细长,白色,超出花盘,雌花序有花 45～50 朵,柱头 4 裂。果序长达 27 cm;蒴果卵圆形,长约 8 mm,先端锐尖,2～3 瓣裂。雌雄异株。雄株多,雌株少。花期为 4 月,果期为 5—6 月。

2)生长习性

原产美洲。中国除广东、云南、西藏外,各省区均有引种栽培。加杨喜光和湿润的气候条件,在多种土壤上都能生长,在土壤肥沃、水分充足的立地条件下生长良好,有较强的耐旱能力,在年降水量 500～900 mm 的地区生长良好,在年降水量 200～1 300 mm 的地区也能正常生长。耐寒性能较差,在最低气温 −41 ℃的黑龙江省有冻害,华北平原是最佳适生地区。

3)种植管理

(1)选地

加杨在土层深厚、肥沃、湿润的壤土或砂质壤土上生长良好;在干旱瘠薄的地方,或低湿盐碱地、粗沙土、积水茅草地,不宜选用;否则,林木生长不良,多形成“小老树”。

整地深度对于造林后林木生长具有一定的影响。整地深度,一般与苗木大小、土壤质地有关。一般整地深度 50 cm 即可。近两年来,河南各地在“四旁”植树时,多采用 70～100 cm 见方的大穴造林,效果较好。

(2)植距

“四旁”栽植,选用大苗、壮苗对于保证造林成活,加速林木生长很重要。试验表明,造林时选用一、二级苗好。如用苗高 2 m 以上,地径 1.5 cm 以上的一级苗造林,加强管理,当年生树高可达 4 m 以上,胸径近 3 cm,用苗高 1.5～2 m,地径 1～1.5 cm 者,树高可近 5 m,胸径近 3 cm;用苗高 1.5 m 以下,地径 1 cm 以下者,树高约 2.7 m,地径约 1.6 cm。

造林密度对加杨生长的影响非常显著。加杨的初植密度越大,则初期生长越快,但 4 年后,则相反,变为密度越小,生长越快。9 年后的木材材积生长,以株行距为 5 m×5 m 的最好,4 m×4 m 次之,1 m×1 m 最差。因此,在立地条件较好的情况下造林株行距以 5 m×5 m 为好。

加杨造林多用穴植。穴的大小,根据苗木大小和立地条件而定。穴的大小,一般为 50～70 cm 见方。河北省林业科学研究所等单位试验表明,加杨秋季造林后,进行截干比不截干好。截干不仅可以免除苗木因风摇动使根部透风,有利于成活生长,还可以避免有些地区造林后干梢干枯,截干后的苗干,可作种条利用。

(3)混植

根据初步调查材料表明,加杨可与刺槐、紫穗槐混交。加杨与刺槐混交,是一种较好的乔木混交林。这种混交林在土壤瘠薄、杂草丛生的情况下,可以充分发挥刺槐的有利特性,对于提早幼林郁闭,消灭林地杂草,提高土壤肥力,加速加杨生长具有重要作用。如河南省滑县,加杨与刺槐的混交林,比加杨纯林生长好,3 年生的混交林树高生长比纯林大 63%,胸径大 39%。又如河南民权农林场加杨与刺槐的带状混交林生长也好。11 年生的带状混交林内,距刺槐带 3 m 远的加杨平均树高 10 m,胸径 13 cm;距 6 m 远的平均树高 8.5 m,胸径 10 cm;距 9 m 远的平均树高 7 m,胸径 7.7 cm;距 12 m 远的平均树高 5.5 m,胸径 6.6 cm。由此可见,加杨与刺槐带状混交时,一般以 4 行一带为宜。这种混交林便于抚育和更新。在茅草丛生的地方与刺槐混交,对加杨生长有明显的促进作用。

（4）修枝

加杨造林截干后，或不截干的苗木侧芽萌发后，多形成丛状或帚状，严重地影响着生长。因此，应及时进行除蘖和摘芽工作。河北省林业科学研究所调查，除蘖的加杨树高生长加速12%～65%，地径大20%～87%。修枝强度不同，对加杨的生长和干形具有一定的影响。加杨3年内不修枝的树高、胸径生长较大，但干形较差。修枝时，一般不宜超过树高1/2。修枝时间，以春季树液未流动前或夏季生长旺盛时为好。及时松土除草，对幼林生长具有很大的促进作用。据试验表明，造林后的第一年松土除草以3次为好。当年树高3.51 m，比对照大75.5%。特别是茅草丛生的林地，应于伏天及时进行松土除草灭茅工作，否则会影响生长。据调查，在生长期间，每亩每天被茅草所吸收的水分达1 000 kg之多，养分也大量被吸收，从而导致林木生长不良，是形成"小老树"的主要原因之一。所以，必须进行除草灭茅工作。有灌溉条件时，及时灌溉施肥，作用更明显，当年生截干的幼树高达5 m，胸径近3 cm。

（5）间伐

密植的加杨，在水肥条件好的情况下，一般3～4年生时，就要进行第一次间伐。间伐后的密度，以立地条件，管理措施不同而有区别。一般保留密度为每亩74株（3×3 m）为宜。6～7年时又进行第二次间伐，保留密度为每亩26株左右（4 m×6 m，或5 m×5 m），或者再稀些。20年生左右，可采伐利用。

（6）病虫害防治

①杨叶锈病：杨叶锈病在河南各地仅于秋季发生，为害程度也轻，但应注意防治。

②白粉病：白粉病通常于9—10月为害各种杨树苗和大树叶片。防治方法：落叶期间，清除病叶烧掉；7—9月发病初期，喷0.2～0.3度石硫合剂，防止病害蔓延；消灭白粉病的中间寄主或防止中间寄主如枸杞等的白粉病为害；选择抗病品种或类型。

③光肩星天牛：成虫啃食枝干嫩皮，幼虫起初在产卵刻槽附近取食，三龄后蛀入木质部，影响树木生长，被害严重的树，易风折枯死。成虫鞘翅黑色，上面有不规则的白色毛斑，基部光滑无颗粒。幼虫前胸背板只一"凸"字形纹，无"雁"字形纹。幼虫虫道无分叉，呈"S"形或"U"形，长度在30～116 mm，由下向上伸展，粪屑（粪便加木屑）由侵入孔中推出，木屑粗长，色淡，较疏散；产卵刻槽椭圆形，多分布于枝干分杈处。

在浙江一年一代，以幼虫越冬，5月中下旬开始化蛹，6月上中旬羽化为成虫，成虫爬出孔直径约10 mm。成虫进行补充营养后不久即交尾产卵，产卵期长达两个多月，对胸高直径约7 cm的幼树，从干到大枝均可产卵，较大树木一般以在3～4 m高处产卵最多。

防治方法：成虫出现期中可以人工捕捉。幼虫尚未蛀入木质部前（浙江8月下旬）可用90%敌百虫800～1 000倍液喷射树干，以杀死其中幼虫。受害严重树木（包括其他树种）应及时砍伐，并消灭其中幼虫。

④杨白潜叶蛾和杨银潜叶蛾：杨白潜叶蛾的潜痕宽阔，颇似病斑，棕褐色，不凸起；叶背无产卵孔或网眼状食痕，叶表潜痕部分的叶脉上通常有扁圆形带网纹的卵壳，幼虫乳白色。杨银潜叶蛾的潜痕细长而弯曲，银白色，幼虫浅黄色。防治方法：可用50%马拉松乳剂或40%乐果乳剂1 000倍液喷杀孵化一周左右的幼虫。

⑤疣纹蝙蝠蛾：成虫前翅褐色，无粉色细条，后翅乌褐色。幼虫黄白色或污白色，头部和前盾板褐色，虫体各节有硬化的黄褐色斑点，体长80 mm。虫道口周围有以丝连缀的木屑和虫粪，

幼虫常在髓部蛀成圆筒形内壁光滑的通直虫道,咬食虫道周围的树皮和边材,虫道口处常呈现环状凹坑。以幼虫为害枝干。防治方法:用铁丝伸入虫道刺杀幼虫;幼虫孵化盛期用90%敌百虫1 000倍液喷杀初龄幼虫。

7.2.2 旱柳

1)形态特征

落叶乔木,高可达20 m,胸径达80 cm(图7.8)。大枝斜上,树冠广圆形;树皮暗灰黑色,有裂沟;枝细长,直立或斜展,浅褐黄色或带绿色,后变褐色,无毛,幼枝有毛。芽微有短柔毛。叶披针形,长5~10 cm,宽1~1.5 cm,先端长渐尖,基部窄圆形或楔形,上面绿色,无毛,有光泽,下面苍白色或带白色,有细腺锯齿缘,幼叶有丝状柔毛;叶柄短,长5~8 mm,在上面有长柔毛;托叶披针形或缺,边缘有细腺锯齿。花序与叶同时开放;雄花序圆柱形,长1.5~2.5 cm,粗6~8 mm,多少有花序梗,轴有长毛;雄蕊2,花丝基部有长毛,花药卵形,黄色;苞片卵形,黄绿色,先端钝,基部多少有短柔毛;腺体2;雌花序较雄花序短,长达2 cm,粗4 mm,有3~5小叶生于短花序梗上,轴有长毛;子房长椭圆形,近无柄,无毛,无花柱或很短,柱头卵形,近圆裂;苞片同雄花;腺体2,背生和腹生。果序长达2~2.5 cm。花期为4月,果期为4—5月。

图7.8 旱柳

2)生长习性

生长于东北、华北平原、西北黄土高原,西至甘肃、青海,南至淮河流域以及浙江、江苏,为平原地区常见树种。耐干旱、水湿、寒冷,中国甘肃兰州以及朝鲜、日本、俄罗斯远东地区也有分布。喜光,耐寒,湿地、旱地皆能生长,但以湿润而排水良好的土壤上生长最好;根系发达,抗风能力强,生长快,易繁殖。

3)种植管理

(1)整地与施肥

北方地区多在秋季进行深翻地,深度25~30 cm,翌年春解冻后,顶凌耙地2~3次,耙细耙匀,整平地面。做成高垄,垄底宽60 cm,垄面宽30 cm,垄高15~20 cm。结合做垄集中施足底肥,每亩施入经过充分腐熟的厩肥5 000~10 000 kg。

(2)管理方法

柳树扦插后要及时用大犁扶垄,及时灌1次透水,利于抗旱保墒,是保证扦插苗生根成活的关键。通常采取侧方沟灌,以后要根据情况,适时灌溉,一般全年要灌水6~7次,要根据气候和土壤情况适时合理灌溉。一般情况下,掌握头遍水饱灌,二遍水浅灌,幼苗发根蹲苗期少灌,旺盛生长速生期多灌、勤灌,追肥后及时灌水,生长后期为促进苗木充分木质化要停止灌水的原则。同时,要注意雨季排出圃地积水。育苗地要及时中耕除草,做到勤铲、勤膛,保持土壤疏松无杂草,一般在灌水后和大雨过后要及时进行铲膛。

7月下旬以后适当减少,8月中旬基本停止。铲膛时要注意不伤根,不碰伤苗木表皮和芽。苗木进入速生期(6—7月),每隔半个月追施一次硫酸铵,全年追肥3~4次,每次亩施硫酸铵10

kg 左右。开沟施入后及时灌水,使苗木充分吸收,"吃饱喝足",迅速生长,发挥更大的肥效作用。后期有条件可适当追施磷肥(过磷酸钙)。追肥不宜过晚,8 月以后追肥易引起苗木徒长,苗梢木质化程度差,冬季易产生冻梢,影响苗木质量。及时摘芽修枝,一般扦插后插穗地下部分尚未生根,地上部分即长出很多萌条,必须及时在其尚未木质化前摘芽(或称除蘖),减少插穗水分和养分的过度消耗。当新苗长到 6~10 cm 高时,选择一个粗壮端直的萌条,摘除其余的,使其具有明显主干。

柳树主干上易很早抽出侧枝,要及时摘芽修枝,以免影响高生长。摘芽要进行多次,5—7 月除保留主干 3/5 的枝条外,要摘除苗木上的腋芽,应见芽就抹,从芽的基部横向连叶一起抹掉,勿撕裂表皮,以防病虫侵入。一般摘芽修枝作业应于 8 月上、中旬停止,留下部分侧枝,抑制高生长,促进苗梢木质化,确保安全越冬。

(3)培育移植苗

为培育城乡绿化用的 2~3 年生的柳树大苗,可用 1 年生苗进行移植。也可在扦插苗育苗地,大垄单行的每隔 1 株挖 1 株,使每米长垄面留苗 2~3 株,另多余的苗木起苗移植。经过培育 1~2 年,待苗高达 2.5~3 m,地径 3.5 cm 以上,即可出圃绿化栽植。为培育有粗壮主干或开展形树冠,使树冠圆满美观,要及时进行整形修剪。公园、道路绿化用柳树大苗,要选育雄株,以利于环境卫生。

(4)病虫害防治

苗期易发生锈病,一般从发病初期每隔 10~15 d 喷洒 1 次敌锈钠 200 倍液,或波美 0.3~0.5 度的石硫合剂,连续喷洒 2~3 次。对透翅蛾,双尾天社蛾可用 40% 乐果乳剂 1 000 倍液喷洒防治。对天牛用 50% 马拉松乳剂 500 倍液,或 50% 百治屠乳剂 1 000 倍液喷洒防治。

7.2.3　山杏

1)形态特征

灌木或小乔木,高 2~5 m;树皮暗灰色;小枝无毛,稀幼时疏生短柔毛,灰褐色或淡红褐色(图 7.9)。叶片卵形或近圆形,长 5~10 cm,宽 4~7 cm,先端长渐尖至尾尖,基部圆形至近心形,叶缘有细钝锯齿,两面无毛,稀下面脉腋间具短柔毛;叶柄长 2~3.5 cm,无毛,有或无小腺体。花单生,直径 1.5~2 cm,先于叶开放;花梗长 1~2 mm;花萼紫红色;萼筒钟形,基部微被短柔毛或无毛;萼片长圆状椭圆形,先端尖,花后反折;花瓣近圆形或倒卵形,白色或粉红色;雄蕊几与花瓣近等长;子房被短柔毛。果实扁球形,直径 1.5~2.5 cm,黄色或橘红色,有时具红晕,被短柔毛;果肉较薄而干燥,成熟时开裂,味酸涩不可食,成熟时沿腹缝线开裂;核扁球形,易与果肉分离,两侧扁,顶端圆形,基部一侧偏斜,不对称,表面较平滑,腹面宽而锐利种仁味苦。花期为 3—4 月,果期为 6—7 月。

图 7.9　山杏

2)生长习性

产于中国黑龙江、吉林、辽宁、内蒙古、甘肃、河北、山西等地。生于干燥向阳山坡上、丘陵草原或与落叶乔灌木混生,海拔 700~2 000 m。蒙古东部和东南部、俄罗斯远东和西伯利亚也有。

适应性强,喜光,根系发达,深入地下,具有耐寒、耐旱、耐瘠薄的特点。在 -40 ~ -30 ℃的低温下能安全越冬生长,在7—8月干旱季节,当土壤含水率仅达3% ~5%时,山杏却叶色浓绿,生长正常。在深厚的黄土或冲积土上生长良好;在低温和盐渍化土壤上生长不良。定植4 ~5 年开始结果,10 ~15 年进入盛果期,寿命较长。花期遇霜冻或阴雨易减产,产量不稳定。常生于干燥向阳山坡上、丘陵草原或与落叶乔灌木混生,海拔700 ~2 000 m。

3)种植管理

(1)选育苗地

育苗地应选择地势平坦、土壤肥沃、疏松的砂质壤土或壤土,有灌溉条件且排水良好,通风透光。播前深翻整地,每公顷施农家肥30 ~45 m³,或相应数量的厩肥做成南北畦,畦宽2.0 m,长10.0 m,埂宽0.4 m。

(2)种子处理

①沙藏处理:山杏为深休眠种子,春播要提前沙藏3个月左右。12月中旬,将筛选好的杏核用冷水浸种1 ~2 d,让种仁吸足水分,然后坑藏或堆藏。一般封冻前取体积为种子量3倍的沙子用清水拌湿,以手握可成团而不滴水、一碰即散为准。将浸泡好的种子与湿沙分层堆积在背阴且排水良好的坑内。为防止种子发霉,要在坑的中间插入秫秸,以便通风。

②催芽:将沙藏处理的种子,在播种前半个月取出,堆放在背风向阳处催芽。为使种子发芽整齐,催芽时要经常上下翻动,以便温度一致。夜间用麻袋或草帘盖上,以保持一定的温度和湿度。待种子70%破壳漏白时即可开始播种。

(3)苗期管理

幼苗出土时要经常检查,有的覆盖土厚使幼苗不能出土,要及时除去上面的厚土,待幼苗长到10 ~15 cm时,留优去劣。幼苗期要注意蹲苗,尽可能不浇水,一方面促使其根的生长,另一方面可防止立枯病的发生。在苗长到25 cm时每亩施尿素20 kg,施肥后及时浇水,浇水后必须松土。山杏的虫害较少,主要是蚜虫和杏象甲,蚜虫用40%的氧化乐果800倍液可防治,用来福灵2 000倍液可防治杏象甲。

(4)起苗方法

起苗的时间为秋季苗木落叶后至土壤封冻前,或春季土壤解冻后至苗木发芽前。起苗前一周浇水一次,起苗深度为25 cm,起苗时要防止伤根和碰伤苗木,做到随起、随分级、随假植,防止风吹日晒,以提高苗木成活率。按株行距要求,先挖好定植穴,用表土埋根,提苗踩实,使根系舒展,埋土与地表相平,作好水盆浇水,水渗后覆一层土,然后每株覆盖1 m²地膜一块。在秋季造林时,上冻前要将苗干弯曲与地面相平,埋土防寒。在春季把苗木挖出后再覆盖薄膜。

(5)株行距

山杏林一般株行距为2 m×3 m。

(6)杏林管理

①树下管理:多数山杏都生长在陡坡或缓坡的山上,立地条件差,深翻土壤比较困难,浅翻整地修好树盘即可。首先树盘内浅刨一次,捡净石块用于垒树盘,然后修好树盘。树盘大小应与树冠大小相同,坡度大的地方外沿高,里面低,随着以后管理逐年加强,树盘之间要连通,修成梯田。修树盘是保持水土的关键措施,由于山杏浇水困难,蓄水就更加重要。

②树上管理:树上管理主要包括整形修剪和病虫害防治。除了退耕坡地新栽的杏树外,原

有杏树应以更新扶壮为主。即去掉多年生干部已干朽、产量低的老树,留下四周萌生的幼树,剪掉大树上的老枝、枯枝,促进萌发新枝,随着管理的加强和技术的提高,搞好修剪。

③林中空地补植:对林中空地大,原有杏树稀疏的地方,要搞好补植提高林地利用率。

(7)病虫防治

危害为杏星毛虫和球坚介壳虫。对于杏星毛虫可在早春和夏季新幼虫孵化期间,用 90%敌百虫 0.5 kg,兑水 750~1 000 kg 喷雾;花谢后,摘除包叶消灭幼虫;早春刮树皮,集中烧毁,消灭结茧越冬幼虫。对于球坚介壳虫,在开花前,若虫开始活动时,喷波美 3~5 度石硫合剂,结合修枝,剪去有虫树枝烧毁。

7.2.4　银杏

1)形态特征

乔木,高达 40 m,胸径可达 4 m;幼树树皮浅纵裂,大树之皮呈灰褐色,深纵裂,粗糙;幼年及壮年树冠圆锥形,老则广卵形;枝近轮生,斜上伸展(雌株的大枝常较雄株开展);一年生的长枝淡褐黄色,二年生以上变为灰色,并有细纵裂纹;短枝密被叶痕,黑灰色,短枝上也可长出长枝;冬芽黄褐色,常为卵圆形,先端钝尖(图 7.10)。

叶扇形,有长柄,淡绿色,无毛,有多数叉状并列细脉,顶端宽 5~8 cm,在短枝上常具波状缺刻,在长枝上常 2 裂,基部宽楔形,柄长 3~10 cm(多为 5~8 cm),幼树及萌生枝上的叶常较而深裂(叶片长达 13 cm、宽 15 cm),有时裂片再分裂(这与较原始的化石种类之叶相似),叶在一年生长枝上螺旋状散生,在短枝上 3~8 叶呈簇生状,秋季落叶前变为黄色。

球花雌雄异株,单性,生于短枝顶端的鳞片状叶的腋内,呈簇生状;雄球花荑黄花序状,下垂,雄蕊排列疏松,具短梗,花药常 2 个,长椭圆形,药室纵裂,药隔不发;雌球花具长梗,梗端常分两叉,稀 3~5 叉或不分叉,每叉顶生一盘状珠座,胚珠着生其上,通常仅一个叉端的胚珠发育成种子,风媒传粉。

图 7.10　银杏

种子具长梗,下垂,常为椭圆形、长倒卵形、卵圆形或近圆球形,长 2.5~3.5 cm,径为 2 cm,外种皮肉质,熟时黄色或橙黄色,外被白粉,有臭叶;中处皮白色,骨质,具 2~3 条纵脊;内种皮膜质,淡红褐色;胚乳肉质,味甘略苦;子叶 2 枚,稀 3 枚,发芽时不出土,初生叶 2~5 片,宽条形,长约 5 mm,宽约 2 mm,先端微凹,第 4 或第 5 片起之后生叶扇形,先端具一深裂及不规则的波状缺刻,叶柄长 0.9~2.5 cm;有主根。

2)生长习性

银杏生于海拔 500~1 000 m、酸性(pH 5~5.5)黄壤、排水良好地带的天然林中,常与柳杉、榧树、蓝果树等针阔叶树种混生,生长旺盛。银杏为喜光树种,深根性,对气候、土壤的适应性较宽,能在高温多雨及雨量稀少、冬季寒冷的地区生长,但生长缓慢或不良;能生于酸性土壤(pH 4.5)、石灰性土壤(pH 8)及中性土壤上,但不耐盐碱土及过湿的土壤。以生于海拔 1 000 m 以下(云南 1 500~2 000 m),气候温暖湿润,年降水量 700~1 500 mm,土层深厚、肥沃湿润、排水良好的地区生长最好的地区和平共处在土壤瘠薄干燥、多石山坡过度潮湿的地方均不晚成活或生长不良。银杏为中生代遗留的稀有树种,系中国特产,仅浙江天目山有野生状态的树木。银杏的栽培区甚广:北自东北沈阳,南达广州,东起华东海拔 40~1 000 m 地带,西南至贵州、云南西部(腾冲)海拔 2 000 m 以下地带均有栽培,江苏省邳州居多,以生产种子为目的,或作园林树种。朝鲜、日本及欧美各国庭园均有栽培。

3) 种植管理

(1) 繁殖方法

银杏可采用播种育苗、硬枝扦插、蘖芽分株等方法进行有性和无性繁殖。银杏雌雄异株,为了获得种子,也可在雌株的枝条上用芽接的方法进行嫁接,这样可使植株提前开花结果,而大量繁殖幼苗。

①播种:银杏进入生殖生长期后,可利用人工或天然授粉的方法,让其多结果实。待到9—10 月种子成熟后采收、晾干,用纱布袋子贮藏于通风处,于翌年 4—5 月,气温稳定 20 ℃左右时进行播种繁殖。播种时,应将苗床深翻细耙,平整作畦,按 30~40 cm 的行间距开沟,沟深为 4~6 cm,再将种子按 6~8 cm 的间距,一粒一粒地点播在土沟里。播后浇一次透水,用细土或沙土覆盖。为了保持水分和通风良好,苗床上可铺盖一层稻草。小苗出土后揭去稻草,第二年春幼芽尚未萌发前便可进行移栽,培育健壮苗株,供给园林、庭院绿化栽培。

②扦插:用扦插的技术繁殖银杏是园艺栽培中一种普遍采用的方法。此法操作简便,技术也不复杂,一般家庭都可试行。

银杏的扦插时间宜在早春或晚秋进行。操作时,可选生长一年的健壮枝条,取出中上部位,剪成 10~15 cm 为段的长度做插穗。为了促使提早萌发新根,可用吲哚乙酸或萘乙酸 0.2/10 000~0.8/10 000 的水溶液,浸泡插穗基部 12~14 h,插入用细沙或蛭石制作的苗床。扦插时,要把插穗的大部分插入土壤中,地面上只留一个芽节,其长度最多不超过 3 cm。扦插后浇一次透水。

为了保持地温,苗床上可用竹片搭拱架,盖上塑料薄膜,加强水分管理,保持空间相对湿度。若遇光照强烈,气温太高,要注意通风。当插穗萌发新芽后要揭去薄膜,增加光照度,促进幼苗健壮生长,一般第二年早春便可进行移栽。扩大株行距,使之幼苗生长健壮。

③分株:银杏生长数年以后,植株基部有时能萌发蘖芽,蓄养者可在春季将蘖芽基部皮层割伤,壅土让基部生根。秋季落叶后,长江流域及其以南地区,可在 9 月中下旬将地下生根的蘖芽,切离母株,进行分株繁殖。

分株操作时,切割要注意保护根系。切口可用硫黄粉,或 1% 的硫酸铜水溶液涂抹消毒。栽培时,可根据自己的需要直立或斜立栽培。但是,根系要自然,不能过于弯曲伤根,栽植在微酸性或中性的砂质壤土中,覆土要严实,浇水一定要透,使土壤和根系紧密接触,保证分栽后成活。

(2) 栽培技术

①种植:

● 种植地选择:由于银杏树生长周期缓慢,其需要的营养物质及光照条件等都要求较为充足,因此立地条件尽量选择在地势高、交通方便,且兼具良好排水能力的位置。种植银杏的苗园还要注意选择土层较厚的园地,一般要求土层厚度要超过 1 m。另外,也要保证足够的光照和良好的空气流通状况,即尽量避免选择谷地等弱通风、弱光照的地方栽植银杏。银杏栽种时,对于株行距、栽种方向的配置应当注意,最好是东西方向栽植,并保持一定的栽植密度,可以选择 2 m×2 m 的栽种密度。因为银杏性喜光,东西方向栽植可以保证银杏受南北方向光照更加充足,并且较疏的密度也可以确保其在生长过程中不受其他邻树的影响。另外,银杏对于环境的适应能力较强,在酸碱性土壤中可以选择适当放宽种植密度,在含盐量高的土地中可以通过一定的酸碱度改造后进行种植。

● 种植时间选择:银杏树种植时间受气温、区位等影响,需要根据地域的不同而确定不同的种植时间。对于长江以南的地区,银杏种植的时间可以选择在秋末冬初的阶段,南方冬季的土地仍然具有一定的地温,基本能够保证银杏栽植后根系的损伤恢复需求,同时促进次年银杏的迅速成长。对长江以北的地区,银杏的种植宜延迟到春分以后。春分以后土地基本解冻,在这个时间栽植银杏可以有效地防止因土层的寒冷而导致根系损伤。

● 种植穴处理:对于银杏种植穴处理也要根据种植地的地下水位及土壤性质进行综合判断,沙土或砂质壤土的地块,种植穴应稍小,这样可以有效地进行保水。同时,种植穴的配置也要根据银杏移植时的根系情况进行决定,一般密根应大坑种植。种植穴大小一般需要设置为银杏植株根系大小的 2 倍。挖好种植穴以后,施一定量基肥,一般以施有机肥或农家肥作为基肥。

● 树苗选择:银杏树种植成活的另一个关键因素是树苗的选择,一般选择根系较发达、且树干较通直的银杏幼苗。在选苗时,还要注意要避免选择具有病虫害的幼苗,选择无病虫害影响的幼苗栽植。栽植前将银杏裸根苗的根系快速浸泡石灰水,然后用清水清洗。

● 其他注意事项:在种植的过程中,先将表土回填,后将心土堆填于植株周围形成小丘。在填土后,要将银杏树苗轻轻上拉,保证银杏根系顺畅,之后踏实植株周围土壤,并浇定根水。

②管理:

● 施肥:银杏对肥量的需求较高,是一种喜肥又耐肥的植物,因此科学的施肥是其管理的重要环节。一般来说,春季 3—4 月是银杏的长叶期,宜施促进树叶生长的肥料。一般在 2 月前后进行施肥,以速效肥混合有机肥为主,株均施氮磷钾复合肥 2～5 kg,混合有机肥如腐熟的人粪尿 5～10 kg,一般根据树的大小进行用量控制。夏季为银杏长果期,宜施促进长果的肥料,一般在每年的 7 月上旬进行施肥,银杏株均施 0.5 kg 尿素。施肥后如遇持续干旱,应适当地进行补水浇水。秋季为银杏落叶期,宜施用营养树体的肥料。9—10 月是银杏种子成熟、采收时间,之后银杏开始落叶。银杏在采收后其根系达到第二次的生长高峰期,因此采后进行施肥,以弥补银杏树体由于结果消耗的养分,确保次年继续丰产。养体的肥料一般施农家肥,施肥量以产果 1 kg 施农家肥 3 kg 为宜。

● 修剪:要定期对银杏树进行适当修剪,修剪目的是将银杏的一些枯枝、细枝、病枝等进行剪除;树形的修剪以心形或圆形为主,方便剪后树冠的生长。

● 防寒保暖:冬季通常在银杏树干上缠绕草绳,将银杏的树干包裹起来以起到防寒效果。另外,也可以选择将树干涂白进行保暖,涂白一般选用加盐的石硫合剂,在秋季进行涂白,树干涂白可以减少其对太阳辐射的吸收,降低昼夜温差的影响,涂白后的银杏树一般不会受冻。

③病虫害防治:银杏病虫害的防治要从采种、育苗、管理等种植的整个过程通过科学的手段进行控制,利用一切途径切断病虫害的来源。需要在种植园区内定点配置捕虫灯,定期进行喷洒药物预防病虫害。一旦发现植株受病虫害影响,立即进行喷药处理,防止其病虫害的蔓延。

● 银杏的病害:主要有缩叶病、褐腐病、疮痂病等。养护者可在病发期喷用波美 0.5～1 度的石硫合剂或 1∶1∶100 式波尔多液;冬季落叶后喷 4%～5% 的石硫合剂。对褐腐病可用 65%

代森锌可湿性粉剂 500~1 000 倍水溶液,还可用 50% 的退菌特可湿性粉剂 500~1 000 倍水溶液进行有效喷治。

● 银杏的虫害:主要有蛀螟、蚜虫、卷叶蛾等。莳养者可用 40% 的氧化乐果乳油剂 1 000~2 000 倍水溶液,或 2% 的氯氰菊酯乳油剂 1 000~1 500 倍水溶液进行有效喷治。

4)园林用途

银杏树形优美,春夏季叶色嫩绿,秋季变成黄色,颇为美观,可作庭园树及行道树。

7.2.5　大叶紫薇

1)特征

(1)形态特征

大叶紫薇,别名大花紫薇、百日红,树高可达 10 m,树干、树枝多曲折,树冠广阔如伞,叶密集,庇荫效果极佳;晚春萌芽长新梢,嫩叶由赭色渐变为浅赭色至油绿色,叶大有光泽;新梢每年初夏开花,花期为 5 月中旬至 7 月,花序大,花朵多且密集,花色鲜艳;果期为 10—11 月,果圆,幼果绿色,成熟后黑色,干果不脱落;入冬后叶片由绿色渐变为褐色,冬末红叶脱落,裸枝越冬(图 7.11)。

图 7.11　大叶紫薇

(2)观赏特点

大叶紫薇季相明显,观赏价值较高。春天,秃枝上长出簇簇嫩叶;盛夏,于紫薇婆娑树冠的庇荫之下,凉意宜人,片植的花海或行植的花带色彩艳丽,微风吹拂,千姿百态;秋日,挂满枝头的绿色圆果和片片红叶堪称秋色一景;冬末,观赏落叶婀娜多姿的枝干令人心旷神怡。

(3)品种与开花关系

大叶紫薇的品种按花色分类,可分紫花和红花两大类。紫花和红花又可细分为淡紫色、紫色、深紫色和粉红色、红色、桃红色等。各色紫薇是其种间自然杂交的变种,其中以紫色和淡紫色紫薇分布较多,开花也多;又以深紫色和桃红色紫薇为最佳,花色悦目,受人青睐,但其树种分布少,单株花序花朵也少。

2)生长习性

目前华南各大中小城镇普遍作为观花树种种植造景。大叶紫薇属于阳性树种,喜光,稍耐阴;喜温暖气候,耐寒性不强;喜肥沃、湿润而排水良好的石灰性土壤,耐旱,怕涝。萌蘖性强,生长较慢,寿命长。在稀疏蔽荫下虽能生长,但不能正常开花。因此花枝和花序主要分布在树冠顶部和周边,下垂枝和冠内的半阴生枝因日照不足很少开花。

3)种植管理

(1)种植

①土壤管理:大叶紫薇喜湿润、肥沃、排水良好的偏碱性土壤。

②施肥管理:大叶紫薇定植前 7~10 d 于植穴中预埋鸡粪等有机肥作基肥,以利其后的生长。幼株生长期间每月施用一次氮、磷、钾作追肥,成株后每年施有机肥或氮、磷、钾肥 2~3 次

即可。充足的肥水可使翌年大叶紫薇抽枝旺、孕蕾多、开花好。

③水分管理：大叶紫薇在生长季节要求土壤湿润。春季萌芽前浇 1 ~ 2 遍透水，在生长期应经常保持土壤湿润，但不能有积水。

（2）病虫害防治

①病害防治：大叶紫薇的主要病害有煤烟病和白粉病。

●煤烟病：煤烟病在每年 3—6 月是危害大叶紫薇的高峰期，介壳虫、蚜虫、木虱等为该病的传播媒介，主要危害叶片。植株染病以后，叶片出现褐色霉斑，并很快形成黑色煤烟状物，引起生长不良和早期落叶，严重时植株枯萎。

防治方法：及时发现并消灭介壳虫等害虫，一旦发病可用 500 倍 50% 多菌灵或 800 倍 70% 代森锰锌配以 2 000 倍 20 灭扫利等高效、低毒的药物进行叶面喷洒。

●白粉病：白粉病发生时，主要侵害大叶紫薇的嫩叶、枝、花芽。病后枝叶表面密生一层白粉状物叶片凸凹不平，花蕾不能开放，严重时叶片萎缩干枯，甚至整株枯死。

防治方法：应加强管理，创造有利的环境条件，使植株生长健壮，提高抗病能力。发病初期，发现病叶，及时摘除烧毁，减少传染源。在药物方面应采取一定的措施，如在植株发病之前，每隔 7 ~ 10 d 喷洒一次 100 ~ 200 倍液波尔多液，防止病害的发生。

②虫害防治：大叶紫薇主要虫害为介虫、叶蜂和栗黄枯叶。

●介壳虫：防治介壳虫，一是结合冬季修剪，剪去虫枝虫叶，集中销毁，平时用毛刷、竹片等清除虫卵与幼虫；二是用药物杀灭各类介壳虫。

●叶蜂：叶蜂属食叶害虫，它将植株叶片咬得残缺不全，影响花期。因此，应在每年春夏之交，密切注意叶蜂的动向，如果发现，应采用相应药物喷洒在植株嫩梢上对其进行诱示或进行人工捕杀。

●栗黄枯叶蛾：栗黄枯叶又名青枯叶，属鳞翅目、枯叶科。黄枯叶以幼虫吃叶危害植株此虫在广州每年可发生 3 ~ 4 代，最末一代在 11 月上旬出现。成虫飞翔能力较强，有趋光性。死亡率在 96% 以上，毒杀 4 ~ 5 龄幼虫，死亡率可达 92% 以上。相对湿度较大时，可用僵菌进行防治。

（3）整形修剪

①修剪时间：

●第一次休眠期修剪：大叶紫薇的落叶期较晚，宜在落叶后冬末初春的 2—3 月植株进入休眠期时修剪，最适宜时间是在春芽萌发前的 10 ~ 15 d 前后，此时，修剪有利于集中树体营养促进春芽萌发长成健壮新梢——花枝。

●第二次生长期修剪：宜在抽花序后至开花前的初夏即 5 月中旬进行。

●第三次花后修剪：可选在末花期后的幼果期进行，修剪后能促使秋梢萌发，在当年有较长时间的生长，有利于多培育翌年开花健壮母枝，但是在末花期后过早修剪，会促使母枝新发秋梢二次开花。如果夏季不进行花后修剪，则可作秋季观果欣赏，待至果熟前再进行修剪。

②修剪强度：大叶紫薇耐修剪，萌芽力强。一年生至多年生枝条经不同强度的冬末初春修剪后，萌发的春梢都能在夏季开花。

修剪强度对开花母枝而言可分为轻剪、中剪和重剪。轻剪即从母枝长 2/3 处短截，剪去1/3 的末梢，保留长母枝，剪后萌发的新梢花枝多，但花序较短；中剪即在母枝长 1/2 处短截剪去，留下中长母枝，萌发的新梢较健壮，花序也较大，花蕾多；重剪即剪去母枝长度的 2/3，留下短母枝,其萌发的新梢多能发育成健壮花枝,序大花多。

③修剪方法:

●休眠期修剪:首先要注意整形修剪,即把那些伸出树冠的过长的枝条和乱枝剪去,保持树冠面整齐美观;其次,对上年花后已剪去残花果穗萌发的秋梢,其生长时间较长,芽眼饱满,应采用轻剪或中剪,长势强的可轻剪,长势弱的可中剪,促进母枝腋芽多分生健壮的侧枝发育成花枝。对上年花后未修剪而带果实越冬的结果母枝,因其营养积累少,应适当重剪,短截枝条的1/2～2/3,保留基部芽眼较饱满的短母枝,以集中营养供应新梢发育成花枝。同时对那些往年生的过密枝、交叉枝和直立枝应从基部剪去。

●生长期修剪:修剪原则是轻剪疏剪,即把那些没有抽生花序的生长枝剪去顶三四节,以抑制延长生长,促进花芽分化,长出新花枝;同时把那些长势差和密度大的花枝及错位交叉枝、阴生枝、直立枝、徒长枝等从基部剪去,以利通风透光,集中营养供应花枝发育开花。

●花后修剪:一般宜在花谢后至幼果期进行,按中度至强度修剪方法短截花枝,保障新长的秋梢于入冬前有较长的时间进行营养生长和营养累积。此次修剪不宜过早,如推迟至秋后果熟前修剪,还可作观果欣赏。对水肥管理较好的可进行秋季二次开花的修剪。在花枝长度的1/3～1/2处短截,促进母枝早萌发秋梢,秋末再次开花。

7.2.6　黄槐

1)形态特征

别名黄槐决明。黄槐属落叶小乔木或灌木,高可达5～7 m;分枝多,小枝有肋条;树皮光滑,灰褐色;嫩枝、叶轴、叶柄被微柔毛(图7.12)。叶长10～15 cm;叶轴及叶柄呈扁四方形,在叶轴上面最下2或3对小叶之间和叶柄上部有棍棒状腺体2～3枚;小叶7～9对,长椭圆形或卵形,长2～5 cm,宽1～1.5 cm,下面粉白色,被疏散、紧贴的长柔毛。边全小叶柄长1～1.5 mm,被柔毛;托叶线形,弯曲,长约1 cm,早落。总状花序生于枝条上部的叶内;苞片卵状长圆形,外被微柔毛,长5～8 cm;萼片卵圆形;花鲜黄至深黄色,卵形至倒卵形;荚果扁平,带状,开裂,长7～10 cm,宽8～12 mm,果柄明显,种子10～12颗,有光泽。

图7.12　黄槐

2)生长习性

原产于印度、斯里兰卡、马来群岛等地,我国引种地区较广,从华南南部到华南北部及贵州、四川等地均有栽培。黄槐根系较浅,风大则易倒。忌积水,对土壤要求不严,能在肥力中等的微酸性或砖红壤中生长。不怕灰尘,抗烟雾能力强,能抗虫害。

3)种植管理

(1)种植

①挖穴:栽植前应根据设计要求定点定位。在栽植点上挖栽植穴,栽植穴的直径比土球直径要大30～40 cm,深度要比土球直径大20～30 cm。在挖好的栽植穴底部,加入基肥后用土堆10～20 cm的小土堆。如果栽植地土壤太差,还应加大穴的直径,采用客土法栽植。

②起苗、修剪、装运:经过围根法处理植株,起苗时把填土挖起,切断底部,适当疏剪和短截叶片,保留 4~7 个托叶即可,以减少水分蒸腾,利于成活。运输前应把枝叶向上包好,保护好尾梢,土球要用稻草包好。苗木装车时应轻抬轻放,并将苗木根部装在车的前面。长途运输时应加以覆盖,以减少风吹日晒而失水,并适当喷水保湿。

③栽植:将土球放入洞穴中,使土球立在土堆上,将树扶正,使之稳定直立;然后剪碎包扎土球的稻草等材料,并尽量取出,之后边填土边捣实。栽好后土球表面与地面相平,立即浇足水,使根系与土壤直接接触,利于成活和生长。

④栽植后的管理:栽植后应立即做好护株固植工作,立支柱支撑树木,但支撑不能打入土球或根系上。支柱一般立 3 根,并绑紧,防止大风吹动树干和吹歪树身。树干要缠上稻草保温越冬;土壤应保持湿润,如遇寒潮来要浇足水,而对稻草同样需要浇水保持湿润。雨水过多时应挖水沟排水。待树木确实成活后才能转入正常养护。

(2)土、肥、水管理

黄槐苗木种植后,对一些地径较细的林木,用竹子做架扶助,使林木不会被风吹摇动或受其他损伤。初植时,若是晴天、天气干燥、每天应喷 1~3 次水,保证穴中湿润,这样才能提高树木的成活率,以后每周淋水 2 次。为了确保树本正常生长,不受任何破坏,要挂关于保护树木有关条款的牌子。每年春、夏、秋应施肥 2~3 次,每次每株施尿素 0.1 kg(复合肥每株 50 g)并浇水,使其粗壮,并形成较大的冠幅。花前和花期追肥 2~3 次,以补充磷、钾肥为主,也可喷 0.2% 的磷酸二氢钾,使花朵肥大并延长花期。每次施肥要在穴边先挖小穴,把肥料放在穴里,然后盖上一层土,这样可减少肥料蒸发,以免造成浪费,又可保证树木能吸收到营养,促进林木的生长。当树木生长到 3 m 左右,要进行修剪整枝,同时结合松土和追肥,保证来年开花质量。

(3)病虫害防治

①病害防治:黄槐常见的病害有锈病,发病率为 30%~50%,危害叶片,可造成早期落叶。发病初期,在叶片上散生淡黄色小点,逐渐生成突起的黄褐色圆形斑,直径 1~3 mm,严重受害的叶片有数十个病斑。以后小斑突破表皮,开裂散出堆状黄粉。病斑后期为黄褐色至灰褐色,边缘略鼓起,全叶黄化,但斑点周围仍有一绿色环带,最后叶片脱落。

防治方法:冬末彻底剪除苗木的病叶,减少越冬病原。发病初期及早摘除病叶,集中掩埋,防止夏孢子飞散和侵染;发病初期喷洒 1:2:200 倍液波尔多液保护,发病初期则可喷洒 20% 粉锈宁 200 倍液,或 12.5% 烯唑醇 2 000~3 000 倍液,或 25% 萎锈灵可湿性粉剂 200~400 倍液。

②虫害防治:

●桑寄生粉蝶:成虫为彩色粉蝶,以幼虫(蚕)为害黄槐叶片,严重时整树叶片被吃光、枝条枯死。其年发生 4~5 代,卵、蛹、幼虫、成虫都非常集中,所以最好进行人工摘除,集中处理,也可用 90% 敌百虫晶体 800~1 000 倍液、或氯氰菊酯 800~1 000 倍液喷杀成虫、幼虫。

●金龟子:幼虫为害黄槐和寄主根系,成虫为害嫩叶。

防治方法:种植时施长效农药于穴中预防;杀灭幼虫用 90% 敌百虫晶体、50% 辛硫磷各 800 倍液浇灌根部,杀灭成虫则用 90% 敌百虫晶体、40% 氧化乐果各 800~1 000 倍液,或用 5% 氯氰菊酯 800~1 000 倍液喷杀。

●糠片盾蚧:植地植株过于密集,通风不良,造成环境潮湿,植株长势差时易发生,主要为害嫩枝叶。

防治方法:适当修剪寄主植物和黄槐下层枝叶,使植地通风透光,植株生长健壮。药剂防治可在卵盛孵期,用40%氧化乐果1 500~2 000倍液、25%扑虱灵可湿性粉剂2 000倍液喷雾,每隔10~15天一次,连续2~3次。

(4)整形修剪

幼树期,当植株的侧枝生长过高时,要及时去其顶芽,以保证主枝拔高生长。随着植株的成长,在保证不影响黄槐正常生长的基础上,应自下而上、分期分批剪去下层的侧枝,以促进主干的增粗和长高,并减轻风害和增加植地的通风透光度。

任务7.3　常绿灌木养护技术

7.3.1　海桐

1)形态特征

别名山矾花、七里香。海桐为常绿阔叶小乔木或灌木,高可达3 m,枝条近轮生,叶聚生枝端(图7.13)。叶面光滑,革质,狭倒卵形,长5~12 cm,宽1~4 cm,全缘,边缘平直或外卷;有柄,长2 cm;叶上面深绿色,发亮,干后暗晦无光,先端圆形或钝,常微凹入或微心形,基部窄楔形,侧脉6~8对,在靠近边缘处相结合,网脉稍明显,网眼细小。花两性,花白色或带黄绿色,芳香,花序近伞形,3瓣裂,花柄长0.8~15 cm;萼片、花瓣、雄蕊各5个;子房上位,密生短柔毛。蒴果近球形,有棱角,长达1.5 cm,成熟时3瓣裂,果瓣木质;种子多数,长4 mm,多角形,红色,有黏液,种柄长约2 mm。

图7.13　海桐

2)生长习性

海桐喜温暖湿润的海洋性气候,喜光,能耐寒冷,也非常耐暑热。黄河流域以南,可在露地安全越冬,华南地区可在全光照下安全越夏,以长江流域至南岭以北生长最佳。黄河北多作盆栽,置于室内防寒越冬。对光照的适应能力也较强,较耐阴,也颇耐烈日,但以半阴地生长最佳。

海桐对土壤要求不严,黏土、沙土、偏碱性土及中性土均能适应,但喜肥沃湿润土壤,偏碱或中性土壤生长势最盛。在干旱贫瘠地生长不良,稍耐干旱,颇耐水湿。萌芽力强,耐修剪,生长快。盆栽或地植,可用一般表土,施钙、镁、磷肥及腐熟饼肥或禽畜粪作基肥,以后可进行一般管理。

3)种植管理

(1)种植

①整地:在移植前对预备用于栽种的土地进行翻耕,并结合翻耕施用有机肥做基肥。

②确定栽植穴:栽植前应根据设计要求定点、放线。

③挖穴:单植、丛植一般穴为圆筒状,绿篱时为长方形槽,成片密植则用几何大块,可以加大株间的距离,即扩大植株的营养面积,增加日照,有利于通风透光,使植株健壮生长。

④移植:将植株带土移植,如果土壤比较肥沃,可以直接作为回填土,因此挖穴时要把表土

和底土分开,经暴晒 1～2 个月后才进行回穴,回填时将底土混上草木灰以及有机肥为主的肥料垫于底层和中层,再将表土覆盖于定植穴的上层,要将所有挖出来的土全部回穴,并培成土丘,等穴土沉实后栽植;但最好是用晒干的塘泥同样混以草木灰以及有机肥为主的肥料垫于底层和中层,再用晒干的塘泥覆盖于定植穴上层。

移植以植株水分蒸腾量极低时进行最为适宜。原因是移植时必然伤及根系,使吸水量下降,与植株水分蒸腾量失去平衡,造成植株萎蔫而影响成活。因此在无风的阴天移植最为理想,降雨前移植成活率更高。就一天来说,傍晚进行最好,这样有一夜的缓苗时间,更有利于成活。移植后浇定根水,要浇透。

(2)土、肥、水管理

海桐的管理较粗放。幼苗时期以水分管理为主,用水分调节温热变化,定植后干旱时适当浇水。冬季施一次基肥。

(3)病虫害防治

①病害防治:海桐花很少发生病害。病害主要有叶斑病,可用 1 000 倍液甲基托布津或 800 倍液多菌灵喷雾防治。

②虫害防治:海桐的主要虫害是蚧壳虫中糠蚧和吹棉蚧。这两种都属刺吸式害虫,其体外有一层蜡膜,故一般的杀虫剂效果均不佳。用吡虫啉或吡虫啉的改良剂,如万里红、顶红等,其效果较好。发现虫害,可用万里红稀释 3 000 倍喷雾灭杀。开花期常有蝇类群集,应注意防治。

注意蚜虫、地老虎、红蜘蛛的发生,湿度过大时应防止霉烂,立枯病、炭疽病,在碱性土壤中发生严重时应以综合防治为主。若采用自然土,采取客土改良、轮作、土壤消毒等措施,一般都能及时防治。土壤消毒可用硫酸亚铁、代森锰锌、辛硫磷、福尔马林等药剂或晒土壤,可以有效地防治土壤中的病虫。

(4)整形修剪

一般 4～5 年生以后,可根据观赏要求,修剪成平台状、圆球状、圆柱状等多种形状,但应自小去其顶并注意整形。6 月进行修剪为宜,因为这时萌芽力强,可长出新枝。夏季应摘心,防止徒长。如秋季修剪,新枝停止生长,萌芽慢,会使生长势变弱。

7.3.2　扶桑

1)形态特征

扶桑别名朱槿、佛桑、大红花、桑槿、状元红(图 7.14)。产于我国南部,现温带至热带均有栽培。扶桑高可达 1～3 m,小枝圆柱形,疏被星状柔毛。叶广卵形至长卵形,长 4～9 cm,宽 2 cm,先端渐尖,基部近圆形且全缘,缘有粗齿,两面无毛或背面沿脉有疏毛,表面有光泽夏秋开花,花单生于上部叶腋间,常下垂,疏被星状柔毛或近平滑无毛;萼钟形,长约 2 cm,被星状柔毛,卵形至披针形;花冠漏斗形,通常为鲜红色,直径 6～10 cm,雄蕊柱和花柱长,伸出花冠外,花梗长 3～5 cm,近顶端有关节。蒴果卵球形,直径约 2.5 cm。

图 7.14　扶桑

2)生长习性

扶桑喜光,喜温暖湿润的气候,不耐寒,喜肥沃湿润且排水良好的微酸性土。扶桑对光照有特殊要求,如光照不足会使花蕾脱落,花朵缩小,花色暗淡。因此,扶桑每天要有 8 h 以上的光照,但在盛夏需遮阳,以防止烈日灼射植株。

3)种植管理

(1)种植

①整地:在移植前对预备用于栽种的土地进行翻耕,并结合翻耕施用有机肥基肥。

②栽植穴的确定:根据种植要求定点、放线。

③挖穴:栽植穴一般为圆筒状,栽植穴的直径比土球直径要大 30 ~ 40 cm,深度要比土球直径大 20 ~ 30 cm。在树坑的侧面刻一些凹槽,以便根部能够穿透土壤。

④移植:如果土壤比较肥沃,可以直接作为回填土,因此挖穴时要把表土和底土分开,经暴晒 1 ~ 2 个月后才进行回穴,回填时将底土混上草木灰以及有机肥为主的肥料垫于底层和中层,再将表土覆盖于定植穴的上层,要将所有挖出来的土全部回穴,并培成土丘,等穴土沉实后栽植;但最好是用晒干的塘泥同样混以草木灰以及有机肥为主的肥料垫于底层和中层,再用晒干的塘泥覆盖于定植穴上层,做法同上。

移植以植株水分蒸腾量极低时进行最为适宜。因为移植时必然伤及根系,使吸水量下降,与植株水分蒸腾量失去平衡,造成植株萎焉而影响成活。在无风的阴天移植最为理想,降雨前移植成活率更高。就一天来说,傍晚进行移植最好,这样有一夜的缓苗时间,更有利于成活。

⑤修枝:在种植之前,应剪掉扶桑 1/3 ~ 1/2 数量的枝条,使植株达到一个健康的平衡状态。当灌木从苗圃中挖掘出来并经过处理以方便运送之后,会失去大部分营养根,细嫩的幼根则会负责吸收水分。在移植的灌木长出新的营养根之前,它是无法像以前一样支持所有生长活动的。因而,修枝可以通过减少幼芽来平衡根部的损失。在修枝时,首先要去除基部老化、变弱受损或拥挤在一起的枝条,但不要不加选择地将植物的顶枝剪掉。枝梢上的顶芽释放的激素,可以促进根的生长。

⑥填土:扶正植株后填土,埋土至根颈部,做圆形畦。

(2)土、肥、水管理

①土壤管理:扶桑对土壤要求不高,除盐碱土外一般均可适应,但以疏松、肥沃、排水良好的微酸性壤土或黏土壤为好。早春培土一次,每季除草、培土一次。

②施肥管理:扶桑喜肥,要经常追施腐熟有机质,促使花大且多,花期连绵。每株施猪干粪肥 50 g 与磷肥、腐熟堆肥适量拌合作为基肥;每月追施 0.2% 尿素水溶液及磷肥为主的淡薄肥 2 ~ 3 次。如遇多雨季节,可改施复合颗粒肥于根部,每株 100 g。秋后应停止施氮肥,多施磷、钾肥。

③水分管理:扶桑浇水要充足,通常每天浇水一次,以浇透为度。伏天每天早、晚各浇水一次,并需对地面喷水多次,以降温和增加空气的湿度,防止花叶早落。冬季则应减少浇水、停止施肥,使之安全过冬。

(3)病虫害防治

①病害防治:

●炭疽病:扶桑炭疽病是半知菌类刺盘孢属真菌侵染所致,主要危害叶片。发病初期在叶的表面产生暗红或黄白色水渍状小点,逐渐扩大成圆形或不规则的病斑。后期在病斑边缘形成较宽而稍隆起的黑褐色环带,病斑边缘紫红色,中间灰褐色,上面散生黑褐色小点。该病6—9月发生较多,常造成叶片黄化脱落,发生严重时可引起枝梢枯死。

防治方法:清除枯枝落叶,集中销毁。加强栽培管理,适当增施磷、钾肥,促使植株生长健壮,提高抗病力。初发病时,喷洒50%多菌灵可湿性粉剂1 000倍液,或75%百菌清可湿性粉剂600~800倍液,每隔10天喷一次。

● 叶斑病:扶桑叶斑病是半知菌类叶点霉属真菌侵染所致。病原菌大多从叶缘、叶尖侵入,向内扩展,初期形成长圆形或不规则的斑块。病斑暗灰色,病部与健康部交界处明显,边缘稍隆起暗红色。后期在病部表面着生密集的小黑点,即分生孢子器。该病常在秋末、冬初发生,导致叶片枯黄、早落,严重影响植株生长。

防治方法:清除枯枝病叶,集中销毁;加强栽培管理,提高抗病力;初发病时,喷洒1:200波尔多液,或70%甲基硫菌灵可湿性粉剂1 000倍液,每10~14 d喷一次,连续喷洒3~4次。

● 花腐病:扶桑花腐病是半知菌类葡萄孢属真菌——灰葡萄侵染所致。病原菌先从花瓣的尖端侵入,发病后,病部呈水渍状,褪色,最后花瓣变腐烂,花朵脱落。病部的灰色霉层,即分生孢子梗及分生孢子。病原菌以菌核或菌丝体在病株残体上越冬,翌年春产生分生孢子,借风雨传播,侵染危害。

防治方法:注意通风透光,降低湿度;及时摘除病花,集中销毁;发病初期,喷1:200波尔多液,或75%百菌清可湿性粉剂600~800倍液,每两周喷一次。

②虫害防治:

● 枯鳞粉蚧:扶桑的虫害主要是枯鳞粉蚧,别名柑橘堆粉蚧,是同翅目蚧总科粉科害虫。若虫和雄成虫寄生在枝条和叶片上刺吸危害植株。受害植株叶片发黄,早期脱落,植株矮小,重者枝条或整株枯死。该害虫每年可发生5~6代,世代重叠,雄虫数量较少,主要行孤雌生殖。

防治方法:结合冬、春修剪,剪除虫枝,集中销毁。人工用竹片刮除幼虫,集中烧毁。在若虫卵化期(4—5月),用40%氧化乐果或25%亚胺硫磷1 000倍液防治。

● 棉卷叶野螟:棉卷叶野螟属鳞翅目、螟蛾科。幼虫常把叶片卷成圆筒状的虫苞,隐匿其中危害叶片。轻者使花木失去观赏价值,重者将叶片吃光,致使植株枯萎。

防治方法:人工捕杀。小面积发生时用人工摘除虫苞,捏杀幼虫和蛹。将寄主附近可以隐藏幼虫的枯枝落叶清扫销毁,消灭越冬幼虫。在幼虫幼龄期进行药剂防治,每隔一周左右喷洒药剂一次,连续2~3次。药剂可用90%敌百虫500~800倍液,80%敌敌畏1 000~1 500倍液,50%辛硫磷乳油1 500倍液,40%氧化乐果1 500~2 000倍液。保护天敌。该虫的天敌有寄生于幼虫体内的螟蛉线茧蜂,幼虫到蛹期有广黑点瘤姬蜂和玉米螟大腿小蜂,此外螳螂、草蛉、小花蝽、蜘蛛等对该虫的发生也有一定的抑制作用。

(4)整形修剪

为了保持树形优美,着花量多,根据扶桑发枝萌蘖能力强的特性,可于早春前后进行修剪整形,各枝除基部留2~3芽外,上部全部剪截,修剪可促使发新枝,长势将更旺盛,株形也更美观。修剪后,因地上部分消耗减少,要适当节制水肥。

扶桑老枝不开花,花芽都生长在新梢先端的几片叶腋间,修剪的目的是增加分枝,促使多孕蕾开花。扶桑每花只开一天,修剪不好,几天才开一两朵花,大大降低了观赏价值。适度修剪能保证多花同时怒放。从小苗开始,就要修剪保留30~50个侧枝,侧枝长到5片时时摘心,每枝可抽出 2～3 个芽,经过培养基本定型。大株每个枝条长到 15 cm 时摘心。为不影响开花,可分期分批进行,每次摘除全部枝条的 1/3,每年春季还要进行一次强剪,侧枝全部短截 1/3,交叉枝、徒长枝、病虫枝、枯枝等无效枝条从基部剪掉。此外,因品种不同、长势不同,修剪也不尽相同,有的品种树形开张,枝条垂,要重剪;有的品种枝条强健可轻剪。

任务 7.4 落叶灌木养护技术

7.4.1 丁香

1)形态特征

丁香为落叶灌木或小乔木(图 7.15)。小枝近圆柱形或带四棱形,具皮孔。分枝方式假二叉分枝(实质为合轴分枝一种),冬芽被芽鳞,顶芽常缺。叶对生,单叶,稀复叶,全缘,稀分裂;具叶柄。

花两性,聚伞花序排列成圆锥花序,顶生或侧生,与叶同时抽生或叶后抽生;具花梗或无花梗;花萼小,钟状,具 4 齿或为不规则齿裂,或近截形,宿存;花冠漏斗状、高脚碟状或近幅状,裂片 4 枚,开展或近直立,花蕾时呈镊合状排列;雄蕊 2 枚,着生于花冠管喉部至花冠管中部,内藏或伸出;子房 2 室,每室具下垂胚珠 2 枚,花柱丝状,短于雄蕊,柱头 2 裂。

2)生态习性

图 7.15 丁香

主要分布在东亚、中亚和欧洲的温带地区,而中国是丁香的自然分布中心。喜光,喜温暖、湿润及阳光充足。稍耐阴,阴处或半阴处生长衰弱,开花稀少。具有一定耐寒性和较强的耐旱力。对土壤的要求不严,耐瘠薄,喜肥沃、排水良好的土壤,忌在低洼地种植,积水会引起病害,直至全株死亡。落叶后萌动前裸根移植,选土壤肥沃、排水良好的向阳处种植。丁香树还可以营造防护林,达到防风固沙、涵养水土的作用。

3)种植管理

(1)选地整地

宜选择温和湿润、静风环境、温湿变化平缓、坡向最好为东南坡的地区,并选择土层深厚、疏松肥沃、排水良好的壤土栽培。土壤以疏松的砂质壤土为宜。深翻土壤,打碎土块,施腐熟的干猪牛粪、火烧土作基肥,每亩施肥 2 500～3 000 kg。平整后,作宽 1～1.3 m、高 25～30 cm 的畦。如果在平原种植,地下水位要低,至少在 3 m 以下。有条件先营造防护林带,防止台风为害。种植前挖穴,植穴规格为 60 cm×60 cm×50 cm,穴内施腐熟厩肥 15～25 kg,掺天然磷矿粉 0.05～0.1 kg,与表土混匀填满植穴,让其自然下沉后待植。

(2)繁殖方法

主要用种子繁殖。果实 7—8 月陆续成熟。鲜果肉质坚实,每千克鲜果有 600～700 粒。开沟点播,沟深 2 cm,株行距则随育苗方式不同而异。苗床育苗,株行距 10 cm×15 cm;营养砖育苗,株行距 4 cm×6 cm。播种后盖一层细土,以不见种子为度,切不要盖上太厚。在播前搭好前棚,保持50%的郁闭度。播后19~20 d即可发芽。3个月后具3对真叶时,把幼苗带土移入装有腐殖土的塑料薄膜袋或竹箩内,每袋(箩)移苗4株,置于自然林下或人工前棚下继续培育。定植后5~6年开花结果。

(3)田间管理

● 蔽荫:1~3年生的幼树特别需要蔽荫,由于植距较宽,可在行间间种高秆作物,如玉米、木薯等,既可遮阴,又可作防护作用,还能增加收益,达到以短养长的目的。

● 除草、覆盖:每年分别在7、9、10月,在丁香植株周围除草,并用草覆盖植株,但不要用锄头翻土以伤害丁香根,林地上其他地方的杂草被割除作地面覆盖,还可作绿肥,代替天然植被覆盖地面。除草工作直至树冠郁闭而能抑制杂草的生长为止。

● 补苗:丁香在幼龄期的致死因素较多,如发现缺苗,应及时补种同龄植株。

● 排灌:幼龄丁香,根系纤弱,不耐旱,三年生以下的丁香树,干旱季节需要淋水,否则幼树干枯。开花结果期在干旱季节易引起落花落果,也要淋水,雨季前疏通排水沟,以防积水。

● 施肥:定植后,一般每年施肥2~3次:第一次在2—3月;每株施稀人粪尿10~15 kg或尿素、硫酸钙和氯化钾各0.05~0.1 kg;第二次在7—8月,除施氮肥外,每株加施0.1 kg过磷酸钙或适量堆肥和火烧土,但不宜过量和紧靠根际,以免引起灼根造成腐烂;第三次在10—12月施以厩肥或堆肥,掺适量过磷酸钙和草木灰。

● 培土:丁香树是浅根系,表土上层的细胞必须避免受伤,同时这些细根不应露在土面,若露出要用肥沃松土培土2~5 cm。

● 修枝:丁香树木需要大量修枝,但为了便于采花,可将主干上离地面50~70 cm内的分枝修去;若有几个分叉主干,应去弱留强,去斜留直,保留一个。上部枝叶不要随便修剪,以免造成空缺,影响圆锥形树冠的形成。

● 防风:防护林的设置是确保了丁香园完整的一项重要措施。此外,幼龄期在台风来临前要做好防风工作,可用绳子和竹子固定丁香植株树干,以减轻台风对丁香植株的摇动,从而减少危害。

(4)病虫害防治

①褐斑病:幼苗和成龄树都有发生,为害枝叶、果实。

防治方法:

● 可在发病前或发病初期用1:1:100倍的波尔多液喷洒。

● 清洁田园,消灭病残株,集中烧毁。

②煤烟病:主要是由黑刺粉虱、蚧类、蚜虫等害虫的为害而引起的。

防治方法:

● 发现上述害虫为害时用杀虫剂喷杀。

● 发病后用1:1:100倍的波尔多液喷洒。

③根结线虫病:由一种线虫引起,为害根部。防治方法:可用3%呋喃丹颗粒剂穴施或撒施于根区。

④红蜘蛛:为害叶片。防治方法:用0.2~0.3波美度石硫合剂和20%三氯杀螨砜稀释500倍液喷杀。两种液体混合使用效果更好。每5~7 d喷一次,连续2~3次。

⑤红蜡介壳:为害枝叶。防治方法:冬季可喷10倍松脂合剂,50%马拉松稀释1 000~1 500倍液喷杀,每隔7~15 d喷一次,连续2~3次。

⑥大头蟋蟀:为害小枝、叶、幼干。防治方法:采用毒饵诱杀。先将麦麸炒香,然后用90%晶体敌百虫30倍液,拌湿麦麸,傍晚放畦周围。

7.4.2　榆叶梅

1)形态特征

短枝上的叶常簇生,一年生枝上的叶互生;叶片宽椭圆形至倒卵形,长2~6 cm,宽1.5~4 cm,先端短渐尖,常3裂,基部宽楔形,上面具疏柔毛或无毛,下面被短柔毛,叶边具粗锯齿或重锯齿;叶柄长5~10 mm,被短柔毛(图7.16)。

花1~2朵,先于叶开放,直径2~3 cm;花梗长4~8 mm;萼筒宽钟形,长3~5 mm,无毛或幼时微具毛;萼片卵形或卵状披针形,无毛,近先端疏生小锯齿;花瓣近圆形或宽倒卵形,长6~10 mm,先端圆钝,有时微凹,粉红色;雄蕊长25~30 mm,短于花瓣;子房密被短柔毛,花柱稍长于雄蕊。

果实近球形,直径1~1.8 cm,顶端具短小尖头,红色,外被短柔毛;果梗长5~10 mm;果肉薄,成熟时开裂;核近球形,具厚硬壳,直径1~1.6 cm,两侧几不压扁,顶端圆钝,表面具不整齐的网纹。花期为4—5月,果期为5—7月。

图7.16　榆叶梅

2)生长习性

产于黑龙江、吉林、辽宁、内蒙古、河北、山西、陕西、甘肃、山东、江西、江苏、浙江等省区。中国各地多数公园内均有栽植。俄罗斯,中亚也有。喜光,稍耐阴,耐寒,能在-35 ℃下越冬。对土壤要求不严,以中性至微碱性而肥沃土壤为佳。根系发达,耐旱力强。不耐涝。抗病力强。生于低至中海拔的坡地或沟旁乔、灌木林下或林缘。

3)种植管理

(1)繁殖方法

榆叶梅种子一般于8月中旬成熟,当果皮呈橙黄色或红黄色时,即可采收,然后将采回果实取肉后晾干,经筛选后装入麻袋或通透的容器内,置于阴凉干燥通风处贮藏。

榆叶梅的繁殖可以采取嫁接、播种、压条等方法,但以嫁接效果最好,只需培育两三年就可成株,开花结果。嫁接方法主要有切接和芽接两种,可选用山桃、榆叶梅实生苗和杏做砧木,砧木一般要培养两年以上,基径应在1.5 cm左右,嫁接前要事先截断,需保留地表面上5~7 cm的树桩。

①芽接:8月底到9月中旬,在事先选做接穗的枝条上定好芽位,接芽需粗壮、肥实,无干尖和病虫害。用经消毒的芽接刀在芽位下2 cm处向上呈30°斜切入木质部,直至芽位上1 cm处,然后在芽位上方(1 cm处)横切一刀,将接芽轻轻取下,在砧木距地表3 cm处,用刀在树皮上切一个"T"形,长×宽为3 cm×2 cm,将树皮轻轻揭开再把接芽嵌入"T"形切口中,使接芽与砧木紧密结合,再把塑料带剪成窄带绑扎好即可。嫁接后,接芽在7 d左右没有萎蔫,说明已经成活,20 d左右即可将塑料带拆除。

②枝接:春季3月中、上旬,取一年生重瓣榆叶梅的枝条做接穗,长约8 cm,需保留3~4个

芽,在砧木横截面的一侧,用刀在木质部和树皮间垂直切下 4 cm 左右,将接穗的下端削成鸭嘴形,长约 3.5 cm,然后将接穗垂直插入砧木的切口处,略微"露白",再用塑料带紧紧缠绕,为了保湿可立即在周边培土,20 d 左右即可成活,一个月后将土轻轻扒开,拆去塑料带。

（2）选地栽培

榆叶梅对土壤要求不严,在深厚肥沃、疏松的砂质壤土和腐殖较多的微酸性土壤中生长良好,也可耐轻度盐碱土,以通气良好的中性土壤生长最佳,且忌低洼雨涝和排水不良的黏性土,重黏土和盐碱度偏高的土壤不宜选做育苗地。

榆叶梅播种前要事先对苗圃地进行深耕平整,通常翻耕深度以 30～50 cm 为宜,为增加土壤肥力,消灭土壤中有害病原菌以及地下害虫,可结合翻耕用 5% 辛硫磷颗粒剂或溶液与基肥混拌施入土中,一般每 1 000 kg 肥料可混入 0.25 kg 的药剂,也可将硫酸亚铁粉碎后直接撒于土中,每公顷用量约 150 kg,然后把苗圃地耙平作畦等待播种。

（3）播种

榆叶梅播种繁殖分秋播和春播两种。

①秋播:即随采随播。秋播多在 10 月中、下旬进行,播种方法可采取撒播和条播,但以条播最好,一般播种深度为 2～3 cm,播幅宽 30～35 cm,每公顷播种量为 150 kg,秋播种子事先不需进行催芽处理,可将干净提纯的种子直接播种即可,但秋播种子当年不发芽,需在苗圃地中越冬,但在播种前应用 0.5% 的高锰酸钾溶液浸种 2～3 h,或用 3% 的浓度浸种 40 min,密封 0.5 h,再用清水冲洗数次后播种,然后及时灌水越冬。

②春播:榆叶梅春季播种多在土壤解冻后的 4 月下旬或 5 月上旬进行,播种前先将冬季贮藏保存的种子筛选提纯后,用 40 ℃ 温水浸泡 2～4h,取出后与 1～2 倍量湿砂混拌后堆积在室内或棚窖内催芽,每 4～5 h 翻动 1 次,待 40% 的种子破壳萌动时,即可下种。具体做法:按 60 cm 行距南北向或东西行开沟,沟深 2～3 cm,再将种子按 3～5 cm 间隔,均匀撒布在沟内,然后从播种沟两侧雍土覆盖,随即轻轻镇压绕足透水。

（4）日常管理

榆叶梅应栽种于光照充足的地方,在光照不足的地方栽植,植株瘦小而花少,甚至不能开花;榆叶梅在排水良好的砂质壤土中生长最好,在素沙土中也可正常生长,但在黏土中多生长不良,表现为叶片小而黄,不发枝,花小或无花。榆叶梅有一定的耐盐碱能力,在 pH 值为 8.8,含盐量为 0.3% 的盐碱土中能正常生长,未见不良反应;榆叶梅怕涝,故不宜栽种于低洼处和池塘、沟堰边。

榆叶梅喜湿润环境,但也较耐干旱。在栽植时应浇好三次水,移栽的头一年还应特别注意水分的管理,在夏季要及时供给植株充足的水分,防止因缺水而导致苗木死亡。在进入正常管理后,要注意浇好三次水,即早春的返青水,仲春的生长水,初冬的封冻水。早春的返青水对榆叶梅的开花质量和一年的生长影响至关重要,这一次浇水不仅可以防止早春冻害,还可及时供给植株生长的水分,这次浇水宜早不宜晚,一般应在 3 月初进行,过晚则起不到防寒、防冻的作用。

榆叶梅喜肥,定植时可施用几锹腐熟的牛马粪做底肥,从第二年进入正常管理后可于每年春季花落后,夏季花芽分化期,入冬前各施一次。榆叶梅在早春开花、展叶后,消耗了大量养分,此时对其进行追肥非常有利于植株花后的生长,可使植株生长旺盛,枝繁叶茂;夏秋的 6—9 月为其花芽分化期,此时应适量施入一些磷钾肥,这次肥不仅有利于花芽分化,而且有助于当年新生枝条充分木质化;入冬前结合浇冻水再施一些圈肥,这次肥可以有效提高地温,增强土壤的通透性,而且能在翌年初春及时供给植株需要的养分,这次肥宜浅不宜深,施肥后应注意及时浇水,可以采取环状施肥。

(5)修剪整形

榆叶梅在园林中最常用的树形是"自然开心形"。在经嫁接成活后,待苗木长到 1 m 以上时,在 65 cm 左右处将其截断。翌年生长季在距地 45 cm 左右选留第一个主枝,自其上 10 cm 处选留第二个主枝,在第二个主枝上 10 cm 处选留第三个主枝。这三个主枝要均匀分布在不同的方向,分布角度大约呈 120°,开张角度应为 45°。

三个主枝选定后,其余枝条可少量留存做辅养枝,其余的疏除。第二年冬剪时,可对三个主枝进行短截,短截长度为枝长的 1/3,在短截时要注意树冠的平衡,强枝要轻剪,弱枝重剪,剪口下留外芽。第三年春季,要及时将邻近新生主枝的延长枝的一些新生枝进行疏除,保留一些健壮的枝条,冬剪时要继续对主枝延长枝短截,并保留一些侧枝,这些侧枝应方向一致,或全部顺时针,或全部逆时针,不可产生交叉枝。

保留下来的侧枝也应当适当短截,逐步培养成开花枝组,开花枝组在主干的间距应不小于 30 cm。花枝组培养过程中要注意中长枝和短枝相结合,这样做才可最大限度地使其着生花芽。树冠基本培养形成后的修剪主要分为夏季修剪和冬季修剪,夏季修剪一般在花谢后的 6 月进行,主要是对过长的枝条进行摘心,还要将已开过花的枝条剪短,只留基部的 3~4 个芽,以使新萌发的枝条接近。

(6)病虫害防治

①黑斑病:加强水肥管理,提高植株的抗病能力。秋末将落叶清理干净,并集中烧毁。春季萌芽前喷洒一次 5% 波美度石硫合剂进行预防,如有发生可用 80% 代森锌可湿性颗粒 700 倍液,或 70% 代森锰锌 500 倍液进行喷雾,每 7 天喷施一次,连续喷 3~4 次可有效控制病情。

②根癌病:在种子、种苗运输、栽培等过程中要加强对其检疫,一定要严防带病种子和苗木进入栽培地;栽培种植之前要及时防治各类地下害虫;在发病的植株上,要用消毒的刀具将其瘤状物切除,并随后在病造上涂白或涂波尔多液等;使用的嫁接工具也要完全消毒后再使用等。

③叶斑病:到了冬季结合植株修剪及枝叶整理,及时清除发病时留下的病斑及残留物,并集中烧毁。在植物生长盛期要加强田间管理,雨季要注意及时排水,适量施肥,以增强植株的抗病能力。在植株发病初期,要及时喷洒 75% 甲基托布津可湿性粉剂 900~1 400 倍液,或 75% 百菌清可湿性粉剂 800 倍液喷洒。

④蚜虫:其为害部位在嫩叶上,使植株生长受到影响。严重的会造成植株枯萎,叶片大面积死亡,最后整个植株死亡。防治方法:如果发现大量蚜虫发生危害时,应及时进行化学防治,防治方法:用 1:10 的比例,泡制烟叶水,大约泡制 5 h 后整株喷洒一次。可用铲蚜 1 500 倍液杀灭蚜虫,或用 1:3:300 的配比,调制出洗衣粉、尿素、水的溶液进行整株喷洒。约 2~3 次,或用 12% 氧化乐果乳剂 900 倍液或马拉硫黄乳剂 1 100~1 600 倍液喷洒一次,或敌敌畏乳油 900 倍液或高搏(70% 吡虫啉)分散粒剂 14 000~19 000 倍液喷洒一次。

⑤红蜘蛛:红蜘蛛繁殖较快,杂草,植物枝干等环境均可繁殖,其危害植物整个植株,可几代混合在植株上同时危害,其危害严重时整个植株死亡,用硫黄 + 食盐 + 水(比例 10:1:40)搅拌均匀后使用,涂"白"既可阻止老熟幼虫下树在浅土层越冬,又可在春季阻止樟丛螟的幼虫上树。40% 三氯杀螨醇乳油 1 500 倍液杀灭红蜘蛛。

⑥蓑蛾:蓑蛾在高温、干燥气候条件下容易对植株发生危害,其主要危害植物叶片。防治方法:少量发生时,可人工摘除虫、卵,并集中烧毁。虫害大量发生时,可在幼虫发生期喷洒杀灭菊酯 2 050 倍液,或 85% 敌敌畏乳油 900 倍液,或 80% 敌百虫晶体 1 500 倍液。

7.4.3　连翘

1)形态特征

连翘为落叶灌木(图 7.17)。枝开展或下垂,棕色、棕褐色或淡黄褐色,小枝土黄色或灰褐色,略呈四棱形,疏生皮孔,节间中空,节部具实心髓。叶通常为单叶,或 3 裂至三出复叶,叶片卵形、宽卵形或椭圆状卵形至椭圆形,长 2～10 cm,宽 1.5～5 cm,先端锐尖,基部圆形、宽楔形至楔形,叶缘除基部外具锐锯齿或粗锯齿,上面深绿色,下面淡黄绿色,两面无毛;叶柄长 0.8～1.5 cm,无毛。花通常单生或 2 至数朵着生于叶腋,先于叶开放;花梗长 5～6 mm;花萼绿色,裂片长圆形或长圆状椭圆形,长 6～7 mm,先端钝或锐尖,边缘具睫毛,与花冠管近等长;花冠黄色,裂片倒卵状长圆形或长圆形,长 1.2～2 cm,宽 6～10 mm;在雌蕊长 5～7 mm 花中,雄蕊长 3～5 mm,在雄蕊长 6～7 mm 的花中,雌蕊长约 3 mm。果卵球形、卵状椭圆形或长椭圆形,长 1.2～2.5 cm,宽 0.6～1.2 cm,先端喙状渐尖,表面疏生皮孔;果梗长 0.7～1.5 cm。

图 7.17　连翘

2)生长习性

连翘早春先叶开花,花开时香气淡雅、满枝金黄、艳丽可爱,是早春优良观花灌木。其果实被称为"青翘"或"老翘",是临床应用广泛的清热解毒类中药材。连翘枝开展或伸长,稍带蔓性,常着地生根,小枝稍呈菱形,节间中空,仅在节部有实髓。花期为 3—5 月,果期为 7—9 月,多丛生于山野荒坡间,萌生能力强。据调查,8～12 年生植株,4 年萌生枝上的 1 年生短枝最多,以后逐渐减少。连翘的丛高和枝展幅度不同年龄阶段变化不大,植株不断抽生新的短枝,但是高度基本维持在一个水平上。

根据不同的收获时间,连翘又可分为青翘和老翘,开始成熟的绿色果实为青翘,而完全成熟的黄色果实为老翘。与老翘相比,青翘的连翘酯苷、山萘苷、芦丁、二苯乙烯酮、没食子酸和绿原酸含量较高,炔醇、β-葡萄糖和 S-悬浮素甲醚的含量较低,青翘中木酚素和苯乙醇苷的含量高于老翘,因而其抗氧化能力较强,在中医方剂中使用频率较高。

"青翘"多不开裂,表面呈绿褐色,凸起的灰白色小斑点较少,主要特征为质硬,种子多,呈黄绿色,细长,一侧有翅。"老翘"自顶端开裂或裂成两瓣,表面呈黄棕色或红棕色,内表面多为浅黄棕色,平滑,有纵隔,主要特征为质脆,棕色种子(多已脱落),气微香,味苦。

3)种植管理

(1)选地、整地、施肥

选择酸碱度适中、深厚、肥沃、疏松的砂壤土,梯田或挖鱼鳞坑栽植,每坑施入农家肥

20~30 kg。

（2）繁殖方法

以种子繁殖和扦插繁殖为主，亦可压条繁殖和分株繁殖。

①种子繁殖法：选择生长健壮、枝条节间短而粗壮、花果着生密而饱满、无病虫害的优良单株作母株采种。于9—10月摘取成熟的果实，晒干脱出种子，沙藏。春播，4月上旬播种育苗，行距25 cm开沟，沟深2~3 cm，均匀播种，覆土2 cm，用脚踩实，20 d左右出苗。当苗高7~10 cm高时，间苗，株距保持5~7 cm，及时除草追肥，培育一年，当苗高50~70 cm时，可出圃移栽。

②扦插育苗法：选优良母株，剪取1—2年生的嫩枝，截成30 cm长的插穗，每段留3个节，用生根粉或吲哚丁酸液浸泡插口，随即插入苗床。行株距为10 cm×5 cm，一个月左右即生根发芽，当年冬季即可长成50 cm以上高的植株，可出圃移栽。

③压条繁殖：连翘为落叶灌木，下垂枝多，可于春季3—4月将母株下垂枝弯曲压入土内，在入土处用刀刻伤，埋些细土，刻伤处能生根成苗。加强管理，当年冬季至第二年早春，可割离母体，带根挖取幼苗，移栽大田定植。

④分株繁殖：连翘萌发力极强，在秋季落叶后或早春萌芽前，挖取植株根际周围的根蘖苗，另行定植。

（3）定植

将上述育好的苗定植于大田。行株距2 m×1.5 m，挖穴，穴深70 cm，穴内填些农家肥，每穴栽苗一株，栽后浇水。定植时一定要将长、短花柱的植株相间种植，才能开花结果，这是增产的关键技术。

（4）田间管理

①除草追肥：根据田间的杂草情况及时除草，每株每年要追农家肥约10 kg。

②整形修枝：树高约1 m时，茎叶生长特别茂盛，此时应剪去顶梢，修剪侧枝，有利于通风透光，对衰老的结果枝也要剪除，促进新结果枝生长。

（5）病虫害防治

贯彻"预防为主，综合防治"的植保方针，通过选用抗性品种，培育壮苗，加强栽培管理，科学施肥等栽培措施，综合采用农业防治，物理防治、生物防治，配合科学合理地使用化学防治，将有害生物危害控制在允许范围以内。

7.4.4　杜鹃

1）形态特征

落叶灌木，高3 m；分枝多而纤细，密被亮棕褐色扁平糙伏毛（图7.18）。叶革质，常集生枝端，卵形、椭圆状卵形或倒卵形或倒卵形至倒披针形，长1.5~5 cm，宽0.5~3 cm，先端短渐尖，基部楔形或宽楔形，边缘微反卷，具细齿，上面深绿色，疏被糙伏毛，下面淡白色，密被褐色糙伏毛，中脉在上面凹陷，下面凸出；叶柄长2~6 mm，密被亮棕褐色扁平糙伏毛。

花芽卵球形，鳞片外面中部以上被糙伏毛，边缘具睫毛。花2~

图7.18　杜鹃

6 朵簇生枝顶;花梗长 8 mm,密被亮棕褐色糙伏毛;花萼 5 深裂,裂片三角状长卵形,长 5 mm,被糙伏毛,边缘具睫毛;花冠阔漏斗形,玫瑰色、鲜红色或暗红色,长 3.5 ~ 4 cm,宽 1.5 ~ 2 cm,裂片 5,倒卵形,长 2.5 ~ 3 cm,上部裂片具深红色斑点;雄蕊 10,长约与花冠相等,花丝线状,中部以下被微柔毛;子房卵球形,10 室,密被亮棕褐色糙伏毛,花柱伸出花冠外,无毛。蒴果卵球形,长达 1 cm,密被糙伏毛;花萼宿存。花期 4—5 月,果期 6—8 月。

杜鹃经过人们多年的培育,已有大量的栽培品种出现,花的色彩更多,花的形状也多种多样,有单瓣及重瓣的品种。

2) 生长习性

原产于东亚,生长在海拔 500 ~ 2 700 m 的高度。野生物种分布于中国、日本、老挝、缅甸和泰国。杜鹃生于海拔 500 ~ 2 500 m 的山地疏灌丛或松林下,喜欢酸性土壤,在钙质土中生长得不好,甚至不生长。因此土壤学家常常把杜鹃作为酸性土壤的指示作物。杜鹃性喜凉爽、湿润、通风的半阴环境,既怕酷热又怕严寒,生长适温为 12 ~ 25 ℃,夏季气温超过 35 ℃,则新梢、新叶生长缓慢,处于半休眠状态。夏季要防晒遮阴,冬季应注意保暖防寒。忌烈日暴晒,适宜在光照强度不大的散射光下生长,光照过强,嫩叶易被灼伤,新叶老叶焦边,严重时会导致植株死亡。冬季,露地栽培杜鹃要采取措施进行防寒,以保其安全越冬。观赏类的杜鹃中,西鹃抗寒力最弱,气温降至 0 ℃ 以下容易发生冻害。

3) 种植管理

(1) 土壤

杜鹃是喜阴的植物,太阳的直射对它生长不利,所以杜鹃专类园最好选择在有树影遮阴的地方,或者在做绿化设计时,就考虑到这一点,有意地在专类园中配置乔木。杜鹃喜排水良好的酸性土壤,但由于各专类园和景观都要用水泥做道路和铺装,使得杜鹃栽植地土壤板结,碱性严重,所以必须把栽植地的土壤进行更换,并加一定量的泥炭土。

长江以北均以盆栽观赏。盆土用腐叶土、沙土、园土(7:2:1),掺入饼肥、厩肥等,拌匀后进行栽植。一般春季 3 月上盆或换土。长江以南地区以地栽为主,春季萌芽前栽植,地点宜选在通风、半阴的地方,土壤要求疏松、肥沃,含丰富的腐殖质,以酸性砂质壤土为宜,并且不宜积水,否则不利于杜鹃正常生长。栽后踏实,浇水。

(2) 栽种

杜鹃最适宜在初春或深秋时栽植,如在其他季节栽植,必须架设荫棚,定植时必须使根系和泥土匀实,但又不宜过于紧实,而且使根茎附近土壤面呈弧形状态,这样既可保护植株浅表性的根系不受严寒的冻害,又有利于排水。

(3) 温度

4 月中、下旬搬出温室,先置于背风向阳处,夏季进行遮阴,或放在树下疏荫处,避免强光直射。生长适宜温度 15 ~ 25 ℃,最高温度 32 ℃。秋末 10 月中旬开始搬入室内,冬季置于阳光充足处,室温保持 5 ~ 10 ℃,最低温度不能低于 5 ℃,否则停止生长。

(4) 浇水

杜鹃对土壤干湿度要求是润而不湿。一般春秋季节,对露地栽种的杜鹃可以隔 2 ~ 3 d 浇一次透水,在炎热夏季,每天至少浇一次水。日常浇水,切忌用碱性水,浇水时还应注意水温不宜过冷,尤其在炎热夏天,用过冷水浇透,造成土温骤然降低,影响根系吸水,干扰植株生理平衡。

栽植和换土后浇一次透水,使根系与土壤充分接触,以利根部成活生长。生长期注意浇水,从3月开始,逐渐加大浇水量,特别是夏季不能缺水,经常保持盆土湿润,但勿积水,9月以后减少浇水,冬季入室后则应盆土干透再浇。

(5)湿度

杜鹃喜欢空气湿度大的环境,但有些杜鹃专类园都建在广场、道路两旁,空气流动快,比较干燥,所以必须经常对杜鹃叶片进行喷水或对周围空气进行喷雾,使杜鹃园周围空气保持湿润。

(6)施肥

在每年的冬末春初,最好能对杜鹃园施一些有机肥料做基肥。4—5月杜鹃开花后,由于植株在花期中消耗掉大量养分,随着叶芽萌发,新梢抽长,可每隔15 d左右追一次肥。入伏后,枝梢大多已停止生长,此时正值高温季节,生理活动减弱,可以不再追肥。秋后,气候渐趋凉爽,且时有秋雨绵绵,温湿度宜于杜鹃生长,此时可做最后一次追肥,入冬后一般不宜施肥。

合理施肥是养好杜鹃的关键,喜肥又忌浓肥,在春秋生长旺季每10 d施一次稀薄的饼肥液水,可用淘米水、果皮、菜叶等沤制发酵而成。在秋季还可增加一些磷、钾肥,可用鱼、鸡的内脏和洗肉水加淘米水和一些果皮沤制而成。除上述自制家用肥料外,还可购买一些家用肥料配合使用,但切记要"薄"肥适施。入冬前施一次干肥(少量),换盆时不要施盆底肥。另外,无论浇水或施肥时用水均不要直接使用自来水,应酸化处理(加硫酸亚铁或食醋),在pH值达到6左右时再使用。

(7)修剪

修剪整枝是日常维护管理工作中的一项重要措施,它能调节生长发育,从而使长势旺盛。日常修剪需剪掉少数病枝、纤弱老枝,结合树冠形态删除一些过密枝条,增加通风透光,有利于植株生长。对于杜鹃园需经常检查,发现有枯枝、病枝,应及时清除,以减少病虫害在杜鹃中蔓延。

蕾期应及时摘蕾,使养分集中供应,促花大色艳。修剪枝条一般在春、秋季进行,剪去交叉枝、过密枝、重叠枝、病弱枝,及时摘除残花。整形一般以自然树形略加人工修饰,随心所欲,因树造型。

(8)花期

若想春节见花,可于1月或春节前20天将盆花移至20 ℃的温室内向阳处,其他管理正常,春节期间可观花。若想五一见花,可于早春萌动前将盆移至5 ℃以下室内冷藏,4月10日移至20 ℃温室向阳处,4月20日移出室外,五一可见花。因此,温度可调节花期,随心所愿,四时开放,另外,花后即剪的植株,10月下旬可开花;若生长旺季修剪,花期可延迟40 d左右;若结合扦插时修剪,花期可延迟至翌年2月。因此,不同时期的修剪,也影响花期的早晚。

(9)病虫害防治

①褐斑病:是杜鹃一种主要病害。病害初发时,叶面上出现褐色小斑点,逐渐发展成不规则状大斑点,病斑上产生许多黑色或灰褐色小点,使受害叶片变黄、脱落,影响当年开花及来年花蕾的发育。这种病常发生于梅雨季节湿度大的时候。治疗方法是平时要注意让植株通风透光,不使湿度过大,并增施有机肥及氮磷钾混合肥,增强植株抗侵染及生长能力。如果发现病叶要及时摘除,集中烧毁。病害发生初期,喷洒0.5%波尔多液或0.4%波美度石硫合剂,并加4%面粉增加黏附力。叶斑病、黑斑病也可以用同样方法治疗。

②黄化病:缺铁黄化病常发生在土壤偏碱的地区,病情轻时,只出现植株迟绿现象;严重时,叶组织可全部变黄,叶片边缘枯焦。发病时,以植株顶梢的叶片上表现最为明显,一般皆由内部缺铁所造成。防治方法是改变土壤中缺铁性质,降低土壤碱度。增施有机肥改造黏质土壤。对缺铁植株可直接喷洒 0.2% ~ 0.3% 硫酸亚铁液。也可在植株周围土壤上用筷子戳几个深 15 cm左右的孔,用1:30 的硫酸亚铁水溶液慢慢注入,将孔注满,以增加土壤酸性、减少碱性。

③黑斑病:发病情况及发病环境条件与褐斑病类似,防治也可采用类似办法。

④军配虫:军配虫成虫体小而扁平,长约 4 mm,黑色,是对常绿杜鹃危害最严重的一种害虫,常在叶片背后刺吸叶液为害,被害处叶面上面出现黄白色斑点,使叶片脱落,造成树势衰弱,影响生长及开花。温室中杜鹃极易发生此虫。防治方法主要是用药物喷杀。可用90% 敌百虫原药 1 000 倍液或40% 氧化乐果乳油 1 500 倍液或50% 杀螟松乳剂 1 000 ~ 1 500 倍液喷洒防治。

⑤蚜虫:主要危害杜鹃幼枝叶,轻者可使叶片失去绿色,重者使叶片卷缩,变硬变脆,不能吸收养分,影响开花。防治方法是平时要特别注意越冬期的蚜虫,入冬后可在植株上喷洒一次5° 的石硫合剂,消灭越冬虫卵,铲去花卉附近杂草,消灭虫源。在蚜虫危害期,用40% 的乐果或氧化乐果加 1 200 倍水制成溶液进行连续喷治,3 ~ 4 次即可见效。

⑥短须:是杜鹃重要害虫之一,常在叶片背面主脉附近刺吸汁液,使叶背形成许多油渍田块,最后引起叶片脱落。此虫倒卵形,体长约 0.3 mm,体扁平,体色有红、暗红、木红,体背有不规则黑色斑点,体侧有不规则黑色斑块。此虫以夏季天热干燥时最多见,降雨量多时随即减少。防治方法是在 10 月中下旬和 3 月各喷一次 0.5% 波美度石硫合剂或喷 25% 杀虫水剂 500 倍液。

7.4.5　木槿

1)形态特征

木槿别名木锦、面花、篱障花、朱槿、赤槿、朝开暮落花。木槿为落叶灌木或小乔木,高可达 3 ~ 4 m(图 7.19)。小枝灰褐色,皮孔明显,幼时密被柔毛,以后逐渐脱落。根鲜黄色。单叶互生,卵形至菱状卵形,基部广楔形或圆形,先端常具三尖裂,有 3 条明显的主脉,叶缘有锐或钝锯齿或深浅不同的三裂,叶柄有毛。花单生叶腋或小枝顶端,基部有 6 ~ 7 个线形小苞;萼钟形 5 裂,有毛;花冠钟形,有红、白、蓝、紫等多样颜色,5 裂,基部与雄蕊筒相连。雄蕊多数,结合成筒。子房5 室;蒴果长圆形,先端具长嘴,被星状绒毛,背裂;种子黑褐色,背部具棕色长毛。花期为 7—9 月,果期为 8—10 月。

图 7.19　木槿

2)生长习性

我国自东北南部至华南各地均有栽培,尤以长江流域为多。木槿喜光、耐半阴,适宜种植于阳光充足处,在疏林边缘也可正常生长,但在背阴处、大树下生长不良。木槿喜温暖湿润的气候,也较耐寒,但小苗耐寒力相对较差。栽植时除应适当选择大规格(3 年生以上)苗木外,还应尽量种植于背风向阳处,避免种植于高坡、风口,以防冻害。木槿在轻黏土、壤土及素砂土中均能正常生长,在砂质壤土中生长状况最好。木槿有一定的耐盐碱力,在 pH 值为 8.8、含盐量为 0.3% 的盐碱土中能正常生长。其耐旱但怕水渍,适宜种植于高燥之处,在低洼处种植极易因烂根而死亡。同样,在池塘、沟渠边也不适宜种植。木槿对空气质量要求不高,对二氧化硫、氯气等有毒有害气体有较强的抗性,可用于道路绿化。

3) 种植管理

(1) 种植

木槿对土壤要求不严格,一般可利用房前屋后的空地、山坡地、边角荒地种植,也可作为绿篱在菜地、果园四周单行种植,或成片种植进行专业化生产。木槿可采用单行垄作栽培,垄间距为 110 ~ 120 cm,株距为 50 ~ 60 cm,垄中间开种植穴或种植沟。木槿移栽定植时,种植穴或种植沟内要施足基肥,一般以垃圾土或腐熟肥等农家肥为主,配合施入少量复合肥。移栽定植最好在幼苗休眠期进行,也可在多雨的生长季节进行,移栽时要剪去部分枝叶以利成活。定植后应浇一次定根水,并保持土壤湿润,直到成活。

(2) 土、肥、水管理

①土壤管理:木槿在轻黏土、壤土及素砂土中均能正常生长,在砂质壤土中生长状况最好。木槿有一定的耐盐碱力。规模种植应选择以土壤肥沃、排灌方便、地形平坦的农田或低缓坡山地为主。

②施肥管理:木槿喜肥,常施肥的植株比只施基肥的植株长势壮,花大色艳,且抗病能力强。在种植时,可使用腐熟发酵的固肥作基肥,此后于每年早春及初夏木槿即将开花时和秋末各施用芝麻酱渣或烘干鸡粪,可使植株生长旺盛,花多且大。对于植株生长不良或明显缺乏营养的,可对叶面喷施氮、磷、钾复合肥,能起到增强树势的作用。入秋后一般不施肥,以防止枝条徒长而在冬季遭受冻害。

③水分管理:新植苗木种植后应马上浇头水,两天后浇二水,五天后浇三水,此后根据土壤墒情浇水。一般在第一个生长期内浇 5 ~ 7 次水,立秋后应适当控制浇水量,防止枝条徒长而木质化程度低。11 月初应浇足浇透防冻水,翌年 3 月初可浇解冻水。4 ~ 5 月,由于春季季风持续时间长,且气温回升较快,因此也应浇 2 ~ 3 次水,浇水应浇足浇透。若春季缺水易导致植株叶片窄小发黄,花小或不能完全开放。夏季雨天应少浇水或不浇水,大雨过后还要及时排水,并在适当的时候松土,增加土壤的通透性,防止因积水而烂根。

(3) 病虫害防治

①病害防治:木槿常见的病害是霉污病,多发生于高温高湿的天气;还有叶斑病和锈病危害。

防治方法:日常应加强水肥管理,合理修剪,使植株通风透光。夏季到来前还可喷施 75% 百菌清可湿性粉剂 800 倍液进行预防。发生叶斑病和锈病危害,可用 65% 代森锌可湿性粉剂 600 倍液喷洒。

②虫害防治:虫害有蚜虫、粉虱、金龟子、卷叶蛾、刺蛾等害虫危害。

防治方法:如有虫害发生,可用 3 000 ~ 4 000 倍液 2.5% 溴氰菊酯乳油或 40% 氧化乐果乳油 1 000 倍液进行防治。夏季偶尔有刺蛾危害,可喷施敌百虫等农药防治。

（4）整形修剪

①修剪类型：根据木槿枝条开张程度不同，可将木槿分为两类。

• 直立型：直立型木槿枝条近直立，萌芽力强，成枝力相对较差，不耐长放，可将其培养改造成有主干开心形，即主干上留3～4个主枝，每个主枝上留1～2个侧枝，其余全部疏除。

• 开张型：开张型木槿枝条开张，易抽生旺枝和中花枝，对修剪反应较敏感，可将其培养成丛生灌木状，即无主干或主干极短，主枝数较多，一般4～6个。

②修剪方法：

• 用作花篱的木槿，在栽植后进行第一次修剪，以后每年初冬进行一次修剪，主要是保持绿篱的美观。

• 对于片植、孤植的木槿，可疏除冗杂的小枝，对于已开花的枝条应进行短截，留8～12 cm。

• 对花圃中已成形的主干开心形的木槿应以培养中、短花枝开花为主，可于每年秋季落叶后将长枝适当短截，疏去过密枝、下垂枝、交叉枝、病虫枝、内膛枝。冬剪时对中花枝在分枝处短截，可有效地控制树势和促进开花。另外，如果不需要留种，花谢后要及时将残花剪除，以免其结果，消耗养分。

7.4.6　紫薇

1）形态特征

紫薇别名痒痒树、百日红。紫薇树冠不整齐，枝干多扭曲，树皮薄片状剥落，小枝略呈四棱形，常有狭翅（图7.20）。单叶对生或上部互生，叶椭圆形，长3～7 cm。圆锥花序顶生，呈红、紫、白等色，茎25～30 cm。瓣6片，蒴果，径约1.2 cm。花期为6—9月，果期为9—10月。

图7.20　紫薇

2）生长习性

我国华东、华中、华南及西南均有分布，各地普遍栽培。紫薇对环境条件的适应性较强，耐干旱和寒冷；对土壤要求不严，但种植在肥沃、深厚疏松、呈微酸性或酸性的土壤中生长健壮；怕涝，忌种在地下水位高的低湿地方；喜光，生长和开花都需充足的阳光，也略耐阴；在温暖湿润的气候条件下生长旺盛。具有较强的抗污染能力，抗二氧化硫、氟化氢、氯气等有毒气体。

3）种植管理

（1）种植

移植在秋季落叶后至春季芽萌动前进行，小苗移植可裸根，大苗移植需带土球，定植时施堆肥，连灌2次透水，以后适时灌水、松土、除草。植苗时要保持根系完整，栽植地点应选择阳光充足、湿润肥沃、排水良好的壤土。

（2）土、肥、水管理

①土壤管理：紫薇喜湿润肥沃、排水良好的壤土，每年松土2～3次，几次浇水后为防板结，也应注意松土。干旱季节可进行树盘覆盖。

②施肥管理：紫薇施肥一般在冬季或早春，每株可施10～15 kg腐熟的人类粪尿或2～4 kg

有机肥,5—6 月追施少量的无机肥。对于小苗,生长季节应施以氮肥、复合肥,以加速苗木生长。

③水分管理:整个生长季度应经常保持土壤湿润,春旱时 15 d 左右浇一次水;秋季开花期不宜浇水太多,一般 25 d 左右浇水一次;入冬季节浇足防冻水。

(3)病虫害防治

①病害防治:

• 褐斑病:褐斑病在紫薇生长季节常常发生,严重时导致叶片大量枯黄、脱落,影响开花及观赏。

防治方法:及时清除病枝、病叶,并集中烧毁或深埋,以减少病菌来源。加强栽培管理,整形修剪,使植株通风透光。家庭盆栽的植株最好每年更换新土。发病初期可喷洒 50% 多菌灵可湿性粉剂 500 倍液、65% 代森锌可湿性粉剂 1 000 倍液、75% 百菌清可湿性粉剂 800 倍液。

• 煤污病:黑色霉层或黑色煤粉层是该病的重要特征。煤污病主要侵害叶片和枝条,病害先是在叶片正面沿主脉侵染,后逐渐覆盖整个叶面,严重时叶片表面、枝条甚至叶柄上都会布满黑色煤粉状物,这些黑色煤粉状物会阻塞叶片气孔,妨碍正常的光合作用。

防治方法:合理安排种植密度,及时修剪病枝、多余枝,以利通风、透光,从而增强树势,减少发病。做好紫薇绒蚧、紫薇长斑蚜的防治,是预防煤污病的关键。对上年发病较重的地块,可在春季萌芽前喷洒 3 ~ 5 波美度石硫合剂,以消灭越冬病原。对生长期间遭受煤污病侵害的植株,可喷洒 70% 甲基托布津可湿性粉剂 1 000 倍液或 50% 多菌灵可湿性粉剂 1 000 倍液等进行防治。

②虫害防治:危害紫薇的害虫主要有长斑蚜和线蚧,发生危害时造成紫薇黄叶、枯叶、落叶、枝枯,甚至死亡,严重影响观赏效果和价值。

• 紫薇长斑蚜防治方法:当蚜虫初侵染危害时,结合整枝修剪,剪除带有虫害的萌芽或枝条,防止扩散危害;蚜虫量不大时,可喷洒清水冲洗,或根部浇灌 40% 氧化乐果,树冠直径每 20 cm 用原药 1.5 mL 左右,加水稀释 1 000 ~ 1 500 倍;危害期可喷 1.1% 的烟百素乳油 2 000 ~ 3 000倍液,或 50% 灭蚜松乳油 1 000 ~ 1 500 倍液,或 50% 杀螟松 1 000 倍液,或鱼藤精 1 000 ~ 2 000 倍液等;烟草水防治也有一定效果。烟草末 40 g 加水 1 kg,浸泡 48 h 后过滤制得原液。使用时加等量水稀释,另加洗衣粉 2 ~ 3 g,搅匀后喷洒植株,有较好效果;利用色板诱杀,诱粘有翅蚜虫或采用白锡纸反光,拒栖迁飞的虫。有条件的地方可人工繁殖和散放天敌,如异色瓢虫及草蛉幼虫。

• 紫薇线蚧防治方法:加强植物检疫。从外地引种或采购苗木及时剔除带有蚧虫的树苗,如发现有严重的蚧虫,要及时采取有效措施,经过认真处理才能使用,否则要集中烧毁。

结合绿地管护,剪除被蚧虫侵染的枝条,合理确定植株种植密度,使植株通风、透光。合理施肥,增强植株自然抗虫力。对个别枝条或叶片上的蚧虫,可用软刷刷除,用竹片轻轻刮掉或用破布蘸煤油抹去。虫体刮下或受损以后,便丧失繁殖能力。

药剂防治:冬季可喷施 10 ~ 15 倍的松脂合剂 1 ~ 3 次,以消灭越冬代雌虫;涂刷涂白剂,涂白剂的配制比例为:生石灰 5 kg、硫碱粉 1 kg、食盐 250 g、动物胶适量。配制时加水量以便于刷涂又不流淌为宜;若虫期防治是防治的关键。在春季发芽前,喷施石硫合剂,加 0.1% ~ 0.3% 洗衣粉或少量机油防治越冬代若虫效果更好。对出土的初孵若虫,早春可在树根周围土面喷洒杀虫剂,用 50% 西维因 500 倍液或 50% 辛硫磷乳油 1 000 倍液。对植株上的若虫要抓住孵化盛期喷药,此时蚧壳尚未增厚,药剂容易渗透。可选用40%氧化乐果乳剂、50%马拉硫磷乳剂、25%亚胺硫乳剂、80%敌敌畏乳油、50%辛硫磷、50%杀螟松1 000～1 500倍液等,均匀喷雾,每隔7～10天喷一次,连续2～3次;用高分子膜混合喷雾,喷洒在植株上形成一层薄膜,使虫体呼吸困难,以致窒息死亡。此外,保护利用红点唇标虫等天敌,也可降低危害。

(4)整形修剪

栽种的紫薇要注意修剪,在栽植较大的紫薇时,栽前要重剪,可按栽培要求统一定干,把上部树冠全部剪掉,使树冠长势旺盛且整齐美观;幼树生长期间,应随时将茎干下部的侧芽摘除,以使顶芽和上部枝条能得到较多的养分而健壮成长,早日形成完整的树冠;在生产季节,应及时剪除残花和枝条,促发新枝以延长花期,紫薇花序开在新枝顶端,在落叶后要疏剪徒长枝、细弱枝、病虫枝、枯萎枝。

任务7.5 藤本植物养护技术

7.5.1 爬山虎

1)形态特征

爬山虎为多年生大型落叶木质藤本植物(图7.21)。在暖温带以南冬季也可以保持半常绿或常绿状态。老枝灰褐色,幼枝紫红色,髓白色,茎蔓粗壮,其上具有皮孔,分枝力强。卷须与叶对生,顶端有吸盘。掌状复叶,有长柄,上有三浅裂,裂片先端尖,基部楔形,小叶肥厚,卵状长椭圆形至倒长卵形,叶缘具粗锯齿,表面暗绿,无毛,背面具有白粉,叶背叶脉处有柔毛。花多为两性,雌雄同株,聚伞花序着生在短枝上叶与叶之间,花期夏季。浆果小,球形,蓝黑色,10月成熟。

图7.21 爬山虎

爬山虎生长旺季吸附攀缘能力强,常攀缘在岩壁、墙壁及树木上等,夏季苍翠,覆盖表面,具有降温、增湿的作用,是室外垂直绿化美化的优良材料;爬山虎对氯化物的抵抗力较强,适合空气污染严重的工矿区栽培。

2)生长习性

原产我国。喜阴,耐旱,耐寒,耐贫瘠,对土壤及气候适应能力强,栽培管理简单,生长快,短期内就能收到良好的绿化、美化效果。

爬山虎可种植在阴面和阳面,寒冷地区多种植在向阳地带。幼苗生长一年后即可粗放管理,在北方冬季能忍耐-20 ℃的低温,不需要防寒保护。

移植或定植在落叶期进行,定植前施入有机肥料作为基肥,并剪去过长茎蔓,浇足水,容易成活。

爬山虎耐寒耐旱,喜阴湿环境。对土壤要求不严,气候适应性广泛。繁殖方法主要有扦插、压条,压条可于春季进行,将老株枝条弯曲埋入土中生根。第二年春,切离母体,另行栽植。硬枝扦插于3—4月进行,将硬枝剪成10～15 cm一段插入土中,浇足透水,保持湿润。嫩枝扦插取当年生新枝,在夏季进行。

3)种植管理

(1)繁殖方法

①播种法:采收后的种子搓去果皮果肉,洗净晒干后可放在湿沙中低温贮藏一冬,保温、保湿有利于催芽,翌年3月上中旬即可露地播种,薄膜覆盖,5月上旬即可出苗,培养1~2年即可出圃。

②扦插法:

• 整地:扦插前对圃地进行深耕30 cm,每亩地撒尿素50 kg,复合肥50 kg,撒呋喃丹1.5 kg,拌细土(1:10)均匀撒入圃地,然后细耙,清除杂草、杂物等。

• 做床:采用高床,做床规格为宽80 cm、高30 cm、床间40 cm,床面要求平整,土壤细碎。

• 扦插:一般在2月底至4月上旬进行,剪取茎蔓上的枝条,截取插穗长度20 cm左右,每50根或100根捆成一把。扦插时按株行距15 cm×20 cm,插入土壤时上部露出约1 cm,以利发芽;插好后进行喷水,以喷透为宜,有条件的可进行灌溉。当爬山虎生根、发芽时要加强中耕除草和肥水管理,除草结合松土,以除早、除小、除了为原则;施肥分别在5月中旬和7月上旬进行,每次每亩施尿素5~8 kg;特别要注意雨季防止苗圃地积水。当藤蔓长至30 cm以上,可进行第一次摘心,以防止藤蔓互相缠绕遮光,以后适时摘心、适时打药,做好病虫防治工作。第二年春季即可移栽绿化。

③压条法:一般在雨季进行,选择天气较好时进行,先将半木质化或木质化的枝条弯曲埋入土中,踩实,待生根后切离母体,第二年春挖出移栽。此法繁殖成活率高,但繁殖有一定的局限性。可采用波浪状压条法,在雨季阴湿无云的天气进行,成活率高,秋季即可分离移栽,次年定植。

(2)幼苗管理

子叶出土后,薄膜在晴天要昼揭夜盖,阴雨天全天覆盖,以提高土温,促使出苗整齐,并可预防金龟子的危害。另外,要常洒水保持土壤湿润。

(3)后期管理

待真叶展开三片后,选阴天或下午3时以后,以0.5 m×0.5 m密度移植。植后立即浇清粪水(1:8)一次。梅雨季节切不可积水过久。两个月后,藤蔓一般长60 cm以上,此时可进行第一次摘心,以防止藤蔓互相缠绕遮光,并可促使藤苗粗壮。每月摘心一次,结合辅养。采取以上措施,到落叶时期,实生藤苗平均粗度可达0.5 cm以上,就可以出圃栽种。

爬山虎的生命力极强,故而繁殖极易成活。小苗成活生长一年后,即可移栽定植。栽时深翻土壤,施足腐熟基肥。当小苗长至1 m长时,即应用铅丝、绳子牵向攀附物。在生长期,可追施液肥2~3次。并经常锄草松土做围,以免被草淹没,促其健壮生长。

爬山虎怕涝渍,要注意防止土壤积水。爬山虎耐修剪,在生长过程中,可根据实际情况修剪整理门窗处的枝蔓,以保持整洁、美观、方便。

7.5.2 葡萄

1)形态特征

落叶藤本,小枝无毛或稀疏柔毛长达30 m。卷须二叉分枝,茎皮红褐色,老时条状剥落;小光滑,或幼时有柔毛;卷须间歇性与叶对生。叶互生,近圆形,长可达 7 m,3~5 掌状裂,基部心形,缘具粗齿,两面无毛或背面稍有短柔毛;叶柄长 4~8 cm,近无毛。花小,黄绿色;圆锥花序大而长,疏散,基部分枝发达。花尊浅碟形,边缘波状浅裂。花瓣呈帽状黏合脱落。浆果椭球形或圆球形,熟时黄绿色或紫红色,有白粉。花期 5—6 月;果 8—9 月成熟。

2)生长习性

原产于亚洲西部;中国在 2 000 多年前就自新疆引入内地栽培。现辽宁中部以南各地均有栽培,但以长江以北栽培较多(图 7.22)。

葡萄品种很多,对环境条件的要求和适应能力随品种而异。但总的来说是性喜光,喜干燥及夏季高温的大陆性气候;冬季需要一定低温,但严寒时又必须埋土防寒。以土层深厚、排水良好而湿度适中的微酸性至微碱性砂质或砂质壤土生长最好。耐干旱,怕涝,如降雨过多、空气潮湿,则易感病害,且易引起徒长、授粉不良、落果或裂果等不良现象。深根性,主根可深入土层2~3 m。生长快,结果早。一般栽后 2~3 年开始结果,4~5 年后进入盛果期。寿命较长。

图 7.22　葡萄

3)种植管理

栽培繁殖可用扦插、压条、嫁接或播种等法。扦插、压条都较易成活;嫁接在某些特选之砧木上,往往可以增强抗病、抗寒能力及生长势。葡萄作为果园栽培,管理精细、整枝严格,分棚架式、篱壁式、棚篱式等;修剪更随品种特性不同而有差异。近年利用副梢结果使之一年多次结果,可提高产量。其他栽培措施,如蔓、摘心、摘须、疏花、疏果、土壤管理、施肥、病虫害防治、埋土越冬等都有严格要求,可参阅有关果树栽培书籍。

7.5.3　紫藤

1)形态特征

紫藤别名藤萝、朱藤、招藤、招豆藤。紫藤是落叶木质大型藤本植物(图 7.23)。茎皮灰黄褐色。奇数羽状复叶,互生,小叶 7~13 枚,卵状枝针形或卵状长圆形,长 4~11 cm,宽 2~5 cm,先端渐尖或尾尖,基部圆形或宽楔形;小叶柄长 2~4 mm,密被短柔毛;小托叶针刺状。总状花序生于头一年生枝顶端,长 15~30 cm,下垂,花密集而醒目,有芳香,每个花序由 50~100 朵小花组成;总花梗及花序轴密被黄色柔毛,花梗长 1~2 cm;花冠紫色或深紫色,旗瓣近圆形,长约 2 cm,有短,反折、翼瓣和龙骨瓣稍短于旗瓣,基部均有瓣柄及耳,花期为 4月。荚果线形或线状倒披针形,长 10~20 cm,扁平,密被灰黄色绒毛;有 1~5 粒种子,成熟时开裂。种子灰褐色,扁圆形、直径0.7~10 cm,种皮有花纹。

图 7.23　紫藤

2)生长习性

我国各地均有种植。紫藤喜阳光,略耐阴,较耐寒,耐水湿。紫藤对土壤和气候适应性强,但在深厚、肥沃、排水良好、疏松的土壤中生长最好。主根深,侧根少,有一定的抗旱能力。生长较快,寿命很长。

3)种植管理

(1)种植

紫藤可采用播种育苗、扦插、分株、嫁接、压条等方式繁殖。

①播种育苗繁殖:每年秋末果实成熟之后,采下贮藏,翌年 3 月将果实撬开,取出种子。将种子倒入盛有 15 倍左右种子的 60 ℃的水中,用力搅拌,随时捞出杂质,浸 1 ~ 2 d,待种子泡大后捞出即可播种。每 667 m² 播种地需要施 1 000 kg 堆肥,肥料加入后,深翻、细耙,平整土地,然后每隔 10 cm 播种子 1 粒,覆土 3 ~ 4 cm,用脚将土踩实,浇水,使土保持湿润,当气温达到 10 ~ 13 ℃时即可发芽,播入后约 20 d 出芽,幼苗怕涝,但需浇水保持泥土湿润。当幼苗长到 30 ~ 40 cm 时,应连土掘出进行假植,到第二年春天定植,定植前,穴内应施腐熟基肥 10 ~ 20 kg,填土踏实。

②扦插繁殖:扦插时间一年两季。春季时为 2—3 月,取 1 年生紫藤枝条,剪成 15 ~ 20 cm 长的插穗,扦插在 70% 的菜园土、30% 的河沙相拌的泥土中,插入插床 10 ~ 12 cm,行距保持在 20 cm 左右即可。经 25 ~ 40 d 可生根,成活率在 95% 以上。秋季选当年生 8 ~ 10 cm 的茎部枝条,带踵扦插。如地温控制在 16 ℃以上,则很快会生根。也可以在秋分前后选择当年生粗壮枝条,把它们按倒后全部埋入 30 cm 深的纵沟内,第二年春把枝条挖出,截成一段 20 cm,沾上泥浆插,2 个月后可全部生根。因为紫藤根系的萌芽力较强,可利用起苗时剪下的根进行根插,根插苗的初生枝生长势弱,常匍匐于地面,待枝条直立向上生长后再起苗定植。

③分株繁殖:分株时间自清明至立夏,可选择茎干直径约 1 cm 的 2 年生萌蘖枝,将它们分株带土掘出,栽植于露地或花盆之中即可成活。

④嫁接繁殖:在春季 3 月中旬进行枝接或根接,选择 3 年生原种实生苗作砧木,剪取优良品种的紫藤健壮枝条作接穗,每段接穗上至少带有 2 个芽体,嫁接之后,培土将芽体埋在泥土里,保持其湿度,待新芽伸出土面后,再把泥土除去。盆栽最适合根接,可获得矮壮的开花植株。

⑤压条繁殖:压条繁殖于春、秋进行,宜选择当年生略带木质化的健壮长枝,在压条处刻伤或去皮将其压伏在地面上,覆盖细土 12 cm 厚或用水苔包裹,并浇水保湿,这样破损处容易生出根来。40 d 左右即可从母株上分离下来另行栽培。

(2)土、肥、水管理

①土壤管理:紫藤对土壤条件要求不严,但因其主根发达,故以土壤疏松、土层深厚、地下水位较低排水良好的砂质壤土最好。

②施肥管理:紫藤喜肥,除定植时需要施底肥作基肥外,早春萌芽前可施有机氮肥、过酸钙、草木灰等,整个生长期可追肥 2 ~ 3 次。夏季不施肥,盆栽入秋后留有种果者施一次磷、钾肥,地栽可不施;冬季刚落叶时,施一次以磷、钾为主的腐熟有机肥,有利于提高越冬抗寒力和翌年春孕蕾开花。开花时不施肥,花后施 1 ~ 2 次氮、磷、钾复合肥,使其枝叶繁茂。任何时候都不可单施氮肥,否则会出现叶多花少的情况。

③水分管理:紫藤耐旱怕涝,生长期要保持土壤稍湿润,但不能积水,雨季要注意排水防烂根。从冬季落叶至春季萌芽前,土壤以稍干微湿润为好。在雨水多时不需浇水,同时 8 月以后

土壤不干也不必浇水,以免枝条徒长,但霜冻前必须浇一次防冻水。

(3)病虫害防治

①病害防治:

●菌核病:植株患病后在创伤等处长出白色菌丝层,后期根皮腐烂变成褐色,并在其上生有黑色菌核。

防治方法:实行轮作;病圃深翻,将菌核深埋,使其丧失生命力。

●根肿病:根肿病主要危害根颈部,在病部形成大小不等的肿瘤,初期为淡褐色,表面粗糙,略作海绵状,后期颜色变深,内部组织木质化,形成坚硬的肿瘤,严重时植株逐渐枯死。

防治方法:实行轮作;苗木消毒;发病后立即切除病瘤,涂上保护剂;及时防治地下害虫,以减少病害发生。

●炭疽病和腐烂病:炭疽病属真菌病害,主要发生在叶上,病害严重时片整片枯焦,发黑脱落。腐烂病发病于主干、主枝和侧枝上,幼树也可受害,可引起树皮腐烂、主干和主枝死亡,炭疽病、腐烂病可用 70% 甲基托布津可湿性粉剂 1 000 倍液喷洒防治。

②虫害防治:

●蚜虫:防治蚜虫可用一遍净等药剂喷杀,保护其天敌瓢虫、草蛉对防治蚜虫也有较好效果。

●大蓑蛾:对于大蓑蛾可用黑光灯或性激素诱杀成虫,或用多角体病毒制剂进行生物防治。

●豆天蛾:防治豆天蛾,可在清晨进行人工捕杀幼虫,也可在幼虫发生期用菊酯类农药明杀;冬春结合清园消灭越冬蛹。

●黄毒蛾:黄毒蛾少量发生时可摘除虫叶,但应注意避免接触毒毛;大量发生时用菊酯类农药喷杀。

(4)整形修剪

当紫藤用于棚架和长廊绿化时,应将其主枝均匀绑于架上,使其沿架攀缘,迅速扩展。秋季落叶后可适当调整枝条的分布,并从基部剪除一些过密枝、病枝及细弱枝,以调节生长。每年冬季要对枯死枝、病虫枝、互相编绕或过分重叠枝进行疏剪,对一般小侧枝均留 2~3 芽短截,使其架面枝条分布均匀,阳光通透,有利于新枝的生长。冬剪时,将架面上生长较粗壮的骨干枝,选留 3~4 个分别向架面两方展开,其余枝条不论粗细,均从分生处疏除,然后对选留的 3~4 个主枝进行短截或回缩修剪。原则是壮枝轻剪长留,弱枝重剪短留,平衡树势。经过这样的重修剪,大大减少了养分消耗,使保留下来的枝条得到较多的养分供应,从而达到复壮的目的。

紫藤也可不作棚架植物而利用整形修剪的方法将其培养成大灌木状。紫藤为灌木状时,每年新梢抽出约 15 cm 长时,应摘心一次,开花后可将中部枝条留 5~6 个芽短截,并剪除细弱枝条,以促进花芽的形成。

任务 7.6　草本花卉养护技术

7.6.1　一串红

1)形态特征

一串红也称墙下红、爆竹红、撒尔维亚,是唇形科鼠尾草属(图 7.24)。

图 7.24　一串红

一串红为多年生草本,常作一、二年生栽培。茎四棱,茎节常为紫红色,基部多木质化。叶对生,有长柄,叶片卵形,先端渐尖,缘有锯齿。顶生总状花序,被红色柔毛,花 2 ~ 6 朵轮生,苞片卵形,深红色,早落。萼钟状,与花冠同色。花冠色彩艳丽,有鲜红、白、粉、紫等色及矮生品种。花期为 5—10 月,果熟期为 8—11 月。

2)生长习性

喜温暖湿润的气候,耐炎热,畏霜寒,忌干热气候。最适生长温度在 20 ~ 25 ℃,温度在 15 ℃以下,叶逐渐变黄以至脱落。特别是矮性品种,抗热性差,对高温阴雨特别敏感。喜阳光充足环境,忌强光直射,可耐半阴。对光周期反应敏感,具短日照习性。若光照不足,植物易徒长,茎叶细长,叶片变黄脱落,花朵往往不鲜艳。喜湿润排水良好、富含腐殖质的壤土或砂质壤土中生长良好。

3)种植管理

（1）播种繁殖

一串红从播种至开花需 3 个月左右,具体播种时间可以根据需花期和各品种生育周期的长短进行,在此基础上预留 10 d 左右的缓冲时间。如欲五一前 5 d 布置花坛,则应于 1 月中下旬播种。播种前用 30 ℃温水浸泡种子 5 ~ 6 h,然后装入纱布袋中搓揉,洗去种子表面黏液,可提高种子发芽率。播后覆沙或潮湿土 0.5 ~ 1 cm,且保持土壤湿润,在 21 ~ 23 ℃光照充足的条件下,一周左右即可出苗。若温度低于 15 ℃很难发芽。地温低时,可覆盖塑料薄膜或扣小拱棚保温。

（2）扦插繁殖

一串红嫩枝扦插极易生根成苗,在 15 ℃以上的温床中,一年四季都可扦插。插穗带 2 ~ 3 节长 7 ~ 10 cm,仅保留上部 2 片叶,扦插深度为插条的 1/3 左右。插后立即喷水,并遮阳防晒,基质温度保持在 20 ~ 25 ℃,经 10 ~ 20 d 生根,30 d 就可分栽。

（3）栽培要点

一串红幼苗生长缓慢,播种苗具 2 ~ 3 对真叶或扦插苗成活后,即可移植。4 ~ 5 对真叶时定植。移栽苗床的床土要施足腐熟的有机肥料,移植或定植后及时浇水,适当遮阳,缓苗结束逐渐接受直射光;生长期间,保持白天温度在 20 ~ 25 ℃,夜温在 13 ~ 16 ℃,加强光照,但夏季炎热强光下应适当遮阳;生长期间由于摘心萌发侧枝较多,植株也逐渐丰满,养分消耗较多,必须及时增加施肥量,以满足其生长需要,可每隔 10 d 喷施 1 次 0.2%的磷酸二氢钾溶液。花后及时剪除残花,追施稀薄肥水,促发新梢;摘心处理可促侧枝萌发,并延迟花期 25 ~ 30 d。

（4）园林用途

一串红常用作布置花坛、花境、花丛,也可自然式栽植于林缘以及盆栽观赏。

7.6.2　鸡冠花

1)形态特征

鸡冠花也称红鸡冠、红冠苋,是苋科青葙属(图 7.25)。

鸡冠花为一年生草本花卉,株高 30 ~ 100 cm,茎直立光滑,粗壮,有棱或沟,少分枝,根系发达。单叶互生,有柄,卵形或线状披针形,全缘,长 5 ~ 20 cm 不等,有红、黄、绿等色,叶色与花色常具相关性。花小,穗状花序大,形似鸡冠,顶生。萼片有白、黄、淡黄、红黄、橙、淡红、红和玫瑰紫等色。花期为 7—10 月,种子细小,扁圆形,黑色有光泽。按照鸡冠花花序的形状,大体分为以下 4 种类型。

①普通鸡冠:花序扁平褶皱似鸡冠状,花色多,有淡黄、紫红、粉红、深红、乳白色等。有高株和矮株两个品种,因栽培条件及品种差异较大,高株的一般株高 80 ~ 120 cm,矮株的株高 15 ~ 40 cm。

②圆绒鸡冠:肉质花序卵圆形,表面绒羽状,花紫红或玫瑰红。具分枝,不展开。株高一般 15 ~ 40 cm。

③子母鸡冠:分支多而斜出,全株呈圆锥形,紧密而整齐。主干花先开,花序大,花褶皱极多。花色鲜橘红、紫红等。株高一般 30 ~ 60 cm。

图 7.25　鸡冠花

④凤尾鸡冠:也称火炬鸡冠。全株多分支而展开,枝端着生疏松的火焰状大花序,表面似芦花状细穗。花色紫红、玫瑰红、金黄、大红、橙红、乳黄等。株高一般 60 ~ 150 cm。

2)生长习性

性喜高温干燥、阳光充足的环境,不耐寒,忌霜冻。栽培以肥沃和排水良好的砂质壤土为佳,忌水涝。高型品种易倒伏,不适合单株栽培。从播种至开花需 90 ~ 100 d,可自播繁衍。鸡冠花种间易杂交,留种栽培需加强隔离工作。

3)种植管理

(1)繁殖方法

鸡冠花以播种繁殖为主。由于出苗期间和幼苗易感染猝倒病,4—5 月露地播种,必须用消毒的营养土播种;因种子细小,应该混入细砂土撒播,然后再覆薄土,保持土壤湿润,白天温度在 20 ℃以上,夜间温度不低于 12 ℃,5 ~ 6 d 左右出苗。鸡冠花出苗后,保持苗床湿润、通风。

(2)栽培要点

待幼苗具 2 ~ 3 片真叶进行移植,幼苗约有 15 片叶时可带土团定植,株距 30 cm 左右。鸡冠花株高叶大,耗水量较多,在炎热夏季必须保持土壤湿润,但忌积水。基肥以草木灰、油饼等为主,控制氮肥用量,避免植株旺长而倒伏。苗期不宜施肥,花序形成后追施 1 ~ 2 次液态肥。成株非常不耐移植。长日照有利于增大花序,短日照可使部分品种分枝增多。

4)园林用途

鸡冠花形状奇特、花色艳丽,花期长,植株适应性强,抗二氧化硫能力强,尤其适合布置花坛、花境、花池等地,也可盆栽或做切花生产。鸡冠花制作干花,经久不凋。

7.6.3　万寿菊

1)形态特征

万寿菊也称臭芙蓉、蜂窝菊、金菊,是菊科万寿菊属(图 7.26)。

一年生草本植物。茎光滑而粗壮,绿色。叶对生,羽状全裂,裂片披针形,具明显的油腺点。头状花序单生枝顶,舌状花有长爪,边缘常皱曲,花色丰富,最常见的有金色、橙色和黄色,还有红黄复色和各种过渡色。花期为5—10月,种子千粒重2.56~3.50 g。

图7.26 万寿菊

2)生长习性

性喜阳光充足和温暖的气候环境。不耐寒冷,怕湿热,稍耐阴,较耐旱,对土壤要求不严。耐移栽,管理容易。日照长短对开花有影响,属短日照植物。

3)种植管理

（1）繁殖方法

①播种繁殖:播种后覆土1 cm左右,不可太薄,然后用塑料地膜覆盖,保温保湿。播种后注意控制土温在20~21 ℃利于发芽,要求土壤水分适中,忌过湿,水过多容易徒长或根系腐烂,正常管理3~7 d出苗。

②扦插繁殖:5—6月选取发育充实的嫩枝作插穗进行扦插,插穗长6~8 cm剪去下部叶片,在苗床上扦插,扦插深度1 cm左右,然后浇透水,适当遮阳,生根后撤去遮阳网。当20 d后移入容器中培育,40 d左右能开花。

（2）栽培要点

幼苗期生长适宜温度为:白天21~24 ℃,夜间10~20 ℃。喜光、还要注意通风。苗高5 cm左右移栽,生长期可每两周施用浓度为0.1%~0.2%的尿素或复合肥,注意浇水,特别注意夏季水分不可过多,否则茎叶生长过于旺盛而影响株形和开花量。万寿菊适应性强、花期较长,在管理过程中应及时剪去凋谢的花序,摘去基部发黄、干枯的叶片,提高观赏性。生长后期易倒伏,需要及时剪去植株过于稠密的营养枝。

4)园林用途

万寿菊花色鲜艳,花期长,抗逆性强,广泛应用于花坛、花境、花带,也常盆栽摆放于街边、广场等处。

7.6.4 矮牵牛

1)形态特征

矮牵牛也称碧冬茄、灵芝牡丹,是茄科矮牵牛属(图7.27)。

多年生草本植物作一年生栽培。茎直立或匍匐,株高15~55 cm,多分枝,茎秆绿色,全身被短毛。叶互生,卵圆形,全缘,先端尖。花单生枝顶或叶腋,花冠喇叭状,花径5~6 cm,花色丰富,花期长。种子细小,千粒重0.16 g左右。

2)生长习性

性喜温暖,不耐寒,耐暑热,喜向阳和通风好的环

图7.27 矮牵牛

境条件,在阴雨较多和气温低的条件下开花不良。要求排水良好、疏松的沙壤土,怕雨涝。

3)种植管理

（1）繁殖方法

①播种繁殖:由于矮牵牛种子细小,可在室内用育苗容器装满基质,用木板刮平,浇透水后进行播种。在育苗容器里播种,需要与 30 ~ 50 倍细砂土拌匀,然后均匀撒播,播种量为每平方米约 1.2 g,播后种子上面覆盖细土 0.2 cm 左右,然后用塑料地膜覆盖保湿。也可用穴盘播种,种子需要包衣处理,通常每穴 1 粒点播,不需盖土。播种后注意控制土温在 22 ~ 24 ℃利于发芽,土壤应保持湿润,但忌湿度过大,育苗容器应放在光线最好的地方,光照充足叶片平展;在低温短日照条件下,茎叶生长繁茂,株形紧凑。

②扦插繁殖:全年可以进行,花后剪取顶端的嫩枝,长 10 cm,插入沙床中,保持湿润,在气温 20 ~ 25 ℃,插后半月即可生根,30 d 可移栽上盆。

（2）栽培要点

幼苗 2 ~ 4 片真叶就可移栽,幼苗期白天生长适宜温度为 23 ℃,成苗期白天生长适宜温度为 27 ~ 28 ℃,夜间生长适宜温度为 13 ~ 15 ℃;生长期需要阳光充足,在高温长日照条件下分枝少,仅利于枝顶形成花蕾。生长期施肥不宜太多,以免徒长,开花少;生长旺盛时期,保证充足供水,但不能积水。多雨季节,雨水对其生长不利,易造成茎叶徒长、花朵褪色或腐烂。苗高10 cm时摘心一次,促使萌发侧枝,多开花。如果分枝少,枝条生长快,会造成株形不丰满,因而要及时整形剪枝。对老化的枝条应及时修剪,使其再生。

4)园林用途

用于布置花坛、花境,装点庭院、街道,作地被栽植和盆栽观赏,也可制花柱和花伞,种植于花槽、花台内、垂吊观赏效果更佳。

7.6.5 翠菊

1)形态特征

菊科翠菊属,别名江西腊、蓝菊、七月菊,一年生草本,全株疏生短毛(图 7.28)。茎直立,上部多分枝,高 20 ~ 100 cm。叶互生,叶片卵形至长椭圆形,有粗钝锯齿,下部叶有两,上部叶无柄。头状花序单生枝顶,花径 5 ~ 8 cm,栽培品种花径 3 ~ 15 cm;总苞片多层,苞片叶状,外层草质,内层膜质;野生原种舌状花 1 ~ 2 轮,呈浅堇至蓝紫色,栽培品种花色丰富,有鲜红、桃红、橙红、粉红、浅粉、紫、墨紫、蓝、天蓝、白、乳白、乳黄、浅黄诸色,尚未育出浓黄色;管状花黄色,端部 5 齿裂;雄蕊入药囊结合,柱头 2 裂。春播花期 7—10 月;秋播 5—6 月。瘦果楔形,浅褐色。种子千粒重 1.74 g。

图 7.28 翠菊

2)生长习性

翠菊为浅根性植物,生长期应经常进行灌溉,干燥季节尤应注意水分的供给。对土壤要求不严,但喜富含腐殖质的肥沃而排水良好的砂质壤土。要求光照充足,不耐水涝,高温高湿易患病虫害。不宜连作,栽过翠菊的土地,需隔 4~5 年后才可再行栽植,否则生长不良。耐寒性不强,秋播需冷床保护越冬。花期依品种和播种期不同,从 5—10 月都可开花,但是单株盛花期较短,约 10 d。

3)种植管理

（1）繁殖栽培

用种子繁殖,春、夏、秋皆可。一般多行春播。因品种播种期不同。

①矮型品种:四季都可播种,多行春播。2—3 月在温室播种,5—6 月在露地播种,6—7 月开花;7 月上中旬播种,可在十一开花;8 月在冷床中越冬,翌年五一开花。

②中型品种:通常 5—6 月播种,8—9 月开花;如 8 月播种需在冷床越冬,翌年 5—6 月开花。

③高型品种:春夏皆可播种,均于秋天开花,只是早播者开花时株高叶老,基部叶片容易枯黄脱落,因此以初夏播种为宜。很少用秋播。

室内播种,在 14~16 ℃下约 4 d 发芽,生出 2 枚真叶时植露地。翠菊喜土壤肥沃,但必须施用充分腐熟的有机肥为基肥,幼苗移植后,每半月追肥一次。华北地区栽培翠菊要重视中耕保墒,以免浇水或雨水过多而土壤过湿,容易引起徒长、倒伏或发生病害。翠菊耐寒性不强,小苗应植于冷床的北侧,翌年 4 月移栽露地。5—6 月开花。由于此时气候高燥,开花较春播的好。但是秋播栽培较费工。园林布置时高型品种 20~25 cm,矮型 15~18 cm。矮型品种在开花时还可移植;而高型、中型品种以早移为妥,否则恢复生长缓慢,影响开花的质量。若作切花栽培,高型品种株行距 30~40 cm,中型 25~30 cm。采种栽培的株行距还可适当加大。

矮型品种生长势较弱,对栽培条件要求较严格,当枝端显蕾后,应停止浇水,以抑制主茎伸长,在侧枝长至 3 cm 时可灌水一次。这样,有助于形成低矮密集而呈阔圆锥形的株形,使开花繁密。

（2）常见栽培品种

翠菊依据植株形态、株高、花型、花径和花期等,可进行如下分类。

①单瓣型:有平瓣单瓣、管瓣单瓣和鸵瓣单瓣,花梗长,多用于切花栽培。

②鸵羽型:花径 10 cm,外部数轮狭长卷曲鸵羽形花瓣,植株高 45 cm,还有高茎大花的类型,作为切花或用于花坛。

③托桂型:舌状花平瓣 1~2 轮,筒状花桂瓣状,其长度由花心向外渐长,花心部分筒状花多仍呈原始状态。全花扁平。

④翻卷型:株高 45~60 cm 以上,花型整齐满心,径大者可达 10 cm,舌状花短阔,先端外翻,作为切花或用于花坛。

⑤平展型:花型整齐满心,但舌状花先端平展,有矮生种,株高 30 cm。

⑥管状重瓣型:舌状花卷成管形或半管形,散射,满心,中间小瓣略呈扭曲。花序直径可达 10 cm 以上。有矮生小花品种,高仅 30 cm,花径 3 cm,株丛圆,适花坛布置或盆栽。

⑦内卷型:舌状花先端内卷,有大花、小花品种和矮生种。

7.6.6　波斯菊

1)形态特征

菊科秋英属,别名大波斯菊、秋英(图 7.29)。一年生,高达 1~2 m。茎具沟纹,光滑或具微毛,枝开展。叶 2 回羽状全裂,裂片狭线形,较稀疏。头状花序单生于长总梗上,径 6 cm 左右;总苞片 2 层,内层边缘膜质;舌状花通常单轮,8 枚,白、粉及深红色。有托桂型,半重瓣或重瓣等品种。种子千粒重 5.47 g。

2)生长习性

喜阳,耐干旱瘠薄土壤,肥水过多往往茎叶徒长而开花少,且易倒伏。波斯菊性甚强健,能大量自播繁衍。

3)种植管理

（1）播种

图 7.29　波斯菊

春播一般在 6 月长日照下仅有少数花朵而枝叶极繁茂,至秋天短日照下才大量开花。因此,常在夏季枝叶过高时修剪数次,促使矮化,入秋仍可如期开花;或 7—8 月播,植株较短小而整齐,秋季开花照常,更宜作园林布置。

（2）常见栽培品种

硫华菊也称黄波斯菊。一年生,高 1 ~ 2 m,茎具柔毛,上部多分枝。叶 2 ~ 3 回羽状裂,裂片明显比上种为宽。花比波斯菊略小,舌状花金黄或橘红色。花期较上种为早,但观赏效果及茎叶姿态均不及波斯菊。

7.6.7　大花萱草

1)形态特征

百合科萱草属,别名黄花菜、金针菜、忘忧草(图 7.30)。萱草类多为多年生宿根草本花卉,具短根状茎和粗壮的纺锤形肉质根。叶基生、宽线形,对排成两列,宽 2 ~ 3 cm,长可达 50 cm 以上,背面有龙骨突起,嫩绿色。花葶细长坚挺,高 60 ~ 100 cm,上部有分枝。花期为 6 月上旬至 8 月中旬,花大,漏斗形,直径 10 cm 左右。每花仅开放一天,早上开放,晚上凋谢,有许多变种。

2)生长习性

性强健,耐寒,北方均可露地越冬。适应性强,喜湿润也耐干旱,喜阳光又耐半阴。对土壤选择性不强,但以富含腐殖质、排水良好的壤土为宜,过湿土壤易烂根。

图 7.30　大花萱草

3)种植管理

（1）繁殖方法

以分株繁殖为主,也播种繁殖。

①分株繁殖:可于春、秋进行,每丛带芽 2 ~ 3 个。春季分株,应在发芽之前进行,否则影响夏季开花;秋季移栽分株效果最好,不会影响来年观花。露地栽植萱草常 3 ~ 5 年分株一次。

②播种繁殖:春秋均可。春播时,头一年秋季将种子沙藏,播种后发芽迅速而整齐。秋播时,9—10 月露地播种,翌春发芽。实生苗一般 2 年即可开花。

（2）栽培要点

萱草类植物管理粗放。但生长期内，如遇干旱应适当灌水，雨涝则注意排水，尤其开花前的生育期更应注意水分管理。早春萌发前穴栽，先施基肥，上盖薄土，再将根栽入，株行距 30 ~ 40 cm，栽后浇透水一次，生长期每 2 ~ 3 周施追肥一次，入冬前施一次腐熟有机肥。冬季对根际周围培土。

7.6.8　玉簪

1）形态特征

百合科玉簪属，别名玉春棒、白鹤花、玉泡花、白玉簪（图7.31）。宿根草本花卉，株高 30 ~ 50 cm。叶基生成丛，具长柄，卵形至心状卵形，基部心形，叶脉呈弧状。总状花序顶生，高于叶丛，着花 9 ~ 15 朵。花白色，管状漏斗形，径 2.5 ~ 3.5 cm，长约 13 cm，具浓香，花期为 6—8 月。同属还有开淡紫、紫色花的紫萼、狭叶玉簪、波叶玉簪等。

图 7.31　玉簪

2）生长习性

性强健，耐寒冷，性喜阴湿环境，不耐强烈日光照射，要求土层深厚，排水良好且肥沃的砂质壤土。

3）种植管理

（1）繁殖方法

主要采用分株和播种法进行繁殖。

①分株繁殖：北方地区在春季 4—5 月进行。分株时将根状茎切开，每丛带 2 ~ 4 芽，用硫黄粉或草木灰涂抹切开即可栽植。一般 3 ~ 5 年可分株一次。

②播种繁殖：种子秋季成熟后，采收，晾干，翌年 3—4 月播种。实生苗 3 年左右才可开花。近年来也采用组织培养的方式进行繁殖，其幼苗生长快、开花早。

（2）栽培要点

玉簪喜阴，适合栽植于林下或建筑物北侧；喜欢温暖气候，但夏季 35 ℃以上，空气相对湿度在 80% 以上的高温，闷热环境不利于生长。耐寒性强，我国大部分地区均能在露地越冬，地上部分经霜后枯萎，翌春宿根萌发新芽，生长期忌强光暴晒。秋后施肥一次，生长期间可以不用施肥。夏季开花后及时剪去残花，以保持株丛美观。

7.6.9　景天

1）形态特征

景天科景天属。多年生，是景天科中分布最广，种类最多的属，常又分为 8 个亚属，共包括 400 余种，以北温带为分布中心，热带高山有少数种分布；我国约有 150 种，南北各省都产。主要野生于岩石地带，由于岩石地带狭窄而影响分布上的连续性，因而即使同一种，由于地理条件的差异也常出现一定变异性，如在特定地区出现特有种或品系等。由于地理条件的不同致使形态上也极富变化。通常根茎显著或无。茎直立，斜上或下垂。叶多互生、密集呈覆瓦状排列，对生或轮生;叶色有紫、红、褐、绿、绿白等。聚伞花序顶生,花瓣4~5枚,雄蕊与花瓣同数或2倍;萼4~5裂;花多为黄色、白色,还有粉、红、紫等色(图7.32)。

2)生长习性

景天类以北温带为分布中心,因而多数种类具有一定耐寒性。喜光照,部分种类耐阴,对土质要求不严格。自然界常多数种类同时生长在岩石上及石缝间,此种生态状况为自然杂交提供了条件。

3)种植管理

(1)繁殖栽培

图7.32　景天

以分株扦插繁殖为主,部分种类也可叶插。播种繁殖多在早春进行,多数种类种子寿命只可保持一年,欲长期保持应放置低温及干燥条件下。栽培较容易,但以排水良好而富含腐殖质的土壤对生育有利。露地栽培宜在早春3—4月充分灌水即可萌发,生育期间适当施以液肥。盆栽者,应保持盆土松软、排水通畅,并于早春进行分栽。

(2)常见栽培品种

①蝎子草:别名八宝。多年生肉质草本,高30~50 cm,地下茎肥厚。茎直立不分枝、圆而粗壮,稍木质化,微被白粉而呈淡绿色,冬季枯萎。叶3~4枚轮生,倒卵形,肉质而扁平,有10个左右浅波锯齿。伞房花序密集,花序直径10~13 cm;花瓣5枚,淡红色、披针形;雄蕊10枚,排成两轮、高出花瓣;心皮5,离生,蓇葖果直立且靠拢;花期7—9月。原产我国,各地园林多栽培,全草入药。盆栽丛植及花坛栽植,切花水养持久。华北可露地越冬。盆栽宜用大盆,发育良好,欧美等国家常植于大木桶中。

②费菜:多年生肉质草本,高15~40 cm,根状茎粗而木质;茎斜伸,地上部分于冬季枯萎。互生,间或对生,倒披针形至狭匙形,长2.5~5 cm,端纯,基部渐狭,近上部边缘有钝锯齿,无柄;叶色绿、黄绿至深绿,常有红晕。聚伞花序顶生,着花5~100个;花瓣5枚,橙黄色,披针形,径约2 cm;雄蕊10枚、较花瓣短;花期6月。原产中国、日本及朝鲜。我国河北、山西、陕西、内蒙古等地均有分布。全草入药。适于盆栽、丛植、花坛栽植及岩石园中应用。

③三七景天:多年生草本,高30~80 cm,根状茎粗,近木质化。全体无毛,直立、无分枝或少分枝。单叶互生至狭披针形,上缘具粗齿,基部楔形,近无柄。聚伞花序密生,着花近200朵;花瓣5,黄色;雄蕊10,较花瓣短;心皮5,基部合生,蓇葖果呈星芒状排列,黄色至红色;花期夏秋间。

④垂盆草:别名,爬景天;多年生肉质,常绿草本,高9~18 cm,茎平卧或上部直立,匍匐状延伸,并于节处生不定根。3叶轮生,矩圆形、全缘,无柄,基部有垂距,长15~25 mm,聚伞花序顶生,有3~5个分枝,着花13~60朵;花瓣5,鲜黄色,披针形至矩圆形;雄蕊较花瓣短;花期夏季;本种无孕性。

⑤佛甲草:多年生肉质草本,高10~20 cm。茎初生时直立,后下垂,有分枝。3叶轮生,无柄线状至线状披针形,长2.5 cm;阴处叶为绿色,日照充足时为黄绿色。聚伞花序顶生,着花约15朵,中心有一个具短柄的花;花瓣5,黄色,披针形;雄蕊10,短于花瓣;花期5—6月。

任务 7.7　常见暖季型草坪草养护技术

7.7.1　狗牙根

1)形态特征

狗牙根是最重要的,也是分布最广的暖季型草坪草之一,别名百慕大草、绊根草、爬根草、行仪芝、铁线草,广布于温带地区(图 7.33)。我国黄河流域以南各地均有野生。新疆的伊犁、喀什、和田也有分布。多生于村庄附近、道旁河岸、荒地山坡。欧洲和非洲也有广泛分布。

多年生草本,具根茎和匍匐茎。秆细而坚韧,下部匍匐地面蔓延甚长,节上常生不定根,直立部分高 10～30 cm,直径 1.0～1.5 mm,秆壁厚,光滑无毛,有时略两侧压扁。叶片线条形,长 1～12 cm,宽 1～3 mm,先端渐尖,通常两面无毛。叶鞘微具脊,无毛或有疏柔毛,鞘口常具柔毛;叶舌为纤毛状。穗状花序,小穗灰绿色或带紫色。

图 7.33　狗牙根

2)生长习性

狗牙根一般包括普通狗牙根和改良后的草坪型的狗牙根。普通狗牙根是最初从狗牙根属中选择出来并被广泛应用的草坪型狗牙根。质地较粗,颜色、生长速度、密度均中等,耐阴性很差,耐践踏;改良后的草坪型的狗牙根可形成茁壮的、侵袭性强、高密度的草坪,叶宽由中等质地到很细的质地不等。某些狗牙根品种具有多叶的节,草坪的颜色从浅绿色到深绿色,具有强大的根状茎、匍匐茎,可以形成致密的草皮,须根系分布广而深。

狗牙根是适于世界各温暖潮湿和温暖半干旱地区长寿命的多年生草,极耐热和抗旱,但不抗寒也不耐阴。狗牙根随着秋季寒冷温度的到来而褪色,并在整个冬季进入休眠状态。叶和茎内色素的损失使狗牙根呈浅褐色。当土壤温度低于 10 ℃,狗牙根便开始褪色,并且直到春天高于这个温度时才逐渐恢复。引种到过渡气候带的较冷地区的狗牙根,易受寒冷的威胁,4～5 年就会死于低温。狗牙根适应的土壤范围很广,但最适于生长在排水较好、肥沃、较细的土壤上,要求土壤 pH 值为 5.5～7.5。狗牙根较耐淹,水淹下生长变慢;耐盐性也较好。

3)种植管理

主要通过短枝、草皮来建坪。普通狗牙根是唯一的可用种子来建坪的狗牙根。狗牙根是生长最快,建坪最快的暖季型草坪草。再生力很强,耐践踏。需要中等到较高的养护水平。耐低修剪,用作一般草坪时的修剪高度为 1.3～2.5 cm。为保持草坪的质量,需频繁地修剪。修剪高度高于 3.8 cm 会使植株直立,茎干生长,引起芜枝层的形成。狗牙根需要施肥和浇灌,故要得到最优草坪必须提高管理水平。氮肥需要量为每个生长月纯氮 2.43～7.30 g/m^2。由于狗牙根生长快,故易结枯枝层。为避免枯枝层的积累,周期性的施肥和频繁垂直修剪是很重要的,垂直修剪也可提高狗牙根的低温保绿性。

狗牙根常见的病有长蠕孢菌病、褐斑病、币斑病、穗赤霉病、腐霉枯萎病、锈病和春季死斑病等。常见的昆虫有草皮蛴螬、粘虫、蝼蛄、狗牙根螨类、无茎虎尾草介壳虫、狗牙根蚧壳虫和线虫。狗牙根不耐去莠津除草剂。

4）应用特点

改良狗牙根在适宜的气候和栽培条件下,能形成致密、整齐的优质草坪,它用于温暖潮湿和温暖半干旱地区的草地、公园、墓地、公共场所、高尔夫球道、果岭、发球台、高草区及路旁、机场、运动场和其他比较普通的草坪。狗牙根极耐践踏,再生力极强,所以很适宜建植运动场草坪。许多大型的暖季型球场都是采用狗牙根来建植的。进入晚秋狗牙根足球场很容易由于过度践踏而稀疏,这时可通过覆播冷季型草来弥补。由于狗牙根具有强大的匍匐茎,所以能在翌年春天重新生长形成一个完善的草坪。在用作果岭时,形成的运动表面不如翦股颖。普通狗牙根有时与高羊茅混播作一般的球场和运动场。

休眠的狗牙根冬季褪色可以通过使用草坪着色剂来缓和,也可在狗牙根草坪中覆播冷季型草坪草如黑麦草、紫羊茅和粗茎早熟禾等。由于狗牙根既有根茎,又可不断地匍匐生长,故在某些草坪中狗牙根会成为杂草,例如,当狗牙根用作翦股颖果岭四周的缓冲地带时,它会侵入到果岭里,影响草坪的表面,它也能成为苗圃、灌丛和停车场中的杂草。

7.7.2　结缕草

1）形态特征

结缕草也称锥子草、日本结缕草,分布于我国东北、山东、华中、华东与华南的广大地区,生于平原、山坡或海滨草地上(图7.34)。日本和朝鲜也有广泛分布,北美有引种栽培。

近无毛;叶鞘无毛,下部松弛而互相跨覆,最常用的水体景观植物之一多年生草本,具横走根茎和匍匐枝,须根细弱。茎叶密集,植株高15～20 cm,基部常有宿存枯萎的叶鞘。叶片扁平或稍内卷,长2.5～5.0 cm,宽2～4 mm,表面疏生柔毛,背面近无毛;叶鞘无毛,下部松弛而互相跨覆,上部紧密裹茎;叶舌纤毛状,长约1.5 mm;总状花序呈穗状,小穗柄通常弯曲;小穗卵形黄绿色或带紫褐色。

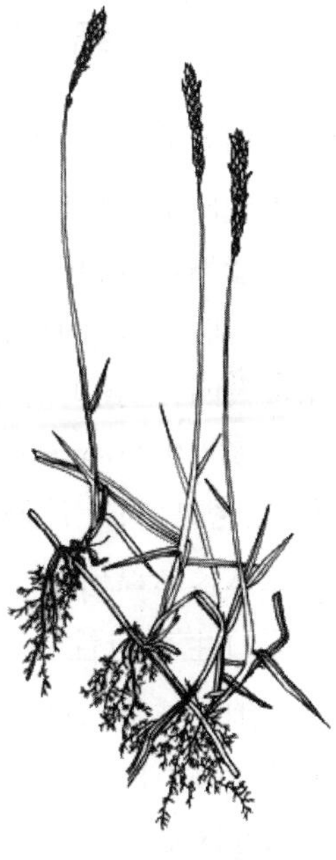

2）生长习性

结缕草广泛用于温暖潮湿、温暖半干旱和过渡地带。它靠强大的匍匐茎和根茎蔓生,形成致密的草坪。抗杂草侵入。结缕草比其他暖季型草坪草耐寒。低温保绿性比大多数暖季型草坪草强。在气温降到10～12.8 ℃时开始褪色,整个冬季保持休眠。

结缕草的抗旱性和抗热性极好。虽然较耐寒,但它不能在夏季短或

图7.34　结缕草

太冷的地方生存。它最适合于温暖潮湿地区,耐阴性很好。由于结缕草有强大的根茎,粗糙、坚硬的叶子,故很耐践踏。结缕草适应的土壤范围很广,耐盐。最适于生长在排水好、较细、肥沃、pH值为6～7的土壤上。不适应排水不好、水渍的土壤条件。

3）栽培管理

所有结缕草的栽培种均可靠短枝、草皮建坪。结缕草所生产的种子数目不多,且硬实率高,为避免其低的发芽率,需对种子进行处理。由于植株尤其是侧枝生长缓慢,结缕草建坪速度很慢。

结缕草需要中等养护水平。作庭园草坪时修剪高度为 1.3~2.5 cm。由于低矮、匍匐的生长习性,使它耐低修剪。0.8 cm 的频繁修剪有利于阻止枯枝层的积累和不整齐草坪表面的形成。叶片坚硬,很难修剪。锐利、可调的轮式剪草机可提高修剪质量。结缕草需要施肥和灌溉,尤其当生长在粗壤上或半干旱地区时。氮肥需要量每个生长月纯氮 1.0~2.5 g/m²。

结缕草不易染病。但在某些条件下,如高温潮湿,可能染上锈病、褐斑病和币斑病。线虫对草坪的危害也很大。粘虫、草皮蚜蟓、蝼蛄也能引起病症,但结缕草比大多数暖季型草坪更抗这些害虫的伤害。同时结缕草也耐大多数草坪除草剂,包括西玛通和阿特拉津等。

4)应用特点

在适宜的土壤和气候条件下,结缕草形成致密、整齐的优质草坪。广泛用于温暖潮湿和过渡地带的庭园草坪、操场、运动场和高尔夫球场、发球台、球道及机场等使用强度大的地方。结缕草生长慢,可用于翦股颖果岭和狗牙根球道的缓冲带,也可种在沙坑附近阻止狗牙根的侵入。在日本,结缕草用作高尔夫球道,而细叶结缕草(天鹅绒)用作果岭。上海市也有用沟叶结缕草作高尔夫球道和果岭的。由于结缕草具有极好的弹性和管理粗放的特点,在我国大部分地区是一种极佳的运动场草坪草种,在某种程度上无与伦比。结缕草冬季枯黄的颜色可以通过应用草坪草着色剂或覆播冷季型草坪草来改善。

7.7.3 细叶结缕草

1)形态特征

细叶结缕草俗称天鹅绒草或台湾草,产于我国南部地区,分布于亚洲热带,现欧美各国已普遍引种,其他地区也有引种栽培,是铺建草坪的优良禾草(图 7.35)。因草质柔软,尤宜铺建儿童公园,是我国南方应用较广的细叶型草坪草种。

多年生草本。具匍匐茎。秆纤细,高 5~10 cm。叶鞘无毛,紧密裹茎;叶舌膜质,长约0.3 mm,顶端碎裂为纤毛状,鞘口具丝状长毛;总状花序顶生,小穗窄狭,黄绿色,有时略带紫色。

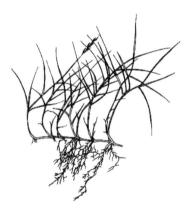

图 7.35 细叶结缕草

2)生长习性

细叶结缕草喜光,不耐阴,耐湿。耐寒能力较结缕草差。与杂草竞争力极强,夏秋生长旺盛,油绿色,能形成单一草坪,且在华南地区夏、冬季不枯黄。比结缕草易发生病害。其他生长习性基本与结缕草相同。

3)栽培管理

细叶结缕草利用营养体建坪。方法是将取自草皮切断的匍匐茎,置于疏松泥土上,保持一定湿度,约 7 d 即能生根出芽,达到繁殖建坪的目的。此外也可行种子直播建坪,但由于种子采收不易,故一般不采取此法。细叶结缕草的养护管理与一般草稍有差异。该草较为低矮,茎密集生长,杂草较少,因而剪草次数可大大减少,但必须修剪,若不修剪,将产生球状坪面凸起,降低草坪质量。因此,在生长旺盛的夏秋应适当修剪一次,以草坪高度不超过 6 cm 为宜。初春萌发幼嫩时期,不宜重踏。该草易感锈病,应注意使用石硫合剂、波尔多液进行防治。干旱时应经常浇水,春夏应各施氮肥一次,每个生长月施用量纯氮 1~3 g/m²。

项目 7　各类绿化植物的养护管理　205

4) 应用特点

该草茎叶细柔,低矮平整,杂草少,具一定弹性,易形成草皮,故常栽培于花坛内作封闭式花坛草坪或塑造草坪造型供人观赏。又因耐践踏,也用于医院、学校、公园、宾馆、工厂的专用绿地,作开放型草坪。细叶结缕草除用来建专用草坪外,也常植于堤坡、水池边、假山石缝等处,用于绿化、固土护坡,防止水土流失。

7.7.4　沟叶结缕草

1) 形态特征

沟叶结缕草俗名马尼拉草,产于台湾、广东、海南省等地,生于海岸沙地上(图 7.36)。亚洲和大洋洲的热带地区也有分布,它的叶子质地、植株密度、耐寒性介于结缕草和细叶结缕草之间,是一种优良的草坪草。

多年生草本。具横走根茎,须根细弱。直立茎高 12～20 cm,基部节间短,每节具一至数个分枝。叶片质硬,内卷,上面具沟,无毛,长可达 3 cm,宽 1～2 mm,顶端尖锐。叶鞘长于节间,除鞘口具长柔毛外,其余部位无毛;叶舌短而不明显,顶端撕裂为短柔毛状;总状花序呈细柱形,小穗卵状披针形,黄褐色或略带紫褐色。

图 7.36　沟叶结缕草

2) 生长习性

沟叶结缕草的耐寒性介于日本结缕草和细叶结缕草之间。分布的北界比细叶结缕草更靠北。可适用于山东、济南、天津等地。在北京地区也有冻害发生。其他生长习性基本与细叶结缕草相同。

3) 栽培管理

基本与细叶结缕草相同。

4) 应用特点

沟叶结缕草比细叶结缕草抗病性更强,生长更为低矮,叶片弹性和耐践踏性更强,质地比日本结缕草细,因而得到了广泛的应用。沟叶结缕草草坪质地适中,颜色深绿,对杂草有极强的竞争能力。可用于温暖潮湿和过渡地带的专用绿地、庭园草坪、操场、运动场和高尔夫球场的发球台、球道、果岭及机场等使用强度大的地方。也常植于堤坡、水池边、用于绿化、固土护坡,防止水土流失。

7.7.5　中华结缕草

1) 形态特征

中华结缕草产于辽宁、河北、山东、江苏、安徽、浙江、福建广东、台湾等省,生于海边沙滩、河岸、路旁的草丛中,日本也有分布(图 7.37)。在野生状态下,与日本结缕草共生。

中华结缕草为多年生草本,具横走根茎。茎秆直立,高 13～30 cm,茎部常具宿存枯萎的叶鞘。叶片淡绿或灰绿色,背面色较淡,长可达 10 cm,宽 1～3 mm,无毛。质地鞘坚硬,扁平或边缘内卷。叶鞘无毛,长于或上部者短于节间,鞘口具长柔毛;叶舌短而不明显;总状花序穗形,小穗排列稍疏,黄褐色或略带紫色。

2)生长习性

基本与结缕草相同,比结缕草更耐热,分布较靠南。

3)栽培管理

可参照结缕草,注意应经常修剪。

4)应用特点

中华结缕草较结缕草密度大。叶片也较窄,耐践踏性好,可作为运动场、庭园、宅园草坪。在生产中,由于采收时,很难区分结缕草和中华结缕草,因此,使用时大多是这两个种混在一起。

7.7.6　野牛草

1)形态特征

图7.37　中华结缕草

野牛草原产于北美大平原的半干旱、半潮湿地区,以前作为牧草,是草原上的优势种之一(图7.38)。它常与格兰马草、侧穗格兰马草长在一起,构成草原景观。

多年生草本,具匍匐茎。植株纤细,高5~25 cm。幼叶卷叠式,叶鞘疏生柔毛,叶舌短小,具细柔毛;叶片线形,粗糙,长3~10 cm,宽1~2 mm,两面疏生白柔毛。雌雄同株或异株,雄花序有2~3枚总状排列的穗状花序,长5~15 mm,宽约5 mm,草黄色;雌花序常呈头状,长6~9 mm,宽3~4 mm。

2)生长习性

野牛草适于生长在过渡地带、温暖半干旱和温暖半湿润地区。极耐热,与大多数暖季型草坪草相比较耐寒,春季返青和低温保绿性较好。野牛草的强抗旱性是它最突出的特征之一。它生长最适宜的地区每年降水量为256~266 mm。野牛草能利用充足的光照和降雨迅速水平蔓生,在极端干旱时休眠。过了干旱期后,它又很快重新生长。野牛草适宜的土壤范围较广,但最适宜的土壤为细壤。它耐碱,耐水淹,但不耐阴。

图7.38　野牛草

3)栽培管理

通过营养体或种子直播建坪。由于种子缺乏和昂贵,故常以营养体建坪为主要方式;种子硬实率较高,常通过冷冻和去壳来提高发芽率。修剪高度为1.3~3.0 cm;由于垂直生长慢,故修剪间隔略长。野牛草植株稠密,需肥和需水量都较小,很少结芜枝层。建坪速度中等,浇水可提高成坪速度。

4)应用特点

野牛草最适合用于温暖和过渡地区的半干旱、半潮湿地带的公园、墓地、运动场、路边和体育场,是管理最为粗放的一种草坪草,非常适宜作固土护坡材料。

任务 7.8　常见冷季型草坪草养护技术

7.8.1　草地早熟禾

1)形态特征

草地早熟禾为多年生草本,具细长根状茎,多分枝(图 7.39)。叶片 V 形偏扁平,宽 2 ~ 4 mm,柔软,多光滑,两侧平行,顶部为船形,中脉两侧各脉透明,边缘较粗糙。叶舌膜状 0.2 ~ 1.0 mm 长,截形。叶环中等宽度,分离,光滑,黄绿色,无叶耳。圆锥花序开展,长 13 ~ 20 cm,分枝下部裸露。

2)生长习性

草地早熟禾广泛适应于寒冷潮湿带和过渡带,在灌溉条件下,它也可在寒冷半干旱区和干旱区生长。较高温度和水分缺乏的逆境条件下,它的生长会渐变缓慢,夏季休眠。当温度过高时会引起地面部分叶子发黄,没有生活力,但当温度、水分适宜时,它又会从地下根茎的节上长出新的枝条。

图 7.39　草地早熟禾

草地早熟禾的根茎具有强大生命力,能形成茂盛的草皮。在 6 月中旬到 11 月中旬的 5 个月内,草地早熟禾能长出 50 ~ 75 cm 的根茎,根茎能从每一个茎节上再长出茎和根,扩大的根系主要分布在土壤表层 15 ~ 25 cm 处,在经常修剪的情况下,有些根可深入到 40 ~ 60 cm,根系常为多年生。

草地早熟禾的抗寒性、秋季保绿性和春季返青性能较好,在全日照或轻微遮阴的条件下能正常生长,但当遮阴程度较强时生长不良,特别是寒冷潮湿条件下的严重遮阴会使其患白粉病。虽然草地早熟禾能够适应广大的温带地区,但它对这些地区土壤的适应性也是有限度的,潮湿、排水良好、肥沃、pH 值为 6 ~ 7,中等质地的土壤最为合适。草地早熟禾不耐酸碱,在酸性贫瘠的土壤上形成的草皮质量很差,但能忍受潮湿、中等水淹的土壤条件和含磷很高的土壤。

3)种植管理

草地早熟禾可以通过根茎来繁殖,但主要还是种子直播建坪。它具有兼性无融合生殖的特性。它的建坪速度比黑麦草和高羊茅慢,但再生能力强。

草地早熟禾需要中等至中等偏高的栽植密度,成坪后应进行合理的修剪,高度一般为 2.5 ~ 5.0 cm。生长点低的草地早熟禾品种能够忍受更低修剪高度,当修剪高度低于 1.8 cm 时,大多数品种都能形成永久的高质量的草坪。

在草坪建植的过程中要注意肥料的施用,主要是氮、磷、钾三种肥料,施入量可根据具体情况而定。在水分不足的条件下要经常灌溉。草地早熟禾生长的时间过长,如 4 ~ 5 年或更长,便会形成坚实的草皮层,会阻碍返青萌发,这时应用切断根茎、穿刺土壤的方法进行更新,或重新补播,以避免草坪的退化。

草地早熟禾对病虫害有一定抗性,但也易染病。主要病害有长蠕孢菌病、锈病、条黑粉病、白粉病、币斑病和褐斑病等。

7.8.2 高羊茅

1)形态特征

高羊茅也称苇状羊茅,苇状狐茅,原产欧洲,草坪性状非常优秀,可适应于多种土壤和气候条件,是应用非常广泛的草坪草(图7.40)。在我国主要分布于华北、华中、中南和西南。

多年生丛生型草本。茎圆形,直立,粗壮,簇生。叶鞘圆形,光滑或有时粗糙,开裂,边缘透明,基部红色;叶舌膜质,长0.2 ~ 0.8 mm,截平;叶环显著,宽大,分开,常在边缘有短毛,黄绿色;叶耳小而狭窄;叶片扁平,坚硬,宽5 ~ 10 mm,上面接近顶端处粗糙,叶脉不鲜明,但光滑,有小突起,中脉明显,顶端渐尖,边缘粗糙透明。花序为圆锥花序,直立或下垂,披针形到卵圆形,有时收缩;花序轴和分枝粗糙,每一小穗上有4 ~ 5朵小花。

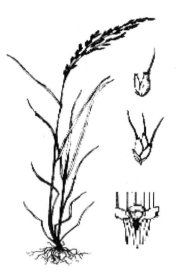

图7.40 高羊茅

2)生长习性

高羊茅适宜于寒冷潮湿和温暖潮湿过渡地带生长。由于抗低温性差,在寒冷潮湿气候带的较冷地区,高羊茅易受到低温的伤害,其草坪的密度逐渐降低,直至最后变成零星的粗质杂草。高羊茅对高温有一定的抵抗能力。高温下叶子的生长会受到限制,但仍能暂时保持颜色和外观的一致性。高羊茅是最耐旱和最耐践踏的冷季型草坪草之一,其耐阴性中等。适应的土壤范围肥沃、潮湿、富有机质的细壤中生长最好,对肥料反应明显。pH值的适应范围是4.7 ~ 8.5,最适pH值为5.5 ~ 7.5。与大多数冷季型草坪草相比,高羊茅更耐盐碱,尤其在灌溉的条件下;高羊茅耐土壤潮湿,并可忍受较长时间的水淹。

3)栽培管理

高羊茅一般采用种子直播建坪,建坪速度较快,介于多年生黑麦草和草地早熟禾之间。冬季有冻害的地区,春播比秋播好。高羊茅再生性较差,修剪高度为4.3 ~ 5.6 cm,叶子质地和性状一般,在修剪高度小于3.0 cm时,不能保持均一的植株密度,故不能用于需低修剪的草坪。氮的需要量为每个生长月纯氮2 ~ 5 g/m²。在寒冷潮湿地区的较冷地带,高氮水平会使高羊茅更易受到低温的伤害。高羊茅一般不产生芜枝层,耐旱,但适当浇灌更有利于其生长。它对冠锈病和长蠕孢菌病有较强抗性,但易染褐斑病、灰雪霉病和镰刀菌枯萎病。

4)应用特点

高羊茅适于生长在寒冷潮湿和温暖潮湿的过渡地带,耐践踏,适应的范围很广,然而叶片质地比较粗糙的特性使它不能成为高质量的优质草坪草,它一般用作运动场、绿地、路旁、小道、机场以及其他中、低质量的草坪。由于其建坪快,根系深,耐贫瘠的土壤,所以能有效地用于斜坡防护。高羊茅与草地早熟禾的混播产生的草坪质量比单播高羊茅的高,高羊茅与其他冷季型草坪草种子混播时,其重量比不应低于60% ~ 70%。高羊茅有时用作寒冷潮湿气候较冷地区的运动场的覆播,因为在那些地区,草地早熟禾等冷季型草不能忍受过度践踏,而高羊茅的耐践踏性比它们要好。在温暖潮湿地带,高羊茅常与狗牙根的栽培种混播用作一般的草坪。在这一地区,高羊茅与巴哈雀稗的混播也用作运动场和操场。

7.8.3 紫羊茅

1)形态特征

紫羊茅别名红狐茅,是羊茅属中作草坪草应用最广泛的草种之一,有时也称匍匐紫羊茅(图7.41)。国外开发出了可以在整个寒冷潮湿地区使用的许多草坪型紫羊茅的品种。紫羊茅产于欧洲,但在那里用作草坪草的历史并不长。在我国紫羊茅一般作为牧草,用作草坪草是近十来年的事。

多年生草本,具横走根茎。茎秆基部斜升或膝曲,红色或紫色。叶鞘卵圆形至圆形,无毛至被细柔毛,基部红棕色并破碎成纤维状,分蘖的叶鞘闭合;叶片光滑柔软,对折或内卷,宽1.5~2.0 mm;叶舌膜质,长0.2~0.5 mm,平截;叶环窄,不清晰,无毛;叶耳缺或仅为延长的短边。圆锥花序,紧缩,成熟时紫红色。

图7.41 紫羊茅

2)生长习性

紫羊茅广泛分布于北美洲、欧亚大陆、北非和澳大利亚的寒冷潮湿地区以及我国的东北、西南等地。抗低温的能力较强,但由于抗热性差,紫羊茅不能生长在温暖潮湿地区,因此,适应范围不如草地早熟禾和翦股颖那么广。

然而紫羊茅的耐阴性比大多数冷季型草坪草强。在较弱的光强度下,它比其他草坪草生长速度快。但在遮阴条件下的质量与光照充足时相比会有所下降。紫羊茅需水量要比其他草少,抗旱性比草地早熟禾和匍匐翦股颖强。耐践踏性中等。它能很好地适应于干旱、pH值为5.5~6.5的砂质壤土,不能在水渍地或盐碱地上生长。

3)栽培管理

种子直播建坪,建坪速度比草地早熟禾快,但比多年生黑麦草慢。再生性较强。紫羊茅对肥水要求不高,因此养护管理中,采用最低水平的氮肥和灌水量即可。管理适当,能形成优质草坪。修剪高度为2.5~6.3 cm,在遮阴条件下留茬应高一些。用作球道时修剪高度为1.3~2.5 cm,用于果岭时修剪高度为0.8 cm比较适宜。

氮肥需要量为每个生长月纯氮0.94~2.92 g/m^2,比大多数草坪草日常需求量都少。过多施用氮肥和浇灌,会引起草坪质量下降。紫羊茅极不耐水淹。可在磷含量较高的土壤中正常生长。它的芜枝层不如翦股颖和草地早熟禾那么严重,但是,一旦芜枝层形成,由于其叶鞘中的木质素含量高,所以腐烂速度很慢。紫羊茅不如草地早熟禾耐常用的除草剂,且较易感病如长蠕孢菌病,紫羊茅比草地早熟禾更易受到镰刀菌枯萎病和灰雪霉病的伤害。

4)应用特点

紫羊茅是用途最广的冷季型草坪草之一。它广泛用于绿地、公园、墓地、广场、高尔夫球道、高草区、路旁、机场和其他一般用途的草坪。在欧洲,它与翦股颖混播用于高尔夫果岭和滚木球场。

在寒冷潮湿地区,紫羊茅与草地早熟禾混合使用可大大提高草地早熟禾的建坪速度,而在建坪期间,又没有过分的竞争,能够共存。一旦紫羊茅—草地早熟禾草坪建立起来,紫羊茅在遮阴处、干燥的砂质壤土上和管理水平低的地方能够成为优势种,而草地早熟禾在潮湿、排水条件良好、管理水平高和全日光的地方成为优势种。

紫羊茅由于根茎弱、再生力差而较少用作运动场和高尔夫发球台,用作商品生产的紫羊茅草皮也是很少的。

紫羊茅可用于温暖潮湿地区狗牙根占优势种的草坪的冬季覆播材料。也用于覆播损坏的翦股颖果岭。与多年生黑麦草和粗茎早熟禾相比,紫羊茅在秋季和春季的过渡时期内性状较好。

7.8.4　多年生黑麦草

1)形态特征

多年生黑麦草也称宿根黑麦草,原产于亚洲和北非的温带地区,广泛分布于世界各地的温带地区(图7.42)。它是黑麦草属中应用最广泛的草坪草,也是最早的草坪栽培种之一。

多年生丛生型草本。叶鞘疏松,开裂或封闭,无毛;叶片质软,扁平,长9~20 cm,宽3~6 mm,上表面被微毛,下表面平滑,边缘粗糙。叶舌小而钝,长0.5~1.0 mm;叶耳小。扁穗状花序直立,微弯曲,小穗无芒。

图7.42　多年生黑麦草

2)生长习性

一般认为多年生黑麦草为短命的多年生草,抗寒性不及草地早熟禾,抗热性不及结缕草。它最适生长于冬季温和,夏季凉爽潮湿的寒冷潮湿地区,不能忍受极端的冷、热、干旱气候。一些改良的多年生黑麦草品种的抗低温性有所提高。耐部分遮阴,较耐践踏。

多年生黑麦草适应土壤范围很广,最好的是中性偏酸、含肥较多的土壤。但是,只要有较好灌溉条件,在贫瘠的土壤上也可长出较好草坪。它对土壤的耐湿性中到差,耐盐碱性中等。

3)栽培管理

种子直播建坪。多年生黑麦草种子较大,发芽率高,建坪快。需中等到中等偏低的管理水平,修剪高度为3.8~5.0 cm,不耐低于2.3 cm的修剪。叶子质地硬,且多是纤维状,因此较难修剪。氮肥需要量是每个生长月纯氮2~5 g/m^2。较多施用肥料不利于抵抗外界不利环境。在干旱期为保证多年生黑麦草的存活,浇灌是很必要的。芜枝层较少。

多年生黑麦草在作为暖季型草坪的冬季覆播种时,存在一个很大的问题是它的幼苗易染腐霉枯萎病。还常受到锈病、镰刀菌枯萎病、褐斑病、红丝病、条黑粉病和长蠕孢菌病的伤害。

4)应用特点

多年生黑麦草可用于庭院草坪、公园、墓地、高尔夫场球道、高草区、公路旁、机场和其他公用草坪。还可用作快速建坪及暖季型草坪冬季覆播的材料。除了作为短期临时植被覆盖外,多年生黑麦草很少单独种植,主要与其他草坪草如草地早熟禾混播使用。一般来讲,多年生黑麦草在混播中其种子用量不应超过总用量的 20% ~25%,否则会引起它与主体草坪草过度竞争,破坏草坪的建植。

习惯上,人们认为应发展垂直生长缓慢的多年生黑麦草的栽培种。改进的黑麦草栽培种能与草地早熟禾很好地混播,尤其用在较温暖地区的运动场草坪。在欧洲气候温和、土壤较干旱的地区多将多年生黑麦草作为建坪的一个主要成分。在英国被广泛地用于冬季的足球、橄榄球和曲棍球场地。

7.8.5　一年生黑麦草

1)形态特征

一年生黑麦草也称多花黑麦草或意大利黑麦草,生长在欧洲南部的地中海地区,北非和亚洲部分地区(图 7.43)。由于生命期短,其用作草坪的范围很有限。

一年生或短命多年生丛生型草本植物。叶舌膜状,长 0.5 ~2 mm,圆形;叶耳似爪状;叶环宽,连续;叶片扁平,宽 3 ~7 mm,近轴面有脊,光滑具光泽;有芒小穗构成扁平穗状花序。

2)生长习性

适应性与多年生黑麦草相似。一年生黑麦草在所有冷季型草坪草中最不耐低温。抗潮湿和抗热性甚至比多年生黑麦草还差。它最适于肥沃、pH 值为 6.0 ~7.0 的润土壤。在低肥力条件下,也可形成适当的草坪。

图 7.43　一年生黑麦草

3)栽培管理

种子直播建坪,建坪速度快,再生能力很差。栽培要求与多年生黑麦草相类似,修剪高度 3.8 ~5.0 cm,修剪质量和多年生黑麦草一样差。氮肥需求量为每个生长月纯氮 2 ~5 g/m²,过高的氮肥会降低其耐低温能力。

一年生黑麦草不存在结芜枝层的问题。

4)应用特点

一年生黑麦草主要用于一般用途的草坪,它能快速建坪形成临时植被。晚春或夏天种下一年生黑麦草,很快就长出绿色覆盖面。也可用作混播材料,但是混播材料中最差的。一年生黑麦草消失后形成斑秃,常有杂草侵入。因此,除对草坪质量要求不高的地方,通常不采用这种混播种子。另外,它可用作温暖潮湿地区暖季型草坪的冬季覆播。易受到长蠕孢菌病的伤害。

7.8.6　白三叶

1)形态特征

白三叶为多年生草本,叶层一般高 15 ~25 cm,高的可达 30 ~45 cm(图 7.44)。主根较短,但侧根和不定根发育旺盛。株丛基部分枝较多,通常可分枝 5 ~10 个,茎匍匐,长 30 ~60 cm,一般长 30 cm 左右,多节,无毛。掌状复叶,叶互生,具长 10 ~25 cm 的叶柄,三出复叶,小叶宽椭圆形、倒卵形至近倒心脏形,长 1.2 ~3 cm,宽 0.4 ~1.5 cm,先端圆或凹,基部楔形,边缘具钢锯齿,两面几乎无毛;小叶无柄或极短;叶面具 V 字形斑纹或无;托叶椭圆形,抱茎。全株光滑无毛;花多数,密集成头状花序,生于叶腋,有较长的总花梗,高出叶面,含花 40~100 朵,总花梗长;花萼筒状,花冠蝶形,白色,有时带粉红色。荚果倒卵状长形,含种子 1~7 粒,常为 3~4 粒;种子肾形,黄色或棕色。花期 5 月。

2)生长习性

白三叶草性喜温暖湿润的气候,不耐干旱和长期积水,最适于生长在年降雨量为 800~1 200 mm 的地区。耐热耐寒性比红三叶、杂三叶强,也耐阴,在部分遮阴的条件下生长良好。种子在 1~5 ℃时开始萌发,最适气温为 19~24 ℃在冬季积雪厚度达 20 cm,积雪时间长达一个月,气温在 -15 ℃的条件下,能安全过冬。在 7 月平均温度≥35 ℃,短暂极端高温达 39 ℃时,仍能安全越夏。喜阳光充足的旷地,在荫蔽条件下,叶小而少,开花也不多,其产草量及种子产量均低。白三叶草适应的 pH 值为 4.5~8.0。pH 值在 6~6.5 时,对根瘤形成有利。白三叶为簇生草坪草,靠葡匐茎蔓延,它也常表现为温暖潮湿气候的冬季一年生草。对土

图 7.44　白三叶

壤要求不严,耐贫瘠,耐酸,最适排水良好、富含钙质及腐殖质的黏质土壤,不耐盐碱。

白三叶需水量和需肥量均较大,不仅生长盛期要供给充足的水肥,在越冬和种子发芽时也需要充足的水肥。水肥不足,生长缓慢,叶小而稀疏,葡匐枝减少,颜色不绿。

3)种植管理

主要为种子繁殖,春秋均可播种,但秋播易早,迟则难以越冬;春播稍迟则易受杂草侵害。种子细小,播前务须精细整地,并且要选择水肥充足而且肥沃的土壤进行种植,并要保持一定的土壤湿度。播种量 15~20 g/m²,播深 1~2 cm。生长期间需供应充足的肥水,并注意防除杂草。白三叶根部具有较强的分蘖能力和再生能力,根茎遇土蔓延,由茎节上长出葡匐茎,节上向下产生不定根,向上长具有很强的侵占性,成坪迅速。白三叶可以进行根瘤固氮,因此成株可不施肥或少施氮肥,应以施磷钾肥为主。白三叶不耐践踏,应以观赏为主;白三叶再生能力强,较耐修剪。修剪高度一般为 7.5~10 cm。易染锈病。

思 考 题

1. 简述云杉根腐病的防治方法。

2. 简述红皮云杉移植技术及养护方法。

3. 简述加杨的间伐的方法。

4. 简述山杏的起苗方法。

5. 简述丁香的田间管理措施。

6. 简述榆叶梅的修剪整形技术。

7. 简述杜鹃的浇水管理。

8. 简述玉簪的栽培要点。

9. 简述草地早熟禾的养护管理措施。

附　录

附录 1　技能实训

实训一　绿化植物识别

一、目的要求

使学生认识公路绿化植物 100 种。

二、材料用具

在花卉基地,温室花房,植物园或校园观察识别常见的园林树木、花卉、草坪、地被植物。卷尺、放大镜、记录本、铅笔。

三、实训内容

在教师的指导下,对花卉基地、温室花房、植物园或校园内的观赏植物进行识别。要求学生认识各种绿化植物的形态特征,做好记录。进一步了解各种绿化植物的生长习性、繁殖方法和道路绿化应用。

四、实训作业

完成花卉基地、温室花房、校园观赏植物调查表。

五、考核标准

考核标准见实训表 1。

实训表 1　考核标准

序号	考核内容		考核标准	参考分值/分
1	一般职业能力的培养和综合职业能力	个人能力	职业道德和职业人格的培养。遵纪守法,社会责任心,个人诚信,爱岗敬业、工作负责、注重细节	10
		社会能力	团队协作能力;人际交往和善于沟通的能力。对他人公正宽容,具有准确裁定事物的判断力和自律能力等	10
		一般的学习能力	计算机应用能力,准备充分,学习方法多样,积极主动完成任务	10

续表

序号	考核内容		考核标准	参考分值/分
2	综合职业能力和专业能力	方法能力	信息收集和筛选,制订工作计划,决策和实施,自我评价能力和接受他人评价的承受力,有效地吸取经验教训,勤于实践	10
3	专业能力	知识	植物系统分类法	5
			人为分类法	10
			自然分布分类法	5
		技能	依据植物系统分类法,能够完成花卉植物的检索	10
			依据生物生态特性分类方法,能够完成100种绿化植物的分类	10
			依据观赏部位分类方法,能够完成50种绿化植物的分类	10
			依据自然花期分类方法,能够完成100种花卉的分类	10
合　计				100

实训二　园林植物物候观察

一、目的要求

通过观察植物的物候,掌握物候观测的方法。掌握各物候期的标志特征。

二、材料与工具

记录夹、观察物候记录卡、铅笔、卷尺、刀片、标签等。

三、操作步骤

(一)避开小气候影响,选2种有代表性的植物讲解物候观察方法。植株应选生长发育正常,且已开花结果3年以上的树木。

(二)在校园内选择适宜位置的代表性植株,挂牌标记并绘制位置示意图。

(三)定期观测,做好观测记录。

(四)记录整理植物的物候期。

四、作业

观察园林植物的物候,并完成实训表2。

实训表 2　填写物候观察记录表

树种名称		萌芽期	
展叶期		开花初期	
盛花期		果实成熟期	
叶色变期		落叶期	
生长环境条件			
生长情况			

观测人：　　　　　　　完成时间：

五、考核标准

考核标准见实训表 3。

实训表 3　考核标准

序号	考核内容	考核标准	参考分值/分
1	情感态度及团队合作	准备充分、学习方法多样、积极主动配合教师和小组共同完成任务	10
2	资料收集与整理	能够广泛查阅、收集和整理物候期绿化植物的资料，并对项目完成过程中的问题进行分析并能够提出合理的解决方案	20
3	物候期观察方案的设计	掌握物候期观察的基本原理，熟悉物候期观察的主要技术手段，全面掌握各技术流程和关键技术环节根据。针对不同树木的生理特性，制订科学合理的物候期观察方案，方案科学合理、具有可操作性	30
4	物候期观察的操作过程	物候期观察现场操作规范、正确	30
5	工作记录和总结报告	有完成全部工作的工作记录，书面整洁；总结报告结果正确，体会深刻；上交及时	10
		合　计	100

实训三　绿化树木移栽技术

一、目的要求

使学生掌握不同类型苗木移栽的关键技术。

二、材料用具

落叶苗木、常绿苗木、铁锹、草绳、枝剪、浇水桶等。

三、实训内容

（一）结合绿化工程，用裸根移栽法移栽落叶苗木。重点掌握挖掘、栽植、浇水等环节的技术要点。

（二）避开盛夏高温季节，结合绿化工程，移栽常绿苗木。重点掌握土球挖掘、包扎、起运、移栽及浇水等环节的技术要点。

四、实训作业

记录整理落叶苗木和常绿苗木移栽过程并调查移栽成活率。

五、考核标准

考核标准见实训表4。

实训表4　考核标准

序号	考核内容	考核标准	参考分值/分
1	情感态度及团队合作	准备充分、学习方法多样、积极主动配合教师和小组共同完成任务	10
2	资料收集与整理	能够广泛查阅、收集和整理苗木移栽的资料，并对项目完成过程中的问题进行分析并能够提出合理的解决方案	20
3	苗木移栽方案的设计	掌握苗木移栽的基本原理，熟悉苗木移栽的主要技术手段，全面掌握各技术流程和关键技术环节根据。针对绿化植物的生理特性，制订科学合理的苗木移栽方案，方案科学合理、具有可操作性	30
4	苗木移栽的操作过程	苗木移栽现场操作规范、正确	30
5	工作记录和总结报告	有完成全部工作的工作记录，书面整洁；总结报告结果正确，体会深刻；上交及时	10
合　计			100

实训四　露地花卉定植技术

一、目的要求

使学生掌握露地花卉移栽、定植技术，正确使用工具及保苗护根方法。

二、材料用具

移植铲、耙子、铁锹、喷壶、营养体、水桶。

三、实训内容

在露地直播花圃,分组操作。

(一)将生长空间过密已能独立生长的花苗移栽到苗体或大苗床上,先浇透水,带土护根移栽。

(二)先耕翻好定植穴,对待栽苗浇透水,带土或脱钵栽植,保持株行距及花苗整齐度,栽后浇透水。

四、实训作业

记录整理露地花卉定植过程并定植成活率。

五、考核标准

考核标准见实训表5。

实训表5　考核标准

序号	考核内容	考核标准	参考分值/分
1	情感态度及团队合作	准备充分、学习方法多样、积极主动配合教师和小组共同完成任务	10
2	资料收集与整理	能够广泛查阅、收集和整理露地花卉定植的资料,并对项目完成过程中的问题进行分析并能够提出合理的解决方案	20
3	露地花卉定植方案的设计	掌握整形修剪的基本原理,熟悉露地花卉定植的主要技术手段,全面掌握各技术流程和关键技术环节根据。针对露地花卉的生理特性,制订科学合理的露地花卉定植方案,方案科学合理、具有可操作性	30
4	露地花卉定植过程	露地花卉定植现场操作规范、正确	30
5	工作记录和总结报告	有完成全部工作的工作记录,书面整洁;总结报告结果正确,体会深刻;上交及时	10
合　计			100

实训五　草坪建植技术

一、目的要求

通过学习和训练使学生掌握草坪建植的方法和技术要领。

二、材料用具

草籽、草坪播种器、草坪耙、塑料盆、铁锹、镐、草帘子、水管、喷壶、化肥等。

三、实训内容

（一）草籽选择根据建植地的条件，选择抗性强的草籽。

（二）整地先翻耕一遍，然后用耙子搂出石头、土块、杂草等杂物，细致搂平。

（三）播种按配方、种植面积计算每种草籽的用量，并称量，然后充分混拌均匀。利用草坪播种器或用手工播种，播种要细致、均匀。

（四）覆盖播种后用草坪耙轻轻耙一遍，使草籽处于半露半埋状态，然后再用镇压器压实，再覆盖草帘子。

（五）浇水播种结束后须进行灌溉，草坪忌大水漫灌，要求进行喷灌，喷时要求用30 m的喷头，或用50 m的喷头（但必须进行土表覆盖，否则种子易被水冲走造成出苗不匀）。此水必须浇足浇透，力争出苗前不再浇第二次水。经过上面的精心管理，15 d左右即可出苗，出苗标准1株/cm²即为全苗。

四、实训作业

整理草坪建植过程，记录草坪出苗时间并调查出苗率。

五、考核标准

考核标准见实训表6。

实训表6　考核标准

序号	考核内容	考核标准	参考分值/分
1	情感态度及团队合作	准备充分、学习方法多样、积极主动配合教师和小组共同完成任务	10
2	资料收集与整理	能够广泛查阅、收集和整理草坪建植的资料，并对项目完成过程中的问题进行分析并能够提出合理的解决方案	20
3	草坪建植方案的设计	掌握草坪建植的基本原理，熟悉草坪建植的主要技术手段，全面掌握各技术流程和关键技术环节根据。针对草坪建植的生理特性，制订科学合理的草坪建植定植方案，方案科学合理、具有可操作性	30
4	草坪建植过程	草坪建植现场操作规范、正确	30
5	工作记录和总结报告	有完成全部工作的工作记录，书面整洁；总结报告结果正确，体会深刻；上交及时	10
		合　计	100

实训六　草坪养护管理

一、目的要求

使学生了解和掌握草坪养护管理的主要措施及技术。

二、材料用具

建植成坪的草坪,草坪养护管理的常用机械(修剪机、打孔机等)。

三、方法步骤

(一)根据草种、草坪类别、草坪建植的基础等,讨论、制订草坪养护管理的技术方案。

(二)参与草坪养护管理的实践。每个学生应在现场参与剪草、灌溉、施肥及病虫害防治等主要措施的操作。

四、实训作业

记录草坪的生长状况、管理措施及技术效果,并将记录整理成实习报告。

五、考核标准

考核标准见实训表7。

实训表7　考核标准

序号	考核内容	考核标准	参考分值/分
1	情感态度及团队合作	准备充分、学习方法多样、积极主动配合教师和小组共同完成任务	10
2	资料收集与整理	能够广泛查阅、收集和整理草坪养护管理的资料,并对项目完成过程中的问题进行分析和解决	20
3	草坪养护管理方案的设计	综合草坪养护的生产条件、对象,制订科学合理的草坪养护方案,方案具有可操作性	30
4	草坪养护管理的操作待过程	操作现场各技术环节掌握到位、技术规范、正确	30
5	工作记录和总结报告	有完成全部工作的工作记录,书面整洁;总结报告结果正确,体会深刻;上交及时	10
		合　计	100

实训七 行道树整形修剪

一、目的要求

熟悉行道树的常见冠形,掌握不同树种、树形的修剪时期、修剪方法,熟练使用修剪工具。

二、材料用具

需要修剪的行道树、剪枝剪、高枝剪、修剪锯、修剪梯、绿篱剪、绿篱修剪机等。

三、实训内容

(一)修剪的对象:枯枝、过密枝、病虫害枝和影响交通的下垂枝。

(二)修剪方法小枝可用枝剪进行修剪。直径 2~6 cm 的枝条用手锯进行修剪。直径大于6 cm 的树枝用三锯法剪截。具体方法;在距树干 15~20 cm 处,从下方对枝条锯第一锯,深度超过枝条直径的 1/3;在第一锯与树干之间,从枝条上方锯第二锯,直至将枝条锯断;然后用第三锯将残桩从树干上锯掉,用利刃将树干上的伤口削平并涂抹防腐剂。应该注意的是锯截前,首先用绳索将枝条向安全方向牵引,以便枝条锯断后可跌落在安全位置。其次,树上操作人员要自觉佩戴好安全带,并确认站在安全的枝条或位置上。

(三)庭荫树的修剪

①成年期前的修剪重点是修剪影响行人活动的枝条、枯枝、病虫害枝、过密枝和其他影响植物正常生长的枝条,一般情况下应保持风景树的自然树冠。

②成年期树木的修剪只修剪枯枝、病虫害枝和过密枝,以维持自然树形。

四、实训作业

选择当地 1~2 种行道树,制订定型修剪方案,熟练掌握相应行道树的修剪方法和技术。

五、考核标准

考核标准见实训表 8。

实训表 8 考核标准

序号	考核内容	考核标准	参考分值/分
1	情感态度及团队合作	准备充分、学习方法多样、积极主动配合教师和小组共同完成任务	10
2	资料收集与整理	能够广泛查阅、收集和整理行道树整形修剪的资料,并对项目完成过程中的问题进行分析并能够提出合理的解决方案	20
3	整形修剪方案的设计	掌握整形修剪的基本原理,熟悉整形修剪的主要技术手段,全面掌握各技术流程和关键技术环节根据。针对行道树的生理特性,制订科学合理的整形修剪方案,方案科学合理、具有可操作性	30

续表

序号	考核内容	考核标准	参考分值/分
4	整形修剪的操作过程	整形修剪现场操作规范、正确	30
5	工作记录和总结报告	有完成全部工作的工作记录,书面整洁;总结报告结果正确,体会深刻;上交及时	10
		合 计	100

实训八　绿化植物的水、肥管理

一、目的要求

通过实训,使学生掌握绿化植物的浇水、施肥及病虫害防治的技术。

二、材料用具

绿化植物、药品、肥料等。软水管,喷水壶,观赏植物生产上常用的喷、滴灌设备,各种园艺植保器械。

三、实训内容

在校内实习基地,结合绿化植物生产,以班级或小组为单位,在专业课教师或基地技术人员的指导下,承担绿化植物的施肥、浇水和病虫害防治任务。

四、实训作业

(一)系统记录实习过程。
(二)将记录整理成实训报告。

五、考核标准

考核标准见实训表9。

实训表9　考核标准

序号	考核内容	考核标准	参考分值/分
1	情感态度及团队合作	准备充分、学习方法多样、积极主动配合教师和小组共同完成任务	10
2	资料收集与整理	能够广泛查阅、收集和整理温室花卉栽培管理的资料,对任务完成过程中的问题进行分析和解决	20
3	绿化植物管理方案的设计	综合绿化植物种植条件、对象,制订科学合理的绿化植物管理方案,方案具有可操作性	30

续表

序号	考核内容	考核标准	参考分值/分
4	绿化植物管理的操作待过程	操作现场各技术环节掌握到位、技术规范、正确	30
5	工作记录和总结报告	有完成全部工作的工作记录,书面整洁;总结报告结果正确,体会深刻;上交及时	10
		合　计	100

实训九　绿化植物病害防治

一、目的要求

识别公路绿化植物主要病害症状,为病害诊断防治奠定基础。

二、材料用具

显微镜、白粉病、煤污病、褐斑病、灰霉病、病毒病、细菌性腐烂病、锈病、花叶病、肿瘤病、丛枝病、溃疡病、烂皮病、立枯病、根癌病、根朽病等病害症状标本。

三、实训内容

(一)观察各种典型绿化植物病害病症的标本,明确不同病症的特点。
(二)对照典型病症,比较观察所给标本的病症属于哪种类型。
(三)根据病害类型,确定使用何种药剂防治。

四、实训作业

记录整理病状和病症及防治措施。

五、考核标准

考核标准见实训表10。

实训表 10　考核标准

序号	考核内容	考核标准	参考分值/分
1	情感态度及团队合作	准备充分、学习方法多样、积极主动配合教师和小组共同完成任务	10
2	资料收集与整理	能够广泛查阅、收集和整理绿化植物病害防治的资料,对任务完成过程中的问题进行分析和解决	10
3	病害防治方案的设计	根据植物学、生理学等多学科知识,制订科学合理的病害防治方案,方案具有可操作性	20

续表

序号	考核内容	考核标准	参考分值/分
4	病害防治的操作过程	病害防治现场操作规范、正确	50
5	工作记录和总结报告	有完成全部工作的工作记录,书面整洁;总结报告结果正确,体会深刻;上交及时	10
合　计			100

附录2　公路绿化工程质量检验评定标准

内容摘自《公路工程质量检验评定标准 第一册 土建工程》(JTG F80/1—2017)(简称"新标准",自2018年5月1日起施行)。

12.1　一般规定

12.1.1　植物种子应有由国家法定种子质量检验机构出具的种子质量检验报告,外省市调入的苗木和种子应有植物检疫证书。

12.1.2　植物成活率、覆盖率、植被盖度的检验应在满一个年生长周期后进行。

12.2　绿地整理

12.2.1　绿地整理应符合下列基本要求:

1.绿地内不得有废弃构筑物、工程渣土与废料及其他有害污染物,互通式立体交叉区与环岛、管理养护设施区及服务设施区等有景观要求的绿地内不得有宿根性杂草、树根。

2.回填土及地形造型的范围、厚度、高程、造型及坡度应满足设计要求;回填的种植土已达到自然沉降的状态,表层不得有明显低洼和积水处。

12.2.2　绿地整理实测项目应符合表12.2.2的规定。

表12.2.2　绿地整理实测项目

项次	检查项目		规定值或允许偏差	检查方法和频率
1	有效土层厚度/mm		满足设计要求	环刀或挖样洞,尺量:带状绿地①每1 km测5点;点状绿地②每个连续种植单元每1 000 m²测2点,且不少3点
2	地形相对高程③/mm	$H \leqslant 1\,000$	±50	水准仪测量或尺量:分隔带绿地每1 km测5点;互通式立体交叉区与环岛、管理养护设施区及服务设施区绿地每个连续种植单元每1 000 m²测2点,且不少于3点
		$1\,000 \leqslant H \leqslant 2\,000$	±100	
		$2\,000 \leqslant H \leqslant 3\,000$	±150	
		$3\,000 \leqslant H \leqslant 5\,000$	±200	

注:①指分隔带、边坡、护坡道、碎落台及边坡平台等沿公路路线纵向分布的可绿化场地。

②指互通式立体交叉区与环岛、管理养护设施区、服务设施区及取、弃土场等分布于公路沿线局部路段集中成块的可绿化场地。

③H为设计高程与原地面的高差,边坡、护坡道、碎落台、边坡平台及取、弃土场等绿地不作要求。

12.3 树木栽植

12.3.1 树木栽植应符合下列基本要求：

1.严禁使用带有严重病虫害的苗木,非检疫对象的病虫害危害痕迹不得超过树体的5% ~10%。

2.种植穴(槽)的定点放线应满足设计要求,位置准确、标记明显。

3.带土球苗木栽植前应去除不易降解的包装物。

4.树木栽植不得影响行车安全视距;规则式种植、绿篱、球类的植物修剪应整齐,绿篱不得有空缺。

5.孤植树、珍贵树种以及大树(胸径在200 mm以上的落叶乔木或常绿阔叶乔木,株高在6 m以上或地径在180 mm以上的常绿针叶乔木)应全部成活。

12.3.2 树木栽植实测项目应符合表12.3.2的规定。

表12.3.2 树木栽植实测项目

项次	检查项目				规定值或允许偏差	检查方法和频率
1	种植穴(槽)直径/mm				$d+400 \sim d+600$①	尺量:抽查全部种植穴(槽)5%,且不少于10个,少于10个时应全部检查
	种植穴(槽)深度/mm				(3/4 ~ 4/5)穴径	
2	苗木数量				满足设计要求	目测或无人机航拍测量:带状绿地每1 km检查100 m内的苗木;点状绿地每个连续种植单元按苗木数量抽查10%,且不少于10株,少于10株的苗木应全部检查
3A	苗木成活率/%				≥95	
4	苗木规格	乔木	胸径/mm	≤50	−2	尺量:带状绿地每1 km检查100 m内的苗木;点状绿地每个连续种植单元按苗木数量抽查10%,且不少于10株,少于10株的苗木应全部检查
				50 ~ 90	−5	
				90 ~ 15( )	−8	
				150 ~ 200	−10	
				>200	−20	
			高度/mm		−200	
			冠径/mm		−200	
		灌木	高度/mm	≥1 000	−100	
				<1 000	−50	
			冠径/mm	≥1 000	−100	
				<1 000	−50	
		球类	冠径/mm	<500	0	
				500 ~ 1 000	−50	
				1 000 ~ 2 000	−100	
				>2 000	−200	

续表

项次	检查项目				规定值或允许偏差	检查方法和频率
4	苗木规格	球类	高度/mm	<500	0	尺量:带状绿地每1 km检查100 m内的苗木;点状绿地每个连续种植单元按苗木数量抽查10%,且不少于10株的苗木应全部检查
				500～1 000	−50	
				1 000～2 000	−100	
				>2 000	−200	
		藤本	主蔓长/mm	>1500	−100	
			主蔓径/mm	≥10	0	
		棕榈类植物	株高/mm	≤1 000	0	
				1000～2 500	−100	
				2 500～4 000	−200	
				>4 000	−300	
			地径/mm	≤100	−10	
				100～400	−20	
				>400	−30	

注:①d 为土球苗宜径或裸根苗根系展幅,以 mm 计。

12.3.3 树木栽植外观质量应符合下列规定:

1.乔木、灌木以及球类苗木不得有木烧膛,不得有影响行车安全的偏冠苗木。

2.树木应无损伤的断枝、枯枝、严重病虫害枝。

12.4 草坪、草本地被及花卉种植

12.4.1 草坪、草本地被及花卉种植应符合下列基本要求:

1.铺栽草坪用的草卷、草块应厚度均匀,杂草不应超过5%。

2.草坪、草本地被及花卉种植的施工工艺、品种及配合比或栽植株行距应满足设计要求;采用喷播绿化施工工艺时,其质量检验应按本标准第12.5节的有关规定执行。

3.花苗的栽植放样、密度及图案均应满足设计要求。

12.4.2 草坪、草本地被及花卉种植实测项目应符合表12.4.2的规定。

表 12.4.2 草坪、草本地被及花卉种植实测项目

项次	检查项目		规定值或允许偏差	检查方法和频率
1	草坪、草本地被面积		满足设计要求	尺量或无人机航拍测量:带状绿地每1 km检查100 m;点状绿地按每个连续种植单元全部检查
2△	草坪、草木地被 覆盖率/%	取弃土场绿地	≥90	目测或无人机航拍测量:带状绿地每1 km检查100 m;点状绿地按每个连续种植单元全部检查
		其他绿地	≥95	

续表

项次	检查项目	规定值或允许偏差	检查方法和频率
3	花卉数量	满足设计要求	目测或无人机航拍测量:带状绿地每1 km检查100 m内的花卉数量;点状绿地每个连续种植单元按花卉数量抽查5%,且不少于10株,少于10株的花卉应全部检查
4△	花卉成活率/%	≥95	

12.4.3　草坪、草本地被及花卉种植外观质量应符合下列规定:

1.互通式立体交叉区与环岛、管理养护设施区、服务设施区等绿地内的草坪、草本地被及花卉不得有连续空秃。

12.5　喷播绿化

12.5.1　喷播绿化应符合下列基本要求:

1.草本植物种子的质量不应低于《禾本科草种子质量分级》(GB 6142)中所规定的二级标准,木本植物种子的质量不应低于《林木种子质量分级》(GB 7908)中所规定的二级标准;GB 6142和GB 7908均未提及的植物种子应在使用前进行发芽率试验和种子配合比试验,确定合适的种子用量后方可进行大规模的施工。

2.喷播绿化采用的植物品种及种子配比应满足设计要求。

12.5.2　喷播绿化实测项目应符合表12.5.2的规定。

表12.5.2　喷播绿化实测项目

项次	检查项目	规定值或允许偏差	检查方法和频率
1△	基材混合物喷射厚度/mm	设计厚度±10	环刀取样或挖样洞,尺量:带状绿地每1 km测10点;点状绿地每个连续种植单元每1 000 m² 测2点,且不少于5点
2	植物群落物种组成	满足设计要求	植物样方法调查:带状绿地每km设置3个样方(长2 m、宽2 m或等同于绿地宽度),且不少于3个;点状绿地每个连续种植单元设置3个样方(长2 m、宽2 m),且不少于3个
3	绿化面积	满足设计要求	尺量或无人机航拍测量:带状绿地1 km检查100 m;点状绿地按每个连续种植单元全部检查
4△	植被盖度/%	≥95	目测或无人机航拍测量:带状绿地每1 km检查100 m;点状绿地按每个连续种植单元全部检查

12.5.3　喷播绿化外观质量应符合下列规定:

绿地不得有连续空秃、冲沟侵蚀。

参考文献

［1］陈有民.园林树木学［M］.2版.北京:中国林业出版社,2011.

［2］祝遵凌,王瑞辉.园林植物栽培养护(修订版)［M］.北京:中国林业出版社,2022.

［3］成海钟,成立人.园林植物栽培与养护［M］.北京:中国农业出版社,2015.

［4］郭学望,包满珠.园林树木栽植养护学［M］.2版.北京:中国林业出版社,2004.

［5］罗锚,秦琴.园林植物栽培与养护［M］.3版.重庆:重庆大学出版社,2016.

［6］马凯,陈素梅,周武忠.城市树木栽培与养护［M］.南京:东南大学出版社,2003.

［7］陈发棣,房伟民.城市园林绿化花木生产与管理［M］.北京:中国林业出版社,2004.

［8］魏岩.园林植物栽培与养护［M］.北京:中国科学技术出版社,2020.

［9］毛春英.园林植物栽培技术［M］.北京:中国林业出版社,1998.

［10］施振周,刘祖祺.园林花木栽培新技术［M］.北京:中国农业出版社,1999.

［11］裘文达,张一平,金长伐,等.园林花木生产技术手册［M］.北京:中国农业出版社,1987.

［12］谭文澄,戴策刚.观赏植物组织培养技术［M］.北京:中国林业出版社,1991.

［13］卓丽环.城市园林绿化植物应用指南［M］.北京:中国林业出版社,2003.

［14］卓丽环,陈龙清.园林树木学［M］.北京:中国农业出版社,2004.

［15］张东方.植物组织培养技术［M］.哈尔滨:东北林业大学出版社,2004.

［16］闫永庆.园林植物生产应用技术与实训［M］.北京:中国劳动社会保障出版社,2005.

［17］刘燕.园林花卉学［M］.2版.北京:中国林业出版社,2015.

［18］刘金海,王秀娟.观赏植物栽培［M］.北京:高等教育出版社,2009.

［19］方彦,何国生.园林植物［M］.北京:高等教育出版社,2005.

［20］楼炉焕.观赏树木学［M］.北京:中国农业出版社,2000.

［21］张秀英.园林树木栽培养护学［M］.北京:高等教育出版社,2005.

［22］王忠.植物生理学［M］.2版.北京:中国农业出版社,2010.

［23］田如男.园林树木栽培学［M］.2版.南京:东南大学出版社,2015.

［24］龚维红,赖九江.园林树木栽培与养护［M］.北京:中国电力出版社,2009.

［25］佘远国.园林植物栽培与养护管理［M］.2版.北京:机械工业出版社,2019.

［26］刘金海.观赏植物栽培［M］.北京:高等教育出版社,2005.

［27］张养忠,郑红霞,张颖.园林树木与栽培养护［M］.北京:化学工业出版社,2007.

［28］岳桦,张彦妮.园林花卉［M］.3版.北京:高等教育出版社,2015.

［29］王鹏,贾志国,冯莎莎.园林树木移植与整形修剪［M］.北京:化学工业出版社,2011.

［30］王崑.园林树木栽培与养护［M］.哈尔滨:东北林业大学出版社,2001.

［31］田伟政,崔爱萍.园林树木栽培技术［M］.北京:化学工业出版社,2009.

［32］宋小兵.园林树木养护问答240例［M］.北京:中国林业出版社,2002.

［33］钱军.园林树木知识［M］.北京:中国劳动社会保障出版社,2004.

［34］南京市园林局,南京市园林科研所.大树移植法［M］.北京:中国建筑工业出版社,2005.

［35］毛龙生,王晓春,刘广,等.人工地面植物造景·垂直绿化［M］.南京:东南大学出版社,2002.

［36］马建平,温鹏飞.园林树木科学栽培技术［M］.北京:中国社会出版社,2006.

［37］古润泽.高级花卉工培训考试教程［M］.北京:中国林业出版社,2006.

［38］郝建华,郝晨曦.园林树木栽培技术［M］.北京:化学工业出版社,2005.

［39］陈卫元.花卉栽培［M］.2 版.北京:化学工业出版社,2010.

［40］邓莉兰.风景园林树木学［M］.北京:中国林业出版社,2010.

［41］吴玉华.园林树木［M］.北京:中国农业大学出版社,2008.

［42］李承水.园林树木栽培与养护［M］.北京:中国农业出版社,2007.

［43］赵九洲.园林树木［M］.4 版.重庆:重庆大学出版社,2018.

［44］张涛.园林树木栽培与修剪［M］.北京:中国农业出版社,2003.

［45］吴泽民,何小弟.园林树木栽培学［M］.北京:中国农业出版社,2003.

［46］张祖荣.园林树木栽植与养护技术［M］.北京:化学工业出版社,2009.

［47］周兴元.园林植物栽培［M］.2 版.北京:高等教育出版社,2009.

［48］李月华.园林绿化实用技术［M］.2 版.北京:化学工业出版社,2015.

［49］吴跃开,余金勇,李晓虹.园林树木腐朽病的发生与防治［J］.林业实用技术,2011(2):37-39.

［50］芦建国,杨艳容.园林花卉［M］.北京:中国林业出版社,2007.

［51］王秀娟,张兴.园林植物栽培技术［M］.北京:化学工业出版社,2007.

［52］刘建秀,等.草坪·地被植物·观赏草［M］.南京:东南大学出版社,2001.

［53］潘文明.草坪建植与养护［M］.2 版.北京:高等教育出版社,2015.

［54］强胜.杂草学［M］.2 版.北京:中国农业出版社,2009.

［55］孙吉雄,韩烈保.草坪学［M］.4 版.北京:中国农业出版社,2015.

［56］孙晓刚.草坪建植与养护［M］.北京:中国农业出版,2002.

［57］沈国辉.草坪杂草防除技术［M］.上海:上海科学技术文献出版社,2002.

［58］顾师文.新编现代草坪科学种植病害防治及草坪工程施工要点实用手册［M］.北京:中国农业科技出版社,2005.